新装版

古代天皇家「八」の暗号

畑アカラ

ヒカルランド

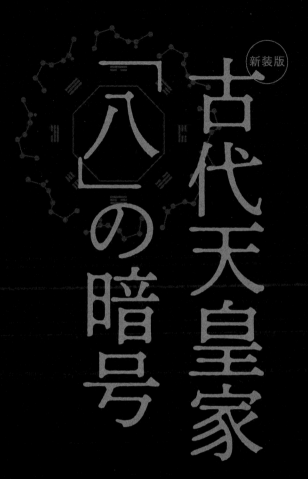

天皇の昼の顔は、太陽信仰を象徴する太陽王。それは伊勢神宮・内宮の天照大神によっても明らかだが、天皇の夜の顔は、呪術の根幹に属するため、これまでまったく知られてこなかった。天皇の夜の顔とは、ズバリ北極星を象徴する北極星王（＝宇宙王）である！

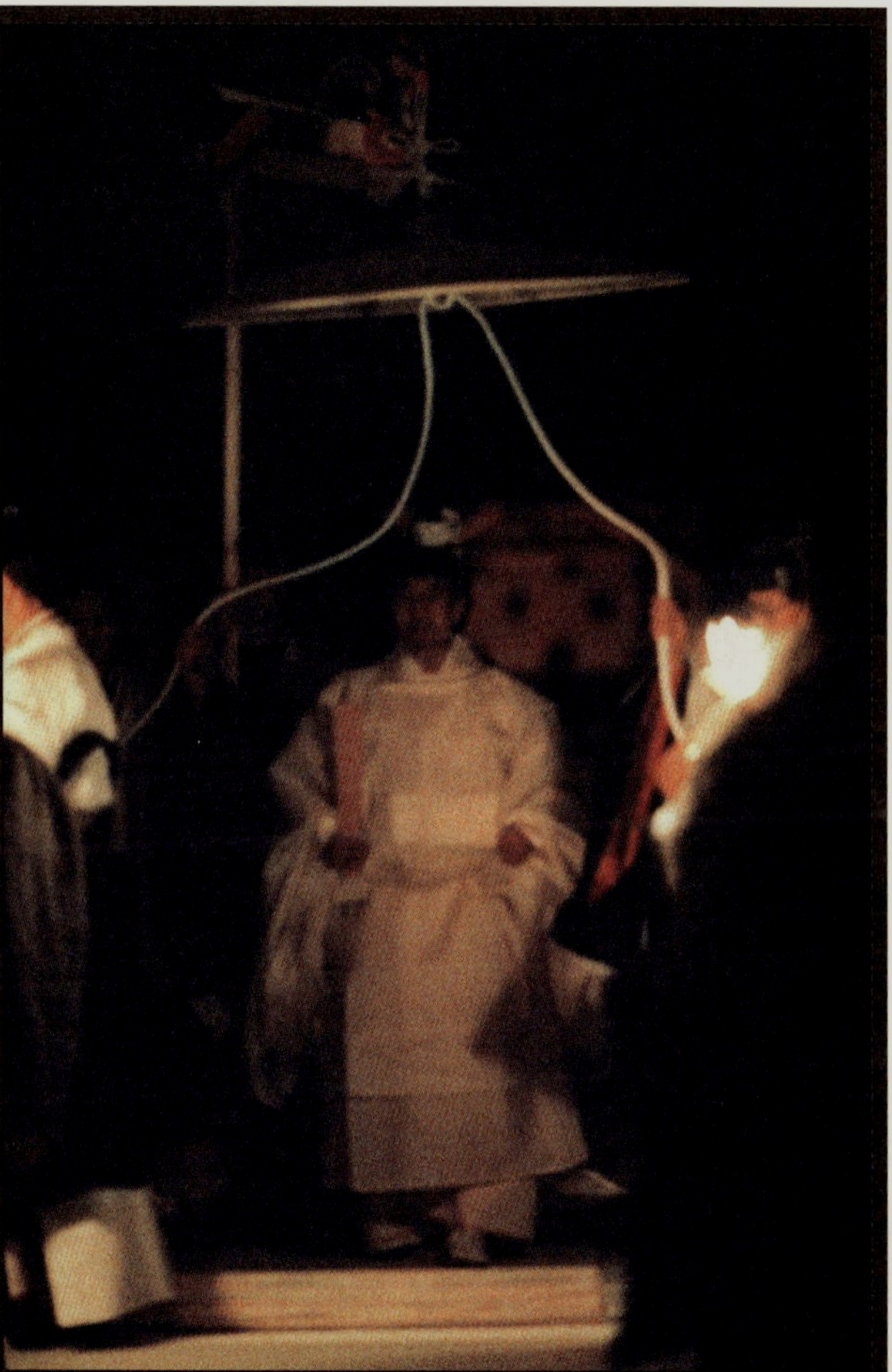

即位の礼・大嘗祭。鳳凰の飾りのついたすげ笠を持つ侍従を従え、主基殿へ向かわれる昭和天皇（東京・皇居・東御苑の大嘗宮、時事通信代表撮影）。

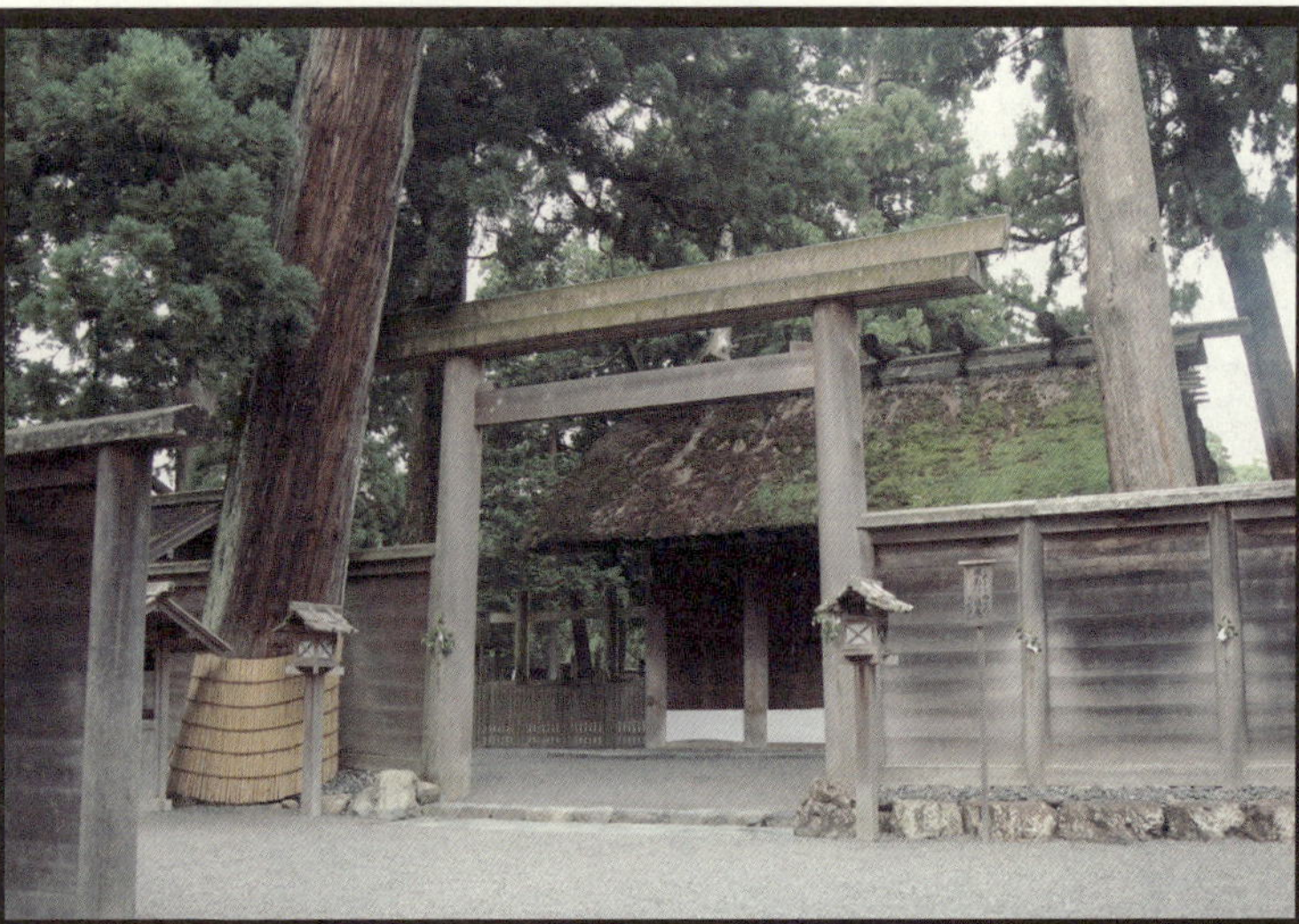

伊勢神宮と大嘗祭の呪術的な基本概念は、まったく同じ。
2つはセットなのである。
それは天と地の両方に独立国を象徴する
「天皇大帝（＝天皇）」と
「大八洲《おおやしま》瑞穂国《みずほのくに》（八束穂《やつかほ》）」を描くことである。
更にここに易経の「八卦」の概念をも習合させている。

伊勢神宮外宮（上）と外宮にも見られる鞭懸《むちかけ》（下）。鞭懸が八つであることにも隠された意味があった。

呪術といっても、伊勢神宮と大嘗祭に仕組まれたものは、
けっして恨み・つらみといった狭量なものではない。
これほど国民を慮《おもんぱか》った呪術が、
他の世界にあるのだろうか——と思うほど
スケールの大きな美しい呪術である。
この呪術・暗号は、〈天皇家は何故続いたのか〉の、
間接的な答えの一部となるにちがいない。

伊勢神宮内宮（上）と内宮への入口、五十鈴川にかかる宇治橋（下）。橋は、式年遷宮に備えて建築中。

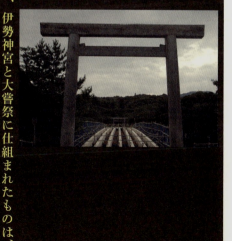

伊勢神宮と大嘗祭の
宇宙的スケールの呪術的グランドデザインが
明らかになるにつれて、農耕民族の祭りの代表として
ひたすら食の安寧を願っているという、
祭祀王・天皇の側面が浮かび上がってくる。
時代によっては明らかに違うときもあったが、
総じて軍事ではなく、まつりごと（祭・祀）に
専念してきたことが、天皇家が何故続いてきたかの
答えの一面であることは間違いのないことである。

伊勢神宮内宮の別宮、伊雑宮《いざわのみや》の御田植え式に見られる太一の大うちわ（神宮司庁）。

伊勢神宮の内宮の別宮である荒祭宮《あらまつりのみや》には、
重大な存在意義があった。
それは、太《たい》一《いつ》の宮としての荒祭宮である。
太一とは、北極星神、すなわち、
天皇大帝（天皇）を意味する。
つまり宇宙と天皇をつなぐ仕組みである。
すると、外宮は北斗「八」星
（＝北斗七星＋輔星）を祀る北斗の宮となる。
天皇は北斗「八」星という車に乗って、
宇宙を天翔る存在になったのである。

荒祭宮。

奈良県明日香村のキトラ古墳の石室。報道各社に初公開されたもの。盗掘口から見た石室内部には北壁に玄武（中央上）が見える（代表撮影、時事）。

高松塚古墳やキトラ古墳に
施されていた呪術の謎もまた、
伊勢神宮と大嘗祭と
同じ構図であることが
明らかになった。
それはとりもなおさず、
謎とされていた壁画の意味と
被葬者が誰であるかを必然的に
導き出してしまうことになる。
著者のみがなしえた、
暗号解読も本書での
お楽しみの一つになっている。

奈良県明日香村の高松塚古墳壁画・西壁女子（壁面斜光写真、昭和50年撮影＝文化庁提供、時事）。

カバーデザイン　櫻井浩（⑥Design）

まえがき――古代史全ての謎は聖数「八」で解明できる!!

本書を執筆するきっかけは、筆者がある事情で、「八」とはどのような数字なのか、その存在意義を調べていたことに始まる。

この数字「八」を調べていくうちに、とんでもない数字であることが分かり始めた。

いくつかの発見があり、「天皇家の暗号（国家の暗号）」とも言える大発見（？）にたどり着いたときには、その事の重大さに、何度か体が震え、かつ、身の引き締まる思いがした。それは決して誇張ではない。実感である。

「八」は古代日本の「聖数」であり、古代日本建国の根幹に重要な関わり合いを持つ数だったのだ。

古代日本において、「8」の概念は、「八」という漢字が輸入される以前から、「や」と呼ばれていた。そして、その「や」は「弥栄《いやさか》の弥《や》（八）」とも考えられ、めでたい、大きい、立派、無限、永遠、完全などを意味する特別な「聖数」であった。そればかりではなく、「や」は口を大きく開く「開a音」であるため、言霊《ことだま》の霊威《れいい》をも備《そな》えていた。

古代日本は「八州《やしま》」と称された。日本は、何と数字の「八」で表現されていたのだ。何故《なぜ》「八州」と呼ばれたのか。後ほど本文にて述べるが、やはり、そのように称されたそれなりの理由《わけ》があったのだ。

末広《すえひろ》がりの目出度《めでた》い数としての意味は、漢文化が入ってきてからのことである。つまり、漢文化が入ってくることによって、古代日本の聖数「八・や」と中国の吉数《きちすう》「八・はち」とが習合《しゅうごう》した（この「八・はち」は「八卦《はっか》」の八と考えてもよい）。

この習合した「八」こそが、天皇家における八のデザインを、更に豊かなものにしたのだ。

「八」とはどのような数字であるかと聞くと、殆《ほとん》どの人は「末広がりの吉数《きちすう》」と答える。「八・や」が古代日本の聖なる数を表現しているということは、誰も述べなかった。何故このような大事《だいじ》を知らないのか。不思議であるとともに非常に残念でもある。

最初に、「八」が他の数字と明らかに相違していると感じたのは、『古事記《こじき》』、『日本書紀《にほんしょき》』の文章中で、「八・や」を付けた表現の多さを知ってからである。特に『古事記』において、八の付いた言葉の多さは、際だっていた。それは一体何故なのか。そこにこそ古代日本の性格が表れているのである。

また、中国唯一の女帝・則天武后《そくてんぶこう》（624年?～705年）が作った則天文字《そくてんもじ》「圀《くに》」が、「国とは八方なり」の意味を持っていることを知ったときの、八の探究者としての躍動した高揚感《こうようかん》は、今でも覚えている。ならば、「八州《やしま》（日本）＝圀《くに》」である。これは何かがある、という予感がした。まさに、その通りであった。「八」は、国家の骨格を表現する重大な呪術的暗号でもあったのだ。

この改変字「圀」は、則天武后が建立《こんりゅう》した巨大な八角のオベリスク形の「天樞《てんすう》」と呼ばれる銅鉄製の記念碑に刻まれたはずである。それが「圀」の字の「お披露目《ひろめ》儀式」であったとの発見は、小生の八に対する熱い気持ちが通じたからだと思う。この発見は、『唐書《とうじょ》』に記述されている資料の否定になるが、私の説が正しいと確信を持って言える。その「圀」の影響は、本文にて述べるが、古代日本にとって計り知れないものがあったのだ。しかし、則天文字「圀」の影響は、ほとんどなかったというのが定説である。この件は「八の切り口」で検証してのみ、初めて分かることであった。

日本ばかりではなく外国に目を向ければ、キリスト教社会でも「8」は再生・よみがえりの意味があり、初期教会堂においては八角形の塔、あるいは八角形教会等が多く建立された。イスラム社会においては、総じて「8」は楽園を意味している。イスラム社会におけるタイル画のデザイン等は、八角形・八芒星《はちぼうせい》をベースにしたものが多い。

国の内外を問わず「八」に関する資料を蒐集《しゅうしゅう》していると、ある分野にだけ特別多くの資料が集まった。それが「天皇と八」の関係資料である。一冊の本にまとめざるを得ないほどの内容と量になった。それほど「天皇と八」の関係は奥深いのだ。

古代日本の聖数が八であれば、天皇も当然この数を利用しているはずである。天皇家が古代から連綿《れんめん》と続いているならば、むしろ利用していて当然であって、利用していなかったのなら、またそれなりの理由があるはずである。

普通、儀礼においてどのような数が重んじられているかを調べれば、その社会における聖数・吉数が分かる。天皇に関する儀礼と数字は、見事に八との関係である。しかも、表面に出てくる単純な儀礼における八の利用ばかりではなく、儀礼内容を密《ひそ》かに表現する呪術《じゅじゅつ》的な手段としても「八」を用いている。この件も、個々の事例を挙《あ》げ、何故、「八」なのかを解読していきたい。

切り口を変えれば、それまでは見えていなかった世界が見えてくる。「八の切り口」で分析することによって、今まで見えていなかった世界が「あぶり出し」のように現れてくる。実際、この作業により、想像を絶するほどの、多くの重大な秘儀が明らかになった。この秘儀発見の内容は、「天皇家の暗号」、つまり、「国家の暗号」と称することに、いささかの迷いもない。

その「天皇家の暗号（国家の暗号）」が、伊勢神宮《いせじんぐう》と大嘗祭《だいじょうさい》において解読されず、隠密裡《おんみつり》の呪術として、連綿として今日《こんにち》まで続いてきた。暗号解読の結果、その呪術は、独立国家としての日本の国柄《くにがら》と、天皇の本義を伝えているものであった。すなわち、国家の根本哲理は、悠久な呪術暗号として、伊勢神宮、大嘗祭に伝えられていたのだ。この暗号は、誰も解読することができなかった（多分、天海大僧《てんかいだいそう》正《じょう》・水戸光圀を除いて）。１３００年経った今、小生によって暗号が解読され、初めて公《おおやけ》となるのである。私としては、大発見だと、勝手に、はしゃいでいる。

天武《てんむ》天皇（６７３年即位）は、従来から継承されてきた即位式だけではなく、なにゆえ、わざわざ「新嘗祭《にいなめさい》」から独立させた「大嘗祭」に、即位式の意味を含ませたのか。また、何故《なぜ》、伊勢神宮をリニューアルさせたのか。更に、何故、『古事記』『日本書紀』を編纂《へんさん》させようとしたのか。これらの疑問は、何故「天皇号」を正式に採用したかに、行き着く。

特に「伊勢神宮」と「大嘗祭」において、天武天皇は、天皇たらんとして、天皇（天皇大帝《てんこうたいてい》）の意味付けを行った。天武天皇は、天皇（天皇大帝）の意味付けとその確証を、何と「八の世界の呪術」で行ったのだ。私は故《ゆえ》あって「八の世界の探究」を続けてきた。よって、天武天皇の思考回路を理解することは可能であった。それはまさに偶然でもあり必然とも言えようか。

結果、「天皇家の暗号（国家の暗号）」とも言える、「伊勢神宮」と「大嘗祭」の神秘の呪術的グランドデザインを発見することになったのだ。そこに描かれていたものは、天武天皇の対中国皇帝属国拒否の独立国家としての強い意志でもあった。そして太陽と稲の国〈「大八洲瑞穂国《おおやしまみずほのくに》」・「食国《おすくに》」〉であることを主張した。しかも、その呪術的デザイン図は、精華《せいか》された「美」そのものであった。是非とも、この呪術暗号の内容を知って欲しい。この暗号内容を知っていただくことが私の第一の願望でもあるのだ。

隠密裡であるから、根本原理はすぐに謎として霧の中に包まれてしまった。そして、秘儀としての形式のみが、千数百年にわたって伝承され続けたのであろう。

天皇即位式で使用される「高御座《たかみくら》」は、何故八角形なのか。天皇最大のイベント「大嘗祭《だいじょうさい》」で使用される畳は、何故「八重畳《やえだたみ》」と称されるのか。天皇崩御《ほうぎょ》して後の「陵《みささぎ》」は、何故八角形なのか。これらのことは、八の暗号解読があってのみ、初めて全ての意味が明らかになる。

「八幡神」（はちまんしん・やはたのかみ）の急激な出世は何故なのか、「八の切り口」で検証することによって分かる。この突然の出世は、何と、則天武后、及び則天文字「圀《くに》」の影響を受けた光明皇后《こうみょう》によるものである、という意外な真実が浮かび上がってくる。信じられないであろうが、それは光明皇后の則天武后に対する強い憧《あこが》れから発したものであった。

「日光東照宮《にっこうとうしょうぐう》」は、「伊勢神宮」の呪術原理を真似ている。

家康は、秘《ひそ》かに天皇の位として祀《まつ》られた。天海大僧正は、伊勢神宮の呪術を発見し（私以外の唯一発見者?）、その呪術原理を日光東照宮に応用した。勿論《もちろん》、八の呪術デザインである。このことは、小生が思い描いていた「八の世界」の確証となり、大いに自信を与えてくれた。何と天海大僧正は、私の考えていた呪術をそっくり実行していたのだ!! 私の閃《ひらめ》きは間違いではなかったのだ!! 卑近《ひきん》なたとえで申し訳ないが、私は、嬉しさのあまり、天海さんと一緒に踊りだしたいほどの気持ちであった。日本建国の呪術的グランドデザインは、「伊勢神宮」、「大嘗祭」、「日光東照宮」に共通した秘儀・呪術として残されていたのだ。まさに「天皇家の暗号（国家の暗号）」である。この呪術デザインの中で、「伊勢神宮」と「大嘗祭」にあって、「日光東照宮」にない重大な哲理を発見した。そこにこそ、家康も真似できなかった、祭祀王《さいしおう》としての天皇の崇高な姿が見て取れる。それは何故なのか。日光東照宮の暗号解読とともに述べることとする。

高松塚《たかまつづか》古墳壁画には、何故、八人ずつの男女が描かれているのか。また何故、北斗七星だけが描かれていないのか。それなりの重大な理由《わけ》があるはずである。

高松塚古墳の発掘者の一人である網干善教《あぼしよしのり》氏は、何故、八人ずつの男女が描かれているのかは、三十数年にわたって考え続けてきたが、いまだに分からないと述べていた。分からないのもやむを得ないことであった。壁画は暗号であったからである。だが、この暗号の解読は意外なところから可能となった。1300年間封印されてきた伊勢神宮の呪術暗号が解読されたことにより、1300年前に築造された高松塚古墳の壁画の暗号解読が可能になったのである。高松塚古墳壁画の暗号解読は、何と、伊勢神宮の呪術暗号解読の副産物でもあったのだ。不思議な因縁でもある。なお、八の世界からは逸《そ》れるが、キトラ古墳についても述べたい。それは、壁画制作の動機が高松塚古墳と同じであるからだ。

両古墳の壁画の内容とその制作動機が解読できたことにより、初めて両古墳の全容が解明された。つまり、両古墳の被葬者を初めて特定することができたのである。私は、この件も大発見であると勝手に思い、喜びと緊張で、心を震わせている。

この小論のまとめがとりあえず終了したと思ったそのとき、偶然であるが、もう一つの嬉しい発見があった。それは、「水戸光圀《みとみつくに》」は何故名前を「光國」から「光圀」に変えたのか、という謎解《なぞと》きについてである。56歳のときであるという。水戸光圀の研究者名越時正《なごやときまさ》氏が上梓《じょうし》した『新版　水戸光圀』の中で、名前の変更については分からないとの記述があった。その内容を読み、小生は小躍《こおど》りした。即座に分かってしまったのだ。「八の切り口」からのみ解ける、将来に願いを託した、高度なロマン溢《あふ》れる天皇家に対する暗号でもあったのだ。つまり、国の在《あ》り様《よう》に対する暗号「天皇家の暗号（国家の暗号）」であったのだ。この解読は、八の探究者として至福のときであった。

勿論、小生は、水戸光圀公とは全ての面で比ぶべくもないが、ただ一点、「八の世界」の理解者という点では通じ合えたという思いで嬉しい（いやいや、まことに以《もっ》て畏《おそ》れ多いが、本書で取り上げる、天武天皇、光明皇后、石上麻呂《いそのかみのまろ》、天海大僧正に対しても同様の思いである）。

浅学非才な小生が無謀《むぼう》にも重大なテーマに挑戦をしてしまった。あまりにも勉強不足である。しかし、私は、初めて推理し発見する喜びを味わうことができた。その興奮は、いつも椅子から立ちあがるほどであった。このような「天皇家の暗号（国家の暗号）」と称することも可能なほどの重大な歴史的大発見（?）を、学者でなく素人の私がしていいのか、という畏《おそ》れ多い気持ちもあった。素人は素人なりに、感情を愚直に、そしてときとして、顕《あら》わに出したいと思う。

拙《つたな》い旅先案内人ではあるが、小生と一緒に『古代天皇家「八」の暗号』解読の旅に出発していただけたら、この上ない幸せである。

正直、「第3章」までは堅い説明で刺激の少ない旅となろう。しかし、「第4章」からは、暗号解読の実作業に入り、充分、旅を楽しんでいただけると思う。なんとか「第4章」までついてきて欲しいと願うばかりである。そして、最終章「第8章」において、今まで誰もが不可能であると諦めていた高松塚古墳壁画の謎（暗号）を、解読する。

「八の世界」の探究はこれからもずっと続けたい。疑問の点は、遠慮なく指摘していただきたいと思う次第である。

畑アカラ

第2章

ＤＴＰ　キャップス
校正　麦秋アートセンター

第1章

言霊の霊威が宿る「八・や」こそ日本国家、古代天皇家の根幹の暗号！

「第1章」は、『古代天皇家「八」の暗号』解読の旅の、第一歩となる。この暗号解読の旅により、古代日本の国柄《くにがら》と天皇の本質が、あぶり出しのように現れてくる。古代の人々は聖数《せいすう》「八・や」を神々に捧《ささ》げた。言霊《ことだま》・数霊《かずだま》の霊威《れいい》を受け取ることができる、と信じていたからである。天皇と古代日本は、この数霊「八・や」の霊威を呪術《じゅじゅつ》として活用した。これから呪術暗号を解く旅が始まる。

今までに、この暗号解読の長期の旅に出たものは、誰もいない。よって、未踏地《みとうち》も多く含まれる。新鮮な旅風に当たるのも一興であろう。是非ともこの旅を楽しみ、精神を高揚《こうよう》させていただきたい。ときには失笑を買うこともあろうが、それは覚悟のうえである。旅先案内人としては、力不足の感は否《いな》めない。八の神様に申し訳ない気持ちもある。しかし、その役目に対しては、精一杯努力するつもりである。

いきなり暗号解読の核心に入る旅とはならない。少し待って欲しい。その前に知っていただきたいことがある。それは、「数字・八」についてである。堅い説明になるがしばし我慢していただきたい。

古代日本の聖数は「八・や」であった

天皇は、数字の「八」を暗号として使用しているのではないか——、その根拠は、「八・や」が古代日本の聖数だったからである。漢文化がもたらした「八・はち」ではない。「八・や」が本来の聖数なのだ（「八・や」と「八・はち」とは習合したから、結果、「八・はち」も聖数と言えるが、この件は後ほど記す）。

まえがきでも述べたが、「八・や」が聖数であるからには、当然、天皇家はそれを利用しないわけはない。天皇家が聖なる特質を維持し、古代から連綿として続いているならば、むしろ利用して当然であり、もし、古代日本の聖数「八・や」を利用していなかったならば、またそれなりの理由が在《あ》るはずである。

「八」はどのような数字なのかと質問をすると、ほとんどの人は「末広《すえひろ》がりの吉数《きちすう》」と答える。「八・や」は古代日本の聖数、と答えた人は皆無であった。道教《どうきょう》などの漢文化が日本に入ってくる以前から、日本は、「8」を「や」と呼び聖数としていた。それは、『古事記《こじき》』『日本書紀《にほんしょき》』『万葉集《まんようしゅう》』などに、「八・や」の記述が頻用《ひんよう》されていることからも分かる。

さて「八・や」の付く言葉を『古事記』から何点か取り出してみよう。

八尋殿《やひろどの》、八尋矛《やひろほこ》、八尺勾璁《やさかのまがたま》、八尺鏡《やたのかがみ》、八咫烏《やたがらす》、八重垣《やえがき》、天之八重多那雲《あめのやえたなぐも》、大八島國《おおやしまぐに》、大八州《おおやしまぐに》、八十《やそ》神《かみ》、八百萬神《やおよろずのかみ》等々のめでたい意味を持つ単語が見つかる。

「や」は、単なる数字の「8」を示すだけでなく、「弥栄《いやさか》の弥（八・や）」に通じる、めでたい、大きい、永遠、無限、完全等々の意味を持つ最高の聖数だったのである。

鎌倉時代の神道史家である卜部懐賢《うらべかねかた》（兼方）は、『釈日本紀《しゃくにほんぎ》』の「八尋之殿《やひろのとの》」の説明において、次のように述べている。

――八の数は神道の尚《とうと》ぶ所なり。但《ただ》し、殊《こと》に八を尚《とうと》ぶのは、艮《ごん》（東北）・八世の卦であるからだ。これ即ち鬼門《きもん》にて、諸神鬼の出入りする所なり。故《ゆえ》に八の数をもって殊に神道の尚《とうと》ぶ所となす。

また、『貞丈雑記《ていじょうざつき》』（江戸時代の武家の有職故実《ゆうそくこじつ》を中心とした概説書）の「物数の部」の「神道、八の数の事」の項には、次のように記述してある。

神道に、八の数を以て数多き儀とする事。一より十までの内、初の一と終の十とを捨てて、残る数八ツなり。始もなく終もなく、かぎりなき心なり。八百万《やおよろず》・八千代・八雲などの「八」の字、皆限りなく数多き儀なり。

しかし、「これ、僻説《へきせつ》なり」と正当な説でないことを、著者の伊勢貞丈《いせさだたけ》の門人がわざわざ記し、〈上古の書に「八」という事多きは、「弥《や》」の義なり〉と述べている。

『釈日本紀』、『貞丈雑記』の記述は、何故《なにゆえ》「八・や」が古代日本の聖数であったのかを説明している。そこには、自信のなさが推察される。「弥栄《いやさか》の弥《や》（八）」の解釈だけでは、不安があったのであろう。しかし、〈始もなく終もなく、かぎりなき心なり〉との理由付けは、たとえ僻説としても何故《なぜ》か心に残る理由付けである。

「八・や」が何故《なにゆえ》古代日本の聖数であったのかは、今後、随時述べていく。単なる「弥栄《いやさか》の弥《や》（八）」の解釈だけではない、深奥《しんおう》な理由があるのだ。この全容解明こそが、『古代天皇家「八」の暗号』解読に繫《つな》がるのである。

あらゆる民族において、どの数字を聖数としているのかが分かる第一の方法は、儀礼にどの数を使用しているかを調べることである。「天皇」と「伊勢神宮」における最も丁寧な儀礼・拝礼方法は、「八開《やひら》手《で》、八度拝《はちどはい》」である。この事例からしても、「八」が古代日本の聖数であることが想像できよう。

今後、「天皇」と「八」の関係は、本書の中で数多く述べていく。そこには、想像を超える「八」の世界が浮かび上がってくる。そして、その「八の呪術デザインの美しさ」に、「八」であることを何度も認識することになるであろう。古代日本の聖数は、「八」であることを何度も認識することになるであろう。そして、その「八の呪術デザインの美しさ」に、度々息を飲むこととなろう。この「呪術的な八の美」を発見したときの、震えるほどの感動をお伝えしたいと思う。

しかし、その前に知っていただきたいことがある。それは、日本における数の数え方の歴史――古代日本数詞《すうし》の歴史――である。少し長くなるがお付き合いいただきたい。

古代数詞「ひふみ式」と、現代数詞「いちにさん式」

日本古来の数え方は、〈ひとつ、ふたつ、みっつ、よっつ、いっつ、むっつ、ななつ、やっつ、ここのつ、とお〉である。短くして、〈ひ、ふ、み、よ、い、む、な、や、こ、と〉。因《ちな》みに「とお」になると「つ」がなくなるから、俗に「つばなれ」と言う。

漢文化が入ってきてからの数え方は、〈いち、に、さん、し、ご、ろく、しち、はち、きゅう、じゅう〉。読みは漢音というよりは呉音である。

『「数」の日本史』（日本経済新聞社）において、伊達宗行《だてむねゆき》氏は、日本古来の数え方の形式を「古代数詞・ひふみ式」、漢文化とともに入ってきた形式を「現代数詞・いちにさん式」と命名している。

古代数詞のルーツと現代数詞との関係

日本古来の数え方「ひふみ式」のルーツは、どこに求められるのだろうか。

白鳥庫吉《しらとりくらきち》博士は、古代日本語の数詞と、韓国語及びアイヌ語の数詞とを比較検討した結果、次のように述べている。

> 然《しか》るに仔細に此《この》三国語の数詞を考究したる結果によれば、国語の数詞は、アイヌにも韓国にも、毫《ごう》も関係するものなきは甚《はなは》だ意外の事にして、而《しか》もまた最も注意すべき事たり（『白鳥庫吉全集第二巻　日本上代史研究　下』・岩波書店）。

日本語の数詞（古代数詞）は、韓国語及びアイヌ語の数詞とは関係が見られない。ならば、どこの言語をルーツとしているのだろうか。

伊達宗行氏は、安本美典《やすもとびてん》氏の論文（『数理科学』1972年4月号）を参考に、『「数」の日本史』の中で次のように述べている。

> 旧石器時代から縄文にかけての日本祖語と、約6000年ほど前に流入したインドネシア系南方語は、すでに混然一体となっていて痕跡《こんせき》の分離ができないようであるから、これを日本数詞の基層

としてよいだろう。長い縄文時代にあったであろう多彩な方言も混合、あるいは淘汰《とうた》され、その後の数詞の基礎となった第一層がつまり、ひふみ式である。これに弥生文化をもたらした江南、ビルマ系の言語が、ひふみ式の七から十までに微細な影響をもたらした。これが第二層である。

2～3世紀頃から漢文化が入り始めた。これはよく知られているように日本文化に極めて大きな影響を及ぼした。しかしこれはひふみ式に合流することなく、日本数詞に別種の系を作り出した。そしてそれは現代にまで及んでいる。つまり、「いち、に、さん」式の現代数詞である。しかし、それまでに醸成《じょうせい》されてきた古代日本数詞は亡ぶことはなかった。それは江南、ビルマ系言語の影響を咀嚼《そしゃく》して数百年、日本全体にゆるぎない基盤を持っていたからだといえるだろう。そして古代数詞、ひふみ式は漢字で日本語を表現した『古事記』『日本書紀』や『風土記《ふどき》』などに明確な形で保存された。

伊達氏は、ひふみ式は縄文時代に成立し、ひふみ式の七（ななつ）から十（とお）までの数は、弥生時代に江南・ビルマ系の影響を受けたのだろうと述べている。

古代数詞の特徴

白鳥庫吉博士は、次のように論じている。

国語の数詞の内に於《お》いて、六・八・十の三数は、三・四・五の三数に胚胎《はいたい》せるものなり。即ち三を基礎として其《そ》の倍数たる六を作り、四を基礎として其の倍数たる八を作り、五を基礎として其の倍数たる十を作る。今ローマ字を以《も》つて其の対数を示せば次の如し。

三　mi⇒　六　mu
四　yo⇒　八　ya
五　itu⇒　十　towo

この表を見れば直《ただち》に察せられんが如《ごと》く、六（mu）・八（ya）・十（towo）の三数は、各自、三（mi）・四（yo）・五（itu）三数の母音を変じたるまでにて、別に異なれる語形を執《と》れるものにあらず。

因《よ》って案ずるに、吾人《ごじん》の祖先は、初め一より五までを数へて之《これ》を極限となし、而《しか》して六より十に至る数の内、六・八・十の三数に於《お》いては、三・四・五の基数を加倍して之を得たりしが、七・九の二数は奇数にして加倍の方法を用ひては之を作ること能《あた》はざりしが故に、此等《これら》に対して別に特殊の名称を下し、七を nana と云ひ、九を kokono と云ひしなり（『白鳥庫吉全集第二巻　日本上代史研究　下』・岩波書店）。

となると、白鳥博士の説〈六・八・十は、三・四・五の母音変化による〉を考慮すれば、ひふみ式の七〜十は、弥生時代、江南、ビルマ系言語の影響を受けたとは考えられないことになる。つまり、三・四・五と、六・八・十とはペアになっているのであるから、ルーツを同じくしなければならない。別々では整合性に欠ける、とも考えられるからだ。

いずれにせよ、旧石器時代から縄文にかけての日本祖語と、約6000年ほど前に流入したインドネシア系南方語が混合淘汰《とうた》され、結果、「ひふみ式」の数詞の基礎となったということは、納得のいく説明であろうと思う。

古代数詞・「ひふみ式」が、『古事記』『日本書紀』において、漢文化の「いちにさん式」に淘汰されることなく堂々と使用され、しかも「八・や」の付く単語が聖なる数として特別多く記されていることは、日本文化の基層を考えるうえで、注目すべき重要な事実であると思う。

「八・や」は言霊《ことだま》・数霊《かずだま》の霊威を持っている

❶開a音は言霊の霊威を増す

「八・や」が何故古代日本の聖数であったかの理由として、「弥栄《いやさか》の弥（八・や）」であると述べたが、もう一つの要因も考えられる。

それは、「八・や」に特別な言霊《ことだま》の霊威《れいい》が宿っていたからだ。やまと言葉の1から9、すなわち「ひふみよいむなやこ」の中で8を表す「や」のみが、長くのばして発音したとき開a音となる。他の数と違って、最も大きく口を開く。「八・や」は、この開a音と弥栄《いやさか》の意味の「八・や」との相乗効果により、言霊の霊威を、つまり数霊《かずだま》の霊威を感じさせ、神聖なものへの呼びかけとなったのだ。
（注：言霊《ことだま》……言葉に宿っている不思議な霊威。古代、その力が働いて言葉通りの事象がもたらされると信じられた。『広辞苑』による）。

❷ 古代日本は「言霊の幸《さき》はふ国」であった

日本という国は、その国柄《くにがら》として、言霊《ことだま》が幸せをもたらす、ということが古代から言われている。『万葉集《まんようしゅう》』に次のような歌がある。なお万葉集の訳文は『新編日本古典文学全集　萬葉集』（校注、訳＝小島憲之、他・小学館）による。

万葉集（＊3254）
「磯城島《しきしま》の　大和《やまと》の国は　言霊《ことだま》の　助《たす》くる国ぞ　ま幸《さき》くありこそ」
〈（旅立っていくものに対して）大和の国は　言霊《ことだま》の　助け給う国です　ご無事でいらしてください〉

万葉集（＊894）・山上憶良《やまのうえのおくら》
「神代《かむよ》より　言ひ伝《つ》て来《く》らく　そらみつ　大和《やまと》の国は　皇神《すめかみ》の厳《いつく》しき国　言霊《ことだま》の　幸《さき》はふ国と　語り継《つ》ぎ　言ひ継《つ》がひけり……」

〈神代《かみよ》以来　言い伝えられたことですが　（そらみつ）大和の国は　国つ神の威徳《いとく》のいかめしい国　言《こと》霊《だま》の助ける国だと　語り継ぎ言い継いできました……〉。

日本は「言霊《ことだま》の幸《さき》はふ国」なのである。山上憶良はそのように歌っている。『古事記』は勿論《もちろん》のこと、特に『日本書紀』において、原則として歌謡と神名は、漢文表記を避けている。漢文に翻訳されず、大和《やまと》言葉の歌詞をそのまま忠実に守ろうとしている。このことは、日本語に対して、美学としての言霊の霊威を感じ取っていたことの証《あかし》である。少なくとも、日本のアイデンティティとしての美質を主張している、と思う。

となれば、古代の人々は、祝詞《のりと》に対して、特別な言霊の霊威を感じていたに相違ない。勿論、祝詞にも「八・や」の付く言葉が出てくる。この件は、今後適時に取りあげる。

辻占いの古い形式として、道行く人が言う言葉に言霊を感じ、その言葉で占いをしたという事例もある。口から出た言葉にも、神の承認を経たものとして、霊力の伴うものと考えられたのである。

言霊《ことだま》と八十《やそ》

柿本人麻呂《かきのもとのひとまろ》に次のような歌がある。

万葉集（＊２５０６）
「言霊《ことだま》の　八十衢《やそのちまた》に　夕占問《ゆふけ》ふ　占正《うらまさ》に告《の》る　妹相寄《いもあひよ》らむと」

〈言霊《ことだま》の　八十《やそ》の巷《ちまた》で　夕占《ゆうら》をしたところ　はっきり占に出た　あの娘《こ》は　なびき寄るだろうと〉。

「言霊《ことだま》の」は「八十《やそ》」にかかる枕詞《まくらことば》である。このことは、「八・や」が言霊として特別な力を働かせていた、ということの裏付けになる。

「八十《やそ》」といえば、八十神《やそがみ》、八十万神《やそよろずのかみ》などが浮かぶが、「八十島祭《やそしままつり》」に触れないわけにいかない。八十島祭は、天皇即位の後の、翌年に実施される祭事である。文徳《もんとく》天皇・嘉祥《かしょう》三（８５０）年を初見とし、四条《しじょう》天皇の即位（１２３２年）のときに中止されるまで、約４００年の間に22回にわたって行われたことが文献に示されている。岡田精司《おかだせいし》氏は、この祭りは、難波津《なにわづ》において、即位した王者に「大八州《おおやしまぐに》」の霊を付着させる天皇独占の儀礼と考えられる、としている。

日本国名は、言霊《ことだま》の力を持った「八・や」で表現される。古代日本を表す「八島《やしま》」・「大八州《おおやしまぐに》」・「大《おお》八島國《やしまぐに》」・「八十島《やそしま》」は、特別な「言霊《ことだま》・数霊《かずだま》」の霊威を含んでいたのである。ここでは、八十島は日本を表している、と言ってもよいと思う。

日本国名が、言霊の中の数霊の「八・や」によって表現されていることは、よくよく考えてみれば、特異なことといえる。何と特定の数字で、国を表しているのだ。まさに、暗号解読に相応《ふさわ》しい数字「八」であることが予見される。

ところで『古事記』においては、八重言代主神《やえことしろぬしのかみ》が登場する。この名前では1カ所出てくるのみであるが、「言《こと》」を「事《こと》」に替えて、八重事代主神《やえことしろぬしのかみ》として登場するのは3カ所である。このことは、言葉の「言」と事柄の「事」が同じであるという、古代日本人の言霊思想が表れていると思われる。よって、言霊《ことだま》の「言・事」と、数霊《かずだま》（言霊）の霊力を持った「八（や）・八十（やそ）」とは、深く結びついていると考察される。

❸ 古代日本を象徴、あるいは天皇を象徴する言霊・数霊「八・や」の共通認識の考察……その一覧

言霊《ことだま》・数霊《かずだま》の「八・や」は、古代日本国名を表現するときはもとより、日本を象徴する天皇の祭祀儀礼《さいしぎれい》等に関しても、不思議といつも現れる。いや、不思議ではない。それは、聖なる数ゆえの当然の帰結であろう。

さてこれから、古代日本を象徴、あるいは天皇を象徴する「八の付く言葉」を、共通の括《くく》りとしてまとめて記したい。雑駁《ざつばく》な考察であるかもしれないが、許していただきたい。古代日本の国柄と八の親和性に、何かがあると思わずにはいられないのである。私は、一覧にしただけで、八の奥深さを感じ興奮してしまった。

聖数「八・や」に込められた古代日本の魂を、そしてその言霊の霊威をとくと知ってほしい。

邪馬台国《やまたいこく》と「やまと」の考察

ところで、邪馬臺（台）国は、現在では、「ヤマタイコク」と読まれている（注：『後漢書』において、邪馬臺國）。

しかし、安本美典氏は、「邪馬台《やまたい》」は「やまと」と読めると、『卑弥呼は日本語を話したか』（ＰＨＰ研究所）の中で次のように述べている。

「邪馬臺（台）」と「大和（夜摩苔など）」とは、ともに「やまと」と読めるばかりではなく、そこに含まれている「と」の音が、同音で、「乙類のト」である点においても一致する。

「倭」を、なぜ、「やまと」と読むのか。それは、「倭」とは、「やまと」のことであるという伝統があったからだろう。すなわち「倭」とは、「邪馬台」のことであるという伝統があったからだろう。……「邪馬台国《やまと》」は、「大和朝廷《やまと》」と関係があるとする伝統があったことになる。

どうやら、「邪馬台国《やまたいこく》」は、「やまと国」と読め、大和《やまと》朝廷と関係があったらしいと、推測できる。となると、邪馬台国を都とした倭国の女王卑弥呼《ひみこ》と大和朝廷とは、関係があったということになる。

「八・や」と「やまと」の考察

「邪馬台国」の「ヤ」の発音は、中国人の耳で聞き取り、勝手に「邪」の漢字を当てたわけである。この「邪（ヤ）」は、日本語の「八・や」を意味する言葉であった、という可能性はないのだろうか。「邪馬台国」は、いわゆる現代読みで「八（や）マタイコク」、当時の読みで「八（や）マト国」であるという推測である。

この可能性は、全くないとは言えない。その根拠を示したい。

前述したように、古代日本においては、日本を「八・や」の数字で表現している。例えば、『古事記』

『日本書紀』においては、伊邪那岐命《いざなきのみこと》と伊邪那美命《いざなみのみこと》との国造りで「八島《やしま》」を誕生させ、この島々全体を「大八州《おおやしまぐに》」とした。この「八島・八州」であるが、八つのそれぞれの島の名称は、一定していない。よって、初めに日本を表す八島《やしま》があり、あとから八つの島の名を当てはめていったのだ。

日本を表現する「八島《やしま》」、「大八州《おおやしまぐに》」も、「邪馬台国」、「倭・大和」と同じ流れの中に入っているのではなかろうか。となれば、「邪（八・や）馬台《まと》」、「倭／（八・や）まと」、「大和／（八・や）まと」ということも推測可能である。

更に、安本美典氏は次のように記述している。

> わが国の地名学の樹立者、鏡味完二《かがみかんじ》氏は「八岐《やまた》の大蛇《おろち》」の「八岐《やまた》」と「やまと」とが結びつく可能性にふれている。わが国の地名には、「と」とも発音され、「た」とも発音された地名がはなはだ多い。

「八岐《やまた》」が「倭・大和・やまと」と関係ありとするならば、「八《や》まと」ということになる。

因みに梅原猛《うめはらたけし》氏は、『神々の流竄《るざん》』（集英社文庫）において、「八岐《やまた》の大蛇《おろち》」の神話は、出雲ではなく、大和の三輪山であろうという仮説を述べている。『出雲国風土記《いずものくにふどき》』に全く語られていないからだ。となると、「八岐《やまた》」と「八《や》まと」とが結びつく可能性が、やはりある。

邪馬台国の候補地としては、九州・筑紫平野の「八女《やめ》地方」を挙げる人もいる。邪馬台国の邪（や）が八女と結びつく可能性は別として、岩戸山《いわとやま》古墳を始め大小無数の古墳があることから、資料として記しておく。『日本書紀』の「景行《けいこう》天皇紀」十八年条に「八女国《やめのくに》」、「八女県《やめのあがた》」、「八女津媛《やめつひめ》」の記述が見られる。更に同年条に「八代県《やつしろのあがた》」も記されている。

『万葉集』（＊2）の舒明《じょめい》天皇の国見《くにみ》歌に「八間跡能国者《やまとのくには》」が出てくる。「やまと」が「八間跡」と記されているのは、当て字であり偶然でもあるから、大した意味もないと思われるかもしれない。しかし、小生は「大八州《おおやしまぐに》」の「八」を意識した、つまり筆録者の解釈を反映した記し方であると思うが、いかがであろうか。となると、以下のように考えられないだろうか。

「八（や）マタイ国・邪馬台国《やまと》」＝
「八（や）マトの国・倭国・大和国・日本国」＝
「大八州《おおやしまぐに》・大八島国《おおやしまぐに》」

すなわち、「邪馬台国《やまと》」の「邪（八・や）」と「倭・やまと」の「八・や」は、「大八州《おおやしまぐに》」の「八・や」と同様の意味を持つことになる。

つまり、古代日本の聖数、「弥栄《いやさか》の弥《や》（八・や）」を表現していることになる。

何度も述べているが、「弥《や》（八・や）」は、めでたい、大きい、永遠、無限、完全等々の意味とともに、「開a音」であるが故、言霊《ことだま》（数霊《かずだま》）としての霊威をも持っていたと思われる。

もし、当時は「やまと」と呼ばれていたであろう邪馬台国《八（や）またいこく》が、「倭《八（や）まと》・大和《八（や）まと》」になったとしたならば、「大八州《おおやしまぐに》・大八島国《おおやしまぐに》」の呼び方として「八・や」が息づいていた、と解釈もできると思うがいかがであろうか。

「八隅知之《やすみしし》大君」と「八・や」の考察

天皇（大王）は、大君《おおきみ》と呼ばれ、歌謡においては、「八隅知之《やすみしし》大君」と詠《よ》まれている。「八隅知之」とは、天下の隅々まで八方をお治めになる、の意である。国を代表する者は「天皇（大王・大君）」であることを考慮に入れれば、「八隅知之《やすみしし》大君《おおきみ》」は、「八・や」で表現されている国、即ち「大八州《おおやしまぐに》」・「邪《や》馬台国《またいこく》」・「大和《やまと》」と大いに関係あり、との推測が導き出される。つまり、「八州《やしま》＝八隅《やすみ》」である。また、八隅知之大君の「八・や」は、古代日本の聖数、そして、「開a音」の言霊（数霊）の霊威を意味しているのである。一覧にしてみると、次のようになる。

「八（や）マタイ国・邪馬台《やまと》国」＝
「八（や）マトの国・倭国・大和国・日本国」＝
「大八州《おおやしまぐに》・大八島国《おおやしまぐに》」＝
「八隅知之《やすみしし》大君（大王・天皇）」

「八・や」で、古代日本の国の名称と天皇が繋がっていることが分かる。偶然にしてはでき過ぎていると思うのは、私のみであろうか。

天皇尊号と「八・や」の考察

「大八洲《おおやしま》」と「やまと（倭）」を一緒に並べた、天皇の尊号がある。
それは、詔《みことのり》のときに称される尊号である。

天武十二年正月の詔《みことのり》には、明神御大八洲倭根子天皇《あきつみかみとおおやしましらすやまとねこのすめらみこと》とある（『日本書紀』）。なんと、「大八洲《おおやしま》」と「八（や）マトの国・倭国・大和国・日本国」とが並んで記されているのだ。ということは、この尊号は、「八・や」を共通項とし「大八州《おおやしまぐに》」と「倭《やまと》」を一緒に並べた前述の説の正しさを裏付ける名称である、とも言えるのではなかろうか。

因みに『古事記』では「大八島國《おおやしまぐに》」「大八州《おやしまぐに》」、『日本書紀』では、「大八洲《おおやしま》」、「大八洲国《おおやしまぐに》」と記述されている（『古事記』・『日本書紀』岩波文庫）。一覧に加えると、次のようになる。

「八（や）マタイ国・邪馬台国《やまと》」＝
「八（や）マトの国・倭国・大和国・日本国」＝
「大八州《おおやしまぐに》・大八島国」＝
「八隅知之《やすみしし》大君（大王・天皇）」＝
明神御大八洲倭根子天皇《あきつみかみとおおやしましらすやまとねこのすめらみこと》

三種《さんしゅ》の神器《じんぎ》と「八・や」の考察

なお、さらに古代日本を象徴する「八・や」を推論してみよう。天皇の即位においてなくてはならないもの、それは三種《さんしゅ》の神器《じんぎ》であろう。この三種の神器、つまりレガリア（王権を象徴する器物）は、全て「八・や」で表現されるのだ。ここにおいても、聖なるものと「八・や」との特別な関係が予見される。

即《すなわ》ち「八咫鏡《やたのかがみ》・八剣《やつるぎ》（草薙剣《くさなぎのつるぎ》・八重垣剣《やえがきのつるぎ》・天叢雲剣《あめのむらくものつるぎ》）・八坂瓊曲玉《やさかにのまがたま》」である。

これをも、天皇及び古代日本を象徴するものとして、取り上げてもよろしいかと思う。

前記の一覧に、この三種の神器を加えてみよう。次のようになる。

「八（や）マタイ国・邪馬台国《やまと》」＝
「八（や）マトの国・倭国・大和国・日本国」＝
「大八州《おおやしまぐに》・大八島国」＝
「八隅知之《やすみしし》大君（大王・天皇）」＝
明神御大八洲倭根子天皇《あきつみかみとおおやしましらすやまとねこのすめらみこと》＝
「八咫鏡《やたのかがみ》・八剣《やつるぎ》（草薙剣《くさなぎのつるぎ》・天叢雲剣《あめのむらくものつるぎ》）・八坂瓊曲玉《やさかにのまがたま》」

「八開手《やひらで》・八度拝《はちどはい》」と「八・や」の考察

更に考えられることがある。それは、天皇に対して、そして伊勢神宮において行われている儀礼・拝礼形式――「八開手《やひらで》」と「八度拝《はちどはい》」――についてである。

八開手とは拍手《かしわで》を八遍することを、八度拝は四度の拝を重ねることをいう。

外国の使節に対しては、「八開手」「八度拝」は止めになり、中国式の拝礼形式に代わったようであるが、古代日本の拝礼形式として、未だに連綿と続いている。この「八開手」「八度拝」は、古代日本の最も丁寧な拝礼形式を示している。古代日本の象徴として考えてもよかろうと思う。

特に、「八開手」の場合、拍手《かしわで》を打つ響きとともに、八（や）の霊威も言霊《ひびき》わたったのである。

ところで「八度拝」は「はちどはい」と称するが、何故「やたびはい」と「八・や」をつけて呼ばれなかったのだろうか。古代日本の聖数の呼び名は「八・や」である。不思議である。しかし、『古事記』においては、「八度拝み《やたびおがみ》」と記してある。八開手、八度拝については、「第2章」にて詳しく述べる。

前記の一覧に加えてみると次のようになる。

「八（や）マタイ国・邪馬台《やまと》国」＝

「八（や）マトの国・倭国・大和国・日本国」＝

「大八州《おおやしまぐに》・大八島国」＝

「八隅知之《やすみしし》大君（大王・天皇）」＝

明神御大八洲倭根子天皇《あきつみかみとおおやしましらすやまとねこのすめらみこと》＝

「八咫鏡《やたのかがみ》・八剣《やつるぎ》（草薙剣《くさなぎのつるぎ》・天叢雲剣《あめのむらくものつるぎ》）・八坂瓊曲玉《やさかにのまがたま》」＝

「八開手《やひらで》・八度拝」

「八重畳《やえだたみ》」（大嘗祭《だいじょうさい》）と「八・や」の考察

今まで、国、天皇を象徴する「八・や」の付く言葉について述べてきた。更に挙げたい言葉がある。それは、八州《やしま》（日本）の君主・天皇の最大のイベントである大嘗祭《だいじょうさい》において使われる、「八重畳《やえだたみ》」だ。

大嘗祭は、毎年行われてきた新嘗祭《にいなめさい》から派生したもので、真の天皇になられる儀式とされる。日本国民の農耕儀礼を代表する性格もある。

大嘗宮《だいじょうきゅう》において、天皇が儀礼行為をされるという場所――それが「八重畳《やえだたみ》」なのだ。悠紀殿《ゆきでん》、主基《すき》殿《でん》の中央に位置する八重畳が、最も重要な場所であることは、八重畳の占めている割合、位置等々で明らかである。この「八重畳」は、八州（日本）の君主・天皇が行う祭祀《さいし》・大嘗祭を象徴している、と言っても過言ではない。この「八重畳」の「八・や」も、古代日本の聖数と言霊の霊威を意味している。

前記の一覧に「八重畳」も是非加えたい。となると、次のようになる。

「八（や）マタイ国・邪馬台《やまと》国」＝
「八（や）マトの国・倭国・大和国・日本国」＝
「大八州《おおやしまぐに》・大八島国《おおやしまぐに》」＝
「八隅知之《やすみしし》大君（大王・天皇）」＝
明神御大八洲倭根子天皇《あきつみかみとおおやしましらすやまとねこのすめらみこと》＝

「八咫鏡《やたのかがみ》・八剣《やつるぎ》（草薙剣《くさなぎのつるぎ》・天叢雲剣《あめのむらくものつるぎ》）・八坂瓊曲玉《やさかにのまがたま》」＝
「八開手《やひらで》・八度拝」＝
「八重畳《やえだたみ》（大嘗祭）」

八百万神《やおよろずのかみ》と「八・や」の考察

このほかにも挙げたい、国、天皇を象徴している言霊・数霊の霊威を持った言葉がある。

それは神に付く数詞「八・や」である。

私は「八百万神《やおよろずのかみ》」こそが、日本に相応《ふさわ》しい表現であると思う。一神教ではない、日本独自の世界に誇れるアニミズム思想哲理である。山川草木《さんせんそうもく》、全てに神は宿るのだ。実際、大祓詞《おおはらえのことば》にも「八百万神」という言葉が二度出てくる。この「八百万神」も日本の特質として、前記の一覧に加えたい。

勿論、この八百万神の中には、天照大神《あまてらすおおみかみ》を初め、宮中の守護神、御巫八神《みかんなぎはっしん》も含まれている。

後ほど、「第3章」で述べるが、『記紀』において、多くの神を表現する言葉は、「八・や」の付く言葉に厳しく限定されている。八十萬神《やそよろずのかみたち》、八十神《やそかみ》、百八十神《ももあまりやそかみ》、等々である。また、『古事記』において、数詞の付く神名は、ほぼ「八・や」に限られている、と言ってよい。

神を表現する数詞、それは「八・や」であるのだ。

「八（や）マタイ国・邪馬台国《やまと》」＝
「八（や）マトの国・倭国・大和国・日本国」＝

「大八州《おおやしまぐに》・大八島国」＝
「八隅知之《やすみしし》大君（大王・天皇）」＝
明神御大八洲倭根子天皇《あきつみかみとおおやしましらすやまとねこのすめらみこと》＝
「八咫鏡《やたのかがみ》・八剣《やつるぎ》（草薙剣《くさなぎのつるぎ》・天叢雲剣《あめのむらくものつるぎ》）・八坂瓊曲玉《やさかにのまがたま》」＝
「八開手《やひらで》・八度拝」＝
「八重畳《やえだたみ》（大嘗祭）」＝
「八百万神《やおよろずのかみ》」

「八乙女《やおとめ》」「八乙女舞《やおとめのまい》」と「八・や」の考察

古田武彦《ふるたたけひこ》氏は、講演（2000年、ホテルニューオータニ佐賀）の中で、仮説として、「八乙女《やおとめ》」と「大八州《おおやしまぐに》」とを対応させている。志賀海《しかうみ》神社の「八乙女舞《やおとめのまい》」を見て、その舞が、八人が別々に舞うというより、別々の動作を行っているように思えることなどから、次のように推測した。もともと、この「舞」を舞う八乙女は、大八州《おおやしまぐに》の一つの州（国）から一人ずつ代表として出てきていて、九州王朝・筑紫に集まったものではなかろうかと。九州王朝の問題はさておき、八乙女の一人一人が大八州《おおやしまぐに》のそれぞれの一国（州）を表している、という推測は大変斬新《ざんしん》で興味を引く。

この見解が正しいとすれば、「八乙女舞」は、単なる舞ではなかった、ということになる。大八州（日本）を表現した舞であるという、奥深さが加わることになる。

後ほど「第4章」で詳しく述べるが、大嘗祭《だいじょうさい》において、八乙女が歌を歌いながら米を搗《つ》く所作《しょさ》がある。このときの八乙女は大八州《おおやしまぐに》のそれぞれの州を代表している、と考えるならば、まことにもって大嘗祭に相応《ふさわ》しい儀礼行為となる。

「八乙女《やおとめ》」の「八・や」は、大八州《おおやしまぐに》（日本）を意味していると思われる。よってこの「八乙女」をこの中に加えたい。

「八（や）マタイ国・邪馬台《やまと》国」＝
「八（や）マトの国・倭国・大和国・日本国」＝
「大八州《おおやしまぐに》・大八島国」＝
「八隅知之《やすみしし》大君（大王・天皇）」＝
明神御大八洲倭根子天皇《あきつみかみとおおやしましらすやまとねこのすめらみこと》＝
「八咫鏡《やたのかがみ》・八剣《やつるぎ》（草薙剣《くさなぎのつるぎ》・天叢雲剣《あめのむらくものつるぎ》）・八坂瓊曲玉《やさかにのまがたま》」＝
「八開手《やひらで》・八度拝」＝
「八重畳《やえだたみ》（大嘗祭）」＝
「八百万神《やおよろずのかみ》」＝
「八乙女《やおとめ》」

「八束穂《やつかほ》」と「八・や」の考察

大嘗祭において、天皇が祝詞《のりと》を唱えられる文言《もんごん》の中に、「八握穂《やつかほ》」が出てくる。〈八握穂《やつかほ》にしなひたるを御食《みけ》に奉《たてまつ》りて……〉である。

大嘗祭の「抜穂《ぬいぼ》の儀式」に参加する八人は、八神殿《はっしんでん》の神様・御膳《みけ》八神に見守られ、斎田《さいでん》に入る。抜穂は四握《あく》で一把《わ》にくくり、三十二把をそろえて神部《かんべ》に渡す。そして、〈神部が八把ずつ目籠《めかご》に入れる〉のである（『大嘗祭』鳥越憲三郎《とりごえけんざぶろう》・角川書店）。

この穂が、天皇の祝詞《のりと》で唱えられた「八握穂《やつかほ》」であろうと思う。

ここで言う、「八握穂」とは、〈八州《やしま》（日本）を意味する「御膳八神《みけはっしん》」の前で、八州を意味するであろう「抜穂八人」によって、八州を意味するであろう「抜穂八把」ずつを目籠に入れ収穫された、八州の実り多い立派な稲穂〉ということになる。

大嘗祭に関係なく使われる「八束穂《やつかほ》」「八握穂《やつかほ》」という言葉も、「八州《やしま》（日本）」の意味を含んでいると推測できる。「八束穂」は、「八州穂《やしまほ》」（造語）なのである。勿論、「八束穂」もこの項目に加えることとする。

「八（や）マタイ国・邪馬台《やまと》国」＝
「八（や）マトの国・倭国・大和国・日本国」＝
「大八州《おおやしまぐに》・大八島国」＝
「八隅知之《やすみしし》大君（大王・天皇）」＝
明神御大八洲倭根子天皇《あきつみかみとおおやしましらすやまとねこのすめらみこと》＝
「八咫鏡《やたのかがみ》・八剣《やつるぎ》（草薙剣《くさなぎのつるぎ》・天叢雲剣《あめのむらくものつるぎ》）・八坂瓊曲玉《やさかにのまがたま》」＝

「八開手《やひらで》・八度拝」＝
「八重畳《やえだたみ》（大嘗祭）」＝
「八百万神《やおよろずのかみ》」＝
「八乙女《やおとめ》」＝
「八束穂《やつかほ》」

古代日本建国と言霊「八・や」の共通認識の考察・まとめ

以上、古代日本を象徴、あるいは天皇を象徴する「八・や」の付く言葉を共通項として、一覧にしてきた。「八・や」は、「弥栄《いやさか》の弥《や》（八）」であると同時に、「言霊《ことだま》・数霊《かずだま》」の霊威も持った古代の聖数であることは、納得していただけたと思う。

更に、「八乙女舞《やおとめのまい》」をヒントに、「八乙女《やおとめ》」「八束穂《やつかほ》」は「八州《やしま》（日本）」の意味も持つと述べた。ならば、共通認識として入れた「八隅知之《やすみしし》」大君、「八咫鏡《やたのかがみ》・八剣《やつるぎ》・八坂瓊曲玉《やさかにのまがたま》」、「八開手《やひらで》・八度拝《はちどはい》」、「八重畳《えだたみ》（大嘗祭）」、そして「八百万神《やおよろずのかみ》」も当然「八州（日本）」を含む意味となる。これらについては、後ほど述べることとする。

もし、「八・や」以外の数字で、例えば七や六の数字でこの一覧を超える事例が示されるのなら、あるいは、それに近い事例が示されるならば、あえてこの問題を取り上げることはない。私は、自信を持って、この特殊性を主張したい。この重大な事実はどのように解釈したらよいのか。

私見ながら、次のことが言えると思う。「八・や」は、最も大きく口を開ける「開a音」であるが故に、数霊の霊威を持っている。このことが、日本における聖数・「八・や」となった出発点であろうと思う。

私は、この共通項を見ただけで、古代人は「八・や」に対して何かを感じ取っていた、と思わざるを得ない。古代日本において、八を共通項として、天皇と国家が呪術（八の暗号）として繋《つな》がっている、と推測せざるを得ないのである。この共通項の中に、八の暗号が隠されている、と予見できるのだ。

異論があるのを承知で述べよう。今まで述べてきた「八・や」の共通項は、まさに大和朝廷（大和王権）を象徴するものではなかろうかと。次のように一覧にできる。

大和《(や)まと》朝廷＝

「八（や）マタイ国・邪馬台《やまと》国」＝

「八（や）マトの国・倭国・大和国・日本国」＝

「大八州《おおやしまぐに》・大八島国」＝

「八《や》隅《すみ》知《し》之《し》大君（大王・天皇）」＝

明神御大八洲倭根子天皇《あきつみかみとおおやしましらすやまとねこのすめらみこと》＝

「八咫鏡《やたのかがみ》・八剣《やつるぎ》（草薙剣《くさなぎのつるぎ》・天叢雲剣《あめのむらくものつるぎ》）・八坂瓊曲玉《やさかにのまがたま》」＝

「八《や》開《ひら》手《で》・八度拝」＝

「八《や》重畳《えだたみ》（大嘗祭）」＝

「八《や》百万神《およろずのかみ》」＝

「八乙女《やおとめ》」＝「八束穂《やつかほ》」

この一覧からは、「八・や」の言霊《ことだま》呪術により、天皇と八州《やしま》（日本）が、永遠に続くように守護されている姿が予見される。よって、大和朝廷と八の呪術の関連が、俄然《がぜん》、注目を浴びることになる。刺激のある暗号解読の旅が期待できそうである。

古代日本聖数「八・や」と中国の吉数「八・はち」との習合

❶「八・や」と「八・はち」の習合

今まで、「八・や」について、述べてきたが、日本における「8」の意味はこれだけではない。「八・や」とは違った「八・はち」の概念が、漢文化とともに日本に入ってきた。このことが、より素晴らしい「八の世界」を形作ることになったのだ。

日本古来の数え方は、前述したように、〈ひ、ふ、み、よ、い、む、な、や、こ、と〉である。そこに、漢文化の数え方が入ってきた。即ち、〈いち、に、さん、し、ご、ろく、しち、はち、きゅう、じゅう〉の数え方である。漢文化の「八・はち」の意味はどのようなものであろうか。古代日本人はどのように受け取ったのだろうか。

ズバリ、「八・はち」は、八方に広がる「陰陽《いんよう》（太極《たいきょく》）八卦《はっか》」の「八卦《はっか》」を意味している。中国においての「八」は、八卦の数であり、聖数に近い吉数《きちすう》と表現した方がよかろうと思う。中国における聖数は「九」である。「八」は中国の古典『易経《えききょう》』の八卦を意味する。この思想哲理が、日本にも流入した際に「8」に対する日中両国の解釈の相異はどう消化されたのだろうか。結果、次のようになった。

〈日本の聖数「弥栄《いやさか》の八《や》」と、中国の「八・はち」を意味する「八卦《はっか》」とは、「めでたさ」の点で一致するゆえ、聖数として習合《しゅうごう》した〉

これはまさに偶然と言うほかない。この二つの「めでたさ」の偶然の出会いこそが、古代日本の聖数「八」を確固たるものにした。

「八・はち」は『易経』の「八卦」の意味があると述べたが、それだけではなく、仏教、道教等の影響を受けた「八」の意味もある。共通のパターンは〈八方に広がるさまと八角形〉を描く。この〈八方に広がるさまと八角形〉こそ、漢文化の「八」なのだ。この理念が、日本に入ってきた。当然、天皇家もこの「八方位と八角形」の理念を陰に陽に活用した。

「8」は、そもそも古代日本の聖数である。そこに中国から流入した聖数に近い吉数「8」を利用することは、何ら問題はない。私見ながら、中国においても「8」は八卦ゆえ、吉数、あるいは聖数であると思っている。

❷「八・はち」の概念

(1)「八・はち」の共通概念

さて、この中国の「八・はち」であるが、具体的にどのような意味を持っているのか。

古代日本は、「儒教」「道教」「仏教」等々の思想を、外国から受け入れている。各々が「八の世界」を表現している。雑駁《ざつぱく》に言ってしまえば、「儒教」は「太極八卦《たいきよくはつか》」、「道教」は「太一八卦《たいいつはつか》」(儒教も含む)、「仏教」は「八葉蓮華《はちようれんげ》」のパターンを描くと思う。これらの共通する概念は、次のように言える(注：太一とは北極星神のことである)。

〈「八方位」と「八角形」を意味する「八・はち」は、八方に広がる概念を持ち、宇宙全体を表現する〉

分かりやすく図にしてみよう。一点から八方に広がる、この図1・1のデザインこそが八方位・八角形を意味する「八・はち」の基本概念であると思う。図1・1で示した八方位・八角形の基本パターンは、様々な意味を持つ。これを明らかにすることこそが、八方位・八角形を理解するうえで最も大切なことなのだ。

(2)太極八卦《たいきよくはつか》・易経八卦《えききようはつか》

易経八卦《えききようはつか》の世界観は、八角形・八方位の基本をなすものである。孔子《こうし》を開祖とする儒教では、人類を含む天地万物の生成を解説して、〈易に太極《たいきよく》あり。これ両儀《りようぎ》(陰と陽)を生ず。両儀は四象《ししよう》を生じ、四象は八卦《はつか》を生ず〉と言う。この八方に広がる八卦の基本概念こそ、中国における「八・はち」なのだ(図1・2参照)。

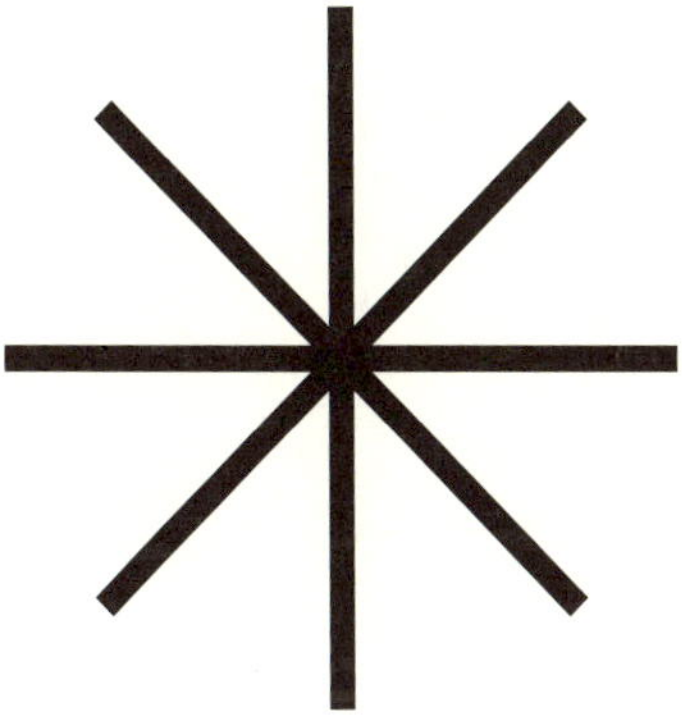

図1・1：「八・はち」（八方位・八角形）の基本概念

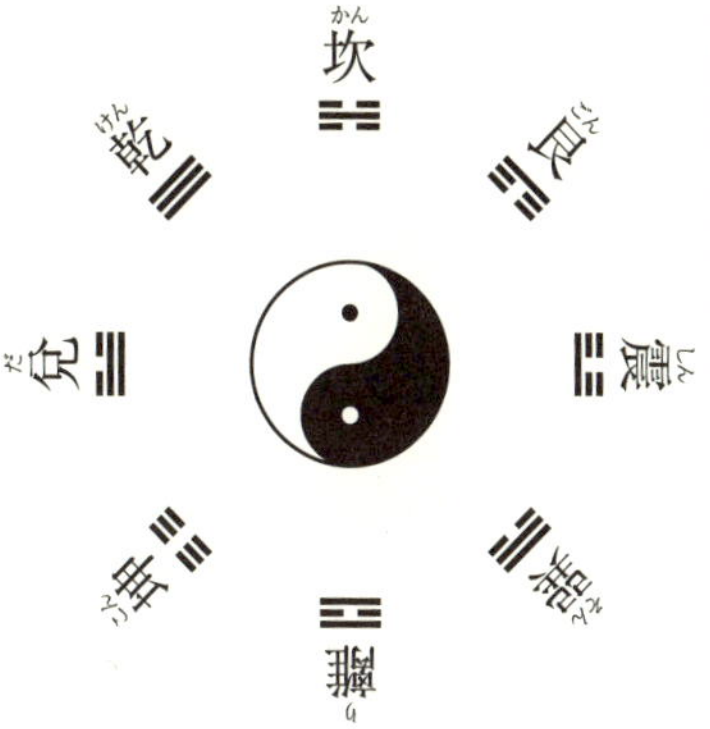

図1・2：太極八卦、易経八卦

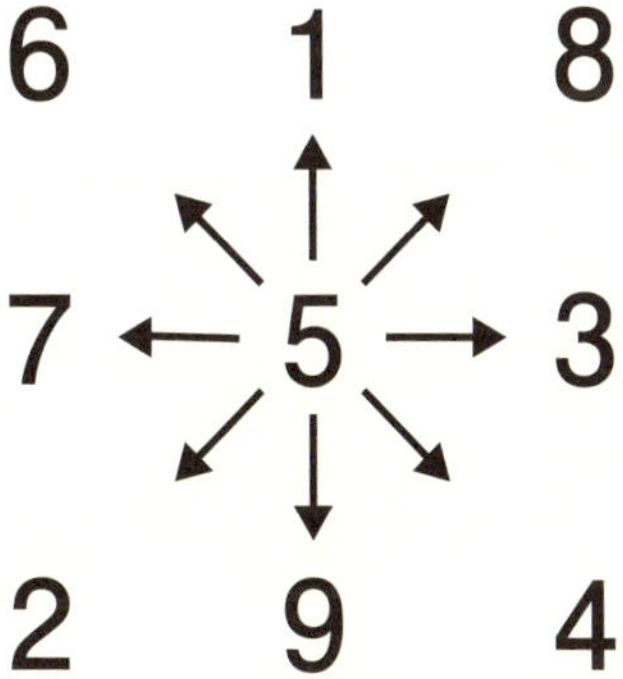

図1・3：魔方陣基本形

	北	北	北	
西	六	一	八	東
西	七	五	三	東
西	二	九	四	東
	南	南	南	

図1・4：魔方陣と方位
（『易と日本の祭祀』吉野裕子・人文書院より）

（3）太一《たいいつ》八卦《はっか》と魔方陣《まほうじん》

道教においても、八卦《はっか》は利用されている。「太一八卦《たいいつはっか》」の太一《たいいつ》とは、道教の言うところの北極星神を表し、天皇大帝《てんこうたいてい》（天皇）を意味する。太一（北極星神・天皇大帝）を中心として、八卦を配するわけである。さらに「太一八卦」は、魔方陣《まほうじん》とも結びついている。八卦は、洛書《らくしょ》・魔方陣に配当され、また九星にも配当される。この魔方陣と合わさった「太一八卦」の形は、「5」あるいは「太一」を中心として、八方に広がる形を見せる。魔方陣は、八角形の基本的概念となっている。数字が1から9まであるから、9の世界と思われがちであるが、れっきとした8の世界でもあって、大変重要な意味を持っているのだ。図1・3、図1・4、図1・5のようになる。

（4）九星図

方位と九星図《きゅうせいず》を配すると図1・6のようになる。九星図というと、勿論「九の世界」でもあるが、「八の世界」をも意味する。つまり、中心点を造り、その中心点から八方に方位を配するのである。

（5）中国における「八」と「発」の関係

車のナンバープレート

香港においては、車のナンバープレートはオークションによって競り落とされるものらしい。一番高い値が付くのが「8888」である。何故、八なのか。中国においては、「八・パー」と「発・ファー」

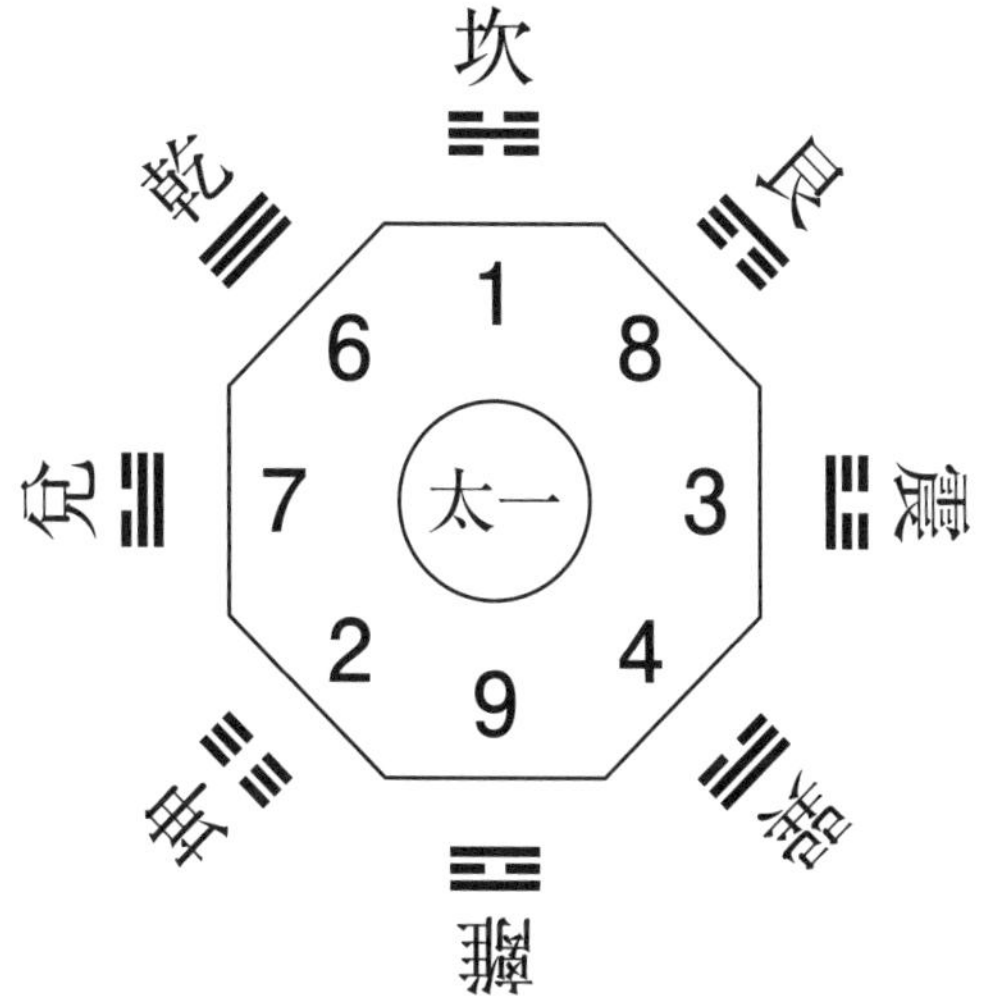

図１・５：魔方陣と太一・八角形・八卦

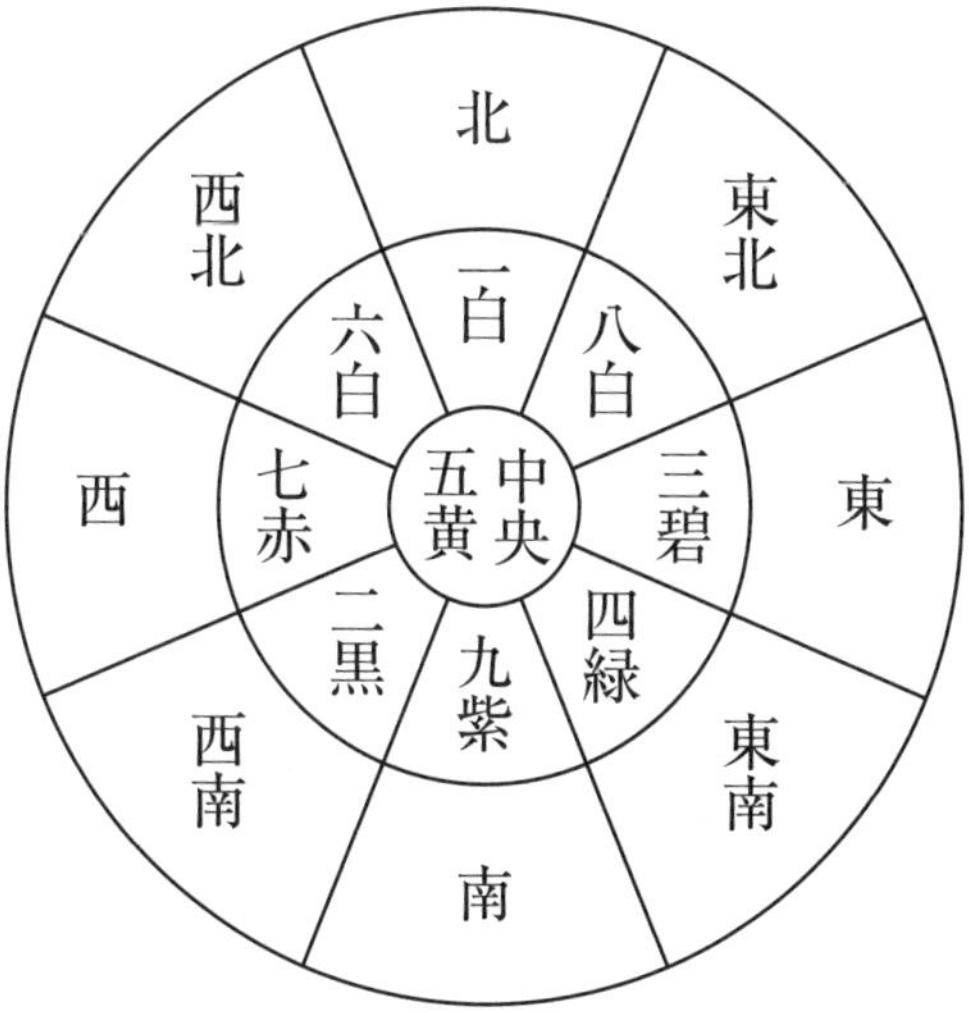

図１・６：九星図

との間の近音による連想により、〈発財・ファーツァイ（金儲け）したければ、八から離れてはいけない〉という崇拝意識が形成されているからなのだ。事業も人生も「発（八）展」するということに引っかけているのである。

電話番号

平成十五年八月二十日付けの朝日新聞に、「電話番号に3千万」との見出しが付いた、次のような記事が掲載されていた。

19日の新華社電《しんかしゃでん》によると、中国四川省成都《しせんしょうせいと》の通信会社が18日に行った電話番号のオークションで、「88888888」が233万元（約3360万円）で競り落とされた。「八」はお金持ちになるとの意味がある「発」に発音が近く、中国では縁起のよい数字として人気がある。落札したのは地方の航空会社四川航空で、同社の担当者は「航空券予約などのホットラインに使う」と話した。

語呂合わせによりのみ、八は、めでたがられているのではない。その背景には、勿論、中国の有史以来の歴史と言われている「易経八卦」の八の意味が、内在しているのである。

（6）仏教における八方位の基本哲学

仏教には、お釈迦《しゃか》様が中心にいて、その周りを八弁の蓮の花がとり囲むという、「八葉蓮華《はちようれんげ》」の世界観がある。この世界観も八方に広がるという概念を持つ。

また、中国における仏教寺院の八角塔の多さは特筆すべきものがある。仏教寺院が存在するところ、半分くらいの確率で八角塔が建っているとさえ思ってしまう。それは、やはり、「八葉蓮華」のパターン化であろう。私の想像であるが、中国は、八卦の発祥の地である。よって仏教の八角塔も、八卦の八方位・八角形の影響を受けているのではないかと思う。中国は広い。存在してはいけないという、塔まで存在する。つまり、偶数階である八角八層、八角六層の塔が存在している。

それにしても、中国においては、仏教寺院の数が日本とは比べものにならないほど多くあるとはいえ、八角塔の数が日本と中国ではどうしてこんなに差があるのか、不思議である。現存する日本の古い八角塔は、たったの一塔だけなのだ。

八角塔は別として、日本仏教は八角形の哲理を積極的に取り入れている。八角堂、八角形須弥壇《しゅみだん》、八角形天蓋《てんがい》、八角形の輪転経蔵《りんてんきょうぞう》等々である。

仏教における八方位の事例として、「八葉《はちよう》の峰《みね》」について述べる。

◎ 胎蔵界曼荼羅《たいぞうかいまんだら》の八葉九尊《はちようくそん》と高野山《こうやさん》の八葉の峰

八葉の峰とは、高野山のことを指す。高野山金剛峯寺《こんごうぶじ》の根本大塔《こんぽんだいとう》は、八葉蓮華の花弁の中にあるように、八方を八つの峰々に囲まれている。よって、胎蔵界曼荼羅《たいぞうかいまんだら》の八葉九尊《はちようくそん》に擬《なぞら》えて「八葉の峰」と呼ばれる。富士山山頂にも言う（図1・7、図1・8を参照のこと）。

（7）お釈迦様と八の数

八方位、八角形とは関係が薄くなるが、お釈迦様《しやかさま》と、数字「八」について、特記したい。とても偶然とは思えないほど、「八」と縁があるからである。

お釈迦様の誕生日は四月八日。お釈迦様の誕生のとき、八大龍王が甘露《かんろ》の雨を降らせた。そして、お釈迦様が悟《さと》りを開いて仏陀になったのは十二月八日。このとき説いた教えが、八聖道《はっしょうどう》。また、お釈迦様が入滅したのが何と八十歳である。お釈迦様の舎利《しやり》は八つに分け、八カ国に分け与えた。その後、アショーカ王は、八つの塔から再び舎利を集めて、八万四千個に分割し、八万四千の宝瓶《ほうびょう》を作り、八万四千座の仏塔を建てたと言われている。お釈迦様の聖地も、「八大聖地」である。

見事に、「八」づくしとなっている。

キリスト教、イスラム教その他の八の世界

本書においては、原則として、国家と「8の世界」、天皇と「8の世界」についてのみ論ずるつもりである。しかし、他の民族・宗教において、「8の世界」とはどのような意味を持っているのか、簡単に述べることとする。

❶ キリスト教における8の意味

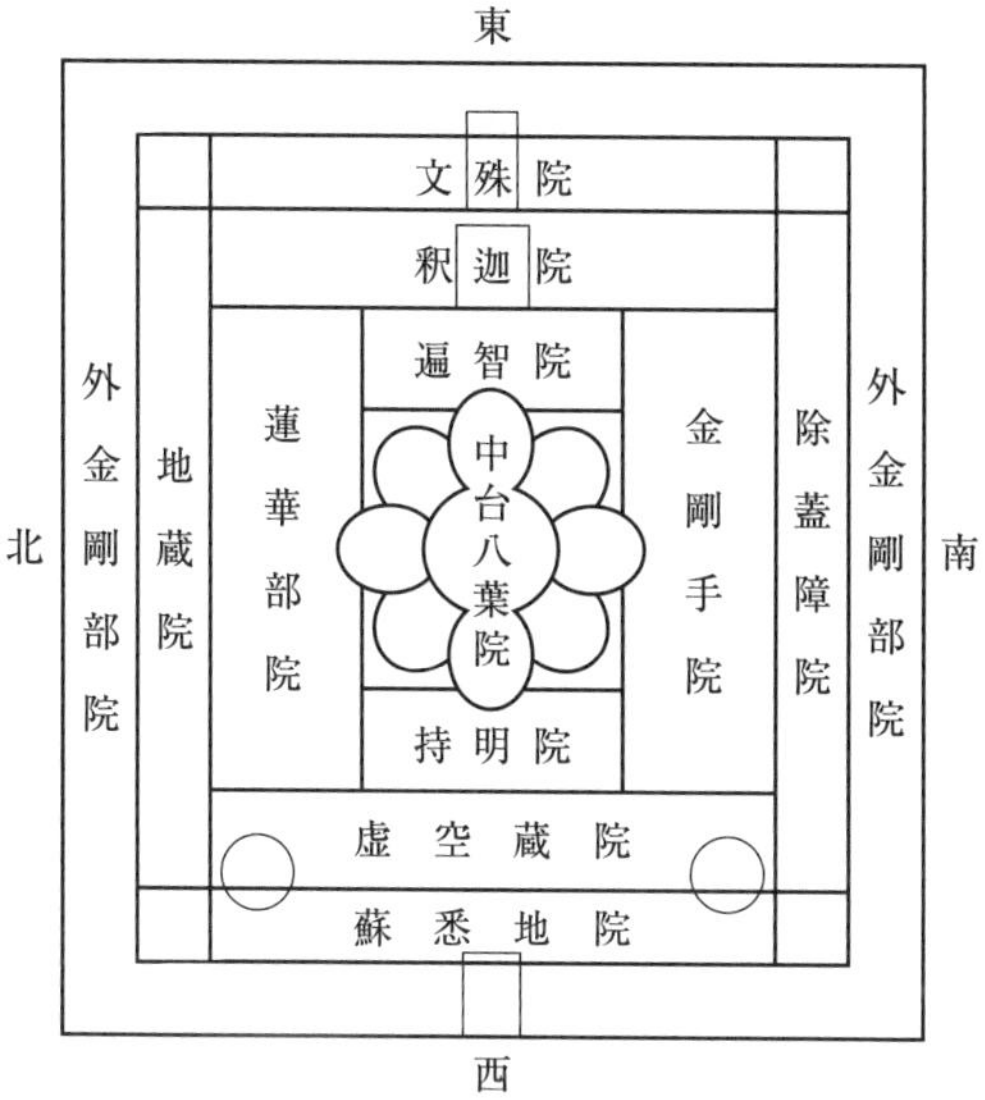

胎蔵界曼荼羅（東寺蔵）

図1・7：曼荼羅《まんだら》・中台八葉院《ちゅうだいはちよういん》

高野山

八葉の峰・八葉蓮華

図1・8：高野山・根本大塔のイメージ図

キリスト教にとって8の数字は、ズバリ「復活」、「再生」を意味している。何故復活、再生なのか。それは次のことによる。

ノアの箱船に乗って最終的に助かった人の数は8人であった。神殿を浄《きよ》めるには8日間かかるとされる。よって8は原状回復への意味も持つ。何故ならば7で完結してその後の出発の意味を持つことができるからである。キリスト教の神学者たちはこの考えを受け入れ、キリスト教の復活の日を8日目としたのだ。

復活の8は、八角形で象徴されることになった。洗礼盤《せんれいばん》が八角形である理由は、8日目が「割礼《かつれい》の日」及び「復活の日」に当たることによる。洗礼はキリスト教の神の恩寵《おんちょう》と永遠の命という至福《しふく》を約束した。また、八角形は、円と方（天と地）との結合の象徴ともなった。教会堂の天蓋《てんがい》に八角形がみられるのはその理由による（『数の神秘』フランツ・カール・エンドレス・訳＝畔上司・現代出版）。

キリスト教建築が実際に発展し始めるのは、コンスタンティヌス大帝時代（324―337年）になってからのことである。初期キリスト教会堂は、八角形の部分を含む建築が多く、8を象徴する八角形の建物に復活の意味を込めたと思われる。勿論、現在までもその原理は続いている。

キリスト教における、八角形建築の例としては、枚挙にいとまがないほどであるが、その中で幾つかあげるとしたら、まず、聖誕教会《せいたんきょうかい》であろう。

聖誕教会《せいたんきょうかい》

イエス・キリストが生まれたとされる馬屋は現在、イスラエルのベツレヘムの聖誕教会内にある。3

26年頃起工された。その場所は八角形に縁取られており、当初においては八角形平面の建築で造られていた（図1・9参照）。

八角形を取り入れたキリスト教会堂は、塔の先端部分の八角形を入れれば、膨大《ぼうだい》な数となる。特徴ある事例として、八角形コンセプトで造られた二つの教会堂を紹介する。

サン・ヴィターレ聖堂（イタリア・ラヴェンナ）

526年頃～547年。八角形の身廊《しんろう》を2階建ての側廊《そくろう》で囲む形式は聖セルギオス・聖バッコス教会（トルコ・イスタンブール。527～536年）に酷似している（図1・10参照）。

イーリ大聖堂（イギリス）

1083～1342年、イーリ。塔上には直径約20ｍの八角平面の頂塔をのせた。この天蓋《てんがい》に造られた八角形と八芒星《はちぼうせい》は、キリスト教会堂の中で最も美しいのではなかろうか。八の探究者として感無量である（図1・11参照）。

8の数秘論

キリスト教において、8の数字は数秘論的な数値としても崇敬されている。

ギリシャ語でイエスの名前を書くと「ΙΗΣΟΥΣ」となり、数秘論的な数値は「888」を示す。よって、「888」はキリストを象徴する数となった。このキリストを表す聖なる数「888」を、教会堂に表現した建築家もいた。

東部フランスに位置するトロワ大聖堂の穹窿《きゅうりゅう》の高さを、当時の寸法で88ピエ8プス（約28・5ｍ）とし、数秘術におけるキリストの数をはめ込んだ（ピエとは足のことであり、32・4㎝。プスとは親指のことで、ピエの12分の1の単位）。（『大聖堂のコスモロジー』馬杉宗夫《うますぎむねお》・講談社 現代新書）。

キリスト教と八芒星《はちぼうせい》

キリスト教において星と言えば、クリスマスツリーの上に輝く星「ベツレヘムの星」を思い浮かべる。〈「ユダヤの王としてお生まれになったかたは、どこにおられますか。わたしたちは東の方でその星を見たので、そのかたを拝みにきました」と東方から来た博士たちがエルサレムで尋ねた。東方で見た星が、彼らより先に進んで幼子のいる所まで行き、その上にとどまった。その幼子がイエス・キリストであった〉。このようなことが新約聖書に書かれてある。

よって、キリスト教における星は、この「ベツレヘムの星」を指していると思っても間違いではないと思う。この星の形は様々に描かれている。その中において八方に輝く「八芒星《はちぼうせい》」も多く見られる。特に、ガッラ・プラチディア廟《びょう》の丸天井にちりばめられている星の形は八芒星であり、見事なモザイク画である。キルトのデザインで「ベツレヘムの星」といえば、ほとんどが八芒星のデザインで表現されている。また、八芒星はビーナス（金星）の象徴として描かれる場合もある。

ガッラ・プラチディア廟の丸天井・八芒星

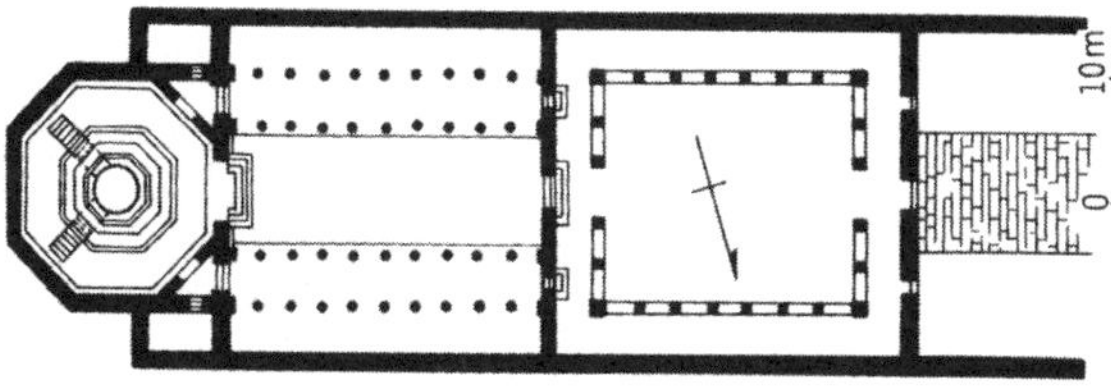

図1・9：聖誕教会（Vogüe, M. de）

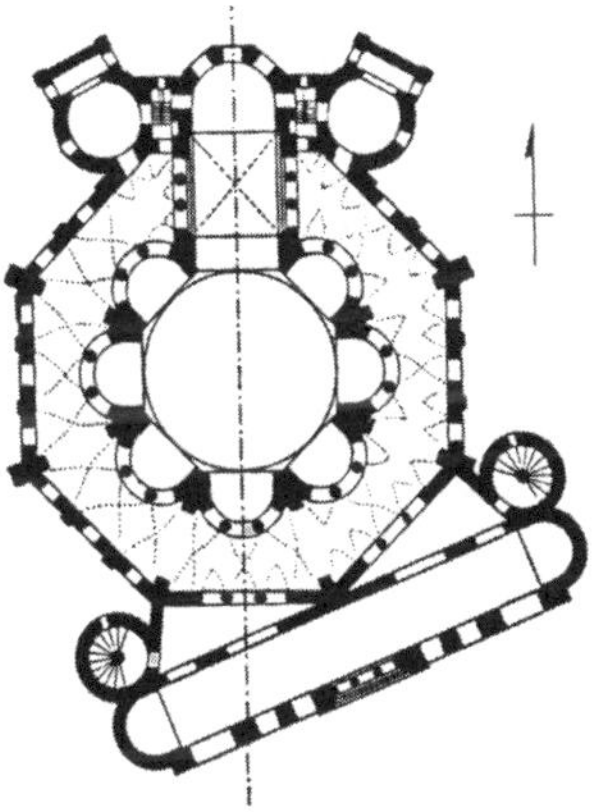

図1・10：サン・ヴィターレ聖堂（Kidder-Smish, G. E.）

図1・11：イーリ大聖堂（Felton, H.）

5世紀半ば。イタリア・ラヴェンナ。ローマ皇帝コンスタンティウス3世の妃ガッラ・プラチディアが自分の廟として建てさせたものと言われている。内部は5世紀の見事なモザイクによって覆われている。色彩は深い青が基調で、巧みな構図を見せており、「良き羊飼い」や水盤から水を飲む白い鳩は、とりわけ有名である。小さな丸天井は満天の星となっている。星の形は、八芒星の形をしている。また八弁の花模様も天井にびっしりと埋め込まれている（『陶藝の美13』1986年・京都書院／図1・12参照）。

❷ イスラム教における8の意味

イスラム教と8の関係は、どのような特徴が見られるのであろうか。私見ながら、イスラム教において、8は吉数として解釈しても何ら問題ないと思われる。少なくとも「忌《い》み数」ではない。

8は楽園を象徴する。イスラムにおいては、7つの地獄と8つの楽園があると言われている。何故、1つ楽園が多いのであろうか。それは、神の慈悲は怒りよりも多いと考えられるからである。ペルシャ文学では「8つの楽園」という表現がある。それがイスラム教の庭園に反映されている。例えば、8分割の庭園が、ペルシャ・インド圏の霊廟に見られるが、それは、8部構成の庭園が天の至福を予示するためである、と言われている。

イスラム教における、八角形は、モスクの平面プランに見られる。その代表は「岩のドーム」であろう。モスクでの八角形は、「天井・天蓋《てんがい》」、礼拝の前に手足を洗い清める「泉亭《せんてい》」、モスクに付属する塔「ミナレット」等々でデザインされている。

図1・12：ガッラ・プラチディア廟（『陶藝の美13』1986年・京都書院より転載）

岩のドーム（エルサレム）

建物は八角形平面プランである。ウマイヤ家に敵対してカリフ（イスラムの権威者）を名乗る人物が抑えていたメッカのカーバ神殿に対抗して、シリアの人々の新たな巡礼地とすることを意図して建てられたものだった。古代からの由緒あるエルサレムの神殿域で高く金色に輝くドームは、ウマイヤ朝カリフの力、権威、統治の正統性を人々に目に見える形ではっきりと示した一大モニュメントだった（『モスクが語るイスラム史』羽田正《はねだまさし》・中央公論社）。

このドームの中には大きな岩が一つある。その岩は伝説によれば、預言者ムハンマドが天に上っていった場所だと言われている（図1・13参照）。

イスラム文様と8

スペインのアルハンブラ宮殿、トルコのトプカプ宮殿、及びイスラム寺院などの装飾デザインを見ると、角形、星形のデザインが多いことに気づく。三角形、四角形、五角形、六角形……二十角形と多くの角形が装飾されている。星形も同様である。

しかし、その中で最も目立つのは、八角形、八芒星《はちぼうせい》であろうと思う。星形は、正方形を45度回した、日本の家紋用語で言うところの雁木輪《がんぎわ》八芒星と、八つの頂点を二つ飛ばして結ぶ線によってできる八芒星とに分かれる。いずれにしても、両方とも作図をしてみれば分かるが、直角二等辺三角形の世界である。つまり、$\sqrt{2}$の世界なのである。この二つの八芒星は、正方形と円により、作図が可能である（『イ

図１・13：岩のドーム（写真提供（株）ファイブ・スター・クラブ）

図１・14：（『イスラムの文様』・小杉泰、渋川育由・講談社より）

スラムの文様』小杉泰《こすぎゆたか》、渋川育由《しぶかわいくよし》・講談社／図1・14参照)。

❸ 古代メソポタミア文明(古代バビロニア)の八芒星デザイン

金星と太陽のデザイン

古代バビロニアでは、金星も太陽も、八方のデザインで描かれることが、多いようである(図1・15参照)。

古代メソポタミア文明と八芒星・文字

八方を表現するデザイン「✳」は、古代メソポタミアにおいては、星、天、神を意味していた。シュメール文字(楔形文字)になっても、天、神を意味していた。(図1・16参照)

古代日本の聖数「八」についてのまとめと、さらなる聖数「八・や」の考察

八方位・八角形の基本概念は、民族、宗教によって、幾つかのパターンがある。そこには、宗教的意味などが隠されているのである。また、古代日本においては、「八・や」は特別な聖数(数霊《かずだま》)であり、天皇、国、八州人《やしまびと》(造語)を、数霊《かずだま》(言霊《ことだま》)の霊威《れいい》で守護している様子が推察できた。

聖数「八・や」について、さらなる考察をしたいと思う。

図１・15：紀元前1185～1171年。古代メソポタミア（古代バビロニア）文明。下の画は、上の王メリシパク２世のクドゥル（境界石）の部分写真からイラスト化したもの。（「メソポタミア文明展」カタログ・NHK より　© RMN / René-Gabriel Ojéda / distributed by DNPartcom）。

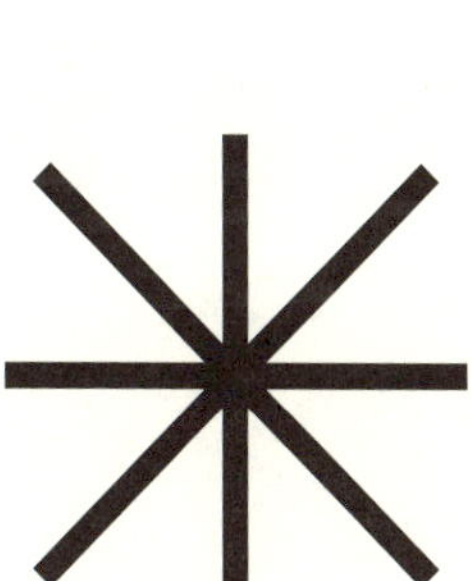

図１・16：この八方デザインは、星、天、神を意味する。

図１・17：an(アン神)を意味する楔形《くさびがた》文字。天、神を意味する。

聖数「八・や」と言霊「八・や」の考察

古代日本の「八・や」は、「弥栄《いやさか》の弥（八・や）」として聖数「八・や」となったというのが、自然な解釈かもしれない。

しかし実際には「弥栄《いやさか》の弥（八・や）」というのは、後から意味付けされたと推測される。やはりまずは言霊の霊威を持った「開a音」が原初であると思われる。

我々は、古代人が抱《いだ》いていた、言葉に対する不思議さを理解しなくてはならない。人間は、何故、言葉を発するのか。他の動物と違って、何故、多くの発音が可能なのか。当時の人々は、不思議に思っていたのである。人間の言葉は、言霊であり、神の言葉でもあったのだ。我々は、当時の人々の気持ちになって、理解する必要がある。

幸い、万葉歌謡にそのことが記してある。日本は〈言霊《ことだま》の幸《さき》はふ国〉であると。

歌謡において、「言霊の」は「八十《やそ》」にかかる枕詞《まくらことば》であった。何故、「言霊の」が「八十」にかかる枕詞なのか。数多くある言葉の中で、いやいや、全ての言葉の中で、何故、一点、「八十」が選択されたのか。

つまり、「言霊《ことだま》＝八十《やそ》」と表現している。八十は、多くの八の様《さま》を表現している。ならば「言霊＝八（や）」と言える。何故なのか。

やはり、「八・や」が口を大きく開く「開a音」であるため、特別な言霊（数霊）の霊威が宿っていると判断したからこそ、「言霊＝八（や）」と認識されたのであると思う。

兎《と》に角《かく》、歌謡においては、「言霊＝八」であると、主張している。〈言霊は、八（や）である〉と言挙《ことあ》げしている。そして、歌謡において、日本は〈言霊《ことだま》の幸《さき》はふ国〉であると歌っている。

このことから、何故、古代日本を八州《やしま》と称したのかが、分かる。次のように言える。

〈「言霊《ことだま》は、八（や）である」と言挙《ことあ》げしていること、そして、歌謡で日本は「言霊の幸はふ国」であると歌われていること、この二つが合わさって表現化・具現化された言葉が、「八州《やしま》（日本）」である〉。

今まで述べてきたことから、次の三点を取り上げる。

①『記紀』において、多くの神を表す言葉は、「八・や」に限られていた。その代表が「八《や》百万神《およろずのかみ》」である。また、『古事記』においては、神の名を表現する数詞は「八・や」に、ほぼ限られていた。古代日本人は、聖数「八・や」を神々に捧《ささ》げたのだ。

②天皇は、「八隅知之大君《やすみししおおきみ》」と歌謡において歌われ、「八・や」で表現されている。

③国家は、「八州《やしま》」と称され、「八・や」で表現されている。

私は、前記の3点から、つくづく、次のように思う。

〈古代日本人（八州人《やしまびと》・造語）は、神々に、天皇に、そして国家に、言霊《ことだま》の霊威《れいい》が最も宿る聖数「八・や」を捧《ささ》げたのである〉。

この重大な根本原理を、何故、人々に知らしめることができなかったのか。ほとんどの人々は、「八」は、末広がりの吉数という理解の範囲で止まっている。なんとも、残念なことである。

日本の歴史については、今まで膨大な本が出版されている。教科書も一通り歴史のことは述べている。だが、古代日本の基本概念の一つである、聖数「八・や」の意味は、全く、人口に膾炙《かいしゃ》されていない。聖数「八・や」の件は、古代日本人の建国の心根が表現されている一つの重大な事例として、是非とも、教科書にも取り上げていただきたいと願う。

2、3世紀頃から、漢文化の「八・はち」の概念が流入した。この概念は、基本的には「八卦」・「八方位」「八角形」であった。「八・や」との認識あらためがあり、目出度《めでた》さの点で一致し、習合したことはすでに述べている。しかし、「八・や」は漢文化の「八・はち」に駆逐《くちく》されなかった。

古代日本においては、この習合により、「八の世界」は更に豊かな表現力を持つようになった。この習合こそが、「伊勢神宮」と「大嘗祭《だいじょうさい》」において、シンプルで壮大、そして荘厳《そうごん》な、隠密裡《おんみつり》の呪術的グランドデザインを描かせたのだ。

今まで、古代日本の聖数は「八・や」と述べてきたが、「八・や」と「八・はち」は習合したのである。よって、古代日本の聖数は「八・はち」であるとしても問題はない。実際、古代日本は、習合した「八・はち」をも聖数として扱ったのだ。

しかし、本来の古代日本の聖数は「八・や」であることは、是非とも覚えておいて欲しいと思う。

第2章

古代天皇家と「八」——日本の歴史・文化に刻まれた知られざる暗号の全て

前章において、「八」とはそもそもどのような数字なのか、その概論を述べた。この章では、天皇と八の関係が、特別であることを知っていただく。できる限りの事例を一覧として、何故「八」に多くの意味を持たせたかを述べたい。天武《てんむ》天皇は、天皇家と国家・八州《やしま》（日本）が永遠に続くよう、統一的な呪術《じゅじゅつ》を施した。その呪術内容、すなわち八の暗号を解読していく。

その前に、ハッキリさせたいことがある。「天皇号」についてである。天皇号採用時期は、説として一定していないのだ。例えば天武天皇は、唐・高宗《こうそう》天皇を真似て天皇号を採用した、という説がある。だが、私は、むしろ逆であるとの拙論を述べようと思う。

天皇号を称したのは、対中国皇帝属国拒否の姿勢であったのだが、その証拠は、伊勢神宮《いせじんぐう》と大嘗祭《だいじょうさい》の呪術的祭祀《さいし》形式に見られる。天武天皇は、天皇の意味付けを、伊勢神宮と大嘗祭で行ったのだ。

なお、この章において、八の暗号解読の基本デザインを、前もって結論的に紹介する。

また「伊勢神宮」と「大嘗祭」における、重大な呪術的グランドデザイン発見等々の経緯については、発見の興奮ぶりを敢《あ》えて抑えることなく、「第4章」、「第5章」において詳しく述べることとする。

天皇と八の暗号解読によって、古代日本人の、国家建設に邁進《まいしん》する息づかいに浸っていただけたら幸いである。

「天皇号」は対中国皇帝属国拒否・独立国家宣言の象徴だった！

❶ 天皇号は対中国皇帝属国拒否宣言

日本の中国に対する自立的な姿勢は、聖徳太子《しょうとくたいし》が６０７年、遣隋使《けんずいし》・小野妹子《おののいもこ》に渡した国書の文面、〈日出《ひい》づる処《ところ》の天子、書を日没《ひぼっ》する処の天子に致す。恙無《つつが》きや〉に始まる。また、その翌年の６０８年、〈東《やまと》の天皇、敬《つつし》みて西《もろこし》の皇帝《きみ》に白《まう》す〉（『日本書紀』・推古《すいこ》天皇）との国書を、隋の煬帝《ようだい》に送っている。

この「天皇号」を称することは、対中国皇帝属国拒否の国家的独立宣言の姿勢であった。当時の東アジアにおいては、皇帝を名告《なの》ることができるのは中国皇帝だけで、周辺はみな属国だから、当然「王」を名告らなければならなかった。しかし、聖徳太子は、まずは「天子」と称して様子を窺《うかが》った。そしてその翌年、「皇帝」でもなく「王」でもない、「天皇」と称するようにしたのだ。このように、天皇号は遣隋使が中国皇帝に渡した書状以来、正式ではなく、形式的に尊称として慣用されていたのであろうと思われる。

この天皇号を、政治や祭祀に対し、完璧なデザインとして用いたのは、天武天皇である。それは、天皇の文字が書かれた国書を隋の煬帝に送ってから、65年後の６７３年のことであった。天武天皇が宣言した天皇号こそは、さらなる中国皇帝に対する、完全なる真の国家的独立宣言であったのだ。なお、今まで大王のことを「すめらみこと」と称していたが、この「すめらみこと」に「天皇」の文字を当てたわけである。但《ただ》し、天武天皇が「天皇号」を採用したとき、天皇を「すめらみこと」と称したとの説もある。

❷『記紀』編纂《へんさん》、「伊勢神宮」のリニューアル、「大嘗祭」の真相

私見ながら、対中国皇帝属国拒否・独立宣言を象徴するのが「天皇号」であり、同様に、対中国皇帝属国拒否・独立宣言として、最終的に日本最大の永遠に続く宗教的イベントとしたのが、リニューアルされた「伊勢神宮」とその祭祀であり、また新嘗祭《にいなめさい》から独立した「大嘗祭《だいじょうさい》」であったのだ、と言えるのではなかろうかと思う。

八州《やしま》（日本）の天皇は、中国（唐）の皇帝と対等であるという、格調高い尊厳の証拠を示す必要があった。それが、『古事記』『日本書紀』の編纂《へんさん》であり、伊勢神宮のリニューアルであり、大嘗祭の成立であったのだ。また、三種《さんしゅ》の神器《じんぎ》の明確な意味付け儀式も同様である。

『記紀《きき》』の場合は「文字」により、「伊勢神宮・大嘗祭《だいじょうさい》」の場合は「祭祀形式」により、天皇の根拠を証明した。『記紀』においては、太陽神・天照大神《あまてらすおおみかみ》を皇祖としたその子孫のみが天皇になれるという、万世一系の神話の「書」としての発表であった。勿論、それらの神話は上古より存在していたであろう。天武天皇の在位期間と『記紀』完成までには、時間的なずれがあるが、発注者は両方とも天武天皇と考えられる。

伊勢神宮と大嘗祭の場合は、天皇号の元となった意味内容――「天皇＝天皇大帝《てんこうたいてい》＝北極星神」――に

忠実であるべく、伊勢神宮と新嘗祭《にいなめさい》（大嘗祭）を整理発展させ、密《ひそ》かに天照大神と北極星神（天皇大帝）とを習合《しゅうごう》させた。これによって、天皇の本来の意味は、「伊勢神宮と大嘗祭」において組み入れられたのであった。よって、名実ともに、大八洲瑞穂国《おおやしまみずほのくに》における、天皇の意義・根拠を得たのである。

勿論、「天皇＝天皇大帝＝北極星神」を表現する呪術は「八の世界」であり、重大な「八の暗号」を含む。

『記紀』においては、「天皇＝天皇大帝＝北極星神」の説明はない。それは何よりも「天皇号」が、日本において新しく採用された言葉であった、という証左でもあり、『記紀』神話が古い伝承に基づいて書かれている、ということの証左でもある。

なお、「第8章」で八角形墳陵《はっかっけいふんりょう》について詳しく述べるが、この八角形墳陵は、天皇《てんこう》大帝を意味していると推測される。ならば、最初の八角形墳陵は舒明《じょめい》天皇陵であるから、天武天皇即位30年前に、天皇号を称する世界観を持っていたということになる。よって、天武天皇は、突然、独自に天皇号を採用したのではなく、慣用的に使用されていた天皇号を正式採用したのであろうと思われる。

天武天皇は、『記紀』編纂《へんさん》、「伊勢神宮」のリニューアル、そして「大嘗祭」の成立によって、中国「皇帝号」よりはるかにグレードが高い「天皇号」になった、と思っていたのではなかろうか。

何故ならば、中国の皇帝は、天に存在する神にはなれない。天の神の命令で皇帝になるのである。よって、中国の皇帝は、天の神の怒りで皇帝の位置を追われるという天命思想により、易姓革命《えきせいかくめい》が起きるのである。それは王朝交替の正当化ともなる。

日本では、太陽の神、天照大神の子孫は天皇であり、八束穂《やつかほ》（日本の稲を象徴）を共食すること等々の儀式によって、天照大神と天皇は身体が一体化している。つまり、天皇は太陽（天照大神）はもとより、北極星（天皇大帝）にも擬《なぞら》えられている。そもそも、中国のように国がたびたび変わることのない万世一系の国柄であったことは、中国皇帝に対して大いなるアドバンテージがあったと推測される。

❸ 天武天皇と唐・高宗《こうそう》天皇

「天皇号」を称するようになった時期については、幾つかの説がある。一体いつ採用したのかハッキリしてくれ、どうなっているのだという苛立《いらだ》たしさがあった。天武天皇が唐・高宗《こうそう》の天皇号を真似た、という説がある。となると、それ以前の、日本における天皇号使用の事例（天寿国繍帳銘《てんじゅこくしゅうちょうめい》、法隆寺金堂薬師如来像光背銘《やくしにょらいぞうこうはいめい》、船首王後《ふなのおびとのおうご》墓誌銘等々）とされている件は、全て捏造《ねつぞう》ということになる。これほど説が分かれているのなら、素人の私でも論争に加わることは許されるだろう、ということで、無謀にも拙論を述べることとする。

私は、天武天皇が即位した年（673年）に「天皇号」を正式に採用した、と推測する。高宗は674年に「天皇」と称した。この1年の差は実に微妙である。日本には、それ以前に、天皇号を使用していた事例があるから（異論あり）、話は余計にややこしくなる。

天武天皇より前に天皇号は日本に存在しなかったと見る学者は、天武天皇が高宗の「天皇号」を真似たとしている。まさか、中国皇帝が、日本が称していた天皇号を真似ることは考えられない、という理由からである。この説によれば、日本における天皇号は、天武天皇即位後1年以上経ってから、称されたということになる。

６７４年から６８３年までは、唐・高宗天皇の時代であった。確実に天武天皇（６７３年～６８６年）と高宗天皇は、「天皇」ということで重なっているのである。

しかし、簡単に天武天皇が高宗天皇を真似したと、割り切れるものであろうか。

❹ 天武天皇の「天皇号」採用は、高宗天皇の真似ではなかった

天武天皇即位当時の状況

６０７年、皇帝煬帝《ようだい》に渡した国書の文言《もんごん》〈日《ひ》出《い》づる処《ところ》の天子〉の「天子」は、すでに、天皇・皇帝を意識したものであったに違いない。６０８年の国書の内容〈東《やまと》の天皇、敬《つつし》みて西《もろこし》の皇帝《きみ》に白《まう》す〉は、中国の資料に残っていないから、『日本書紀』の創作であるとの説もあるが、私は事実であると思う。残念なことにこの件は、研究書によっては、全く取り上げられていない。資料としても、完全無視の場合が多い。

注目すべきことは、天武天皇即位前年・６７３年に、大来皇女《おおくのひめみこ》が伊勢斎王《さいおう》（斎宮）に選定されていることである。伊勢神宮のグランドデザイン構想は、もうこのときできていたのではなかろうかと推測できる。また、天武天皇即位年に、新嘗祭《にいなめさい》と大嘗祭を区別している。このことは、大嘗祭において「天皇＝天皇大帝《てんこうたいてい》＝北極星神」の意味付けを付加したことを示している。

とするならば、この前述二事例（斎王と大嘗祭）は、唐の高宗が天皇を称した６７４年よりも1年早い。よって、「伊勢神宮・大嘗祭」において、天照大神と「天皇《てんこう》大帝＝天皇」を習合させるプランはすでにできていたのである。後ほど、この件については何度も呪術発見として述べる。

私は、天武天皇が即位したそのとき――高宗が天皇を称した前年の673年――に、「天皇号」を正式に採用したと考える。ならば、高宗が天皇号を採用したのは、天武天皇より後になる。何故《なにゆえ》に、という大問題が浮かび上がってくる。

「天皇号」採用は高宗ではなく則天武后《そくてんぶこう》が発案した

高宗側の事情も考慮しなければならない。

何故《なぜ》、高宗は皇帝と称することを改め、天皇と称したのであろうか。

『天皇と中国皇帝』(沈才彬《しんさいひん》・六興出版)には、『資治通鑑《しじつがん》』の注釈として、次のように記してある。


――高宗は、皇帝を天皇に、皇后を天后《てんこう》に改めている。これは、則天武后の意図によるもので、同日追尊した先帝・先后の称を避ける名目で、その実は自尊を欲したものらしい。


そして、沈才彬氏は、〈中国の歴史を通じて唯一例である。天皇とはもともと神の名であって、天子が使うものではないとされている〉と述べている。

どうやら、皇帝から天皇に改めたのは、高宗自身ではなく、高宗の后《きさき》である則天武后《そくてんぶこう》の発案によるものであった。このころは、高宗は病状が思わしくなく、皇位を則天武后に譲る意向を見せ、臣下にたしなめられている。先例のない、「天后《てんこう》」という名称は、則天武后自身が政治を担当するという意思表示であろう。それは、「皇后」から「天后」に称号を変えることが目的であった。何と、皇帝号→天皇号は、真の目的ではなかったのだ！
私は、次のように推論する。則天武后は、日本が天皇号を称しているという情報をすでに得ていた。制度として完璧なものではなく、形式的に称していたことを。
６７０（高宗咸亨《かんこう》元・天智九）年『新唐書《とうじょ》』には次のように記されている。

一 倭の名を悪《にく》み、更に日本と號す。使者自ら言う、國、日出ずる所に近きを以て名と爲すと。

そのとき同時に、日本においては慣用的に「天皇号」を称することもある、との情報も入っていたと推測する。勿論、それ以前からも天皇と称していた情報は入っていた。そういう状況の中（天武天皇即位以前の情報）、則天武后は、皇帝号から天皇号に変えることを決めたのだ。
則天武后は、「皇后」より格上である名称を探していた。皇后より格上の尊号を得て、より独裁的な政治も行えるような名称が欲しかった。則天武后は、日本における天皇号の事情について知っていた。そのとき閃《ひらめ》いたのが、天皇号と天后号のセットなのである。

日本・天武天皇……「天皇と皇后」……６７３年天武天皇即位
中国・高宗天皇……「天皇と天后《てんこう》」……６７４年高宗、天皇号を称す

皇帝の号はそのままにして、皇后の号だけを変えるわけにはいかない。ところが、一緒にセットとし

て変えるのなら、大義名分が立つ。則天武后は、このことを実行したのである。

中国の則天武后が日本の天皇号を真似た！

よって、私は、天武天皇は、高宗の天皇号を真似ていなかった、という説を唱えたい。むしろ、則天武后が日本の天皇号を真似た、と考えられるのだ。但し、天武天皇が、即位（673年）と同時に制度として正式に天皇号を採用したことを、則天武后が知っていたのかどうかは、判断に迷う。多分知らなかったと思う。いずれにしろ、則天武后は、〈日本は正式ではなく、慣用的に天皇号を称している〉ということは知っていた。そもそも「天皇」とは、中国の言葉・哲理である。日本を「蕃国《ばんこく》」と見ていた中国である、日本のことは気にしていなかったのだ。それが他の文明を認めない中華思想である。則天武后の目的は、天皇号ではなく、そのセットとしての「天后」であったのであるから、なおさらのことである。

また、もし天武天皇が、高宗の天皇号をそっくり真似たとなれば、「天皇と天后」をセットとして採用しなければならない。しかし、日本は、日本の都合に合わせて唐の諸制度を取り入れていることから、このことはそれほど考慮することもなかろうと思うが。

女帝になった則天武后は、795年「天樞《てんすう》」と呼ばれた則天武后を讃《たた》える巨大なオベリスク形の八角形記念碑を建立《こんりゅう》している（注：天樞の「樞《すう》」は新漢字では「枢《すう》」であるが、今後も旧漢字を使用する）。

この天樞の呪術内容は、天武天皇がリニューアルした伊勢神宮の呪術哲理とよく似ている。天樞自体が北極星をも意味しているのであるが、伊勢神宮もリニューアルの際、北極星を呪術として採用している。天武天皇と則天武后は北極星の呪術を利用している、ということで共通しているのだ。

伊勢神宮のリニューアルは、則天武后の「天樞」建立より早い。よって、天武天皇が「天樞」の呪術哲理を真似たわけではない。

このように、天武天皇は、高宗天皇よりも早く「天皇号」を採用し、さらに、則天武后の建立した「天樞」よりも早く伊勢神宮をリニューアルして、北極星の呪術を採用している。

「第7章」で、私は、則天武后が建立した天樞に刻まれた文字が、『唐書《とうじょ》』に記されている文字「國」という字ではなく「圀《くに》」であった、との小生の大発見を述べることになる。素人の私としては大発見であると、心が浮き立っている。

則天武后が創作した文字「圀」は、「国とは八方なり」を意味しており、「八の世界」を示している。天樞と伊勢神宮の呪術哲理も、「八の世界」なのである。

天武天皇と則天武后は、実に、不思議な縁で結ばれている。考え方が同じなのである。二人を逢わせたらさぞ面白かったろうと、つくづく思う。

二人の共通点でもある、天皇号正式採用、北極星の呪術、八の世界の呪術等々についてであるが、何故か、少しの差であるが、天武天皇の方が、則天武后よりも先んじている。

私は、呪術世界において、「八の世界」の結びつきの偶然さ・広さ・不思議さに驚いてばかりいる。

天皇における「八《や》、八州《やしま》、北斗八星、八卦《はっか》」の関係と暗号

天皇と「八」にはどのような呪術関係があるのか、その根本原理を述べる。これを知っていただかないと、天皇と関係ある具体的な「八の世界」の事例の説明が、できないからである。まず『八』の呪術的基本原理を知っていただき、その後、「天皇と八の事例」を説明する。

❶ 八州《やしま》（日本）を象徴している

古代日本においては、日本のことを「八州《やしま》」「八島《やしま》」「大八州《おおやしまぐに》」「大八洲国《おおやしまのくに》」「大八島国《おおやしまぐに》」とも称した。国を数字の「八《や》」で表現した。このことは、『古事記』『日本書紀』等々において記されている。

これまで、古代日本の聖数「八・や」と、中国文化の八卦《はっか》の「八・はち」が習合して、日本において新たな聖数「八」となったと説明してきた。しかし、「八《や》」自体が「八州《やしま》」（日本）を意味している場合もある、ということに気付いた。それは古田武彦《ふるたたけひこ》氏の「八乙女舞《やおとめのまい》」に関する、次のような見解を知ったことがヒントになった。

「八乙女舞」については「第1章」でも述べたが重要なので再度取り上げ検証してみよう。

八乙女舞

志賀海《しかうみ》神社の「八《や》乙女舞《おとめのまい》」は、八《や》州《しま》のそれぞれの国（州）の乙女が集まり八乙女となり、九州王朝（八《や》州《しま》）を表現している、とも考えられると古田武彦氏は述べている。九州王朝の件は別として、この古田武彦氏の見解に、まさに目から鱗《うろこ》が落ちる思いがした。「八乙女」とは、「八《や》州《しま》（日本）」の意味を含んでいたのだ。

とすれば、八乙女以外にも、八州（日本）の意味を含んでいるであろう事例が見いだせる。このように考察するならば、「八《や》咫鏡《たのかがみ》」、「八《や》坂瓊曲玉《さかにのまがたま》」、「八《や》剣《つるぎ》」、「八《や》開手《ひらで》」等々、「八《や》」のつく言葉は「八《や》州《しま》（日本）」の意味も含んでいる、と考えられる。「八《や》」は「八《や》州《しま》（日本）」を表現している、と推測できるのである。

であるからして、祭祀儀礼《さいしぎれい》等における、八の所作《しょさ》・次第・象徴等々に関する名称は、「八《や》州《しま》（日本）を意味する〇〇」と、一旦言い直すと理解しやすい。

例えば、「八乙女」の場合は「八州（日本）を意味する八乙女」、「八《や》咫鏡《たのかがみ》」の場合は「八州（日本）を意味する八咫鏡」、「八《や》開手《ひらで》」の場合は「八州（日本）を意味する八開手」、「八《や》束穂《つかほ》」の場合は「八州（日本）を意味する八束穂」等々である。勿論この場合、「意味する」を「象徴している」に置き換えてもよい。

「八《や》」に「八《や》州《しま》」の意味を持たせる必要とは

では、何故、古代日本の為政者は、天皇の関係する祭祀儀礼等に使用される聖数「八《や》」に、「八州（日本）」の意味を付加したのであろうか。それは、次の二つの理由であると思われる。

第一に、天皇が関係する祭祀儀礼等において、天皇は、八州《やしま》（日本）の君主であることを象徴するアイデンティティ・デザイン（八・や）を必要とした。

第二に、天皇が関係する祭祀儀礼等において、天皇は、八州（日本）のそれぞれの州《くに》（国）の八州人《やしまびと》（私の造語）の参画と奉仕によって支えられているという、八州人の関与（参画・奉仕）を象徴するアイデンティティ・デザイン（八・や）を必要とした。

実際にそうでなくても、そういう観念である、ということを象徴していることが大切なのだ。天皇の祭祀儀礼等における「八・や」の所作、次第等々には、単なる「八州（日本）」という意味だけではなく、〈八州人《やしまびと》の君主と八州人との双方向の関与と参加〉が象徴されているのである。

❷「八《や》・八州《やしま》」は、八卦《はっか》も象徴している

ところが、これだけではないのだ。古代日本の為政者、特に天武天皇は、祭祀儀礼等における「八」に対して、さらに意味深い呪術を含ませた。それは、中国の歴史そのものであると言われている、「易《えき》経《きょう》八卦《はっか》」の呪術である。

「八州《やしま》」に「八卦《はっか》」の意味を付加させたのだ。

中国において、第一の思想理念といったら、間違いなく『易経《えききょう》』であろう。天武天皇は、その『易経』の「八《はち》（八卦《はっか》）」を「八州《やしま》（日本）」に配し、太極《たいきょく》を天皇（あるいは天照大神）とし、最も安定した強固な呪術として成立させたのである。後ほど詳しく述べるが、ここで重要なことは、八州（日本）

に独立国としての意味を持たせたことである。

太極八卦《たいきょくはっか》

『易経』とは、五経の一つで、単に「易」とも称す。五経の筆頭に挙げられる経典でもある。吉野裕子《よしのひろこ》著『易と日本の祭祀』の記述をまとめると次のようになる。

〈易は中国古代の聖王、伏羲《ふくぎ》が天地の理を察して八卦を画し、後にこれを重ねて六十四卦に大成したといわれる。しかし、これには異説が多く、周の文王が六十四卦にしたともいわれる〉。

〈易は、相対的な象を、陽と陰の二元として捉《とら》え、陰陽二元以前に存する原初唯一絶対の存在、「混沌」を、太極とする。陰陽は下から発していくものとされる。その際、太極は○、あるいはそれを引き延ばした形、━で表現される〉。

〈以上の変化の根源をなすものが、天人地の「三才」である。「才」とは、「はじめ」あるいは「はたらき」のことで、天人地のはたらきによって、天地間の万物万象が生み出されるという考え方である〉。

　これらのことを図に示すと、図2・1、図2・2の通り。

なお、八卦には方位が設定された。よって、太極を中心として、八卦の円を描く「太極八卦」が形作られたのである。図2・3の通りである。

　この太極八卦図が、八の暗号解読の基本形となる。この基本形をもとに、さらなる呪術哲理の形が作られたのである。それは、日本独自の形となり、多くの意味を含ませ、国家の暗号にまで、発展したのである。

「八州・八卦」の呪術は偶然の産物

古代日本は「八州《やしま》」と称されていた。そこに、漢文化の「八卦《はっか》」が流入した。そして「八州」と「八卦」は出会った。であるからこそ、「八州」と「八卦」は、呪術として結びついたのだ。もし、日本のことを「八州《やしま》」と称していなかったならば、「八卦《はっか》」とは結びつかなかった。一州が一卦を意味し、八州で八卦を意味する呪術が可能であったのは、まさに偶然のことであったのだ。このような偶然があってこそ、「八州」に「八卦」を配する呪術デザインが完成したのである。

このデザイン作業を、伊勢神宮と大嘗祭の祭祀儀礼等々において、最終的に行ったのが天武天皇である。詳しくは「第4章」、「第5章」で述べるが、天武天皇は、〈八州《やしま》に八卦《はっか》を配し、八州（独立国・日本）の守りとする概念〉を、整理し発展させたのだ。

そして、太極には、天照大神《あまてらすおおみかみ》と天皇を配したのである。図に描けば、図2・4、図2・5の通り。

八州に八卦を配した天武天皇の八州を守護するデザイン図

では、天武天皇が描いた基本的な呪術デザインを検証してみよう。

最も基本的なデザインは、〈太極を天照大神と天皇とし、八卦を八州（独立国・日本）とする〉呪術である。このデザイン図は、伊勢神宮と大嘗祭において、八州（日本）を独立国として守護する基本的な呪術なのだ。

デザイン表現としては、［太極＝天照大神・天皇］―［八卦＝八州（独立国・日本）］となる。デザイ

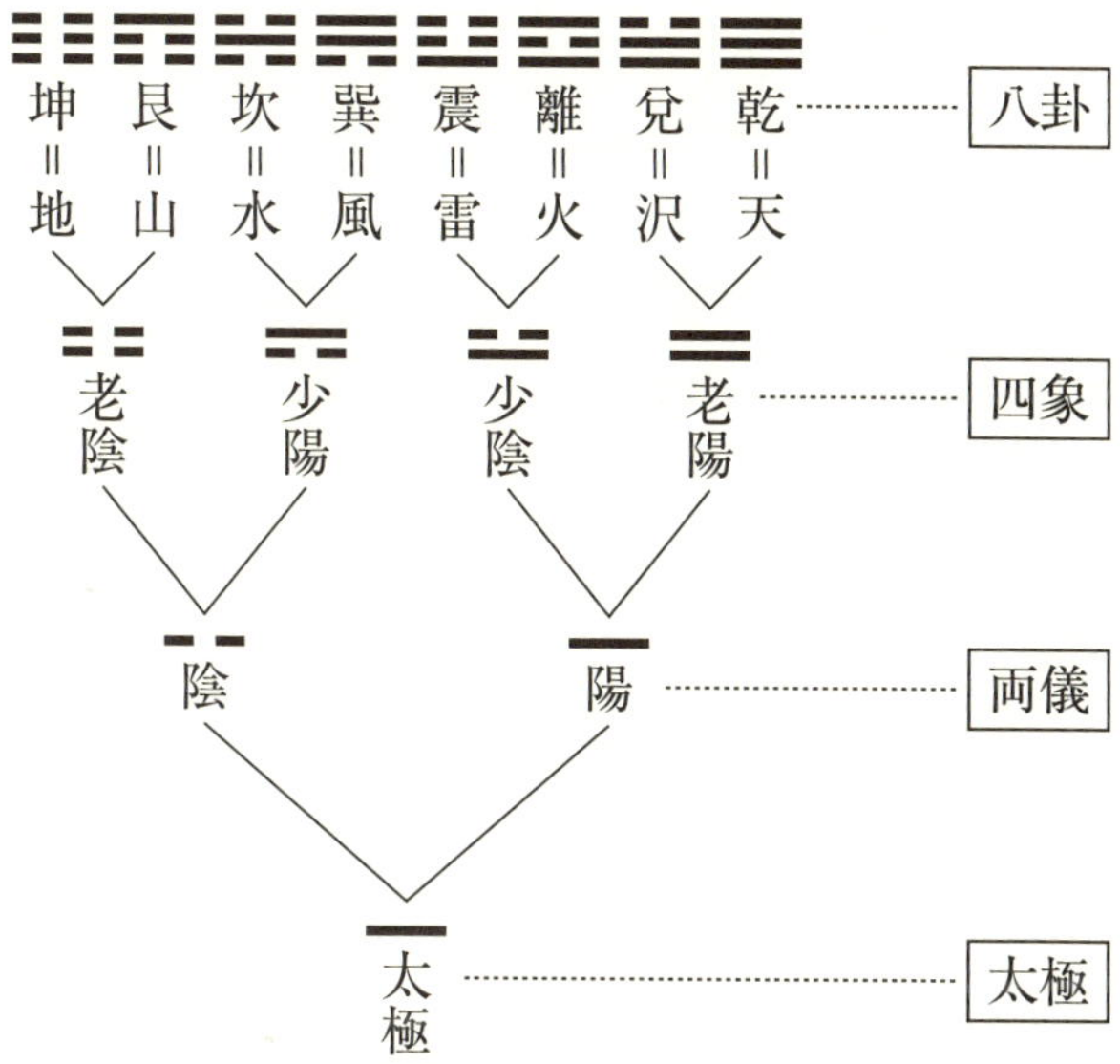

図２・１：八卦図（『易と日本の祭祀』吉野裕子・人文書院を参考に作成）

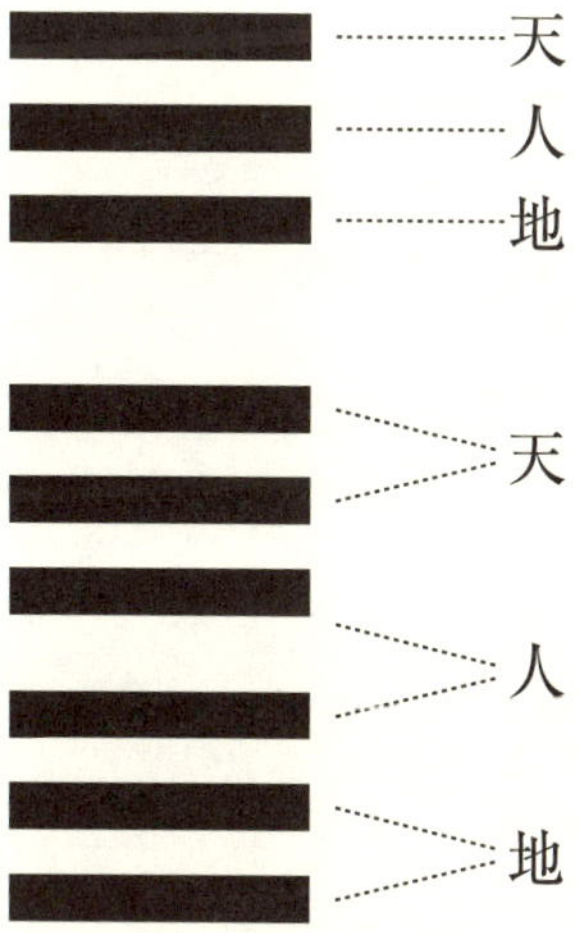

図２・２：三才図（『易と日本の祭祀』吉野裕子・人文書院を参考に作成）

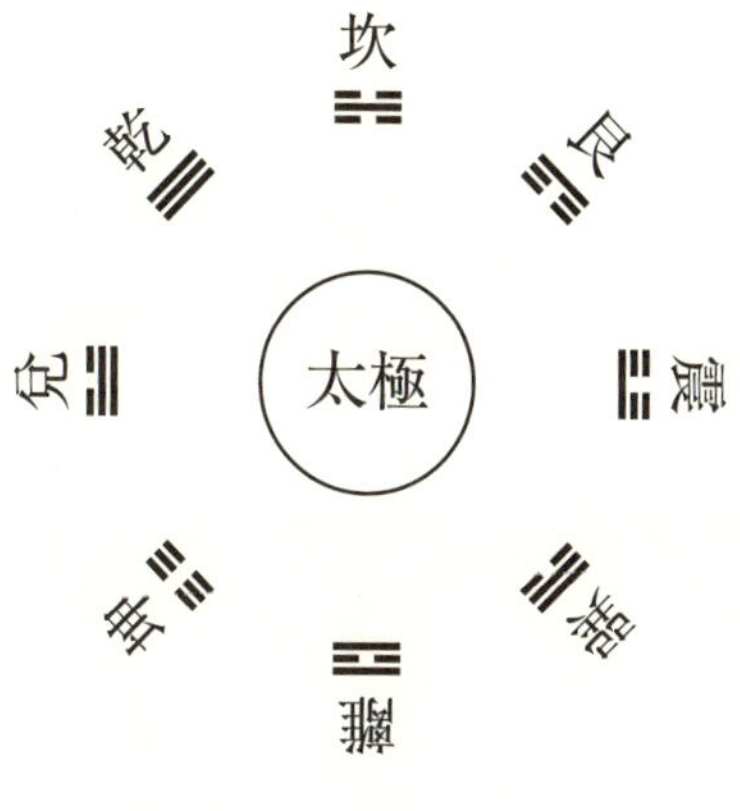

図２・３：太極八卦図

八卦図

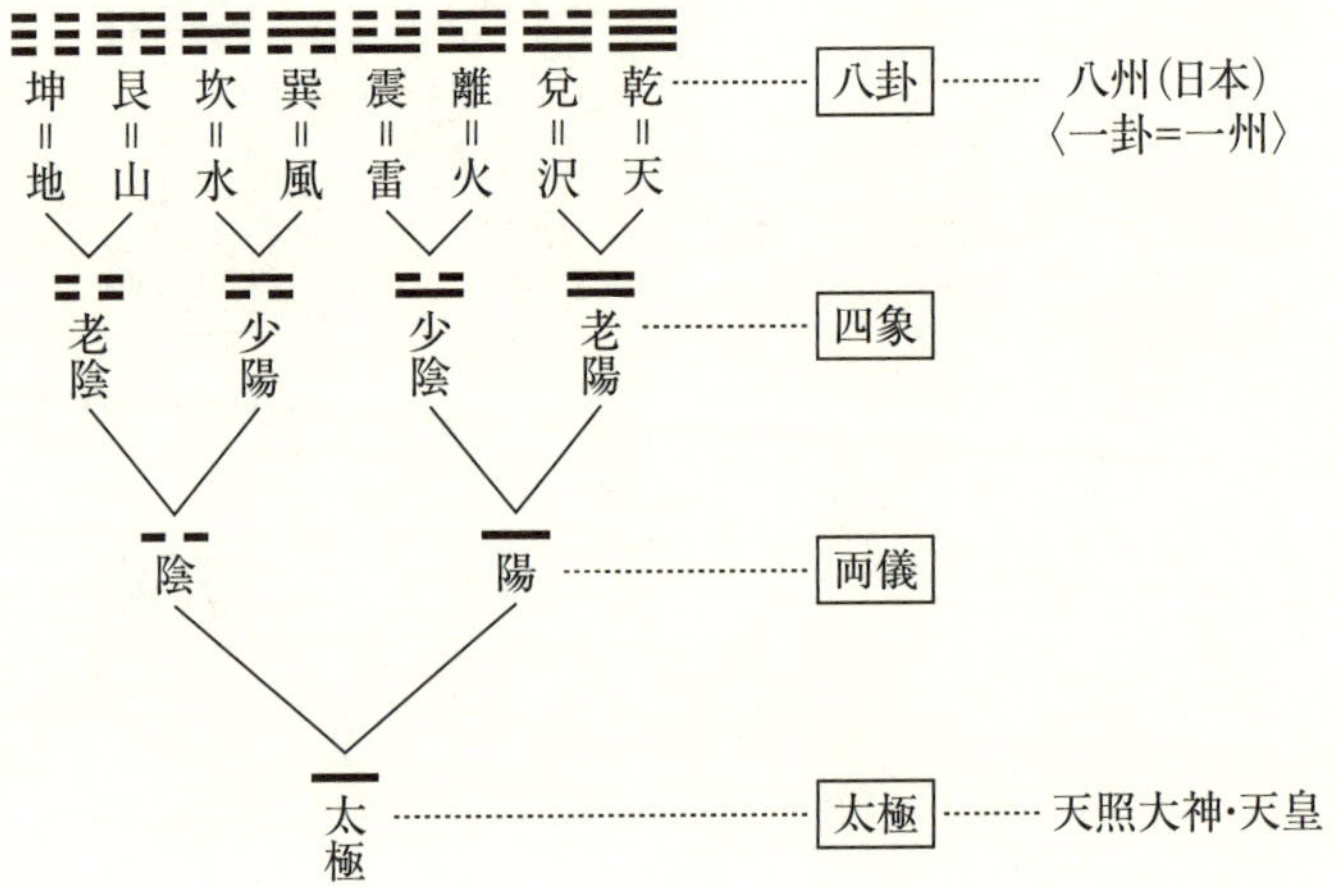

図２・４：八卦図（『易と日本の祭祀』吉野裕子・人文書院参考）

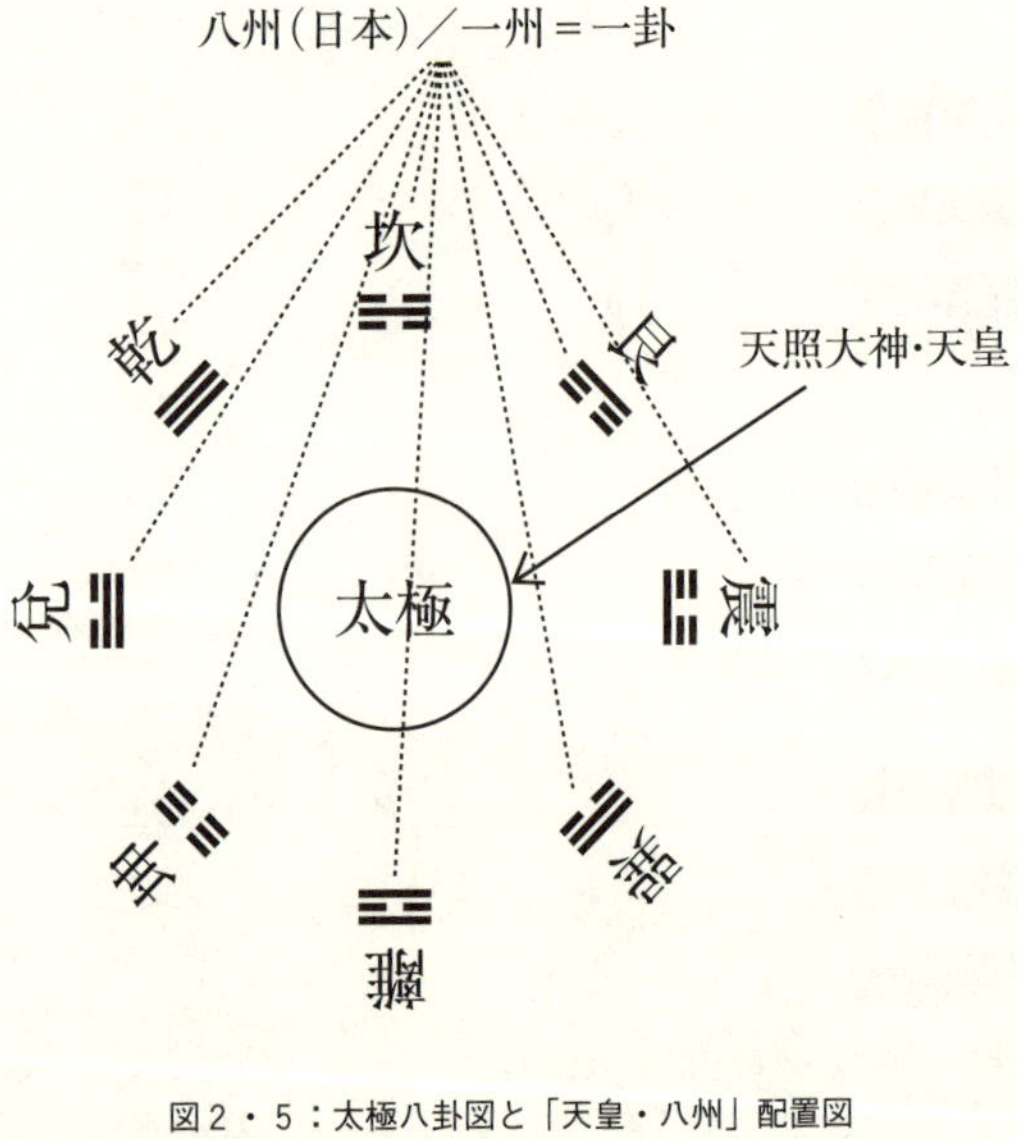

図２・５：太極八卦図と「天皇・八州」配置図

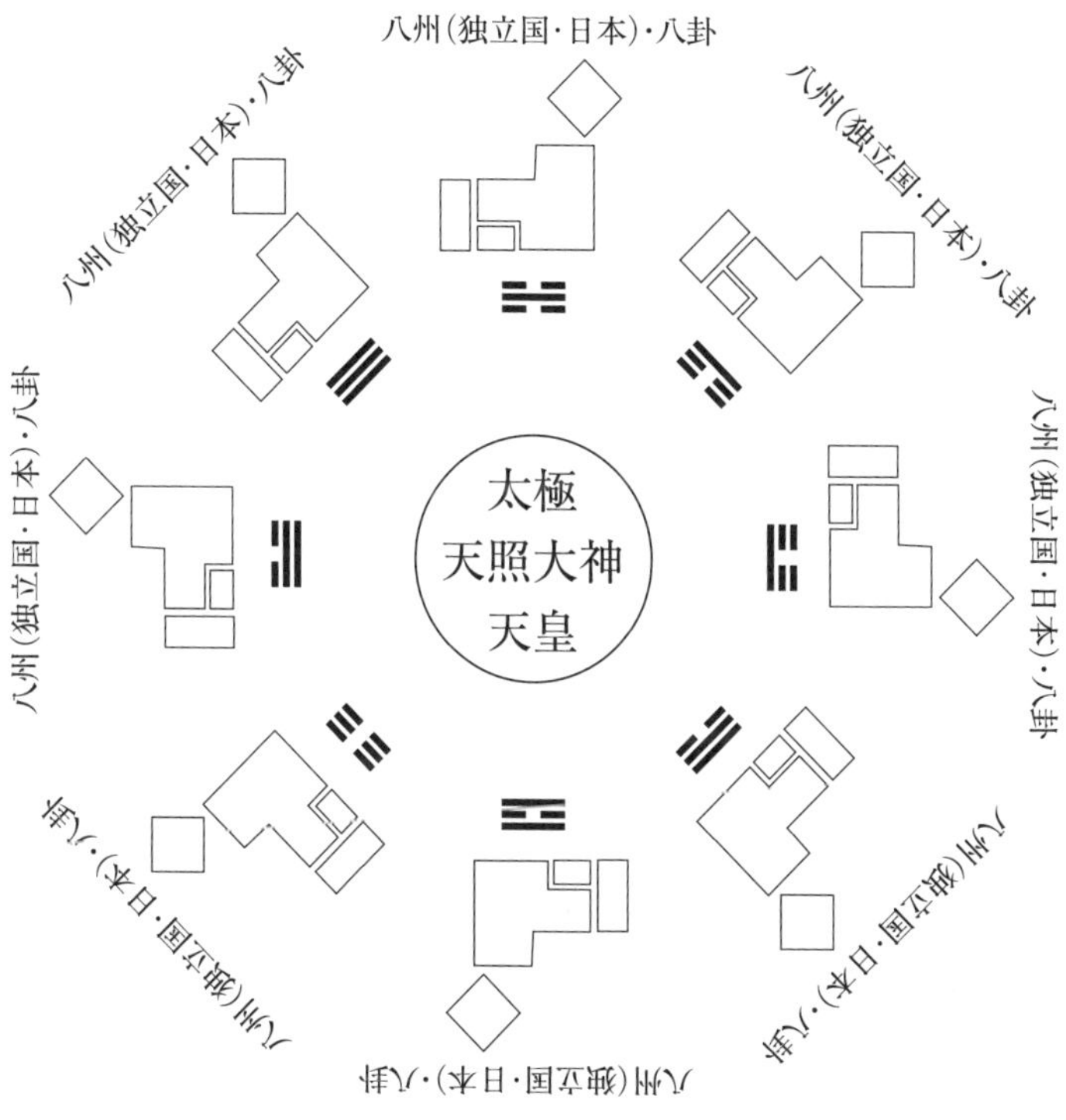

※但し、当時においては北海道は八州の範囲ではなかった

図２・６：八州（独立国・日本）を守護する、八州・八卦デザイン図
[太極＝天照大神・天皇] ー [八卦＝八州（独立国・日本）]

ン図は図2・6の通り。

❸［太極＝北極星］―［八卦＝北斗八星・八州（独立国・日本）］の呪術を選択した天武天皇

（1）［太極＝北極星・太一《たいいつ》・天照大神・天皇（天皇大帝《てんこうたいてい》）］―［八卦＝北斗八星・八州（独立国・日本）］

天照大神と北極星

「八《や》」が「八州《やしま》（日本）」を、そして「八州」が「八卦《はっか》」を象徴していると述べた。さらに、奥深い呪術が施されている。

それは「北極星神・太一《たいいつ》」に「太極」を、そして「北斗七星（八星）」に、「八卦」を配する呪術である。太一《たいいつ》とは、北極星の神格化された神であり「天皇大帝《てんこうたいてい》＝天皇」を意味する。つまり、「天皇」のことなのだ。よって、「太極＝北極星＝太一（北極星神）＝天皇大帝＝天皇」となる。

そして、こここそが最も重要なポイントであるが、さらに太極に天照大神を配したのである。「太極＝天照大神（太陽神）＝北極星＝太一（北極星神）＝天皇大帝＝天皇」としたのだ。

しかし、変である。北極星に天照大神を配する？　天照大神は、太陽の神なのだ。ところが、太陽の神と北極星の神（太一）とを、伊勢神宮において密かに習合させたのが、天武天皇なのである。その事例解明としては、吉野裕子《よしのひろこ》氏が見事に論じている。それは、伊勢神宮における「内宮《ないくう》」と「荒祭宮《あらまつりのみや》」の関係に見られる。

この件は隠密裡《おんみつり》の呪術であるから、表には出ない。

北斗八星と八卦

更に、不思議に思われることがある。それは、北極星を廻る北斗七星に八卦を配したことである。そして、北斗七星に八州《やしま》を象徴させたのである。

即ち「八卦＝北斗七星＝八州（日本）」。

七星に八卦と八州を？　と疑問に思うのは当然なことである。しかし、この件も、北斗七星に附随する「輔星《ほせい》（アルコル）」を加え、「北斗八星」とすることによって、可能となる。（図2・7参照）

つまり、北斗八星（北斗七星）に八卦と八州を配したのだ。「一卦＝北斗一星＝一州」とすれば、「八卦＝北斗八星＝八州（日本）」となる。

この「輔星」を北斗七星に加えることにより、北極星を太極とし、北斗八星を八卦と八州とする、呪術デザインが可能となったのである。

天に描く六十四卦

しかし、呪術はこれだけではない。次なる驚くべき呪術を加えたのである。

北極星を中心として北斗八星を八方に配し、その北斗八星を一卦としたのである。

ならば、八卦を意味する北斗八星が、八方に配されるから、その星の数は、「北斗八星×八方」となり、「六十四星」となる。なお、北斗八星自体に八卦が配されているから、「六十四卦」ともなる。同様に、八州も「六十四州」となる。

六十四卦は、『易経』に記されている六十四卦と同じ数となる。

何と、『易経』に記されている六十四卦と同数の卦が天の中央に描かれている、ということになるのである。そこには、北斗八星と八州（日本）が配されているのだ。

次のように言える。北斗八星は、八州《やしま》（独立国・日本）と「八卦《はっか》」を象徴している。そして、八方に配され、『易経』と同様な六十四卦を、天に描いている。

天武天皇は、八州（日本）と八卦の出会いを、北極星と北斗八星の関係とし、以上のような呪術を施したのである。

天武天皇は、正式に天皇号を採用し、北極星（太極）に天皇を配した。このことは中国皇帝に対して、対等、いやそれ以上を意味する。それは、対中国属国拒否、つまり独立国家宣言を意味するのだ。

呪術デザイン図は、図2・8のようになる。

この天（実際は天と地）に「太一《たいいつ》（北極星）八卦《はっか》」を描くデザインこそが、天武天皇の基本となる呪術である。それは独立国家宣言図でもある。大嘗祭、伊勢神宮の基本理念が永遠に続くよう、この呪術が用いられている。それは、あまりにも壮大、荘厳であり実に美的である。

（2）［太極＝北極星・太一・天照大神・天皇（天皇大帝）］―［八卦＝北斗八星・八州（独立国・日本）・八束穂］のデザイン図……北斗八星は八州（独立国・日本）と八束穂を象徴している

さらに、北斗八星には、もう一つの重大な呪術が施された。「八束穂《やつかほ》」、つまり八州《やしま》（独立国・日本）の稲（米）を象徴させたのだ。よって、「八卦＝北斗八星＝八州（独立国・日本）＝八束穂」の呪術となる。

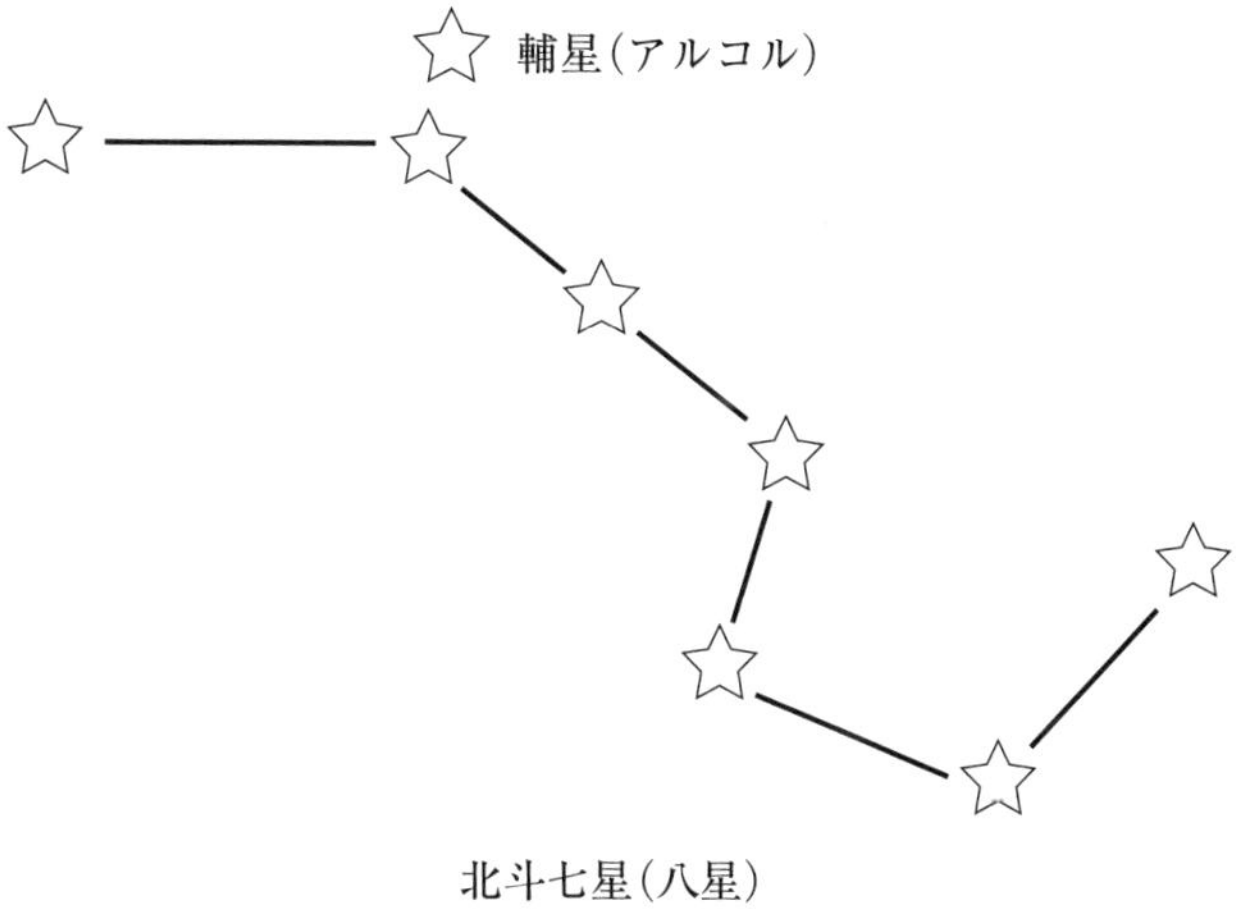

図２・７：北斗八星

北斗八星に八束穂を配していることは、伊勢神宮と大嘗祭の祭祀儀礼を検証することによって得られる結論である。伊勢神宮と大嘗祭においては、この呪術により、ひたすら食（稲）の安寧《あんねい》と豊穣を願っているのである。

ならば、前例と同様、天に「六十四星＝六十四束穂」を描いていることになる。

基本デザイン表現は、次の通り。

伊勢神宮と大嘗祭に共通する壮大な呪術とは、天に［太極―八卦］を描くことにある。つまり、太極の北極星に天照大神・天皇（天皇大帝）を配し、八卦に北斗八星（七星）、八州（独立国・日本）、そして八束穂《やつかほ》を配する呪術となる。

［太極＝北極星・太一・天照大神・天皇（天皇大帝）］―［八卦＝北斗八星・八州（独立国・日本）・八束穂］

このデザインこそが、天武天皇の基本的呪術概念であった。

これまで述べてきた呪術内容をまとめるならば、次のようなデザイン図（図2・9）となる。

天武天皇は、古代日本の聖数「八・や」と、漢文化の吉数《きちすう》「八・はち」を習合させ、天武天皇独自の呪術を確立した。

この呪術の具体的なキーポイントを述べるならば、天武天皇は、「太極八卦」の太極を「北極星（神）・太一《たいいつ》＝天照大神＝天皇（天皇大帝《てんこうたいてい》）」としたことである。「皇帝」は、天命によって即位できるのであるから、天（北極星神・太一）と同体にはなれない。しかし、天皇（天皇大帝）は、天（北極星神・太一・天皇大帝）と同体なのである。

太極＝北極星・太一・天照大神・天皇（天皇大帝）
八卦＝北斗八星・八州（独立国・日本）

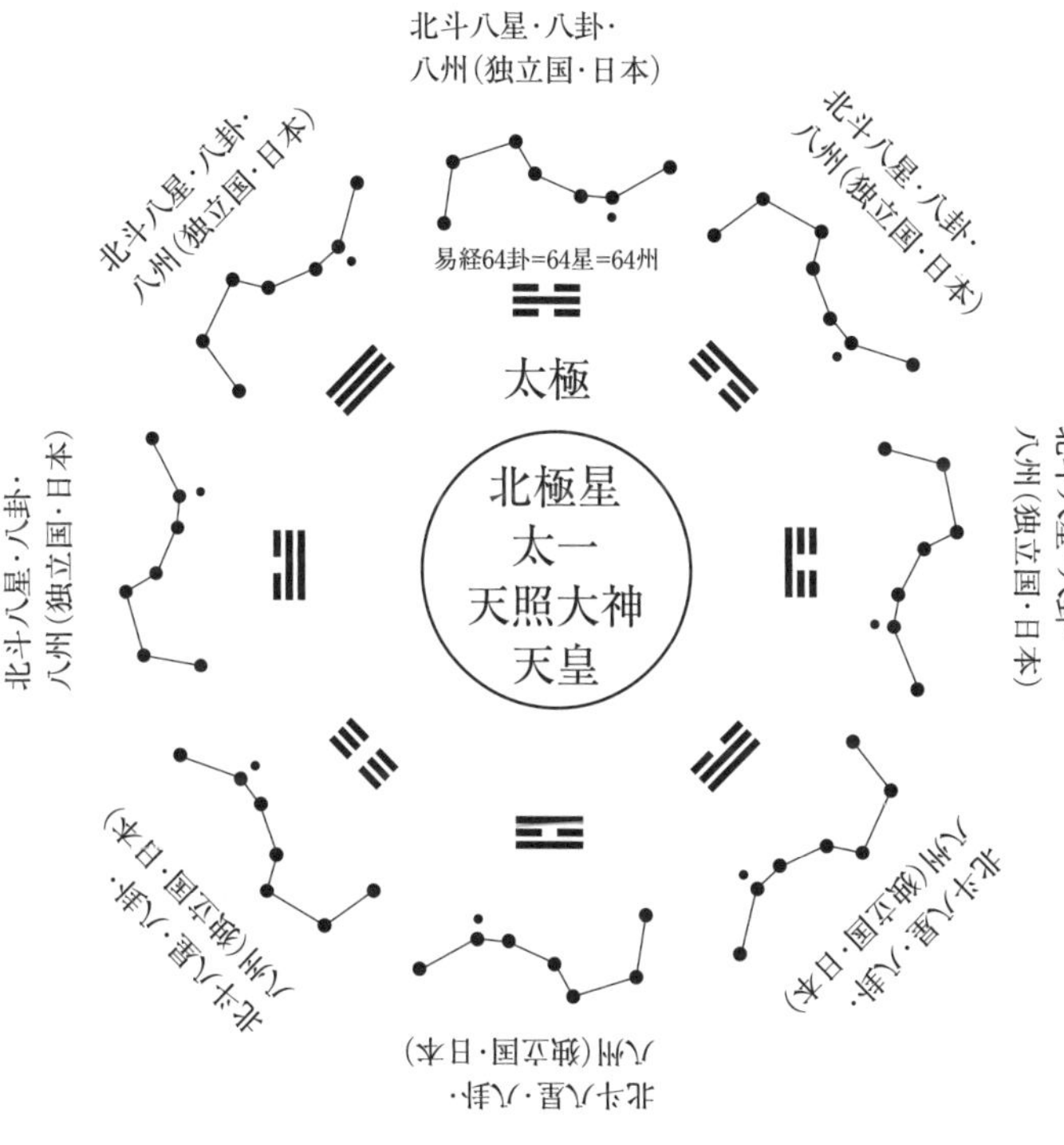

図２・８：北斗八星を加えた太極八卦図

天武天皇が施した呪術に関して、次のことが言える。
①天皇は天（北極星神・太一・天皇大帝）と同体となる。この呪術は、高宗天皇《こうそう》が一時期採用したが、長期的に見れば、日本独自の表現内容と言える。また、対中国皇帝属国拒否の姿勢を意味する。
②天照大神（太陽神）と北極星神（天皇大帝・太一・天皇）とを習合させた。日本独自の呪術である。
③北斗八星（北斗七星）に、八州（独立国・日本）と八束穂（日本の稲）を象徴させた。また、同時に八卦を配した。勿論、日本独自の秀逸な呪術である。八束穂（稲）を描いたことは、日本の国柄を描いたとも言える。
ここまで、基本となる呪術デザインについて述べてきた。これらのことを予備知識として念頭に置いていただくと、「天皇に関する八の事例」がさらに理解しやすいと判断したからである。

勿論、呪術はこれだけではない。更に意味深い伊勢神宮の呪術が加わるのである。

天皇に関する八の事例一覧と暗号

天皇に関する八の事例について、くまなく網羅《もうら》していく。そのため単なる資料として読まざるを得ない部分もあるが、その点ご了解願いたい。重複する部分については、簡単に記す。

❶ 高御座《たかみくら》（八角形）

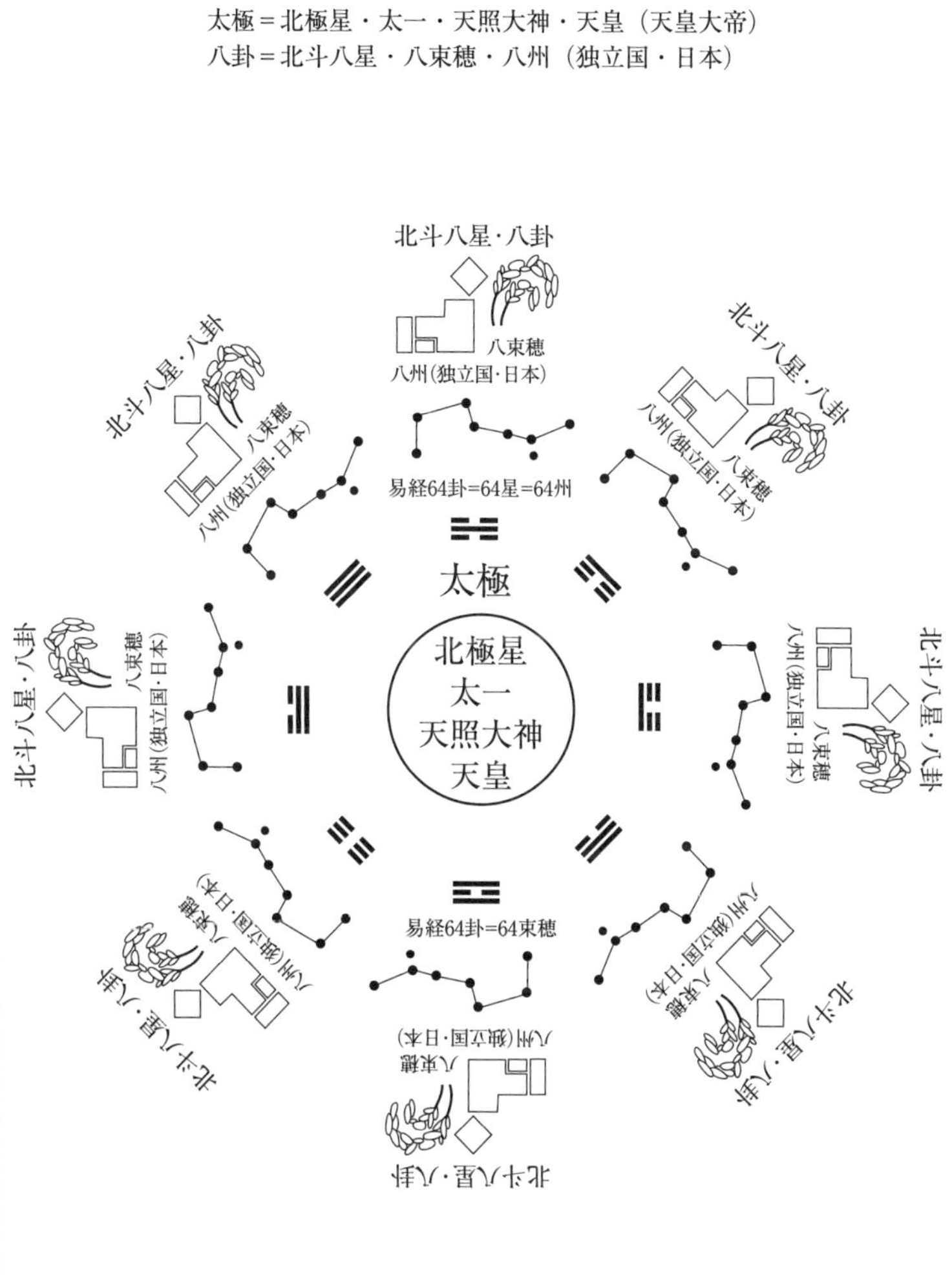

図２・９：天武天皇「太極八卦」デザイン図

高御座《たかみくら》は、天皇の玉座《ぎょくざ》で、大極殿《だいごくでん》または紫宸殿《ししんでん》に置かれ、即位・朝賀《ちょうが》などの大礼の際に用いられた。現在は、即位の大礼の際にだけ用いられる。さて、その即位式であるが、「八」が重要な形で登場する。高御座の形が八角形なのだ（図2・10参照）。

天皇は八角形の高御座の中に入り、即位式をする。この高御座の八角形の持つ思想的意味は、道教の意味するところの八角形である。道教的八角形とは、太一《たいいつ》（北極星神・天皇大帝《てんこうたいてい》・天皇）を中心として、八方に易の「八卦」を配するというデザインである。八方とは、『古事記』『日本書紀』に出てくる、八荒《こう》、八紘《はっこう》と同じ意味である。八荒・八紘とは、世界の隅々までという意味で全世界を表現している。場合によっては、八州・日本を意味する。

つまり、高御座《たかみくら》の思想的意味は、天皇を中心として、『易経《えききょう》』の「八卦」を配した道教的デザイン「太極《たいきょく》（太一《たいいつ》・北極星）八卦《はっか》」を示していると推測される。

八角形は全宇宙空間を象徴し、その中心に天皇の座があるというわけだ。高御座の八角形は、全宇宙空間とともに、はっきり北斗八星と八州《やしま》（独立国・日本）を表現している。もともと「高御座」は、八角形ではなかった。『日本書紀』には「壇場《たかみくら》」と記されているが、いつ頃から八角形になったのか、確かなことは分からない。

「八卦」と「北斗八星・八州」を考え合わせれば、八角形の一辺は「一卦」、「一星」そして「一州」を表現していることになる。八辺が揃い八角形となり、「八卦」「北斗八星」「八州（独立国・日本）」となる。八角形の高御座は、このような意味深い解釈も、充分可能である。

勿論、古代日本の聖数「八・や」が、基本となっていることは、言うまでもない。

図2・10：天皇の王座、高御座。八角形の作りに注目（戦前の絵葉書より）

また、高御座そのものは太極であり八卦である。デザイン表現としては次のようになる。［太極＝八角形高御座《たかみくら》（中心）・天照大神・北極星・天皇（天皇大帝・太一）］―［八卦＝八角形高御座（外側）・北斗八星・八州（独立国・日本）］

なお、「八隅知之《やすみしし》」は、天皇が国の隅々・八方まで知らす（治める）意であるから、「八隅知之」の概念を具現化したものが、八角形の「高御座」であるとも考えられる。

❷ 三種《さんしゅ》の神器《じんぎ》と八の意味

皇位の印である「三種《さんしゅ》の神器《じんぎ》」は、どのような呪術的意味を持っているのであろうか。

現在の皇室典範《てんぱん》には、「三種の神器」についての条項がない。「大嘗祭」も同様である。

この問題を避けてはいけない。堂々と、議論をし、日本国の精神的安定の保証となることを、知らしめる必要がある。天皇即位に必要なもの、それは三種の神器である。つまり、王権を表す器物、レガリアなのだ。

三種の神器とは、1、八咫鏡《やたのかがみ》 2、草薙剣《くさなぎのつるぎ》（八剣《やつるぎ》） 3、八坂瓊曲玉《やさかにのまがたま》を指す。草薙剣は、「天叢雲剣《あめのむらくものつるぎ》」、「八剣《やつるぎ》」、「八重垣剣《やえがきのつるぎ》」などと呼ばれており、「八・や」で表現できる。三種の神器は、全て「八・や」で表現できるのだ。

このことは、次の意味を持つ。

この三種の神器の名称についている「八」は、「八・や」であるから、日本古来の聖数・弥栄《いやさか》の意味を持つ。勿論、この「八・や」は、言霊《ことだま》・数霊《かずだま》の霊威も表現している。また、三種の神器とは、八州の君主である天皇を象徴しているから、三種の神器のそれぞれの名称に付いている「八・や」は、「八州（日本）」の意味をも含んでいる。

八咫鏡《やたのかがみ》

三種の神器の一つ。天照大神が天岩屋戸《あめのいわやと》に隠れたとき、石凝姥命《いしこりどめのみこと》が作ったという鏡。天照大神が瓊《に》杵尊《ぎのみこと》に授けたといわれる。皇位の徴証《ちょうしょう》とされ、伊勢神宮の内宮《ないくう》に天照大神の御魂代《みたましろ》として奉斎《ほうさい》され、その形代《かたしろ》の神鏡が宮中の賢所《かしこどころ》に奉安《ほうあん》される。

「八咫鏡」の「八」は、古代日本の聖数、数霊《かずだま》、八州（日本）、等々を表現している。

八剣《やつるぎ》（草薙剣《くさなぎのつるぎ》）

三種の神器の一つ。八剣《やつるぎ》は、素戔嗚尊《すさのおのみこと》が八岐《やまた》の大蛇《おろち》退治のとき得た剣で、草薙剣《くさなぎのつるぎ》とも天叢雲《あめのむらくもの》剣《つるぎ》とも、そして、八重垣剣《やえがきのつるぎ》ともいう。本体は熱田《あつた》神宮のご神体として祀られている。その形代《かたしろ》の剣は宮中に置かれている。

「八咫鏡《やたのかがみ》」と同様、「八剣《やつるぎ》」の「八《や》」は、古代日本の聖数、「弥栄《いやさか》の弥（八・や）」、数霊《かずだま》、八州（日本）、等々を表現している。いずれにしても、「八・や」で名称される三種の神器が、即位の不可欠な条件として最重要の意味を持っているのである。

八坂瓊曲玉《やさかにのまがたま》

天照大神は、いわゆる天孫降臨に際し、八坂瓊曲玉《やさかにのまがたま》を三種の神器の他の二種（鏡と剣）とともに、瓊《に》瓊杵尊《にぎのみこと》に授けて天降《あまくだ》らせた。古来、本体は皇室に伝えられているとされる。

八咫鏡も八剣もともに「御正体《みしょうたい》」はそれぞれ伊勢神宮、熱田神宮に祀られているが、八坂瓊曲玉は、御正体が天皇のお側《そば》にある点で独特である。

さて、この八坂瓊曲玉と言われている神璽《しんじ》であるが、源平合戦・壇の浦の戦いで、御正体が永遠に失われてしまいかねない際どい場面があった。安徳《あんとく》帝の入水《じゅすい》とともに一旦は海に入った、との『平家物語』の記述もあるからだ。『吾妻鏡《あづまかがみ》』にはそのようなことは書かれていない。『愚管抄《ぐかんしょう》』をしたためた慈円《じえん》は、『慈鎮和尚夢想記《じちんおしょうむそうき》』（現存する本は転写本。題名も後人が便宜上このように付けた）の中で、「神璽《しんじ》箱」は海上を浮かんでいるところを、何ものかを知らぬ武士に拾われ、このとき、藤原尹明《ただあき》の女子で内侍《ないじ》を勤仕《きんし》していた者が神璽の様子を伺《うかが》い見た、という伝聞を記述している。

これについては、高森明勅《たかもりあきのり》氏は『天皇から読みとく日本』（扶桑社）で次のように述べている。

> 二懸子《ふたかけこ》なり。上・下各《おのおの》珠玉《たま》四果《か》を入る。都合《つごう》八果これ有《あ》りと云々《うんぬん》。……

簡潔な記事ではあるが、すこぶる珍重すべきものであろう。これによれば神璽の箱は懸子によって上段と下段に分かれ、上下それぞれに珠玉が四果ずつ収められていたらしい。つまり神璽とは八果の珠玉だったことになる。

私は、八坂瓊曲玉《やさかにのまがたま》とは大きな曲玉一つと推測していたのだが、もし、八果の珠玉《たま》とするならば、一果が一州を意味し、八果で八州（日本）を表現していると思われる。

同様な例として、中国では、天子が持つべきものとしての、中国全土を象徴する「九鼎《きゅうてい》」がある。一鼎が一州であり、九鼎で九州（中国）を表現している。

勿論、曲玉が一つの場合でも、八坂瓊曲玉の「八」は、八州（日本）を表現している。当然のことであるが、八坂瓊曲玉の「八・や」は、古代日本の聖数、「弥栄《いやさか》の弥（八・や）」、そして数霊の霊威、そして八州（日本）、等々を意味しているのだ。

❸ 八角形墳陵

前方後円墳同様、日本のオリジナル形式である八角形の墳丘が、突如、7世紀の中頃に出現した。なぜ、八角形なのか。諸説がある。

私は、道教理念の「太一《たいいつ》（北極星）八卦《はっか》」を顕現させた形式が、八角形墳陵であると思っている。勿論、古代日本の聖数「八・や」が基本である。

八角形は、八方へ広がる様《さま》から全世界・全宇宙を意味している。すなわち、八角形墳陵は、「八隅知之大君《やすみしし》」の意味を含み、天皇が国（八州）の八方隅々までを知らしめしていることを表現している、と考えられる。よって、八州《やしま》（独立国・日本）を象徴していると推測できる。また、八角形に八卦《はっか》と北斗八星を象徴させている。

八角形墳陵の一稜が「一州・北斗一星・一卦」、或いは一面が「一州・北斗一星・一卦」であり、八稜、八面が揃い、「八州（日本）・北斗八星・八卦」となる。

デザイン表現としては次の通り。

「太極＝八角形墳陵（中心）・太一・北極星・天皇大帝《てんこうたいてい》（天皇・天照大神）」―「八卦＝八角形墳陵（外側）・八州（独立国・日本）・北斗八星」

天皇即位（誕生）の高御座《たかみくら》と天皇崩御《ほうぎょ》（死）による陵形が、同じ八角形であることは、この飛鳥《あすか》・白《はく》鳳《ほう》時代当時は、「八の世界」がいかに国家の祭祀儀礼等に活用されていたかの証左となる。

❹ 八島《やしま》（八州・日本）の鼎《かなえ》

「八島《やしま》の鼎《かなえ》」とは、宮中の大炊寮《おおいりょう》にあった八個の竈《かまど》にかかっている八個の鼎《かなえ》のことをいう（『日本国語大辞典』）。

『竹取物語』には、中納言が燕の巣の中から子安貝《こやすがい》を取ろうとして、大炊寮《おおいりょう》にあった八島の鼎の上に仰向けに落ちてしまったことが記述してある。この物語の中の「八島の鼎」は、実際に宮中に置いてあった鼎を手本としたのであろうか。なお、この中納言であるが、「第8章」で述べる「高松塚古墳の被葬者」に該当する石上麻呂《いそのかみのまろ》をモデルとしている、と言われている。不思議な縁である。

『日本書紀』天智《てんじ》天皇紀の最後に、次のような不吉な記述がある。

一　大炊《おほひのつかさ》に八《や》つの鼎《かなへ》有りて鳴る。或《ある》いは一つの鼎鳴る。或いは二つ或いは三つ倶《とも》に鳴る。或いは八一つながら倶《とも》に鳴る。

鼎《かなえ》は、王位・権威の象徴とされている宝器であるから、それが鳴るのは不吉の知らせである。天智朝の存続に関わる不吉を表現している。

前述しているが、中国においては、九つの鼎がセットになって、国を支配する宝器となっている。この九鼎《きゆうてい》は、中国全土を表現する九州各地から地金を集めてきて作った。九鼎は九州（中国）を象徴している。ところが、日本を表現する言葉は、九州ではなく、八州《やしま》である。よって、「八島《やしま》の鼎《かなえ》」となる。

八竈《やかまど》・八烟《やけむり》のロマン

「八島《やしま》の鼎《かなえ》」は、八島（八州）ということで、日本を表現している。となれば、宮中の八個の竈《かまど》自体も八州《やしま》を象徴している、と推測できる。一個の竈が一州である。勿論、天皇を太極に、鼎と竈を八卦に配すれば、最高に堅固な呪術となる。

デザイン表現としては、次の通り。

［太極＝天照大神・天皇・北極星・天照大神］——［八卦＝八島《やしま》の鼎《かなえ》・八竈《やかまど》・八州《やしま》（独立国・日本）・北斗八星］

更に、想像を膨《ふく》らませてみよう。もし、竈から昇る煙が八本ならば、その煙も八州（日本）と八卦を表現していることとなり、仁徳《にんとく》天皇が〈國の中に烟發《けぶりた》たず。國皆貧窮《まづ》し。故、今より三年《みとせ》に至るまで、悉《ことごとく》に人民《たみ》の課《みつぎ》、役《えだち》を除《ゆる》せ〉と申されたと記してある『古事記』のことをも考え合わせるならば、それはもうロマンの世界となる。

デザイン表現するならば、次の通り。

［太極＝天照大神・天皇・北極星・太一］―［八卦＝八烟《やけむり》・八州《やしま》（独立国・日本）・北斗八星］

果たして、このようなことまで、当時の人々は認識していたであろうか。

建国デザインのコンセプトは、「八州《やしま》」の国造りを美的に、そして呪術的に達成させることにあった。ならば、国造りを担当した者は、このようなデザインも考えたのではなかろうか。特に、天武天皇は、新嘗祭《にいなめさい》（大嘗祭）、伊勢神宮等々を、高度に洗練されたものに作り変えている。やはり、このようなロマンに満ちたことまで想像を巡らせていたのであろう、と思う。

これまでのことを図で表すならば図2・11のようになる。

❺ 八隅知之《やすみしし》

「八隅知之《やすみしし》」とは、国の隅々まで知らす（治める）意。または安らかに知ろしめす意から、「わが大君」にかかる枕詞《まくらことば》としても用いられる。

読み方が「八・や」であることからして、古代日本の聖数「弥栄《いやさか》の八（や）」の意味を持つ。よって、素晴らしい、めでたい、永遠、大きい、等々の意味も含まれる。また「八隅《やすみ》」とは、『古事記』『日本書紀』に記されている「八荒《はっこう》」「八紘《あめのした》」と同義となり、宇宙、世界、国の範囲を示す。『記紀』の場合は、限定的な「八州」をも意味している。

太極＝天照大神・天皇・北極星
八卦＝八島の鼎・八竈・八烟・八州(独立国・日本)・
北斗八星

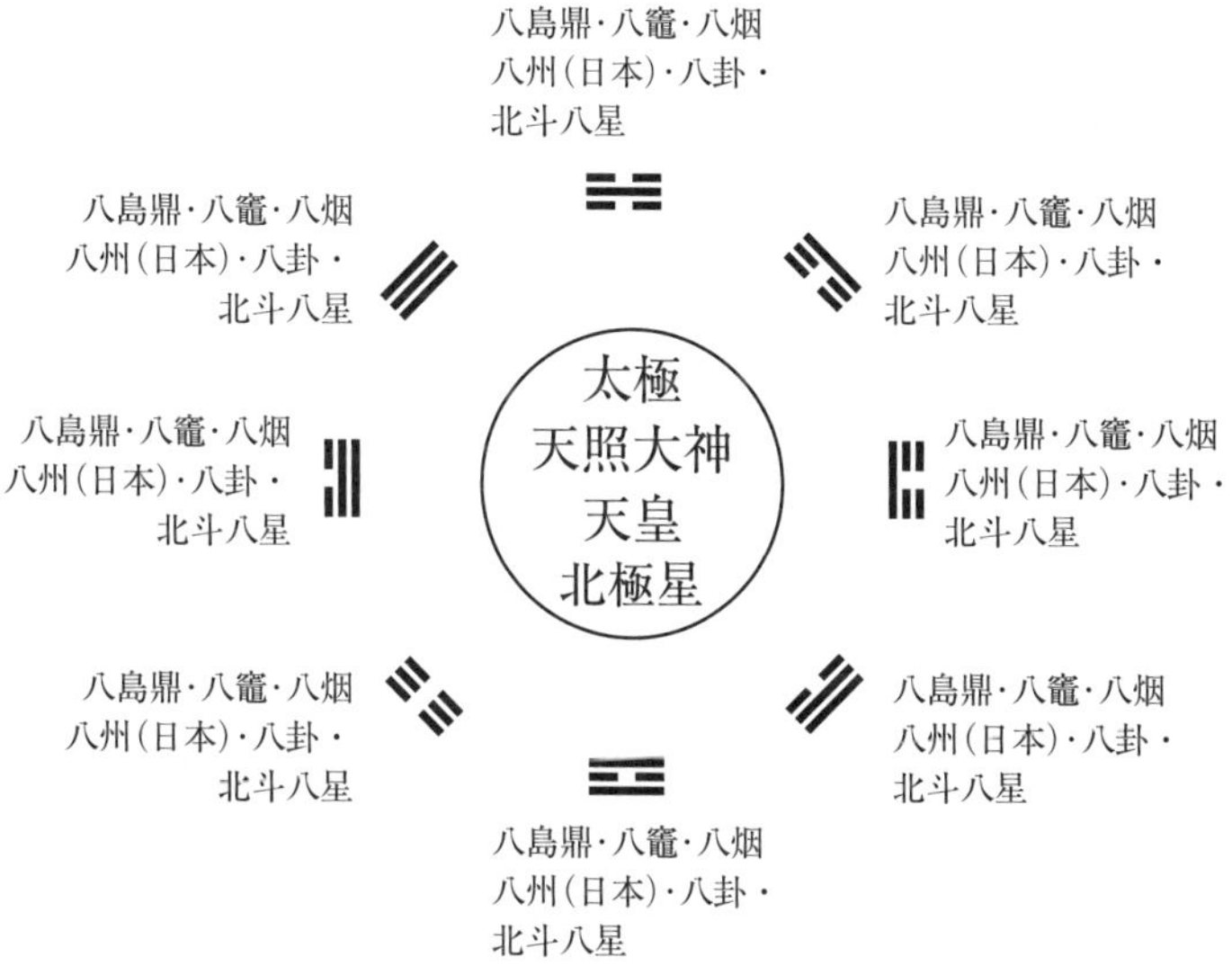

図2・11：八島の鼎《かなえ》と八竈《やかまど》・八烟《やけむり》・太極八卦図

ならば、「八隅＝八荒＝八紘＝八州（日本）」とも言えるのだ。

そうであるから、当然「八隅知之」とは、「大八州《おおやしまぐに》を知ろしめす」、の意となる。柿本人麻呂《かきのもとのひとまろ》を初め、持統天皇等々多くの歌人がこの言葉を用いている。勿論、和歌の作者は「八隅《やすみ》知之《しし》」と歌いあげるとき、「わが大君」とともに「八州《やしま》（日本）」を念頭に置いていたに違いない。「八・や」の言霊《ことだま》・数霊《かずだま》の霊威が、八州（日本）にいきわたるイメージを描いていたに違いない。また、「八角形墳陵」の形も、「八隅知之《やすみしし》大君」を表現しているように思われるのである。

ちなみに、『古事記』の中で「やすみしし」が最初に出てくる箇所は、倭建命《やまとたけるのみこと》の歌に対して美夜受《みやず》比賣《ひめ》が返歌するその歌の中にある。『古事記』においては4カ所に記してある。余談ながら、この最初に出てくる歌は、何と女性の「月のもの」をテーマにしている。『古事記』の大らかさに魅了させられる場面でもある。

❻ 御巫《みかんなぎ》 八神《はっしん》

宮中において、天皇守護のために斎《いっ》き奉《たてまつ》られてきた神々の代表が、「御巫八神《みかんなぎはっしん》」（宮中八神）である。神祇官《じんぎかん》の御巫《みかんなぎ》によって奉斎される。その八神とは〈神産日《かむむすひ》神、高御産日《たかみむすひ》神、玉積産日《たまつめむすひ》神、生産日《いくむすひ》神、足産日《たるむすひ》神、大宮売《おほみやのめ》神、御食《みけ》つ神、事代主《ことしろぬし》神〉の八柱《やはしら》をいう。

現在は宮中三殿の一つである「神殿」に、八百万《やおよろず》の天神地祇《てんじんちぎ》とともに祀られている。

御巫《みかんなぎ》とは、神祇官《じんぎかん》に置かれた女官。亀甲を焼くなどして吉凶を占い、また、神嘗《かんなめ》祭、鎮魂《ちんこん》祭などの神事に奉仕した未婚の女性のことである（『日本国語大辞典』小学館）。

『記紀』において、神々は八神をセットとして誕生させることが多い。また、多くの神々を表現する言葉は「八・や」に限定されている。

よって、「御巫八神《みかんなぎ》」の八神は、上古以来の伝統を踏《ふ》まえたものである。

御巫八神の一神は八州《やしま》（日本）の一州を意味し、八神で八州となる。つまり、「八神＝八州（日本）」なのだ。八神のどの神がどの州を指すかということではなく、それぞれの州（一神）の代表が集まって八州（八神）を形成しているという、その意味合いが大切なのである。

その御巫八神が、天皇を守護しているのだ。

更に言えば、御巫八神には、天皇を太極として、その周りに御巫八神を配するという、「太極（太一・北極星）八卦」の呪術も施されている、と思われる。〈御巫八神《みかんなぎ》＝八州《やしま》（独立国・日本）＝北斗八星＝八卦《はっか》〉とする呪術である。

因《ちな》みに天武天皇が御巫八神を整えたという説がある。ならば、「太極八卦」の哲理を念頭に置いていたと推測できる。

このことをデザイン表現に示すならば、次の通り。

［太極＝天照大神・天皇・北極星］――［八卦＝御巫八神《みかんなぎはっしん》・八州（独立国・日本）・北斗八星］

吉田《よしだ》神社と八神殿《はっしんでん》

宮中にあった八神殿（御巫八神）は、たびたび火災と再建を繰り返したが、慶長《けいちょう》の頃、戦乱による荒廃のため八神を吉田神社内に遷祀《せんし》した。白川家《しらかわ》でも神祇官《じんぎかん》廃絶後、自邸に小社を建て奉斎したという。

以後、江戸時代末まで、八神は宮廷の外で祀られた。

吉田神社は本殿が八角形をしている。八角をもって全宇宙空間とみなす思想であった。

明治五年、八神殿は宮中に遷座《せんざ》し、八神を天神地祇《てんじんちぎ》に合祀して神殿と改称した。

図2・12の中に八神殿が奉《たてまつ》られている。

❼ 八十島祭《やそしままつり》

「第1章」でも述べたが再述する。かつて大嘗祭《だいじょうさい》とともに、天皇の一世一度の大祭があった。八十島《やそしま》祭《まつり》である。

八十島祭は、天皇の即位の後行われる大嘗祭の、その翌年に実施される祭儀である。岡田精司《おかだせいし》氏は、この祭りは、難波津《なにわづ》において、即位した王者に「大八州《おおやしまぐに》」の霊を付着させる天皇独占の儀礼と考えられる、としている。

「八十島」とは、辞書によれば、多くの島を意味するとあり、日本を意味するとは出ていない（『広辞苑』『日本国語大辞典』）。

不思議である。『記紀』によれば、まず「八島」が誕生した。そして、「大八州《おおやしまぐに》」とも表現された。日本は「八・や」で表現されたのである。八十島《やそしま》も「八・や」である。やはり、日本を表していると思う。であるからして、「八十島」は、「八州」であり、「八十島祭」は「大八州祭《おおやしまぐにまつり》」であろうと思う。

❽ 八開手《やひらで》と八度拝《はちどはい》

図 2 ・12：吉田神社（『都名所図会』国際日本文化研究センターより）

八開手《やひらで》と八度拝《はちどはい》は、天皇、そして伊勢神宮（天照大神）に対する、最高の儀礼作法である。何故、「七開手」「九開手」「七度拝」「九度拝」ではなく、「八開手」「八度拝」なのか。このことは、古代日本においては、「八」が最高の聖数であったことを示している。しかも、日本最高の格式を持った伊勢神宮と、天皇に対する拝礼の作法であるところに、「八の世界」の神聖さが感じ取られる。

古代日本において、大極殿《だいごくでん》における元日の朝賀《ちょうが》には、八開手をする定めになっていた。しかし、外国の使節が朝賀に参加するときは、八開手はしなかった。

『続日本紀《しょくにほんぎ》』延暦《えんりやく》十八（799）年正月条に、〈帝、大極殿にましまして、朝を受く。四拝を減じ再拝となし、手を拍たず。渤海《ぼっかい》国使在るを以てなり〉と記してあり、拍手《かしわで》が中止され、拝の数も減ぜられたことが分かる。

日本でしか通用しない礼法を、外国人の前で実演するのを憚《はばか》ってのことだという。このことは、日本独自の「八」の作法であることの証《あかし》なのだ。

（注：拝を重ねることを再拝と言い、再拝を重ねることを両段再拝、または四度拝と言う。そして両段再拝・四度拝を重ねることを八度拝と言う。八開手は、八遍拍手《かしわで》することを一段とし、四段、即ち、三十二遍するのを極とする。拍手・柏手は両方「かしわで」と読ませる。因《ちな》みに、柏手は拍手の読み違えであるという）。

「八開手」「八度拝」は、古代日本の聖数「八《や》」の意味は勿論のこと、八州《やしま》（日本）も象徴している。

八開手は、天皇に対して、そして伊勢神宮（天照大神）の神に対してのみ行われる。ということは、一拍手《かしわで》が一州を象徴している、と推測しても見当はずれではない。何故ならば、天皇は八州《やしま》の君主であり、伊勢神宮は八州の君主としての天皇の第一の宗廟であるからである。一拍手が一州の全ての民を象徴しているとすれば、八拍手（八開手）で八州（日本）全ての民（八州人《やしまびと》）を表現していることとなる。

つまり、〈八開手《やひらで》（八拍手《やかしわで》）＝八州《やしま》（日本）＝全八州人《やしまびと》〉である。

また、次のようにも言える。八開手は、一拍手《かしわで》の打つ響きが一州であり、八拍手《かしわで》でその響きは八州（日本）全体に響きわたる、という意味を持つ。そもそも「八・や」が発する「開a音」は最高の数霊の霊威を持つのであるから、「八開手」という言葉の持つ数霊の霊威と、八度の拍手《かしわで》が発する八州（日本）全体に響きわたる霊威は、その相乗効果により絶大な霊威を発していることとなる。

更に、一拍手《かしわで》が「一卦と北斗一星」を表現しているとなれば、八拍手《かしわで》（八開手）で「八卦・北斗八星」となり、デザイン表現としては、［太極＝天照大神・天皇・北極星］――［八卦＝八開手・八州（独立国・日本）・北斗八星］となる。

しかし、八開手は、外国使節の前ではしなかったことを考えると、日本独自の作法として、八卦のイメージは薄くなると考えた方がよいのであろうか。

いやいや、やはり、呪術として、古代日本の作法に加えて、八卦の意味を含ませていたと思う。少なくとも、天武天皇はそのように感じ取っていたに違いない。

「八度拝《はちどはい》」も同様である。

しかし、「第1章」でも少し述べたが、「八度拝」が何故「やたびはい」と称されなかったのか。不思議である。「八開手《やひらで》」と「八度拝《はちどはい》」が、セットであるならば、「やたびはい」の方がすっきりする。ならば、「八度拝」は、もともと日本古来の儀礼方法ではなかった可能性もある。だが、『古事記』においては、「八度拝み《やたびおが》」と記してあるから、この限りではない。

因《ちな》みに、中国（清）においては、皇帝に対する儀礼法として「三跪九叩《さんききゅうこう》（頭《とう》）」があった。それは、一回跪《ひざまず》き三回床に頭をつけることを三回繰り返す拝礼の形式であった。九の数は、中国では無限数を意味するから、九が最高の礼なのである。

❾ 明神御大八洲天皇《あきつみかみとおおやしましめすすめらみこと》

律令制《りつりょうせい》における、天皇の大事な命令は、次の詔書《しょうしょ》式による。

㈠ 明神御宇日本天皇詔旨《あきつみかみとあめのしたしらすやまとのすめらみこと》（おおんごと・らまと）
㈡ 明神御宇天皇詔旨
㈢ 明神御大八洲天皇《あきつみかみとおおやしましめすすめらみこと》詔旨
㈣ 天皇詔旨
㈤ 詔旨

㈠・㈡は、蕃国《ばんこく》ないし隣国向けに宣する文書の形式である。「蕃国」は新羅《しらぎ》を意味し、隣国は大唐を意味していた。

これに対し、㈢、㈣、㈤は国内向けに宣する文書形式である。

国内向けの詔書《しょうしょ》式には、「大八洲《おおやしま》」の語が入る。「大八洲《おおやしま》」を入れる場合は、立后《りっこう》、立太子《りったいし》、元日朝賀を受けるときのような、国内向けの朝廷の大事を宣するときであって、外国向けに大事を宣する場合は、㈠のように「日本」を入れる。

『日本書紀』天武十二年正月の詔《みことのり》には「明神御大八洲倭根子天皇《あきつみかみとおおやしましらすやまとねこのすめらみこと》」とある。

また、『日本書紀』大化二年三月の詔勅《しょうちょく》には、「現為明神御八嶋国天皇《あきつみかみとやしまぐにしらすすめらみこと》」と記してある。

詔書式において、「大八洲」の語が、国内向けのみに使用されていることは、何か深い理由《わけ》があるのであろうか。前述しているが、八開手《やひらで》と八度拝《はちどはい》は、外国の使者に対して行われなかった。この件は、このことと関係があるのであろうか。

「日本」は比較的新しい語である。しかし、「大八洲」は「日本」よりずっと前から言われてきた言葉である。この「大八洲」を日本向けとして採用したことは、「大八洲」に含まれる意味内容を、つまり古代日本の文化を大事に残しておく、という意味合いを感じてしまう。勿論、「八・や」の呪術的効果も含まれていると思われる。

㈠と㈢は、最も大事な場合の詔書式である。気になることがある。それは、文字数についてである。何と、それぞれが合計八文字なのだ。これは偶然なのか。いやいや、私は、呪術であろうと思う。

㈠　明神御宇日本天皇《あきつみかみとあめのしたしらすやまとのすめらみこと》

㈢　明神御大八洲天皇《あきつみかみとおおやしましろしめすすめらみこと》

敢《あ》えて言おう。天皇尊号の八文字は、日本の聖数「八・や」の全ての意味を含んでいるのであると。弥栄《いやさか》の「八・や」、言霊《ことだま》・数霊《かずだま》の「八・や」、八州（独立国・日本）を意味する「八・や」、八束穂《やつかほ》（日本の稲）を意味する「八・や」等々である。更に、加えるとしたら、太極八卦の八卦、そして日本を描く北斗八星、である。

私は、日本の名称（八州）と天皇尊号（明神御大八洲天皇《あきつみかみとおおやしましめすすめらみこと》）に「八・や」が付くこと、このことだけでも、「八」を探究する価値があると思う次第である。

⑩ 八色《やくさ》の姓《かばね》

「八色《やくさ》の姓《かばね》」とは、それまでの豪族を、新しい中央集権的な支配組織の中に組み込むための、八種の家格を示す称号である。天武天皇によって定められた。

①真人《まひと》 ②朝臣《あそみ》 ③宿禰《すくね》 ④忌寸《いみき》 ⑤道師《みちのし》 ⑥臣《おみ》 ⑦連《むらじ》 ⑧稲置《いなき》

八色《やくさ》の場合、実際に適用施行《しこう》されたのは上位四グレードであった。何故八グレードにしたかは、単に八という数字重視のための、ある程度、名目的なものであったとされる。天武天皇の「八好み」が感じられる。なお、「真人《まひと》」という道教の宗教用語は、天武天皇の諡《おくりな》にも使用されている。「天渟中原瀛真《あまのぬなはらおきのま》人《ひと》」というのがそれである。

「真人」が仙人に近い言葉であることを考慮すれば、「八仙」の「八」から「八色の姓」としたのであろうか。いやいや、呪術のエキスパートであった天武天皇であるからして、古代日本の聖数の「八・や」、「八州」の「八・や」、「八卦」の「八・はち」等々の意味を込めて「八色《やくさ》の姓《かばね》」の制度を定めたのではなかろうか。

⑪ 天武天皇と「吉野の盟《ちかい》」、八仙信仰

天武八（679）年五月五日、天武天皇は皇后と、草壁皇子《くさかべのみこ》、大津皇子《おおつのみこ》、高市皇子《たけちのみこ》、河嶋皇子《かわしまのみこ》、忍《おさ》

壁皇子《かべのみこ》、芝基皇子《しきのみこ》を伴い、吉野を訪れる。ここで、有名な「吉野の盟《ちかい》」をする。天武天皇のねらいは、草壁皇子と大津皇子の二人に、協力しあうことを約束してほしかったのである。他の皇子はその証人として動員された。

ところで何故六皇子なのか。このことは、天皇と皇后を含めると「八」になるからだ。では、何故、「八」なのか。これこそ、道教思想なのだ。

中国には、八仙《はっせん》信仰というものが、民間に広く浸透している。無病息災《むびょうそくさい》、延生益寿《えんせいえきじゅ》をもたらすという、八人の道教の仙人である。中国においては、「渡海《とかい》八仙」「飲中《いんちゅう》八仙」「蜀《しょく》の八仙」のように使われる。その最も古いものは、『淮南子《えなんじ》』を編纂した「淮南《わいなん》八公」と呼ぶ「八仙」である。「八仙」「八公」は、道教的な八人の賢人を意味する言葉であった。

天武天皇は自分たちを「八公」「八仙」に擬《なぞら》えたのだ。このことは、吉野を古代人が神仙境と考えていたこと、そして天武天皇は後に「天渟中原瀛真人《あまのぬなはらおきのまひと》」と諡《おくりな》されていることからもうなずける。「瀛《えい》」とは道教の神山で、「真人《まひと》」は天帝に使える最高級官僚のことである。また更に、この儀式が五月五日に行われたことも道教と関係づけられる。

以上のような内容を福永光司《ふくながみつじ》氏が述べている（『日本の道教遺跡』福永光司、他・朝日新聞社）。

⑫ 八咫烏《やたがらす》

八咫烏《やたがらす》には二つの意味がある。

①神武《じんむ》天皇が東征《とうせい》のとき、熊野から大和へ抜ける山中の道案内として、天照大神のお告げ（『古事記』

では高木大神《たかぎのおおかみ》のお告げ）で飛来したという神話の中の烏。『古事記』『日本書紀』に登場する。『日本書紀』においては、「頭八咫烏《やたのからす》」と記されている。

②中国の伝説で、太陽の中にいると想像された三本足の烏。「金烏《きんう》」「三足烏《さんぞくう》」。

ここで問題になるのは、『古事記』『日本書紀』に記されている「八咫烏」とは、「三本足の烏」であるのか、ないのかである。『古事記』『日本書紀』おいては、三本足の烏とは記していない。『日本書紀』では「頭八咫烏《やたのからす》」と記してある。大きな頭の烏、あるいは、頭が八つもある、「八岐大蛇《やまたのおろち》」のような印象をも受ける。

しかし、熊野三山の神社、熊野本宮《ほんぐう》大社、熊野速玉《はやたま》大社、熊野那智《なち》大社のシンボルマークは、いずれも「三本足烏」をデザインしている。この烏は勿論、『記紀』に登場する「八咫烏」の伝承を受け継いだものと思われる。

また、『記紀』に登場する、「八咫烏」の後裔《こうえい》とされている賀茂県《あがた》一族の神社である賀茂社（賀茂御祖《みおや》神社・賀茂別雷《わけいかづち》神社）のシンボルマークも、「三本足烏」である。

ならば、何故『記紀』の中で「三本足烏」と説明されなかったのか。

私は、やはり、そういう「三本足烏」の伝承がなかったからであろうと思う。勿論、『記紀』の執筆者は、中国の「三足烏《さんぞくう》（金烏《きんう》）」のことは知っていた。あまりにも有名すぎた。多分それ故、脚色はできなかったのだ。このことは、『記紀』における伝承記述の信憑《しんぴょう》性の高さを証明するものである、と思う。

太陽の中に棲《す》むという「三足烏」「金烏」の事例を記す。

◎７世紀の法隆寺の玉虫厨子《たまむしのずし》・台座絵背後の須弥山《しゅみせん》図の左上に太陽が描かれ、その中に三本足の烏が羽を広げている。

◎天皇の礼服《らいふく》（袞冕《こんべん》・中国天子の礼服で、古代中国の服制を踏襲した）にも、太陽の中に三本足の烏が描かれている（図2・13参照）。（『続日本紀《しょくにほんぎ》』によれば、７３２年、聖武天皇が冕服《べんぷく》を服すと記されている）。

◎朝廷で行われた、元日朝賀や即位式などの儀式に用いられた「日像幢《にちぞうとう》」にも、三本足の烏が描かれている（注：光格《こうかく》天皇（１７７９～１８１６）の即位式の図版には描かれている。大宝《たいほう》元（７０１）年の朝賀の儀において、〈正門《せいもん》に烏形《うけい》の幢《はた》を樹《た》つ〉と『続《しょく》日本紀』に記されている。この烏は三本足だったであろうか。図2・14参照）。

◎『伊勢国風土記《ふどき》』（７１３年、元明《げんめい》天皇は諸国に風土記の編纂を命じている）には、神武天皇を導いたのは「金烏」とある。『古事記』７１２年、『日本書紀』７２０年の完成であるから、かなり早くから中国伝説（金烏）と習合している。

◎キトラ古墳の壁画には、金箔を使用した日像図（太陽）が描かれている。その太陽の中に三足烏が描かれている。高松塚古墳の日像図は削り取られて確認できないが、三足烏が描かれていたと推測される。

はたして「礼服《らいふく》・袞冕《こんべん》」に描かれた「三足烏《さんぞくう》」、朝賀に用いられた「日像幢《にちぞうとう》」（図2・14）に描かれた「三足烏」は、「八咫烏《やたがらす》」と称されていたのであろうか。

『記紀』における八咫烏は「三本足」ではない。しかし、いつしか、熊野にあった烏信仰の伝承は中国の伝承と習合し、「八咫烏《やたがらす》＝三足烏《さんぞくう》＝太陽に棲む三本足烏」となったのである。そして熊野にあった太

図２・13：孝明天皇礼服（宮内庁蔵）
（『陰陽五行と日本の天皇』・吉野裕子・人文書院より）

図２・14：日像幢・部分（国立公文書館蔵）
（『熊野の太陽信仰と三本足の烏』・萩原法子・戎光祥出版より）

陽信仰とも結びついたと思われる。ちなみに、前漢時代の「馬王堆《まおうたい》一号墓」の帛《はく》に描かれた太陽中の烏は、二本足であった。その後、太陽中の烏は三本足になった。

なお、八咫烏《やたがらす》神社は、過去、熊野三山それぞれに祀られていた。今は、熊野速玉大社と熊野那智大社にある。また、奈良県宇陀《うだ》市に「八咫烏神社」がある。705年の創立と伝えられている。更に橿原《かしはら》市、広島県呉《くれ》市にもあり、他にも八咫烏伝承を持つ神社がある。

熊野牛王宝印《ごおうほういん》・カラス文字と8の倍数

牛王宝印《ごおうほういん》とは、神社や寺院が発行するお札《ふだ》、厄除《やくよ》けなどの護符のこと。

また、牛王宝印は、厄除けのお札としてだけではなく、裏面に誓約文を書いて誓約の相手に渡す誓紙としても使われた。熊野牛王宝印は、瑞鳥《ずいちょう》である烏の姿と宝珠《ほうじゅ》を組み合わせて神文を表している。いわゆるカラス文字で書かれている。

熊野本宮大社の牛王宝印には烏が88羽、熊野那智大社のそれには72羽、熊野速玉大社のそれには48羽がデザインされている（図2・15参照）。

さて、この烏の数であるが、全て8の倍数となっている。

88＝8×11、72＝8×9、48＝8×6である。

これは八咫烏の「八・や」の影響を受けたものと考えられる。

熊野牛王宝印は、正月から八日間をかけて、古式に則《のっと》り作られるという。また、調製神事のおり、火の上に牛王宝印で「八」の文字を三回空中に書く所作を行うという（熊野那智大社）。

ここにも「八」へのこだわりが表れている。

八枚起請

熊野神社などの社寺が発行する護符、牛王宝印《ごおうほういん》を八枚継いで、その裏に書いた起請文《きしょうもん》。きわめて丁寧な起請文。この誓紙に書かれた文言は神にかけて誓ったものであり、その誓いを破ればたちまち神罰をこうむるといい、恐れられた。源義経《よしつね》が、兄・頼朝《よりとも》に対して二心なきことを誓う誓文を熊野牛王誓紙に書いたとの話もある。また、赤穂《あこう》の大石内蔵助《くらのすけ》も、熊野牛王誓紙を用いて結束を図った。いずれも、熊野牛王宝印であると思われるが、八枚起請であるかは不明である。

熊野牛王宝印のデザインは、烏の数が八の倍数になっている。そして、八枚継いで起請文を作るということは、烏の数が、更に八倍になるということである。よって、熊野本宮大社の牛王宝印を八枚継いで作った起請文の烏の数は、〈88（烏の数）×8（八枚起請）＝704羽〉となる。

勿論、カラス文字も、八咫烏を象徴している。八咫烏の「八・や」は、聖なる数として、更に呪術として、熊野牛王宝印のデザインを形作っているのである。

⑬ 八佾舞《やつらのまい》

古く、中国の雅楽《ががく》に用いられた舞の一つ。八人ずつ八列、即ち六十四人が舞うもの。天子の儀式で演ぜられる。

『論語』の「八佾《はちいつ》」の記述の中に、大夫《たいふ》の李氏が「八佾」を舞ったことに対して、孔子《こうし》は大きな怒りを

図２・15：熊野速玉大社・牛王宝印

抱いたとある。「八佾」とは、天子しか舞うことのできない舞であったからである。諸侯は「六佾」で、六列・8×6＝48人、大夫は「四佾」で、四列・8×4＝32人で舞うしきたりであった。8を基準にしていることが分かる。

似た話が、日本にもある。『日本書紀』の皇極《こうぎょく》紀に、〈蘇我大臣蝦夷《そがのおほおみえみし》、己《おの》が祖廟《おやのまつりや》を葛城《かづらき》の高宮《たかみや》に立てて、八佾《やつら》の儛《まひ》をす〉とあり、蘇我氏は非難をあびている。この話は、『論語』からとったものなのか。あるいは、蘇我氏は李氏の真似をしたのか。当時としても、この『論語』の有名な話を知らぬわけはない。蘇我氏を非難するため、あえて『論語』の記事から借用したと、考えられないでもない。

中国では九が最も重んじられている。何故九佾が最高の舞ではないのか。この場合の八は、八卦の影響であろう。八×八＝六十四卦は『易経』そのものであるからである。すなわち、八佾の舞（はちいつの舞とも言う）は易の舞と言ってもよいと思う。

⑭ 大祓詞《おおはらえのことば》と「八・や」の言霊《ことだま》

大祓は中臣祓《なかとみのはらえ》ともよばれる。奈良・平安時代を通じて、六月と十二月の晦日《みそか》、御所《ごしょ》の朱雀門《すざくもん》に百官が集まり、万民の罪穢《つみけが》れを祓《はら》うときに読み上げた祝詞《のりと》が大祓詞《おおはらえのことば》。現在、宮中や各地の神社の行事において、年二回の大祓式《おおはらえしき》のときは勿論、いろいろな祈願祭で唱えられる。

さて、この大祓詞《おおはらえのことば》であるが、「八・や」の付く言葉が入っている。八百万《やおよろず》の神（2回）、八重雲《やえくも》（3回）、八針《やはり》、八百道《やおじ》、八潮道《やしおじ》、八百会《やおあい》である。

では、八と他の数詞とを比較してみると、どういうことになるのであろうか。

ところが、大祓詞に登場する八以外の数詞は四のみであって、一、二、三、五、六、七、九、十は、出てこない。しかも、四としては、四方《よも》が1回のみである。但し、千は6回登場する。千別《ちわ》き（4回）、千木《ちぎ》、千座《ちくら》である。

以上のことから、大祓詞における、「八・や」の特殊性が分かっていただけると思う。

この大祓詞を奏上すれば、強力な言霊《ことだま》となり、あらゆる罪や穢れが祓われると信じられている。よって、「八・や」は、言霊《ことだま》、数霊《かずだま》としての特別な霊威を持つ、と考えられていたことの証左となる。ここにおいても「八・や」は、古代日本の聖なる数であることを示している。

勿論、ここに記されている「八《や》」が付いた言葉は、「八州」（独立国・日本）の意味も含み、「開a音」としての言霊・数霊の霊威を、八州（独立国・日本）の隅々までも行き渡らせるという意味をも含んでいるのである。

⑮ 八角塔・八角堂・八角殿院

中国では八角塔の存在は、珍しいものではない。むしろ多すぎて全ての八角塔をピックアップするのは不可能に近い、と言える。しかし、日本において現存する八角塔は、長野県の塩田平《しおだだいら》にある小さな「安楽寺《あんらくじ》・八角三重塔」だけ。この点についての日本と中国の違いは、あまりにも大きい。同じ仏教国でありながら、何故なのか？　不思議である。

過去日本にも、八角塔は存在した。塔の形をしていたのか不確かだが難波宮《なにわのみや》の八角殿院、鞠智城《きくちじょう》（くくちじょう、とも言う）跡の八角形建物、そして幻に終わった西大寺《さいだいじ》八角七重塔などである。八角塔として確実に建っていたのは、樫原廃寺《かたぎはらはいじ》の八角塔と京都の法勝寺《ほっしょうじ》八角九重塔であると考えられる。

八角円堂・夢殿《ゆめどの》と聖徳太子

かつては、法隆寺の夢殿は聖徳太子の生存中に造られ、八角円堂の中で深い思索にふけっていたという伝説により、ミステリアスなロマンが語られた。

しかし残念ながら、夢殿建立《こんりゅう》は聖徳太子が亡くなられた120年後である。見方によっては、何故夢殿（739年）は八角形かの問いについては、法隆寺西円堂（718年）、興福寺北円堂（721年）の手本があったからと、簡単に片付けてしまうこともできる。つまり、夢殿は日本最初の八角円堂ではない。

夢殿については、謎が多い。聖徳太子関係の八角円堂が、夢殿の他に四つもあるということは、聖徳太子と八角形とはやはり関連があるように思われる。

「八耳《やつみみ》」を辞書で引くと、八つのことを聞き分ける耳の意、耳ざといこと、聡明なことと記してある。そして、同時に八人の訴えを聞き得たということから、聖徳太子を指して言う。また、聖徳太子は、「豊聡耳《とよとみみ》」、「上宮《じょうぐう》」と称され、さらには、「八耳皇子《やつみみの》」と呼ばれたとの説もある。よって、聖徳太子と「八」は無関係ではない。

さて、『古事記』の中では、聖徳太子は下巻最後の方に名前だけが出てくる。その名前は「上宮之《うへつみやの》厩戸豊聡耳命《うまやどのとよとみみのみこと》」。聡明な耳を持っていたことが、想像できる。

しかし、『日本書紀』の中では、〈一《ひとたび》に十人《とたり》の訴《うたへ》を聞きたまひて、失《あやま》ちたまはずして能《よ》く弁《わきま》へたまふ〉

と記してあり、八人ではなく十人となっている。『日本書紀』のこの記述を考慮すれば、当然、聖徳太子は「十耳」ということになる。しかし、このことは、何故か、無視されてしまっている。

『古事記』の中の「八耳」といえば、八俣《やまた》の大蛇《おろち》事件で登場した櫛名田比売《くしなだひめ》の父親が、「八耳神《やつみみのかみ》」として須佐之男命《すさのおのみこと》の宮の長に就任する。

また、八耳に近いところで、「神八井耳命《かむやゐみみのみこと》」がいる。この命《みこと》は、「当芸志美美命《たぎしみみのみこと》」を殺害しようとしたができず、代わりに、弟（綏靖《すいぜい》天皇）に果たしてもらったので、天皇の資格を弟に譲った命《みこと》である。

古代の人は、耳の能力に対して、「八」で表現していたようである。

法勝寺《ほっしょうじ》と八角塔

平安時代後期の京都には、高さ81ｍという八角九重塔が建っていた。法勝寺《ほっしょうじ》の塔である。承保《じょうほう》二（１０７５）年、白河《しらかわ》天皇の御願《ごがん》により金堂の造営に着手。永保《えいほう》三（１０８３）年八角九重大塔が造営された（図２・16、図２・17参照）。

推測ではあるが、日本における最初の寺院・八角塔としては、７世紀半ばに建立されたという樫原《かたぎはら》廃寺《はいじ》の八角三重塔が知られている。その後の八角塔の出現は、奈良時代の西大寺の塔となるはずであったが、幻となってしまった。称徳《しょうとく》天皇が崩御《ほうぎょ》されたため、規模が縮小され八角塔の計画から普通の四角形の塔になった、と言われている。

よって、日本において、寺院・八角塔としては、法勝寺の塔が二番目の塔と推測される。法勝寺の塔を考察してみよう。図２・17から判断するに、この八角九重の塔は、正面の池の中央に建てられていることから、今までにない八角塔に対する意気込みが感じられる。何度か落雷の被害に遭う。承元《じょうげん》二年の落雷ではついに塔自体が焼失してしまった。この後、塔はすぐに再建されたが、それも南北朝時代の暦応《りゃくおう》五（１３４２）年の火事で再び焼失し、この巨大な八角塔は地上から永遠にその姿を消してしまったのである。

⑯ 八紘一宇《はっこういちう》

戦前・戦中には「八紘一宇《はっこういちう》」が叫ばれた。そもそも、「八紘一宇」という四文字熟語は日本、中国の典籍《てんせき》にはない言葉であった。仏教者田中智学《たなかちがく》氏による造語であると言われている。『記紀』の記述をもとに作った熟語なのだ。

その記述部分は、『日本書紀』においては〈六合《くにのうち》を兼ねて都を開き、八紘《あめのした》を掩《おほ》ひて宇《いへ》にせむこと、亦《また》可《よ》からずや〉であり、『古事記』においては〈天統を得て八荒《はっくわう》を包《か》ねたまひき〉の部分である。

「八紘《はっこう》」の用法は、中国の典籍においては『淮南子《えなんじ》』、『史記《しき》』、『漢書《かんじょ》』等々に見られる。「八」は八方位のことである。『古事記』に見られる「八荒《はっこう》」の荒は、「はて」の意味で、「八紘《はっこう》」と同じ、宇宙観を表現している。つまり、『記紀』の宇宙観は、古代中国の「八方位」の道教的宗教観を借用したものなのだ。

道教的八方位とは、太一《たいいつ》（北極星神・天皇《てんこう》大帝）を中心として八方に八卦《はっか》を配し、「太一八卦《たいいつはっか》」（太極八卦）という「天下太平」を願う哲理である。『記紀』はこの概念を借用した。その『記紀』に記された概念を、田中智学氏は「八紘一宇」と造語したのだ。

図２・16：法勝寺（株式会社さんけいより写真提供）

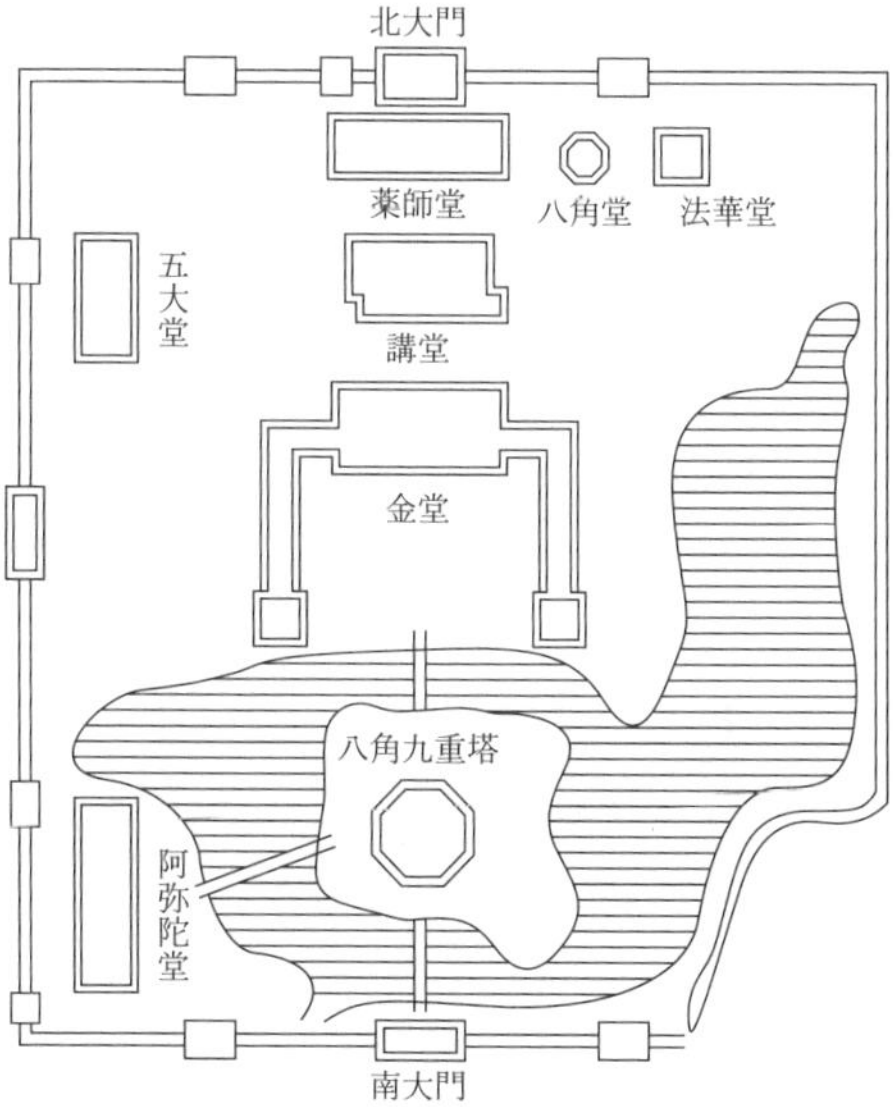

図２・17：法勝寺伽藍配置図（『国史大辞典』を参考に作図）

「一宇《いちう》」とは一つの家のこと。よって「八紘一宇」とは、世界は一軒の家でなくてはならぬという、意味がある。全世界が一つの家族として仲良くしていこう、というのが「八紘一宇」という考えだったのだ。「八紘」という言葉はその後、「大東亜共栄圏」のことを指すようになる。

この意味は、もともとは平和共存的である。明治になって岡倉天心《おかくらてんしん》は「アジアは一つ」と言った。この言わんとすることは、西洋の帝国主義の横暴圧迫に対抗して東洋の団結を促すことにあった。このフレーズは、道教を信奉していた彼が言わせたのである。よって、「八紘一宇」は岡倉天心の思想と通ずるものがある。

岩波書店の創業者、岩波茂雄《いわなみしげお》は、戦後まもなく、〈国家権力を増強して世界を支配しようと考えず、天地の公道を踏んで、燃ゆる情熱を以て真理を追究し、八紘一宇を実現することを望む〉と述べている（『高千穂幻想』千田稔《せんだみのる》・PHP新書）。

ノーベル賞を受賞した湯川秀樹《ゆかわひでき》博士も、老荘の思想から「世界は一つ」の考えを導き出し、「世界連邦」を提唱した。福永光司《みつじ》氏によれば、岡倉天心、湯川秀樹の提唱したことは、『荘子』の「道は（宇宙を）通じて一となす」の「八紘一宇」の思想に基づくものといえる、と述べている。

『日本書紀』の「八紘」、『古事記』の「八荒《はっこう》」であるが、『記紀』執筆者は、全世界の意味と同時に、「八州」のイメージも抱いていたと思われる。つまり、「八紘＝八荒＝八州（日本）」である。よって「八紘一宇」とは、『記紀』の内容からすれば、「宇宙一宇」であると同時に、「八州《やしま》（日本）一宇」をも意味することとなる。

⑰ 年号「平成」と八元《はちげん》、八愷《はちがい》

日本が元号《げんごう》を採用したのは「大化《たいか》」が初めてで、正式には701年の「大宝《たいほう》」からである。それ以後、元号は平成まで連綿と続いている。中国の冊封《さくほう》を奉《ほう》ぜず独自の元号を用いたことは、中国皇帝に対する「独立」を示したことになる。

さて、年号「平成」にも、「八の世界」が存在している。「平成」の元号は、政府の発表では、『史記』の「五帝本紀《ごていほんぎ》」と、『書経《しょきょう》』の「大禹謨《だいうぼ》」からの引用としている。「平成」の出典は、『史記・五帝本紀』の〈父は義、母は慈、兄は友、弟は恭、子は孝、内《うち》平《たひら》かに外成《そとな》る〉から、そして、『書経・大禹謨《だいうぼ》』の〈地平《ちたひ》らぎ天成《てんな》り、六府三事允《まこと》に治まり〉から採られたとしているのである。

しかし、詳しい「平成」の記述が出てくる箇所は、『春秋左氏伝《しゅんじゅうさしでん》』であり、原典はこの古典にある。この原典の中においては、八元《はちげん》、八愷《はちがい》と呼ばれた才子八人ずつが活躍するという意味で、見事に「陰陽八卦」なのである。

⑱ 年八十《としやそじ》より以上《かみつかた》

『日本書紀』持統《じとう》天皇紀には、八十歳以上の者、或いは重い病気の者には、品物をあげたり、面倒を見たと記してある。

最初の記述は、持統元（687）年の〈京師《みやこ》の、年八十《としやそぢ》より以上《かみつかた》、及び篤癃《あつえひと》（重病人）、貧《まづし》くして自ら存《わたら》ふこと能《あた》はぬ者に絁《ふとぎぬ》綿《わた》賜《たま》ふこと、各差《しな》有り〉である。

この後、持統四年、六年、七年、九年の4カ所に、内容は多少違うものの、同様の記述がある。持統天皇が八十歳にこだわった一面が窺《うかが》える。

因《ちな》みに養老律令（718年）の養老戸令《こりょう》には、給侍《きゅうじ》条〈歳八十及び篤疾《とくしつ》（重病人）には、一人の給侍をつけること。九十歳に二人。百歳に五人〉の記述がある。

ところで、伊勢神宮において、初めての遷宮《せんぐう》（20年ごと）をしたのは持統天皇の代である。心御柱《しんのみはしら》は古殿地《こでんち》を入れれば、40年存在することになる。8で割り切れる数である。40年を人生の一区切りと考えていたのだろうか。その半分の20年は、青年として最も活動的である。また、技術の伝達も程良く行われるサイクルでもある。

『史記』の「孝武本紀《こうぶほんぎ》」に、〈八十歳以上のもの、孤児、寡婦《かふ》（やもめ）に布帛《ふはく》二匹をあたえる〉との記述があるが、持統天皇は、この影響を受けたとも考えられる。

⑲ 日本独自の「二官八省《にかんはっしょう》」

日本の律令制度《りつりょうせいど》は、中国の律令制度を導入したのだが、日本の都合の良いようにふるいにかけられ、独自の形である「二官八省《にかんはっしょう》」として採用された。この「二官八省」は、充分に「八の世界」を意識したものである。

端的に言えば、「二官八省」とは、「八州（独立国・日本）と八卦」を暗に象徴している。即ち、二官は陰陽太極、八省は八卦としてデザインしたものと思われる。

また、八省は、八州《やしま》のそれぞれの州（くに）の集まりであり、八州人《やしまびと》の参画・奉仕の象徴としての意味もある。また、逆に、八州（独立国・日本）を八省で統治するという、八卦の呪術的なイメージもあった。勿論、太極としての天皇であり、天皇を守護する八卦としての「二官八省」でもある。

しかし、なんということであろうか、中国の律令制度の骨組みには、「易経八卦」の呪術は見られないのに、日本においてのそれは、「易経八卦」の呪術を独自に施して、制度の安寧《あんねい》を願っていたのだ。実に面白い現象である。

日本古来の「八州《やしま》（日本）」の概念と、中国の易経・八卦の概念とを一緒にして、中国とは違った日本独自の組織デザイン・「二官八省」を作ってしまったのだ。

しかも、二官とは、神祇官《じんぎかん》と太政官《だいじょうかん》の二官分立の形式であり、祭政は分離され、中国のような政治権力の宗教化は、日本では巧妙に避けられている。今日の象徴天皇制を想像させられる。祭祀王《さいしおう》たる天皇の形が、律令制度にも反映されているのである。ここにも日本人の大いなる知恵が発見できる。

また、元号も、大化の改新以来独自の年号を用い続けて、中国の元号を拒否している。さらに、宦官《かんがん》制度も採用しなかった。ここが朝鮮半島とは違うところである。

そして、前述したように、「王号」ではなく「天皇号」を称したことは、独立国の宣言でもあり、その心意気の表れでもあった。

ちなみに、唐の律令制度は、「職事官」の勤める役所として、中央には、六省・九寺《じ》・一台等々があり、それらの上には「三師」「三公」が立っている。なお、新羅《しらぎ》の律令制を真似たとの説もあるが、新羅の律令制が二官八省を採用していれば、その通りと首肯《しゅこう》できるがそうでもなさそうである。また、日本と違って新羅は宦官《かんがん》制度を採用している。

『日本書紀』持統天皇紀四年七月の記述として、「八省」は、「やつのすぶるつかさ」と訓読みさせている（岩波文庫）。

⑳ 菊花紋章十六弁

天皇家の御紋章は、「十六葉八重表菊紋」である。

その紋様は、八の倍数の十六弁であり、八重であるから、三十二弁となっている。やはり、ここにおいても天皇家は「八」と密接な関係を持っている。

菊の御紋章の歴史はそれほど古くなく、鎌倉時代、後鳥羽上皇《ごとばじょうこう》のときに菊花紋《きつかもん》が皇室の紋章として正式に採り入れられた、とされている。大正十五年に発布《はっぷ》された皇室儀制令により、現在の形に制定された。

この皇室の御紋章は、菊の花を原型に、その花弁が日光にもたとえられることから、日出《ひい》ずる国の象徴である天皇のシンボルとして創作された、と言われている。

よって、菊の御紋章は、菊と太陽（天照大神）を象徴していると考えられる。

さて、この御紋章であるが、古代オリエントのロータス紋とそっくりである。ロータス紋のルーツはメソポタミア文明にあるとされている。

「第1章」で、「古代メソポタミア文明と八芒星《はちぼうせい》・文字」について次のように述べている。

〈八方を表現するデザイン「米」は、古代メソポタミアにおいては、星、天、神を意味していた。シュメール文字（楔形文字）になっても、天、空を意味していた〉。

私は、この八芒星が倍の数になり十六弁のロータス紋になったと、推測するのである。勿論、天、星、太陽、神を意味していたのであろうと思う。

天皇家は、このロータス紋を選択した。それは、真実《まこと》にもって天皇家に相応《ふさわ》しい「御紋章」である。

日本の軍旗は、日の丸に十六条の光線を加えたものだった。八条の光線の軍旗もあった。日章旗に十六条光線を加えるのは、ごく自然な発想である。それは、十六弁菊花紋→日の丸→十六条旭日《きょくじつ》、という連想による。

いずれにしても、「八（や）の国」・八州《やしま》（日本）に相応《ふさわ》しい、デザインである。

戦前の海軍の艦船のうち、艦の最前部（艦首）に天皇家の紋章である菊花紋がついているのを「軍艦」と呼んだ。

現在、自衛艦旗は十六条旭日旗《きょくじつき》、自衛隊旗（連隊旗）は八条旭日旗となっている。

第3章

『古事記』『日本書紀』にもおびただしい八の暗号が隠されている

『記紀』をこの本で取り上げるのは、『記紀』の中に「八」の付く言葉があまりにも多く使われているからである。8の探究者の私にとっては、最初の驚きであった。『記紀』は「八の世界」である、と周りの人に言ってもなかなか信じてもらえなかった。どうしたら信じてもらえるのか。特に神話の部分は、まさに「八の世界」なのである。やはり、「八の付く言葉」を抜き出して一覧するのが最上の方法と思われる。「八の世界」を説明するため、やむなく単語の羅列《られつ》となってしまったがご容赦《ようしゃ》願いたい。

勿論、八の内容の吟味《ぎんみ》もしなくてはならない。八の暗号解読の基礎となるからだ。八の特殊性は、神との関係に表れている。『記紀』において、多くの神を表す言葉は、「八・や」の付く言葉のみに限定されている。それは、神の領域として徹底していたことを物語っている。我々は、当時の人々の神に対する気持ちを理解しなくてはならない。

この章は、資料的なものを多く記している。その部分は読み飛ばしていただいても、いっこうにかまわない。

なお、『古代天皇家「八」の暗号』解読の旅は、次章よりいよいよ核心に迫ることとなる。それまで、『記紀』における「八の暗号解読」の旅を楽しんでいただきたい。

『古事記』『日本書紀』の成立要因

『記紀』編纂《へんさん》の要因については、「第2章」において既述しているので、ここでは簡単に再述する。

『古事記』、『日本書紀』の成立要因は、中国皇帝に対する独立国家宣言であり、天皇の根拠の証明としての「天皇誕生物語」であった。

具体的には、「天照大神《あまてらすおおみかみ》―ニニギノミコト―天皇」という繋《つな》がりによって、天皇の正当性は確証される。また、天皇の存在する国として、新羅《しらぎ》・百済《くだら》を服属国として扱う一方、冊封《さくほう》を受けてきた中国との関係には触れないという性格も有している。すなわち、「天皇の国・日本」として、朝鮮を「蕃国《ばんこく》」とし、そして皇帝の存在する中国とは対等に対峙《たいじ》するということであったのだ（『古事記』新編日本古典文学全集・小学館）。

そもそも「天皇」とは、北極星神を意味する「天皇大帝《てんこうたいてい》」からとった言葉である。ならば、天皇自身にこの意味を具体的に含ませてこそ、「天皇」なのである。

「伊勢神宮」と「大嘗祭」において「天皇＝天皇大帝＝北極星神」という概念は、隠密裡《おんみつり》の呪術によって施されている。しかし、『記紀』においては、一切、そのこと、つまり、天皇とは北極星神のことなり、ということが記述されていない。何故なのか。それは当然のことである。伝承になかったからである。日本には古代より太陽信仰（天照大神）が根付いていた証拠であって、『記紀』においては、そのように書かざるを得なかったのだ。

安本美典《やすもとびてん》氏は「邪馬台国の会」のホームページで次のように述べている。

《さらに『宋書』など中国の文献も併せて検討すると、初代から20代までの天皇の在位は、平均約十年とみることができる。これを当てはめると、神武天皇は280～290年頃の人。その5代前の天照大神は230年ごろの人となり、「魏志倭人伝《ぎしわじんでん》」の卑弥呼とぴったり重なります》。

戦後、『記紀』批判の風潮により、天皇の系図は否定され続けてきた。しかし、安本美典氏が述べているように、まんざら全くの出鱈目《でたらめ》でもない、という説も見かけられるようになった。あるが、『記紀』は、当時の伝承に基づいて書かれており、史実を反映していると考えた方が、ずっと合理的であろうと思われる。ある程度ではあ

「第1章」において、縄文時代から存在した数詞「ひふみ式」は、中国から流入した数詞「いちにさん式」に駆逐《くちく》されないで残ったことを述べた。『古事記』『日本書紀』において、「八・や」はむしろ駆逐されるどころか、「弥栄《いやさか》の弥（八・や）」、あるいは「聖なる八（や）」として堂々と登場している。

それればかりではない、数詞全般においても、ほとんど全てと表現しても間違いでないほどに、「ひふみ式」の数え方で記載されている。『記紀』を編纂した人たちの気持ち——古来の文化を大切にする気持ち——が伝わってくる。遠い過去の時代の人々の思いを伝えることに、一所懸命だったのである。このことを感じ取っていただけたら幸いである。

『記紀』における「八《や》の付く言葉」の頻用度

『古事記』を通読して驚いたのが、「八・や」の付いた言葉の多さであった。『日本書紀』においては『古事記』ほどではないが、神代紀・神武天皇紀までは同様と言える。

では、『古事記』『日本書紀』において、「八（や）の付く言葉」が、「他の数詞の付く言葉」と比べ、どれほど頻用《ひんよう》されているか、一覧表にして示したい。これらの一覧表を見ていただければ、いかに「八・や」が多用されているかが分かっていただけるとともに、このことの特殊性に気付いていただけると思う。

但《ただ》し、『記紀』においては、「数詞の付く言葉」の正確な数を、確定することができなかった。あくまでも概数であることを陳謝するとともに、このことを明記しておく。

※なお、一覧表に記載した言葉の仮名遣いは、資料的な意味もあり、歴史的仮名遣いとした。

❶『古事記』における、数詞が付く「神名・人名・身分名」数の比較一覧

「神名・人名・身分名」に関しては、断然「八・や」の世界と言える。では、数詞が付く「神名・人名・身分名」を拾いあげてみよう（※概数であることを明記しておく。なお、同じ数詞内においては、記載されている順に並べる）。

「一」の付く「神名・人名・身分名」……2　天一根《あめひとつね》　一言主大神《ひとことぬしのおほかみ》

「二」の付く「神名・人名・身分名」……2　若沼毛二俣王《わかぬけのふたまたのみこ》　若野毛二俣王《わかのけのふたまたのみこ》

「三」の付く「神名・人名・身分名」……20　三枝部造《さきくさべのみやつこ》　三島溝咋《みしまのみぞくひ》　筑紫三家連《つくしのみやけのむらじ》

三野稲置《みののいなき》　三川穂別《みかはのほのわけ》　三野国本巣国造《みののくにのもとすくにのみやつこ》　三枝別《さきくさのわけ》　三野別《みののわけ》　三川衣君《みかはのころものきみ》　三尾君《みをのきみ》

三宅連《みやけのむらじ》
三野国造《みののくにのみやつこ》
三野宇泥須和気《みののうねすわけ》
三腹郎女《みはらのいらつめ》
三野郎女《みののいらつめ》
三国君《みくにのきみ》
三重婇《みへのうねべ》
三重子《みへのこ》
三尾君加多夫《みをのきみのかたぶ》
三枝部穴部王《さきくさべのあなほべのみこ》

「四」の付く「神名・人名・身分名」……0

「五」の付く「神名・人名・身分名」……7

水穂五百依比売《みづほのいほよりひめ》
五十日帯日子王《いかたらしひこのみこ》
五百木入日売命《いほきいりひめのみこと》
五伴緒《いつとものを》
五百木入日子命《いほきいりひこのみこと》
五瀬命《いつせのみこと》
五百原君《いほはらのきみ》

「六」の付く「神名・人名・身分名」……0

「七」の付く「神名・人名・身分名」……1

七拳脛《ななつかはぎ》

「八」の付く「神名・人名・身分名」……27

八《や》はしらの雷神《いかづちがみ》
八十禍津日神《やそまがつひのかみ》
稲田宮主須賀之八耳神《いなだのみやぬしすがのやつみみのかみ》
八島士奴美神《やしまじぬみのかみ》
八千矛神《やちほこのかみ》
八上比売《やがみひめ》
八千矛神命《やちほこのかみのみこと》
八島牟遅能神《やしまむぢのかみ》
八河江比売《やがはえひめ》
八重言代主神《やへことしろぬしのかみ》
八重事代主神《やへことしろぬしのかみ》
櫛八玉神《くしやたまのかみ》
八咫烏《やたがらす》
八十建《やそたける》
八十膳夫《やそかしはで》
日子八井命《ひこやゐのみこと》
神八井耳命《かむやゐみみのみこと》
波多八代宿禰《はたのやしろのすくね》
八瓜入日子王《やつりのいりひこのみこ》
八坂之入日子命《やさかのいりひこのみこと》
八尺入日子命《やさかのいりひこのみこと》
八坂之入日売命《やさかのいりひめのみこと》
八田若郎女《やたのわきいらつめ》
八田部《やたべ》
八瓜之白日子王《やつりのしろひこのみこ》
八十友緒《やそとものを》
八田王《やたのみこ》

「九」の付く「神名・人名・身分名」……0

「十」の付く「神名・人名・身分名」……2　十市県主《とをちのあがたぬし》　十市入日売命《とをちいりひめのみこと》

『古事記』の中に記載されている、数詞の付いた「神名・人名・身分名」は、次の通りである。

数詞	一	二	三	四	五	六	七	八	九	十
神名・人名・身分名	2	2	20	0	7	0	1	27	0	2

一覧表から分かるように、「八・や」の付く「神名・人名・身分名」が27あり、圧倒的に多い。全ての「神名・人名・身分名」が61であるから、半分弱を占めていることになる。

「三」の付く「神名・人名・身分名」は20あり、二番目に多い。しかし、この「三」に関しては、『古事記』の中で話題を提供するのは、天皇に差し上げた杯に葉が落ちてしまった事件の、「三重子《みへのこ》」ぐらいである。他は単に名前だけの記述となる。

「三」においては、数が多いにも拘《かか》わらず、不思議であるが「神」、「命《みこと》」、「比売《ひめ》」の付く名は一つもない。「八」には、神の付く名は10もある。因《ちな》みに、他に神の付く名は、「一」の「一言主大神《ひとことぬしのおおかみ》」だけである。となると、古代の人々は、神の名は、断然「八」に限ると考えていた、と推測せざるを得ない。

なお「三前大神《みまへのおほかみ》」「伊豆志八前大神《いづしのやまへのおほかみ》」の「前」は、神の数「柱・座」を指すので、この一覧表の範疇《はんちゅう》には入れなかった。

「七」は一つしかなく、倭建命《やまとたけるのみこと》の食膳に使えるものとして名前が出てくる「七拳脛《ななつかはぎ》」だけである。話題性は全くない。

それに比べ、「八」は賑《にぎ》やかである。大国主神《おおくにぬしのかみ》である「八千矛神《やちほこのかみ》」、八十神《やそがみ》に結婚を迫られた「八上比売《やがみひめ》」、仁徳《にんとく》天皇の皇后に嫉妬された「八田若郎女《やたのわきいらつめ》」、大国主神と一緒に素直に国譲りした「八重事代主神《やへことしろぬしのかみ》」、自分は手足がふるえて「当芸志《たぎし》美美命《みみのみこと》」を殺せず、弟（綏靖《すいぜい》天皇）が殺したので、天皇の資格を弟に譲った「神八井耳命《かむやゐみみのみこと》」等々。

使用度ゼロの「神名・人名・身分名」の数字は、「四」、「六」、「九」である。このことはどのように考察したらよいのだろうか。

また、次のことが言える。ここに挙げた「神名・人名・身分名」の読み方は、ほぼ日本古来の「ひふみ式」である。漢文化である読み方「いちにさん式」ではない。例外は三枝《さきくさ》である。

❷『古事記』と希望ナンバープレート

ちなみに、車のナンバープレートに関して、「希望ナンバー制」が平成十一年五月から全国に広がった。その中で「抽選となる希望ナンバー」は、「1、2、3、5、7、8」で、「4、6、9」は抽選の対象にはならなかった。つまり、以下の数字が抽選の対象となる。

1・11・111・1000、2・22・222・2000、3・33・333・3000、5・55・555・5000、7・77・777・7000、8・88・888・8000、1234、5678

このように、「4、6、9」の数字が抽選の対象に入っていない。偶然とはいえ、『古事記』の中に出てくる「数詞が付いた神名・人名・身分名」の中にも「四、六、九」は入っていない。『古事記』の世界と、現代の世界とがピタリと一致するこの不思議は、どう説明したらよいのだろうか。

なお、車のナンバープレートの数字は、平成十一年当時の事例。現在は、「6、9」も抽選に含まれる場合もある。多少地域によっても異なる。

但し、「七」に関しては、『古事記』の世界と、現代の世界とでは捉《とら》え方が全く違う。『古事記』の中ではあまり良い意味ではない「七拳脛《ななつかはぎ》」が、一人出てくるのみである。

白鳥庫吉《しらとりくらきち》博士によれば、古代日本にとって、七の数は、どちらかと言えば「忌数《いみかず》」に入っていたと述べている。七が吉数《きちすう》に近い数となったのは、漢文化の「道教」が日本に入ってきた頃からだという。

「道教」は奇数を吉数とするが、七が日本の吉数になったのは、具体的には「七夕」「北斗七星」などに関する祭が行われるようになってからのことなのだ。

❸『古事記』の中で「八」と「八」以外の数詞が付く言葉一覧表

(1)『古事記』—「数詞八の付く言葉」一覧

『古事記』において、「数詞八の付く言葉」と、「八以外の数詞の付く言葉」を拾い上げ、一覧し、比較してみよう。

『古事記』には、「八が付く言葉」が多く使われていると説明しても、分かってもらえないもどかしさがあった。しかし、こうすることによって容易に理解を得られると思う。因みに、「八の付く言葉」は、概数62である。

なお、「神名・人名・身分名」を原則として除く。しかし前記一覧と重複の場合もある。厳密に拾い上げた数ではない。あくまでも、おおよその目安として考えていただきたい。八神、八年、八歳等々は除いてある。

記載されている順に並べる。＊印は、前記一覧表と重複。

『古事記』の序文は、訓読みではなく、中国語の文章として読ませる部分がある。「八荒《はっくわう》（やものきはみ）」は、その例。

八の付く同じ言葉が、『古事記』の中で、何度も出てくるが、その数は記していない。よって、八の付く言葉の「のべ数」は、不明となる。

大八州《おほやしまぐに》　八荒《はっくわう》（やものきはみ）　八尋殿《やひろどの》　八島《やしま》　大八島国《おほやしまぐに》　八拳須《やつかひげ》

八尺勾璁《やさかのまがたま》　八百萬神《やほよろずのかみ》　八尺鏡《やたかがみ》　八稚女《やをとめ》　八俣大蛇《やまたのをろち》　八頭《やかしら》・八尾《やを》（2）

谿八谷《たにやたに》・峡八尾《をやお》（2）　八鹽折《やしほをり》の酒　八門《やかど》　八桟敷《やさずき》　八雲《やくも》　八重垣《やへがき》　八十神《やそかみ》

八田間大室《やたまのおほむろや》　八千矛《やちほこ》　八島国《やしまくに》　日八日《ひやか》・夜八夜《よやよ》（2）　百足《もも》らず八十坰手《やそくまで》

百八十神《ももやそかみ》　天八十平瓮《あめのやそびらか》　八拳《やつか》垂《た》る　天之八衢《あめのやちまた》　天之八重多那雲《あめのやえたなぐも》

海驢《みち》の皮の畳八重《やへ》を敷き、亦絁畳八重《またきぬだたみやへ》を其の上に敷き（2）　＊八咫烏《やたがらす》

＊八十建《やそたける》　＊八十膳夫《やそかしはで》　八鹽折《やしほをり》の紐小刀《ひもがたな》　八拳鬚《やつかひげ》　縵八縵《かげやかげ》・矛八矛《ほこやほこ》（2）

八尋矛《やひろほこ》　菅畳八重《すがたたみやえ》・皮畳八重《かはたたみやえ》・絁畳八重《きぬたたみやえ》（3）　八尋白智鳥《やひろしろちどり》　八種《やくさ》　伊豆志八前大神《いづしのやまへのおほかみ》

八目之荒籠《やめのあらこ》　八桑枝《やがはえ》なす　八田《やた》　八十一艘《やそあまりひとふね》　言八十禍津日前《ことやそまがつひのさき》　＊八十友緒《やそとものを》

八度拝《やたびをろが》み　八十歳《やそとせ》　八隅斯志《やすみしし》　八百土《やほに》　八絃琴《やつをのこと》　八重柴垣《やへしばかき》　八節縛《やふじま》り

岩波文庫『古事記』では、「やすみしし（夜須美斯志）」であるが、「八隅斯志《やすみしし》」として加える。

（2）『古事記』―「八以外の数詞の付く言葉」一覧表

では、『古事記』の中で、「八以外の数詞が付く言葉」を拾い上げ、一覧してみよう。すると、その数は、「概数76」になる。この数は、「八の付く言葉」の「概数62」よりわずかであるが多い。

なお、「神名・人名・身分名」を原則として除く。前記一覧と重複もあり。正確な数ではない。同じ数字においては、記載されている順に並べる。＊印は前記一覧表と重複。

特に、「一」と「三」はもう少し、多い数になる。

序文は漢文体であって、中国語の漢文として理解されるべきもの。よって、訓読みを必要としない。あえて訓読みすると次のようになる《二霊群品《ふたはしらのかみもろもろのもの》、百王《もものきみ》、萬神《よろづのかみ》、六師《すめらみいくさ》、三軍《おほきいくさ》、六合《あめのした》、二《ふたつの》

気《けはい》、五行《いつつのめぐり》、一句《ひとことば》、一事《ひとこと》》（『古事記』・新編日本古典文学全集1・小学館）。

「八以外の数詞が付く同じ言葉」が、『古事記』の中で、何度も出てくるが、その数は記していない。

よって、「八以外の数詞が付く言葉」の「のべ数」は、不明となる。

（一）　一句　一事　一日《ひとひ》　一本薄《ひともとすすき》　一宿《ひとよ》　一尋鮫《ひとひろわに》　一時《あるとき》（もろとも）　韮一茎《かみらひともと》

一浦《ひとうら》　一度《ひとたび》　一本菅《ひともとすげ》　一言《ひとこと》　／　（二）　二靈群品《ふたはしらのかみもろもろのもの》　二気《にき》

二俣榲《ふたまたすぎ》を二俣小舟《ふたまたをぶね》に（2）　珠二貫《たまふたつら》　／　（三）　三軍　三段《みだき》　三前大神《みまへのおほかみ》　三度《みたび》　三勾《みわ》

三重《みへ》　三野国《みののくに》　三重村《みへのむら》　三重勾《みへのまがり》　三栗《みつぐり》　三宅《みやけ》　三色《みくさ》　三種《みくさ》　／　（四）　四方《よも》

縵四縵《かげよかげ》・矛四矛《ほこよほこ》（2）　四拝《よたびをろが》みて　／　（五）　五行《ごぎやう》　＊五伴緒《いつとものを》　／　（六）　六師《りくし》

六合《りくがふ》　／　（七）　神世七代《かみのよななよ》　七媛女《ななをとめ》　七行《ななゆ》く　＊七拳脛《ななつかはぎ》　七里《ななさと》　／　（九）

九夜十日《ここのよとをか》　／　（十）　十拳剣《とつかつるぎ》　十掬剣《とつかつるぎ》　／　（五十）　五十鈴《いすず》の宮《みや》　／　（百）

百王《もものきみ》　百長《ももなが》　百取《ももとり》の机代《つくゑしろ》　百伝《ももづた》ふ　百官《もものつかさ》　百姓《おほみたから》　百枝槻百足《ももえつきももだ》る　／　（五百）

五百入《いほのり》の靫《ゆき》　五百箇之御統《いほつのみすまる》　五百箇眞賢木《いほつまさかき》　五百引《いほびき》の石《いは》　五百鉤《いほはり》　五百箇眞椿《ゆつまつばき》　／

（千）　千引《ちびき》　千頭《ちがしら》　千人《ちたり》　千入《ちのり》の靫《ゆき》　千位《ちくら》の置戸《おきど》　千尋縄打《ちひろなはう》ち　一千鉤《ちはり》　千鳥《ちどり》

一千口《ちふり》　百千足《ももちだ》る　（千五百）　千五百之黄泉軍《ちいほのよもついくさ》　千五百《ちいほ》の産屋《うぶや》　千五百人《ちいほたり》

千秋長五百秋《ちあきのながいほあき》　／　（万）　萬神《よろづのかみ》

❹『日本書紀』―「数詞八の付く言葉」一覧表

『日本書紀』の神武紀あたりまでは、「数詞八の付く言葉」の記述の割合が高い。しかし、その割合は、時代が下がるにつれて低くなる。つまり、神話として語られている部分には、「八の付く言葉」が多く使用されている。

ここでは、目についた「八の付く言葉」を「156」拾い集めてみた。勿論、実際は、この1割増し程度の数になると思う。

なお、「八以外の数詞が付く言葉」を集めようとしたが、あまりの多さに断念をした。「250以上」の言葉があると推測される。単に荷物、道具、食料などの数詞の記録という意味合いもあり、正確な数を出すのは不可能に近い。

分かることは、「八の付く言葉」は、「八以外の数詞が付く言葉」の大凡《おおよそ》半分程度の割合で使用されている、ということである。やはり、それでも「八の付く言葉」の登場する頻度は高い。『日本書紀』においても、「八」は特別な数字であると言えるのである。

なお記載されている順に並べる。「八が付く同じ言葉」が、『日本書紀』の中で、何度も出てくるが、その数は記していない。よって、八の付く言葉の「のべ数」は、不明となる。

神代・上

大八洲国《おほやしまのくに》　八尋之殿《やひろのとの》　醜女八人《しこめやひと》　八十枉津日神《やそまがつひのかみ》　潮の八百重《やほへ》　八握鬚髯《やつかひげ》　天八十河中《あまのやそのかはら》

八色《やくさ》の雷公《いかづち》　八《やくさ》の雷《いかづち》　八握《やつか(ほ)》に莫莫然《しな》ひて　八坂瓊《やさかに》の五百箇《いほつ》　八握《やつか》剣《のつるぎ》　瑞八坂瓊曲玉《みつのやさかにのまがたま》

八坂瓊曲玉《やさかにのまがたま》　八十萬神《やそよろずのかみたち》　八咫鏡《やたのかがみ》　八十玉籤《やそたまくし》　八箇《やたり》の少女《をとめ》　八岐大蛇《やまたのをろち》　八醞《やしほをり》の酒　八間《やま》

八岐《やまた》　八丘《やを》・八谷《やたに》　出雲八重垣《いづもやへがき》　稲田宮主簀狭之八箇耳《いなだのみやぬしすさのやつみみ》
清《すが》の繫名坂軽彦八嶋手命《ゆひなさかかるひこやしまでのみこと》　湯山主三名狭漏彦八嶋野《ゆやまぬしみなさるひこやしまの》　八甕《やはら》の酒　清《すが》の湯山主三名狭漏彦八嶋篠《ゆやまぬしみなさるひこやしましの》
一百八十一神《ももはしらあまりやそはしらあまりひとはしらのかみ》　八尋鰐《やひろわに》　八十木種《やそこだね》　八千戈神《やちほこのかみ》

神代・下

八十諸神《やそもろかみたち》　八日八夜《やかやよ》　八重蒼柴《やへのあをふし》　百足らず八十隅《ももたらずやそくまで》　天八重雲《あめのやへたなぐも》　八年《やとせ》　天八達之衢《あまのやちまた》
百八十紐《ももむすびあまりやそむすび》　百八十縫《ももぬひあまりやそぬひ》　八目鳴鏑《やつめのかぶら》　八重席薦《やへたたみ》　八尋《やひろ》の大熊鰐《わに》　八重席《やへだたみ》　八重《やへ》の隅《くまぢ》
八十連属《やそつづき》　八尋大鰐《やひろのわに》　八洲《やしま》

神武《じんむ》天皇

頭八咫烏《やたのからす》　八十梟帥《やそたける》　天平瓮八十枚《あまのひらかやそち》　八十平瓮《やそひらか》　天手抉八十枚《あまのたくじりやそち》　葉盤八枚《ひらでやつ》　八紘《あめのした》
神八井命《かむやゐのみこと》

綏靖《すいぜい》天皇〜崇神《すじん》天皇（九代）

神八井耳命《かむやゐみみのみこと》　八坂振天某辺《やさかふるあまいろべ》　八坂入彦命《やさかのいりびこのみこと》　八十諸部《やそもろとものを》　八十萬群神《やそよろずのもろかみ》
赤盾八枚《あかたてやつ》・赤矛八竿《あかほこやさを》　黒盾八枚《くろたてやつ》・黒矛八竿《くろほこやさを》　八廻弄槍《やたびほこゆけ》し・八廻撃刀《やたびたちかき》す

垂仁《すいにん》天皇

遠祖八綱田《とほつおややつなだ》　倭日向武日向彦八綱田《やまとひむかたけひむかひこやつなだ》　八掬髯鬚《やつかひげ》　八十魂神《やそみたまのかみ》　数八百《かずやほちあまり》　八尺瓊勾玉《やさかにのまがたま》
八竿八縵《やほこやかげ》

景行《けいこう》天皇

八坂入彦皇子《やさかのいりびこのみこ》　八坂入媛《やさかのいりびめ》　八十の子《やそはしらのみこ》　八坂瓊《やさかのに》　八田《やた》　八代県《やつしろのあがた》　八女県《やめのあがた》　八女津媛《やめつひめ》

八女国《やめのくに》　八坂入媛命《やさかのいりびめのみこと》　八坂入姫命《やさかのいりびめのみこと》

成務《せいむ》天皇～安康《あんこう》天皇（八代・神功皇后）

八十艘《やそかはら》の船《ふね》　八十船《やそふね》の調《みつき》　海人八十人《あまやそたり》　海人八十《あまやそ》　八田皇女《やたのひめみこ》　八十艘《やそふな》　百足《ももた》らず八十葉《やそば》

八隅知之《やすみしし》　八釣白彦皇子《やつりのしろひこのみこ》　楽人八十《うたまひのひとやそ》

雄略《ゆうりゃく》天皇

什《とを》が七八《ななつやつ》　八維《やも》　馬八匹《うまやつぎ》・大刀八口《たちやつ》　八十聯綿《やそつづき》　百八十種勝《ももあまりやそのすぐり》

清寧《せいねい》天皇～欽明《きんめい》天皇（八代）

八釣宮《やつりのみや》　八重《やへ》や韓垣《からかき》　八重《やへ》の組垣《くみかき》　八節《やふ》の柴垣《しばかき》　八嶋国《やしまくに》　八方《やおも》　八表《やも》　百八十神《ももあまりやそかみ》

四表八方《よもやも》

敏達《びたつ》天皇～斉明《さいめい》天皇（八代）

八十綿連《やそつづき》　物部八坂《もののべのやさか》　土師八嶋連《はじのやしまのむらじ》　八段《やきだ》に斬《き》りて、八《や》つの国《くに》に散《ちら》し　天《あま》の八十蔭《やそかげ》

八腹臣等《やはらのおみら》　八の大夫《やたりまへつきみたち》　八口采女鮪女《やくちのうねめしびめ》　難波吉士八牛《なにはのきしやつし》　八佾儛《やつらのまひ》　百八十余人《ももあまりやそあまりのひと》

百八十部曲《ももあまりやそのかきのたみ》　八尺《やさか》　百八十部《ももあまりやそとものを》　八道《やつのくに》　現為明神御八嶋国天皇《あきつみかみとやしまぐにしらすめらみこと》　一百八十一所《ももあまりやそあまりひとところ》

八省《やつのすぶるつかさ》　大八嶋《おほやしま》　八部等《はつぶら》（仏教）　土師連八手《はじのむらじやつで》　一百八十艘《ももあまりやそふな》　箭八十《ややそ》

天智《てんじ》天皇

八重子《やへこ》の刀自《とじ》　八《や》つの足《あし》ある鹿《か》　八重《やへ》の紐解《ひもと》く　八鼎《やつのかなへ》

天武《てんむ》天皇

安八磨郡《あはちまのこほり》　八口《やくち》　長さ七八尺《ななやさか》　広さ七八寸《ななやき》　明神御大八洲倭根子天皇《あきつみかみとおほやしましらすやまとねこのすめらみこと》　羽田公八国《はたのきみやくに》

八色姓《やくさのかばね》　羽田真人八国《はたのまひとやくに》　八十僧《やそたりのほふし》

持統天皇《じとう》

八口朝臣音橿《やくちあそみおとかし》　年八十より以上《としやそぢかみつかた》　八十余物《やそくさあまり》　杖八十枚《みつゑやそひら》　八釣魚等《やつりなら》　八級《やしな》

❺ 一覧表の集計のまとめと特徴

◎『古事記』における「数詞八の付く言葉」の数は、概数「89以上」。

『古事記』における「八以外の数詞の付く言葉」の数は、概数「１１０以上」。

なお、前述の数字と「神名・人名・身分名」の数を加えてある。

◎『日本書紀』における「数詞八の付く言葉」の数は概数「１５３以上」。

『日本書紀』における「八以外の数詞が付く言葉」の数は予想概数「２５０以上」。

◎前記により、『記紀』においては、「八の付く言葉」は、「他の数詞が付く言葉」よりも、断然多く使用されていて、特殊であることが推測される。

◎「八以外の数詞が付く言葉」に対する「八の付く言葉」の割合は、『古事記』の方が『日本書紀』よりも高い。

◎『古事記』における「八の付く言葉」は、概数「89以上」、『日本書紀』における「八の付く言葉」は概数「１５６以上」である。しかし、『古事記』と『日本書紀』の文章量を比べるならば、『日本書紀』の方が圧倒的に多い。これらのことを考慮に入れれば、『古事記』の方が、文章あたりに使用される「八の付く言葉」は断然多い。

◎「神話の世界」においては、『古事記』『日本書紀』ともに、「八の付く言葉」の使用率は圧倒的に高い。しかし、特に『日本書紀』においては、時代が下がるにつれて、「八の付く言葉」の使用率が低くなっている。

◎「神話の世界」では、「八・や」を特別な数としていたことが、「八の付く言葉」の使用率の高さで分かる。

◎『古事記』『日本書紀』において、多くの神々を表現する言葉は、『古事記』に記述されている「萬神《よろづのかみ》」を除けば、全て「八の付く言葉」で言い表されている。その全ての言葉を取り上げると次のようになる。

八十神《やそかみ》（記）、八十諸神《やそもろかみたち》（紀）、百八十神《ももあまりやそかみ》（記・紀）、一百八十一神《ももはしらあまりやそはしらあまりひとはしらのかみ》（紀）、八十萬神《やそよろづのかみたち》（紀）、八十萬群神《やそよろづのもろかみたち》（紀）、八百萬神《やほよろづのかみ》（記）

◎これらのことから、『記紀』において、多くの神々を表現する言葉は、古代日本の聖数「八・や」のみに限定されていた、と断言してもよかろうと思う。何故、「八・や」のみに「多くの神々」の表現を独占させているのか。

例えば、七十神、百九十神、六十萬神、五百萬神等々の表現は『記紀』には、全く見られない。因《ちな》みに、例外である「萬神《よろずのかみ》」は、一から十までの数字が付いているのではない。この頑《かたく》なこだわりは、大変、重要なことであると思う。やはり、八は単なる八ではないのだ。神と八の結びつきは、我々が考えている以上に意味深いものと言える。

◎最も多くの神様を表現する言葉として、『古事記』では「八百萬神《やおよろずのかみ》」、『日本書紀』では「八十萬神《やそよろずのかみたち》」と記している（岩波文庫）。

◎不思議であるが、『日本書紀』には、「八百萬神《やおよろずのかみ》」という言葉が見あたらない。「大祓詞《おおはらえのことば》」、「中臣寿詞《なかとみのよごと》」などには「八百萬神」の文言が入っているにも拘《かか》わらずである。『日本書紀』においては、『古事記』の「八百萬神」に対する言葉として「八十萬神《やそよろずのかみたち》」が使われている。何故『古事記』と同様に「八百萬神」と表現しなかったのだろうか。

◎『記紀』においては、「八萬《やよろず》」という表現は見あたらない。八《や》、八十《やそ》、八百《やお》、八千《やち》、八十萬《やそよろず》、八百萬《やおよろず》の言葉があるにも拘《かか》わらず、「八萬《やよろず》」という表現がないのは、何故なのか。この件も大変不思議である。

◎『古事記』において、「数詞の付く神の名」は、ほぼ「八・や」に限られている。「八・や」の付く神名は10柱である。一言主大神《ひとことぬしのおおかみ》だけが、唯一の例外となる。

二番目に多い「三」の付く「神名・人名・身分名」は20を数えるが、その中には、神名が一つもないばかりか、「命《みこと》」、「比売《ひめ》」すらない。

◎『記紀』においては、多くの神々を表現する数は、「八・や」のみに限定されていた。また、『古事記』においては、「数詞の付く神の名」は、ほぼ「八・や」に限られている。この二点の特徴は、「八・や」と「神」の関係が、ただならぬものであることを示唆している。

◎日本は数字の「八・や」で表される。「八州《やしま》」「八島《やしま》」「大八州《おおやしまぐに》」「大八島国《おおやしまぐに》」である。

◎何故、神名（『古事記』）と多くの神々を表現する数詞が「八・や」なのか？　そして何故、日本が「八・や」で表現されるのか？　古代日本の聖数であるから、だけでは答えにならない。「八・や」については、「第1章」で詳しく述べている。私は、数詞「ひふみ式」の中で、「八・や」が最も大きな口を開けて発音する「開a音」であるからだと推測する。そこに言霊《ことだま》、つまり数霊《かずだま》の霊威を感じたからこそ、弥栄《いやさか》の「八・や」となり、そして聖なる数「八・や」になったのだと思う。

◎これらのことから、古代日本の人々が、神に、そして国に捧《ささ》げた数字は「八・や」であったことが分かる。それは「七」でもない、「五」でもない、「三」でもなかったのだ。ならば、国と神を象徴する古代天皇家と「八・や」の関係は、特別な関係であろうと想像できる。この関係を明らかにすることが、『古代天皇家「八」の暗号』の眼目《がんもく》でもあるのだ。

『古事記』と八の世界の事例

❶『古事記』において「八・や」が最も多く登場する部分……八俣《やまた》の大蛇《おろち》退治

『古事記』において、最も多くの「八《や》の付く言葉」が出てくる有名な箇所がある。この部分を抜き出してみよう。意図的に「八・や」を使用したことが分かる。

須佐之男命《すさのをのみこと》の八俣《やまたの》大蛇《おろち》退治

一　須佐之男命《すさのをのみこと》は追放され、出雲の国に来た。箸《はし》が河より流れてきたので、河上に人がいるとの思いで、河を上っていくと、老人と老女と娘の三人が泣いている所に出会った。老人は足名椎《あしなづち》、その妻は手名椎《てなづち》、娘は櫛名田比売《くしなだひめ》であった。何故泣いているのかその訳を聞くと、「私には、もともと八稚女《やをとめ》がいたのですが、高志《こし》の八俣大蛇《やまたのをろち》が毎年来て食べてしまったのです。今その大蛇《をろち》がやってくるところです。だから泣いているのです」と足名椎《あしなづち》は申し上げた。そこで須佐之男命は「その形はどのようか」と尋ねた。足名椎《あしなづち》は答えて「その目は、赤かがち（ホオズキ）のようで、一つの身体に八頭《やかしら》・八尾《やを》があります。またその身体には、蘿《こけ》と檜《ひのき》・杉が生え、その長さは谿八谷《たにやたに》・峡八尾《をやを》にわたっていて、その腹を見れば、常に血が流れ、ただれています」と申し上げた。そこで、須佐之男命は娘と結婚するのを条件として、大蛇《をろち》を退治することにした。須佐之男命は「お前たちは、八《や》鹽折《しほをり》の酒＝（八遍も繰り返して醸造した強い酒）を作り、また垣を作りめぐらし、その垣に八門《やかど》を作り、その門ごとに八桟敷《やさずき》（八つの棚）を結い、その棚ごとに酒船を置いて、その船ごとの器に八鹽折の酒を盛って待て」と仰せになった。そのように準備して待っていると、八俣大蛇《やまたのをろち》が来て、酒船の器ごとに自分の頭を垂らし入れて、その酒を飲んだ。そして、酔っぱらって寝てしまった。須佐之男命は十拳《とつか》の剣を抜き大蛇《をろち》を斬り散らしたところ、肥《ひ》の河は血の川となって流れた。そして大蛇《をろち》の尾を斬ったとき、御刀《みはかし》の刃が欠けた。怪しいと思って尾を割いてみると、大刀《たち》があった。それで、この大刀《たち》を取って、異《い》なものと思い、天照大神に事情を申し上げてこれを献上された。これが草薙《くさなぎ》の大刀《たち》である（この剣が、いわゆる三種の神器の一つで、のちにこの剣は「天叢雲剣《あめのむらくものつるぎ》・八《や》剣《つるぎ》・八《や》重垣剣《えがきのつるぎ》」とも呼ばれている）。

さてこうして、須佐之男命は宮を造るための土地を出雲の国に求めた。そして初めて須賀《すが》の宮を

作ったときに、そこから雲が立ち上がった。そこで、御歌《みうた》を作った。その歌は、

〈八雲《やくも》立つ　出雲《いづも》八重垣《やへがき》　妻籠《つまご》みに　八重垣作る　その八重垣を〉

（日本で初めて作られた和歌、ということで、「八雲」は和歌を意味する。または「歌道」）

須佐之男命《すさのおのみこと》は約束通り、八人姉妹の八番目の娘、櫛名田比売《くしなだひめ》と結婚する。須佐之男命は、娘の父親・足名椎《あしなづち》を喚《よ》び寄せ「お前は、私の宮の長官になれ」と任命し、名前を与えて、稲田宮主須賀之八耳神《いなだのみやぬしすがのやつみみのかみ》と名付けた。

須佐之男命と櫛名田比売との間に最初にできた神は、八島士奴美神《やしまじぬみのかみ》。最後にできた神は、大国主神《おおくにぬしのかみ》で、またの名を大穴牟遅神《おほなむぢのかみ》、またの名を葦原色許男神《あしはらしこをのかみ》、またの名を八千矛神《やちほこのかみ》、またの名を宇都志国玉神《うつしくにだまのかみ》という。そしてこの兄弟は全部で八十神《やそかみ》にもなる（『古事記』新編日本古典文学全集・小学館参考）。

以上のように、須佐之男命《すさのをのみこと》の大蛇《をろち》退治の部分の文章は、まさに「八・や」のオンパレードである。どうしてこの「八俣大蛇《やまたのをろち》」の部分に、多くの「八・や」が使われているのであろうか。しかも、全て古代日本の聖数「八・や」の表現方法である。漢文化である「八・はち」の呼び方は一カ所もない。

この「八俣大蛇《やまたのおろち》退治」の物語は、何故か地元の『出雲国風土記《ふどき》』においては、全く語られていない。『記紀』においては、いかにもこの物語が重要であるかのように語られている。梅原猛氏《うめはらたけし》は、この物語

の舞台が、元々大和《やまと》（三輪山）であったのでは、という仮説をたて、論じている。

この件は、「八・や」のルーツの解明という、「八」の探究者にとって大変興味がある問題であるが、今後の課題としたい。

❷ 日本国土（大八島国《おおやしまぐに》・八州《やしま》）誕生と八尋殿《やひろどの》

日本で初めて造られた建物は、淤能碁呂島《おのごろじま》に建てられた「八尋殿《やひろどの》」である。勿論『記紀』神話においてであるが。

そして伊邪那岐命《いざなきのみこと》と伊邪那美命《いざなみのみこと》が、「天《あめ》の御柱《みはしら》」の周りを回って出会ったところで交《まじ》わり、八島を生む。これを、大八島国《おおやしまぐに》という。日本国土の誕生である。

一般には、八尋殿と天の御柱は別物であると解釈されている。

私見であるが、「天《あめ》の御柱《みはしら》」とは「八尋殿」の柱のことで、二命《みこと》はその建物の内側を回ったのではなかろうかと思う。室内の薄暗い場所であるから、スリル・ドキドキ感もある。さらに言えば、八尋殿は、出雲大社のような作り（大社造り）であって、真ん中に柱があり、周りに8本の柱で構成される様式であったと思われるが、いかがであろうか。平面図で描くと、「田」の形を示す。

伊邪那岐命《いざなきのみこと》と伊邪那美命《いざなみのみこと》は、八尋殿内の薄暗い八本の柱を回り、出会ったところで交わり、八島（日本）を生んだと理解する方が、はるかにコンセプトの統一がとれていると思われる。つまり、出雲大社は、その儀礼建築としての再現である、と推測したいのである。

❸ 赤盾八枚《あかたてやつ》・赤矛八竿《あかほこやさを》と黒盾八枚《くろたてやつ》・黒矛八竿《くろほこやさを》の推理

『日本書紀』崇神紀《すじん》に〈赤盾八枚《あかたてやつ》・赤矛八竿《あかほこやさを》を以《も》て、墨坂神《すみさかのかみ》を祠《まつ》れ。亦《また》黒盾八枚《くろたてやつ》・黒矛八竿《くろほこやさを》を以《も》て、大坂神《おほさかのかみ》を祠《まつ》れ〉との記述がある。八の数が揃って出てきている。

しかし、『古事記』においては、「八」の数がなく〈宇陀《うだ》の墨坂神《すみさかのかみ》に赤色の楯矛《たてほこ》を祭り、また大坂神に墨色《くろいろ》の楯矛《たてほこ》を祭り〉と記してある。

「八の世界」から見たら、『日本書紀』の記述はどういうことなのであろうか。

八の呪術であることは間違いない。次のことが推測できる。

1、日本古代からの聖数の意味、即ち「弥栄《いやさか》の八・や」の意味を表している。

2、中国の「陰陽八卦」を表現している。

『日本書紀』の場合、この呪術は、両方の意味が習合していると思う。

「八枚・八竿」を「やつ・やさを」と表現していることは、日本古代の聖数「八・や」であることを示している。つまり、〈めでたい、大きい、強い、永遠、完全、永久〉などの意味を持つ。

陰陽は、「赤と黒」、「盾と矛」、「墨坂神と大坂神」である。墨坂神に対する八卦は「赤盾八枚・赤矛八竿」、大坂神に対する八卦は「黒盾八枚・黒矛八竿」である。

これらのことは、日本古来の「聖数」「八・や」と中国の「八卦」の「八・はち」との習合であると思われる。日本古来の風習に道教の呪術が加わったのであろう。

❹ 八の呪詛《じゅそ》……八目《やめ》の荒籠《あらこ》鎮《しず》め

『古事記』の応神天皇記には、以下のような、八目《やめ》の荒籠《あらこ》鎮《しず》めの呪術が記されている。

> 伊豆志河《いづしのかわ》の河島《かわしま》の一節竹《ひとよだけ》を取りて、八目《やめ》の荒籠《あらこ》（多くの目のある竹籠）を作り、その河の石を取り、鹽《しお》に合《あ》へてその竹の葉に裹《つつ》みて、詛《とこ》（呪詛）はしめて言ひけらく、「この竹の葉の青《あお》むが如く、この竹の葉の萎《しな》ゆるが如く、青み萎《しな》えよ。またこの鹽《しお》の盈《み》ち乾《ふ》るが如く（この潮が満ちたり干たりするように）、盈《み》ち乾《ひ》よ（満ち干よ）。またこの石の沈むが如く、沈み臥《こや》せ（沈み伏せ）。」といひき。かく詛《とこ》（呪詛）はしめて（その品々を）烟《かまど》の上に置きき。ここをもちてその兄、八年《やとせ》の間、干萎《ひしな》え病《や》み枯《か》れぬ。

ここでは、直接的な八の数の呪術ではないが、「八目の荒籠《あらこ》」と「八年《やとせ》」で重大さを象徴しているように思われる。

❺ 引田部赤猪子《ひけたべのあかいこ》と八十歳

「八」がつく物語といえば、引田部赤猪子《ひけたべのあかいこ》が洗濯をしているときに、雄略《ゆうりやく》天皇に見そめられたという話が、『古事記』に記されている。雄略天皇は近く宮廷に呼び寄せるという約束をしながら、彼女のことを忘れてしまった。八十歳を過ぎ、赤猪子《あかいこ》が晴れぬ気持ちを訴えようと、天皇のもとに参じ、歌を交わす場面は、悲しくも大らかな話である。

天皇は、今更結婚もできず、この赤猪子には多くの品物を持たせて帰らせている。

「第2章」でも述べているが、『史記』に〈八十歳以上のもの、孤児、寡婦《かふ》に布帛《ふはく》二匹をあたえる〉との記述があるが、古代日本においても、八十歳は目出度い歳としての区切りでもあったと思われる。

『古事記』において、八の数をもって一団となす神々の誕生

神代史上における、神々の出現方法には、特徴がある。八神を一団として出現することが多いのである。その「八神」の多さを認識していただくために、敢《あ》えて全て取り上げることとする。資料的なものであるから、読み飛ばしていただいてもかまわない。

大八州もこの一団に加える。『日本書紀』では、大八州の島の名は、幾つもの説を記述している。

◎大八島國《おほやしまぐに》の神々の島
①淡道之穂之狭別島《あはぢのほのさわけのしま》　②伊豫之二名島《いよのふたなのしま》　③隠伎之三子島《おきのみつごのしま》　④筑紫島《つくしのしま》　⑤伊伎島《いきのしま》　⑥津島《つしま》　⑦佐度島《さどのしま》
⑧大倭豊秋津島《おほやまととよあきづしま》

◎速秋津日子神《はやあきづひこのかみ》と速秋津比賣神《はやあきづひめのかみ》との間に生まれた八神

①沫那藝神《あわなぎのかみ**》** ②沫那美神《あわなみのかみ》 ③頬那藝神《つらなぎのかみ》 ④頬那美神《つらなみのかみ》 ⑤天之水分神《あめのみくまりのかみ》 ⑥國之水分神《くにのみくまりのかみ》

⑦天之久比奢母智神《あめのくひざもちのかみ》 ⑧國之久比奢母智神《くにのくひざもちのかみ》

◎大山津見神《おほやまつみのかみ》と野椎神《のづちのかみ》との間に生まれた八神

①天之狭土神《あめのさづちのかみ》 ②國之狭土神《くにのさづちのかみ》 ③天之狭霧神《あめのさぎりのかみ》 ④國之狭霧神《くにのさぎりのかみ》 ⑤天之闇戸神《あめのくらどのかみ》 ⑥國之闇戸神《くにのくらどのかみ》

⑦大戸惑子神《おほとまとひこのかみ》 ⑧大戸惑女神《おほとまとひめのかみ》

◎火之迦具土神《ひのかぐつちのかみ》が殺されたとき成り出た神々八神

①正鹿山津見神《まさかやまつみのかみ》 ②淤縢山津見神《おどやまつみのかみ》 ③奥山津見神《おくやまつみのかみ》 ④闇山津見神《くらやまつみのかみ》 ⑤志藝山津見神《しぎやまつみのかみ》 ⑥羽山津見神《はやまつみのかみ》

⑦原山津見神《はらやまつみのかみ》 ⑧戸山津見神《とやまつみのかみ》

◎火之迦具土神《ひのかぐつちのかみ》を斬った伊邪那岐神《いざなきのかみ》の御太刀から生まれた神々八神

①石拆神《いはさくのかみ》 ②根拆神《ねさくのかみ》 ③石筒之男神《いはつつのをのかみ》 ④甕速日神《みかはやひのかみ》 ⑤樋速日神《ひはやひのかみ》 ⑥建御雷之男神《たけみかづちのをのかみ》 ⑦闇淤加美神《くらおかみのかみ》

⑧闇御津羽神《くらみつはのかみ》

◎伊邪那美神《いざなみのかみ》の御死体から成り出た神々八神

①大雷《おほいかづち》 ②火雷《ほのいかづち》 ③黒雷《くろいかづち》 ④拆雷《さきいかづち》 ⑤若雷《わかいかづち》 ⑥土雷《つちいかづち》 ⑦鳴雷《なりいかづち》 ⑧伏雷《ふしいかづち》

◎羽山戸神《はやまとのかみ》と大気都比賣神《おほげつひめのかみ》との間に生まれた神々八神

①若山咋神《わかやまくいのかみ》 ②若年神《わかとしのかみ》 ③若沙那賣神《わかさなめのかみ》 ④彌豆麻岐神《みづまきのかみ》 ⑤夏高津日神《なつたかつひのかみ》 ⑥秋毘賣神《あきびめのかみ》 ⑦久久年神《くくとしのかみ》
⑧久久紀若室葛根神《くくきわかむろつなねのかみ》

◎天照大神《あまてらすおほみかみ》と須佐之男命《すさのをのみこと》との誓約《うけい》によって、成り出た神々八神

①正勝吾勝勝速日天之忍穂耳命《まさかつあかつかちはやひあめのおしほみみのみこと》 ②天之菩卑能命《あめのほひのみこと》 ③天津日子根命《あまつひこねのみこと》 ④活津日子根命《いくつひこねのみこと》
⑤熊野久須毘命《くまのくすびのみこと》 ⑥多紀理毘賣命《たきりびめのみこと》 ⑦市寸島比賣命《いちきしまひめのみこと》 ⑧多岐都比賣命《たきつひめのみこと》

以上のように、『古事記』においては、八神を一団として誕生させることが多い。このことも、神と「八・や」の深い関係を示唆しているように思われる。

『記紀』における開闢神《かいびやくしん》の誕生と八の数の検証

『古事記』の開闢神《かいびやくしん》と八

『古事記』においては、三人の神様から世界が始まる。まず天之御中主神《あめのみなかぬしのかみ》、次が、高御産巣日神《たかみむすひのかみ》、次

に神産巣日神《かむむすひのかみ》が生まれた。そして、この三神から、宇摩志阿斯訶備比古遅神《うましあしかびひこぢのかみ》、天之常立神《あめのとこたちのかみ》の二神が生まれ、これら全ての五柱の神を「別天神《ことあまつかみ》」と言う。この五柱の神から、国之常立神《くにのとこたちのかみ》と豊雲野神《とよくものかみ》が生まれ、神代二代、そして、宇比地邇神《うひぢにのかみ》と須比智邇神《すひぢにのかみ》を一代、角杙神《つのぐひのかみ》と活杙神《いくぐひのかみ》を一代、意富斗能地神《おほとのぢのかみ》と大《おほ》斗乃辨神《とのべのかみ》を一代、於母陀流神《おもだるのかみ》と阿夜訶志古泥神《あやかしこねのかみ》を一代、伊邪那岐神《いざなきのかみ》と伊邪那美神《いざなみのかみ》を一代として、合計五代とする。

そして、国之常立神《くにのとこたちのかみ》から伊邪那美神《いざなみのかみ》までを神世七代《かみよななよ》と言う。

神の誕生の流れを見ると、三→五→七となっている。

福永光司《ふくながみつじ》氏は、この流れは中国南北朝期の道教教理書に多く説かれている、と述べている（『道教と古代日本』人文書院）。道教における吉数であることは間違いない。

しかし、神々の誕生は、八神をグループとして誕生する場合が多く見られたのに、最も重要な開巻の頭部に、三五七の数がきていることは、奇異な感じを持たざるを得ない。

三・五・七は何れも陽数であって中国においては、吉祥の数である。

白鳥庫吉博士は、〈我国でも、三と五とは吉数であるが、七は卑見によれば不吉の数であるから、開《かい》闢神《びゃくしん》を語る場合に使用されるべきでない〉と述べている（『白鳥庫吉全集第二巻　日本上代史研究下』岩波書店）。また、白鳥庫吉氏は、この配列分類がはたして原文の実際を伝えたものであろうかどうか、大いに疑問であると述べている。そこで、白鳥氏は『古事記』の神様の名義のうえから、そして『日本書紀』との対比から、対偶をなす神様を整理し、図3・1のような一覧表を作った。

確かに、天之御中主神《あめのみなかぬしのかみ》を除いて、二並び八組に配列できる。見事である。

二と八は古来日本の目出度《めでた》い数であるからして、『古事記』に相応《ふさわ》しい開闢神の配列であると思う。

白鳥庫吉氏は、陽神・八神と陰神・八神を、八角八面の二柱の神と解することもできると述べている。

また、二並び八通りの陰陽神が、陰陽二神を八方から見た名称に他ならないとすれば、二柱の神は易の陰陽両儀に比すべく、また道家の伏羲《ふくぎ》と女媧《じょか》とに擬しても差し支《つか》えない、とも白鳥氏は述べている。

いずれにしても、中国の思想を取り入れたことは確かである。

しかし、日本古来の吉数の中に七は入っていないことを考えれば、七ではなく、日本の聖数「八・や」の思想がどこかに残されていても不思議ではない。私は、それが、二並びの八神であろうと思う。

『古事記』において、神々の誕生は、八神を一団とすることが多い。やはり、開闢神も八神の形態をとって誕生したのである。しかし、中国の道教思想によって、三→五→七の誕生形式に変えられてしまったのだ。

『日本書紀』の開闢神と八

『日本書紀』における開闢神《かいびゃくしん》は、国常立尊《くにのとこたちのみこと》、国狭槌尊《くにのさつちのみこと》、豊斟渟尊《とよくむぬのみこと》の三神から次の八神への展開となる。

埿土煑尊《うひぢにのみこと》、沙土煑尊《すひぢにのみこと》、大戸之道尊《おほとのぢのみこと》、大苫辺尊《おほとまべのみこと》、面足尊《おもだるのみこと》、惶根尊《かしこねのみこと》、伊奘諾尊《いざなきのみこと》、伊奘冉尊《いざなみのみこと》

この「三→八」の展開について、福永光司氏は、中国古典哲学書『老子』の〈三は万物を生ず〉の「三」と、『易経』の〈八卦、列を成して象その中に在り〉の「八」などを踏まえている、と述べている

（『道道と古代日本』人文書院）。

しかし、三神から八神への展開であるが、三神は神世三代、八神はペアとして神世四代、これらを足して〈是《これ》を神世七代《かみのよななよ》と謂《い》ふ〉と『日本書紀』では記している。

ここでも『古事記』同様、『日本書紀』においても「七」を重要視する中国文化の、特に道教文化の影響が窺《うかが》い知れる。開闢神に七の数字が出てくることは、道教教理書の影響が強かったことを物語っている。神世七代の神は、北斗七星の神と関連付けられる、という説もある。

しかし、『古事記』の場合は、並び替えにより、二並び八通りの神の配列が考えられ、故に、「八」の意味が顕現した。

『日本書紀』の場合は、〈凡《すべ》て八《やはしら》の神《かみ》ます。乾坤《あめつち》の道《みち》、相参《あひまじ》りて化《な》る〉と記されている。つまり、八神は陰の道と陽の道が相交じり合ってできた、と説明をしている。中国の「八・はち」の世界とはいえ、『日本書紀』においても「八神」はしっかりと表現されているのだ。

以上のことから、次のことが言えるのではなかろうか。

『古事記』、『日本書紀』における開闢神《かいびやくしん》の誕生において、表面上はそれぞれ、「三→五→七」、「三→八・（神世七代）」などの中国の思想が出ている。しかし、日本古来の聖数「八・や」は、『古事記』『日本書紀』において、姿を変えられながらも、潜在していたのだ。このことは、忘れてはならない重要な点である。

特に、『古事記』における神々の誕生は、中国文化の吉数「三・五・七」によってバラバラにされ、古代日本の聖数「八・や」の存在は、表面から見えなくされてしまっていたのだ。

〈太極〉

天之御中主神《あめのみなかぬしのかみ》

	〈陽神〉	〈陰神〉
1	高御産巣日神《たかみむすひのかみ》	神産巣日神《かむむすひのかみ》
2	天之常立神《あめのとこたちのかみ》	国之常立神《くにのとこたちのかみ》
3	宇比地邇神《うひぢにのかみ》	須比智邇神《すひぢにのかみ》
4	宇摩志阿斯訶備比古遅神《うましあしかびひこぢのかみ》	豊雲野神《とよくものかみ》
5	角杙神《つのぐひのかみ》	活杙神《いくぐひのかみ》
6	意富斗能地神《おほとのぢのかみ》	大斗乃辨神《おほとのべのかみ》
7	淤母陀流神《おもだるのかみ》	阿夜訶志古泥神《あやかしこねのかみ》
8	伊邪那岐神《いざなきのかみ》	伊邪那美神《いざなみのかみ》

図３・１：陽神と陰神の対比

しかし神々を系統立てて並び替えることによって、開闢神の誕生は、元々、古代日本の「八《や》の思想」であったことが分かるのである。

第4章

伊勢神宮と大嘗祭における八の事例と暗号・解読

我々の暗号解読の旅も、とうとう伊勢神宮《いせじんぐう》と大嘗祭《だいじょうさい》の聖域に踏み込むことになった。是非、天に描く、宇宙的な永遠のメッセージ（暗号）を、堪能《たんのう》していただきたい。

〈何事のおはしますかは知らねども忝《かたじけな》さに涙こぼるる〉、西行《さいぎょう》の歌である。西行は、伊勢神宮内に入って、「かたじけなさ」を感じ、涙をこぼした。

私も伊勢神宮に参宮し、勿論《もちろん》、西行ほど豊かな感情ではないが、森厳さにふれ、凛《りん》とした、神秘を感じたことは確かである。西行は〈何事のおはしますかは知らねども〉と歌っているが、勿論、伊勢神宮のことは詳しかったに違いない。しかし、あえて、そのように表現したのではなかろうか。ただ、伊勢神宮が隠密裡《おんみつり》に施《ほどこ》している、呪術的グランドデザインのことは知らなかったであろうと思う。

私は、知ってしまった。伊勢神宮の呪術的グランドデザインを。そして、大嘗祭の呪術的グランドデザインも。私は、天皇の歴史について詳しくは知らない。全くの素人である。しかし、天皇の呪術を知ろうと一歩二歩と足を進めるうちに、その先に世界に例のない文化・祭祀王《さいしおう》の姿が見えてきた。そして、まさに祭祀王たる天皇に相応《ふさわ》しい呪術内容を知ってしまったのだ。世界に例を見ない祭祀王の呪術を知り、小生は、ただ、ただ、畏《おそ》れ入るばかりであった。

これほど国民を慮《おもんばか》った呪術が、他の世界にあるのだろうか。私は、これほどスケールの大きな美しい呪術を未だかつて知らない。この呪術・暗号は、〈天皇家は何故続いたのか〉の、間接的な答えの一部分となるのではなかろうか。

沸《わ》き立つ熱い心を抑えて冷静に振る舞うことをせずに、なるべく感情のおもむくまま、この章から次の「第5章」にかけて、旅先案内人として伝えたいと思う。

伊勢神宮内宮と外宮の隠密裡の関係——その暗号発見と解読

❶ 伊勢神宮のリニューアルと天皇号

全ての神社より最上位に社格が置かれている、八重垣《やえがき》と総称されている四重の垣に囲まれた伊勢神宮には、どのような「八」のデザインが施《ほどこ》されているのであろうか。やはり、「八の世界」なのである。聖なるものは「八」を必要とする。天武《てんむ》天皇は伊勢神宮において、完璧と言えるほどの完成度で、しっかりと「八の世界」を形作ったのだ。

伊勢神宮を今日の姿にしたのは天武天皇である。今までの神宮を整理発展させたのだ。勿論、それまでの伝統をふまえてのことであり、決して全てを新しくしたのではない。しかし、呪術方法の一部として、中国の「易経八卦《えききようはつか》」「陰陽五行《いんようごぎよう》」を採用した。

だが、あくまでも古代日本の聖数「八・や」が根本原理となっている。

何故、伊勢神宮をリニューアルしたのであろうかの理由は、すでに「第2章」で述べている。天武天皇は正式な制度として、「天皇号」を称することとした。それは対中国皇帝属国拒否・独立国宣言でもあった。天皇たらんとするならば、「天皇」の正当性を意味付けるものが必要である。それが伊勢神宮のリニューアルであったのだ。

よって、伊勢神宮には、「天皇」の意味付けである「天皇＝天皇大帝《てんこうたいてい》＝北極星神」のデザインが、密かにではあるが、組み込まれることとなった。

同時に、天武天皇は、日本国の文化のアイデンティティとして、牧畜文化ではなく、はっきりと「太陽（天照大神）と稲の文化」を、伊勢神宮において選択したのであった。

伊勢神宮のリニューアルは、このような事情・状況だったのである。後ほど述べるが、新嘗祭《にいなめさい》から分離独立した大嘗祭も同様であった。

では、伊勢神宮の呪術的グランドデザイン発見のヒントとなった、吉野裕子《よしのひろこ》氏の高説を説明しようと思う。もし、吉野氏の著作を読まなかったら、『古代天皇家「八」の暗号』解読の旅はなかったと言える。単なる、数字・8の資料集めに終わったことであろう。

❷ 宮の位置関係……易の理

伊勢神宮の「唯一神明造《ゆいいつしんめいづくり》」の平面プランに関しては、残念ながら「八の世界」は見つけられない。だが、神宮の内宮《ないくう》と外宮《げくう》の関係となれば、「八の世界」が顕現《けんげん》する。

吉野裕子氏によると、内宮と外宮は「易の理」にかなっているという。易は、八卦《はっか》であり、勿論、八の世界である。では、吉野裕子氏の述べている「易の理」とは、どのような内容なのであろうか。専門的で、且《か》つ、長い説明となるがご容赦願いたい。というのも、前述したように吉野氏の説をヒントとして、伊勢神宮の根本哲理の呪術を発見したからである。

吉野裕子氏によれば、内宮と外宮、内宮正殿《しょうでん》と荒祭宮《あらまつりのみや》、そして外宮正殿と多賀宮《たかのみや》の関係等々は、易の理にかなっているという。つまり、八卦《はっか》の世界を表している。となると、「八の世界観」が見て取れることになる。吉野裕子氏の記述を参考に、どの部分が易経八卦《えききょうはっか》に関係するのか述べてみよう。

伊勢神宮の祭神、皇祖天照大神の本質は太陽神である。光に溢《あふ》れ、女盛りのこの神を易の八卦の中に求めれば、当然、火を象徴する「離卦《りか》」☲の、「中女」ということになろう（図4・1参照）。

さて、火の定位は南なので、離卦、中女の象徴としての天照大神は、南の方位に祀られるはずである。内宮正殿の真北に荒祭宮《あらまつりのみや》がある。

荒祭宮は他の別宮《べつぐう》とは格段の差があって、正宮《しょうぐう》と同様の祭儀が正宮に続いて行われるという。それは正宮と荒祭宮は相即不離、仮に南を表、北を裏とすれば表裏一体の関係にあるものとして捉えられる。

よって、

天照大神ご鎮座の正宮は……離卦☲　火気、南、十二支では「午《うま》」

北に奉斎の荒祭宮は……坎卦《かんか》☵　水気、北、十二支では「子《ね》」を象徴する。

「坎《かん》」とは「穴」「低湿」「水」を意味し、十二支の「子《ね》」もまた水の旺気《おうき》を示すものである。方位は北、低湿の地にご鎮座の荒祭宮奉斎状況は、易、五行の理にかない、北一白水気の坎宮の具体化に他ならない。

易の理によれば、火は水に生まれ、水は火に生まれる。従って、荒祭宮は、その奉斎の位置からいっても、火神の「み生《あ》れの宮」である。荒祭宮をアラマツリノ宮と称する所以《ゆえん》はここにあり、アラマツリとは、生《ア》レマツリの転訛《てんか》で、当初はアレマツリノ宮と称《とな》えられたと思われる。ミアレを祀る宮であり、表裏一体の宮である以上、荒祭宮の祭祀が全て正宮と同等の礼を以て執り行われるのは当然であろう。

内宮が火宮であるならば、外宮は当然、水宮となろう。それならば、水の宮としての外宮には、同じ意味で、火を象徴する別宮が配されているはずである。そして事実、外宮正宮の南の丘上には、内宮における荒祭宮に相当する多賀宮《たかのみや》（高宮）がご鎮座になっている。

外宮の祭神、豊受大神《とようけのおおかみ》は本来、穀物神で、水気の神ではない。しかし、内宮の天照大神が火気の神であるため、そのバランスの関係で水気の神となった。そこで、豊受大神は水気の神となるが、水は火の中に生まれる。従って豊受大神にはミアレの宮として、南の火を象徴する丘上の高宮《たかのみや》が必要になる。南の高宮は、豊受大神のためのアレマツリノ宮なのである（図4・2、4・3）。

❸ 太一《たいいつ》

さて、荒祭宮《あらまつりのみや》には、さらに重大な存在意義があるという。それは、太一《たいいつ》の宮としての荒祭宮である。太一とは、北極星神、すなわち、天皇大帝《てんこうたいてい》（天皇）を意味する。

伊勢神宮の天照大神には、中国の宇宙神・太一（北極星神・天皇大帝・天皇）が習合されているという。この習合を表面に持ち出すわけにはいかない。従って習合は隠密《おんみつ》の裡《うち》に行われ、太一は正宮の背後の谷の奥に秘かに祀られた。これが荒祭宮である。こうして内宮の荒祭宮に太一が秘かに奉斎されたとき、外宮は当然、北斗七星を祀る北斗の宮となった。

その理由は、不動の北極星の神、太一（天皇大帝・天皇）は、北斗七星という車（帝車）に乗って初めて宇宙に乗り出し、これを支配することができる、とされていたからである。

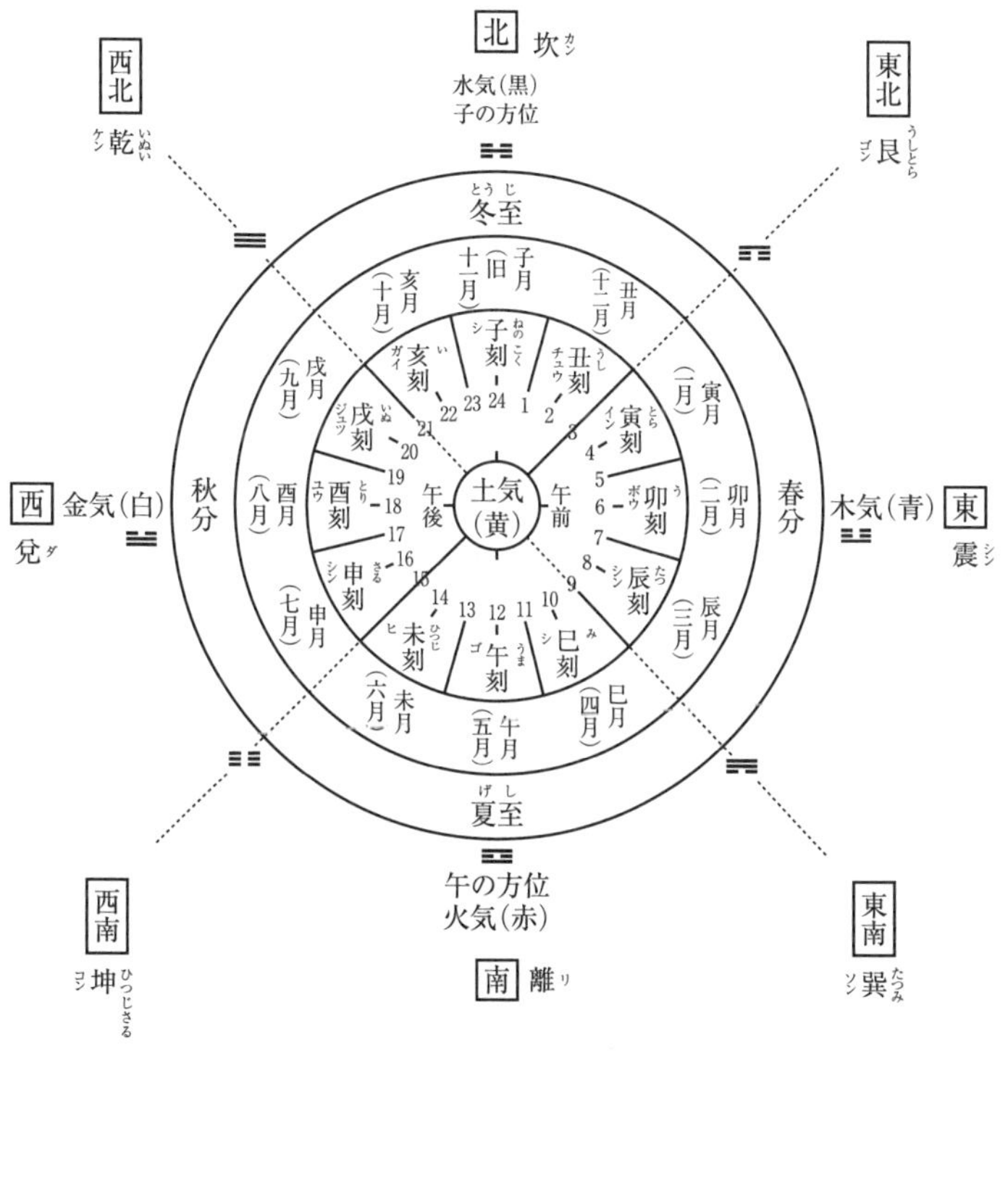

図4・1：(『陰陽五行思想からみた日本の祭』吉野裕子・人文書院より。一部加筆)

太一《たいいつ》（北極星神・天皇大帝・天皇）を隠す内宮（天照大神）、北斗（帝車）を負う外宮（豊受大神）、両宮のこの関係は、その門外不出のご遷宮《せんぐう》の際、み正体を蔽《おお》う錦《にしき》の紋様によって暗示される。

その錦の紋様とは、太一の宮（内宮）を象徴する屋形紋《やかたもん》の錦と、北斗の宮（外宮）を象徴する刺車《さしくるま》紋《もん》の錦である（図4・4参照）。

天照大神と太一、そして豊受大神と北斗七星の習合は、秘事として一切の祭祀の表面から隠され、その事実の筆録さえも差し止められていた。しかし、ただ一つ、この図柄にだけ、この習合がうたわれていたのである。

おそらく伊勢神宮の造営を企画し、これに参画した当時の最高知識人たちは、連日、鳩首《きゅうしゅ》協議を重ね、中国哲学を徹底的に応用のうえ、設計し、図を描かせたと推測される。

伊勢神宮のこの一画こそ、日本の中心、ひいては宇宙の中枢として企画造営されたものではなかろうか。以上のような内容を吉野裕子氏は述べている。

❹ 八天女《はちてんにょ》

さらに、吉野氏は次のように述べている。

伊勢神宮の外宮の豊受大神《とようけのおおかみ》の出自は、天降《あまくだ》りした八天女の中の一人とされている。その八天女とは、北斗七星の第六星に付随する「輔星《ほせい》」を加えた八星からきているという。

豊受大神を外宮に招いた経緯は次の通りである。

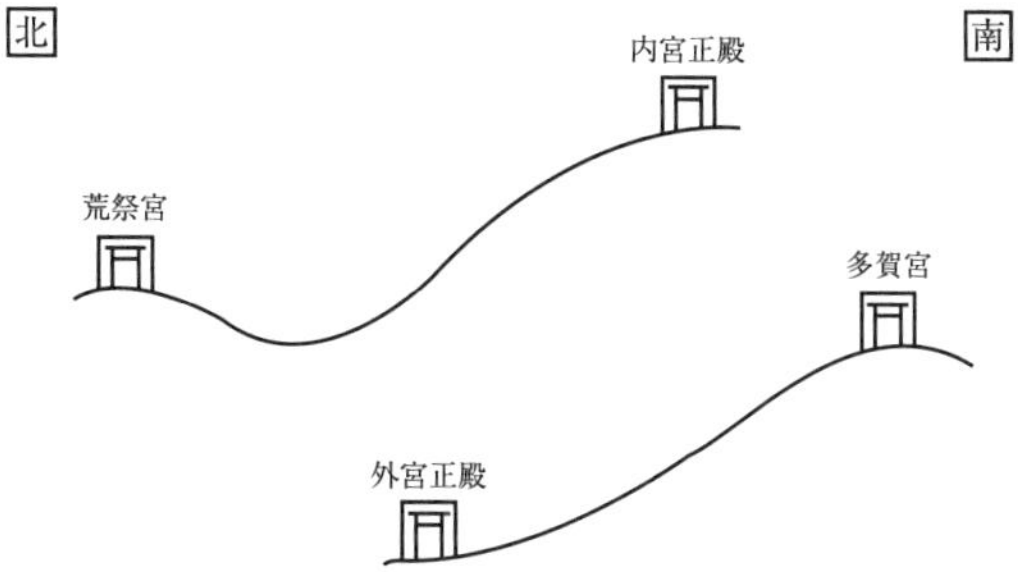

祭神の荒御魂を祀る別宮が、
●内宮（火）の場合は北の低湿地
●外宮（水）の場合は南の高燥地
で、全く対蹠的である。この対蹠的な事実の究明が伊勢神宮、
ひいては日本の祭祀の解明につながるのである。

図４・２：（『易と日本の祭祀』吉野裕子・人文書院を参考）

伊勢神宮
- 内宮……火神（陽）
  - 正宮………火・離卦《りか》象徴・午《うま》（陽）
  - 荒祭宮……水・坎卦《かんか》象徴・子《ね》（陰）
- 外宮……水神（陰）
  - 正宮………水・坎卦象徴・子（陰）
  - 多賀宮……火・離卦象徴・午（陽）

図４・３：（『易と日本の祭祀』・吉野裕子・人文書院を参考）

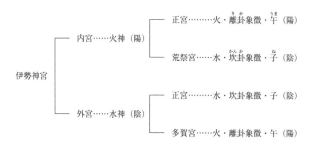

大長谷《おおはつせ》の天皇（雄略《ゆうりやく》）は、夢の中で〈「吾一所《われ》」では「いと苦し」いから、丹波国《たんばのくに》の比治の真名井《まない》から「わが御饌《みけ》の神、トユケの大神」を招いてほしい〉との天照大神のお告げを受けた。そこで度会《わたらい》の山田原に宮を建てて祭り始めた。

右の伝承の下敷きになっていると思われる『丹後国風土記《たんごのくにふどき》』に、次のような話が出ている。

《八人の天女が比治山の真名井《まない》で水浴している間に一人の衣裳を老夫婦が隠したので、天に上がれなくなった天女は地上にとどまった。彼女は「善く醸酒《かみざけ》」をつくり、それは一ぱい飲めば万病ことごとく癒《い》えるという不思議な酒であった。彼女はのちに「荒塩」という村に行き、哭木《なきき》村を経て「奈具《なぐ》」の村に至った。これがいま、奈具社に祀るトヨウカノメという神である》。

これが天降りした八天女のあら筋である（『伊勢の大神』編＝上田正昭《うえだまさあき》・筑摩書房）。

何故、外宮の神様・豊受大神は八天女の中の一人なのか。

私見ながら、豊受大神が、八天女の中の一人であることが、伊勢神宮と大嘗祭の呪術を成立させている、と言っても過言ではない。それは、隠密裡《おんみつり》の呪術の骨格を成していて、「八の暗号」となり、表には出てこない。本書の「第4章」「第5章」は、「八天女を切り口」として、『古代天皇家「八」の暗号』を解読していく作業である、とも言えるのだ。

❺ 内宮と外宮の隠密裡の呪術を発見!!　天に描いた「太極（太一・北極星）八卦」

豊受大神《とようけのおおかみ》の出自は、天降《あまくだ》りした八天女の中の一人とされている。この事例と、北斗七星の第六星に付随する「輔星《ほせい》」をヒントに、大胆な仮説を述べようと思う。

屋形紋（内宮）

刺車紋（外宮）

図４・４：（『易と日本の祭祀』吉野裕子・人文書院より）

この章において、ここまでは、吉野裕子氏が論じた伊勢神宮の呪術哲理について述べてきた。

これから先は、小生の勝手な想像の世界となる。しかし、勝手な想像の膨らみが、更なる伊勢神宮の根本呪術原理の発見となった。

その呪術は、単純であるが、あまりにも壮大で美しい。その美しさとその畏敬《いけい》すべき重大さに、身が震えたことは確かである。全く以《もっ》て、吉野裕子氏のおかげなのだ。

勿論、これから述べることは、小生の仮説である。しかし、この仮説を支持する証拠が、「大嘗祭」と「日光東照宮」を考察している過程において、次々と見つかった。堂々と、素直にこの仮説をさらけ出したいと思う。

仮説とはいえ、「伊勢神宮」「大嘗祭」「日光東照宮」の根本的な呪術原理を述べるのである。正直、畏《おそ》れ多い。身の引き締まる思いである。勇気を出して、その第一歩を踏み出すこととする。

(1) 天武天皇と伊勢神宮の呪術デザイン

豊受大神(八天女)と北斗八星

外宮は、内宮が太一《たいいつ》(北極星神・天皇大帝・天皇)を祀る関係から、北斗七星を祀る北斗の宮となったことは、前述している。

ところが、豊受大神《とようけのおおかみ》の出自は、八天女の中の一人である。つまり、豊受大神は、北斗七星の第六星に付随する輔星《ほせい》を加えた八星から天降《あまくだ》りした、八天女の中の一人なのだ。

私は、北斗の宮とされる「外宮」は、「北斗七星+輔星=八天女」を祀っている、と確信する。

となれば、「内宮（天照大神）」と「外宮（豊受大神）」の関係は、「北極星」と「北斗八星」の関係、ということになる（図4・5参照）。

豊受大神の出自が「八天女」である、ということこそが、伊勢神宮における「内宮」と「外宮」の関係を根本的に物語っているのだ。

更なる呪術「易経八卦」

外宮が「八天女」を象徴することにより、伊勢神宮における最も重大な呪術が可能となる。その呪術とは、現在の中国において今なお〈無尽蔵な知恵の遺産〉と言われている「易経八卦」である。伊勢神宮において、このデザインを考えたのは、呪術のエキスパートであった天武天皇なのだ。

呪術とは、北斗八星（北斗七星＋輔星）に「八卦」を配するデザインである。「内宮（天照大神）」を太極（太一・北極星・天皇大帝・天皇）とし、「外宮（豊受大神）」（北斗七星＋輔星）に八卦を配する呪術（図4・6参照）なのだ。

「北斗七星」に「八卦」を配するには、一つ足りない。そこで「輔星」を加え、「北斗八星」とした。

しかし、「外宮」は「北斗七星」ではなく「北斗八星」であるという、確かな状況設定が必要となる。それが〈豊受大神は「八天女」の中の一人〉ということなのだ。

「外宮」が「北斗八星」であるという証拠として、豊受大神は〈八天女の中の一人である〉という事例が必要であったのだ。勿論、これらのことはあくまでも隠密の裡《うち》であり、決して表には出ない呪術であった。

何故外宮の豊受大神は「八天女」の中の一人であったのかの疑問は、これで氷解する。

伊勢神宮の整備は天武天皇が行ったとされている。その天武天皇は、「内宮（天照大神）」と「外宮（豊受大神）」の関係を、「太極」と「八卦」の関係とし、また「北極星」と「北斗八星」との関係にしたのだ。

更なる呪術「八州《やしま》と八卦《はっか》」

更に、外宮の北斗八星は、八州《やしま》（独立国・日本）も象徴している。この件は、すでに、「第2章」で述べている。重要な内容であるから、再度記す。

天武天皇は、八州《やしま》と八卦《はっか》の偶然の出会いを見逃さなかった。そして、この偶然を呪術として利用した。その呪術の哲理とは、次のように言える。

〈天照大神と天皇を太極とし、八州（独立国・日本）に八卦を配し、日本を守護する呪術とした〉

つまり、一州を一卦とし、八州《やしま》で八卦《はっか》としたのだ。この不思議な偶然を、太極八卦の哲理に活用したのである。その呪術を密かに施したのが、伊勢神宮と大嘗祭においてであった。それは対中国皇帝属国拒否、つまり独立国家宣言でもあった。伊勢神宮における、八州（日本）に八卦を配した方法・手段とは、次の通りである。

伊勢神宮においては、太極を北極星（内宮・天照大神）とし、その周りを回る北斗八星（外宮・豊受

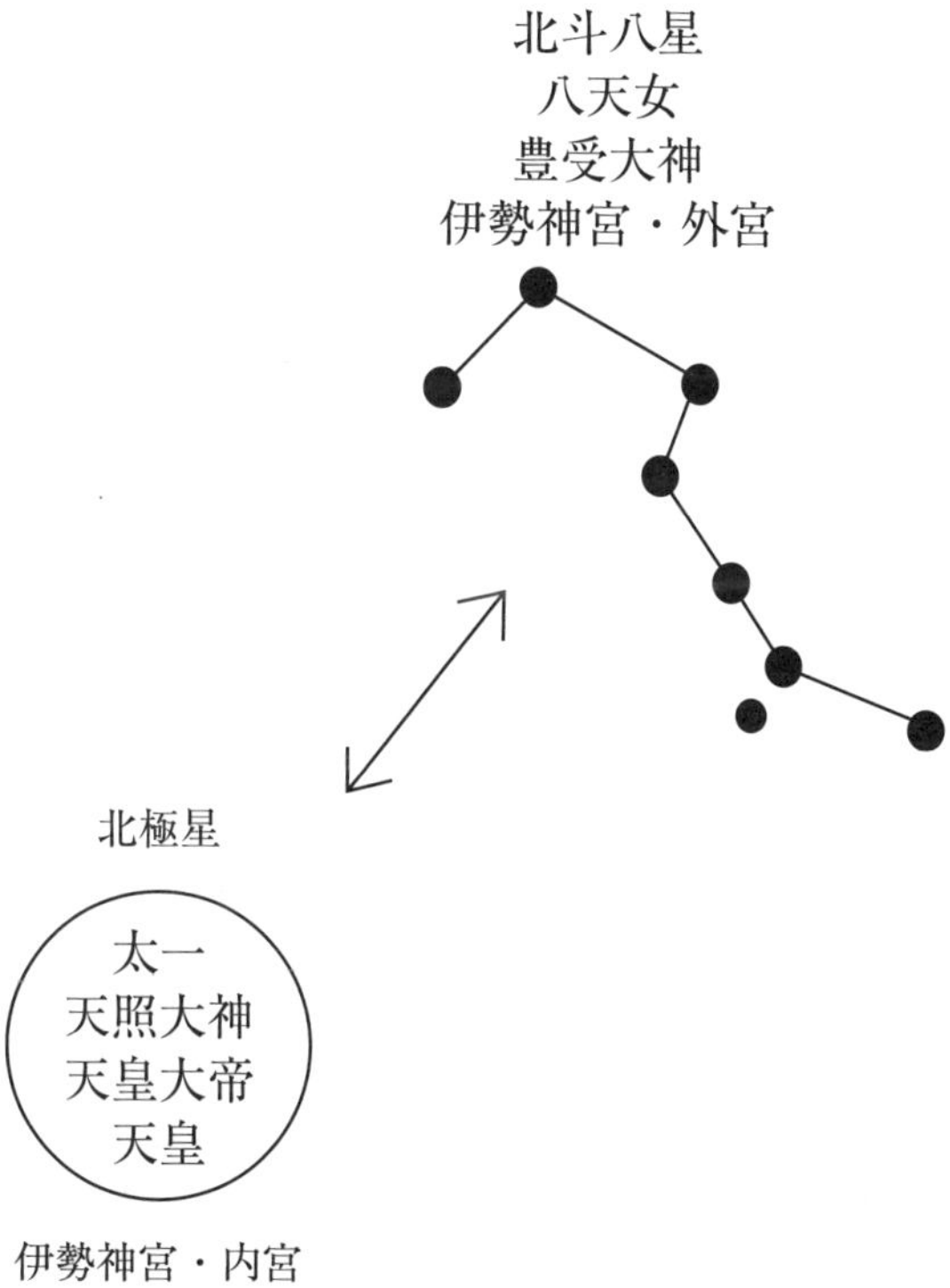

図4・5：伊勢神宮における北極星と北斗八星

大神）を八州（独立国・日本）とし、そこに八卦を配した。よって、次のように言える。

「北斗一星＝一州＝一卦」、即ち「北斗八星＝八州《やしま》（独立国・日本）＝八卦《はっか》」。

更に、北斗八星全体を「太極八卦」の一卦とし、北極星（太極）を中心として八方に配したのである。

つまり、北極星を中心として、天に六十四卦、六十四星、六十四州、を描いたのである。それは、『易経』に記されている六十四卦と同数である。

実に見事な呪術である。伊勢神宮は、内宮と外宮の呪術により、天の中心、つまり北極星を中心として雄大・壮大な「八州（独立国・日本）＝北斗八星」を描いている。しかも、同時に八卦も描かれているのだ。

内宮と外宮の関係は、今まで思われてきた以上に、深い意味があったのだ。

天照大神は太陽神である。その太陽神と北極星神（太一・天皇大帝・天皇）との習合は、どのように考えられていたのであろうか。福永光司《ふくながみつじ》氏は、〈太陽は星の祖先、つまり北極星の祖先と見なしている〉と述べている（『タオイズムの風』人文書院）。これまでのことをデザイン表現すると次のようになる。

「太極＝内宮・天照大神（太陽）・北極星・太一（北極星神）・天皇大帝・天皇」――「八卦＝外宮・豊受大神（八天女）・北斗八星・八州（独立国・日本）」

これまで述べた伊勢神宮における「内宮」と「外宮」の関係は、図で表現すると図4・7のようになる。なお、北極星を中心として天に六十四卦、六十四星、六十四州、六十四天女等々が描かれているの

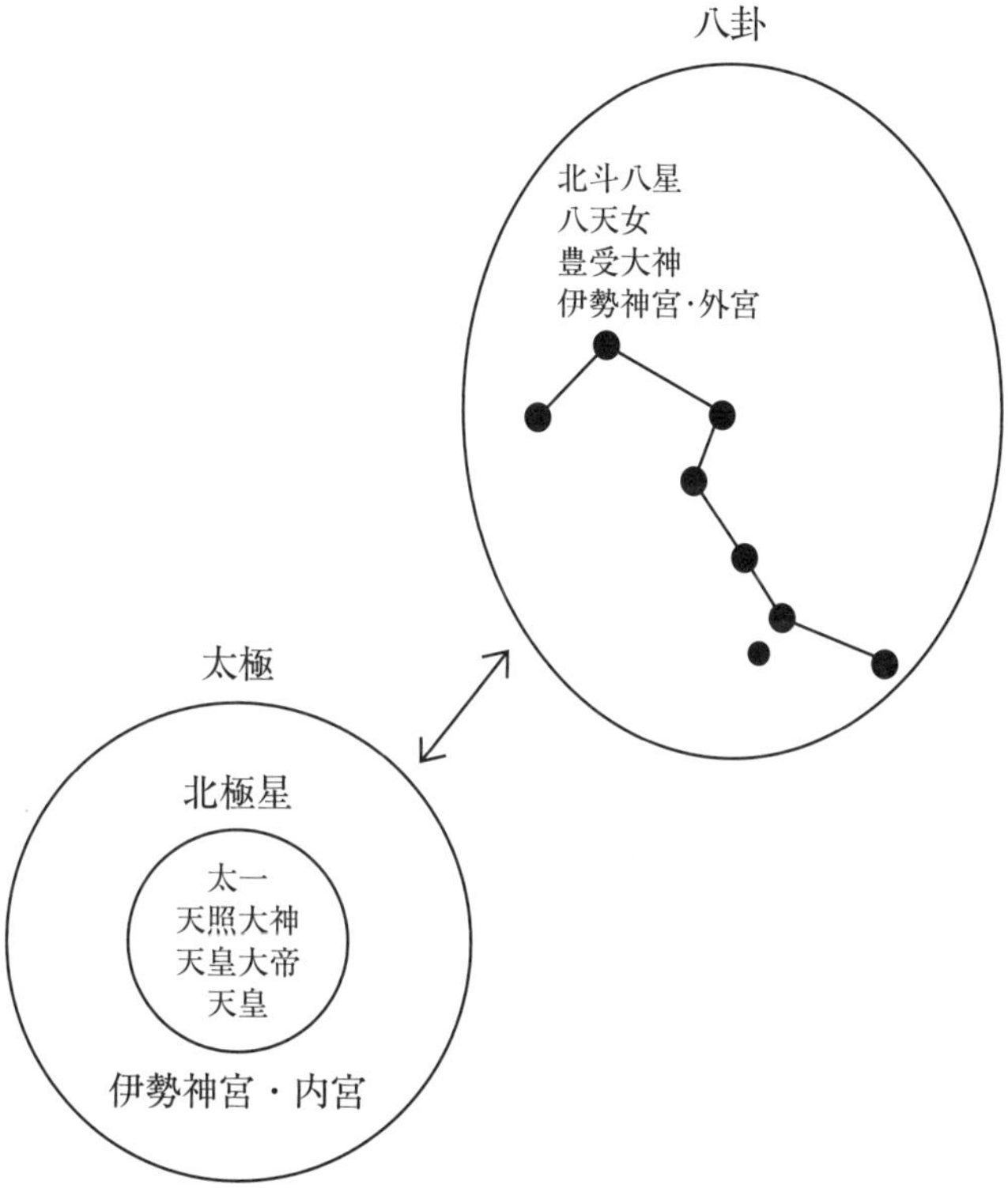

図４・６：伊勢神宮・太極（太一・北極星）八卦

であるが、今後は説明を省く。

（2）更なる呪術・帝車と大匙《おおさじ》を象徴する「北斗八星・八卦」

北斗八星の形は、その形から、太一《たいいつ》（北極星・天帝・天皇大帝・天皇）が乗る帝車と、大匙《おおさじ》に擬《なぞら》えられている。

太一（天帝）は、帝車に乗って、宇宙に乗りだし天下を治めるとされている。大匙は、太一（天帝）に神饌《しんせん》を捧《ささ》げる役目を担っている、とされている。

漢代の画像石の拓本《たくほん》がある。北斗八星に乗る天帝の姿である。大匙は、神饌を載せている図として描いた（図4・8、図4・9参照）。

（3）更なる呪術・八束穂を象徴する「北斗八星・八卦」

更に、北斗八星は次の重要なことを象徴している。八束穂《やつかほ》である。八束穂とは、八州のそれぞれの稲穂を集めた、実り多い立派な稲穂、という意味を持つ。

つまり、「一束穂《ひとかほ》＝一州」「八束穂＝八州」。「八束穂」とは、「八州穂《やしまほ》」（造語）でもある。

伊勢神宮の心御柱《しんのみはしら》に供えられる御饌《みけ》が「由貴大御饌《ゆきのおおみけ》」と言われ、このとき用いられる稲は茎の根から刈り取って脱穀するのではなく、神田から抜穂《ぬいぼ》された稲である。例えば、伊勢神宮（外宮）の神嘗祭《かんなめさい》の「抜穂《ぬいぼ》の神事」においては、「初穂八荷《か》」（六十四把《わ》）が正殿《しょうでん》の御床下《みゆかした》におさめられた。この神事は、まさに稲は「八」によって意味付けられているという証左となる。

内宮＝太極・天照大神（太陽）・北極星・太一・天皇大帝・天皇
外宮＝八卦・豊受大神（八天女）・北斗八星・八州（独立国・日本）

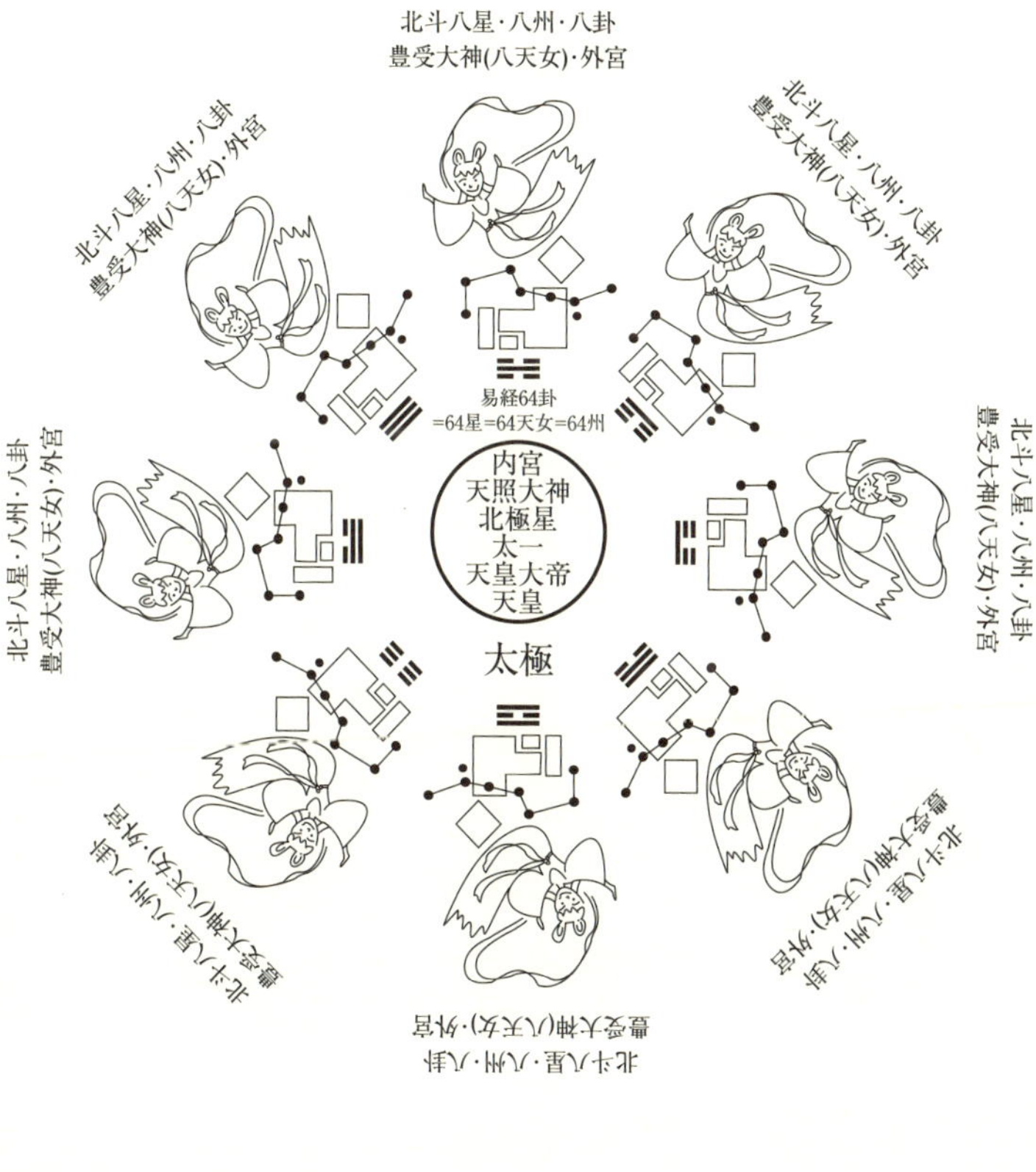

図４・７：伊勢神宮・八天女・八州「太極（太一・北極星）八卦」図

御饌《みけ》つ神・豊受大神（北斗八星）が用意する神饌《しんせん》は、このような八束穂を意味するから、〈北斗八星＝大匙＝米（稲）＝八束穂《やつかほ》＝八州穂《やしまほ》＝八州《やしま》（独立国・日本）〉となる。

伊勢神宮・八束穂・帝車・大匙「太極（太一・北極星）八卦」図

前述の内容を図で表してみよう。図4・10のようになる。略図として描いた。

1、帝車は、前述した北斗の宮を象徴する刺車紋《さしくるまもん》の車輪で描いた。私は、北斗の宮を象徴する刺車紋の輻《や》の数が、「八・や」であることも偶然とは思えない。言葉（発音）の偶然の一致はさておき、八卦に通じるのでは、と思うのは考えすぎであろうか。

（注：輻《や》……車輪の中心から輪に向かって出ている放射状の細い棒。刺車紋の輻《や》は8本）。

2、北斗八星は、その形からして大匙《おおさじ》として神饌《しんせん》を太一（北極星神・天照大神）に捧《ささ》げる。神饌は、米を代表する。その米を匙の中に入れ、それを太一（北極星神・天照大神）に捧《ささ》げるという図になる。

（4）何故「内宮」・「外宮」と呼ばれているのか

外宮《げくう》と内宮《ないくう》は通称であるが、何故そのように呼ばれたのか。この通称で古くから呼ばれてきた。豊受大神は、新しく丹波《たんば》の国から伊勢に来ていただいた神様であるから外宮と呼び、天照大神は、先に伊勢に鎮座していたから内宮と呼んだ、という説は納得がいく。

しかし、今まで述べてきたことを考慮すれば、内宮が太極の位置＝北極星、そして外宮が八卦の位置＝北斗七星＋輔星《ほせい》＝北斗八星、という構図からも、その言葉の由来が考えられる。つまり、内宮は、中

図４・８：漢代の画像石の拓本（『日光東照宮の謎』高藤晴俊・講談社現代新書より）

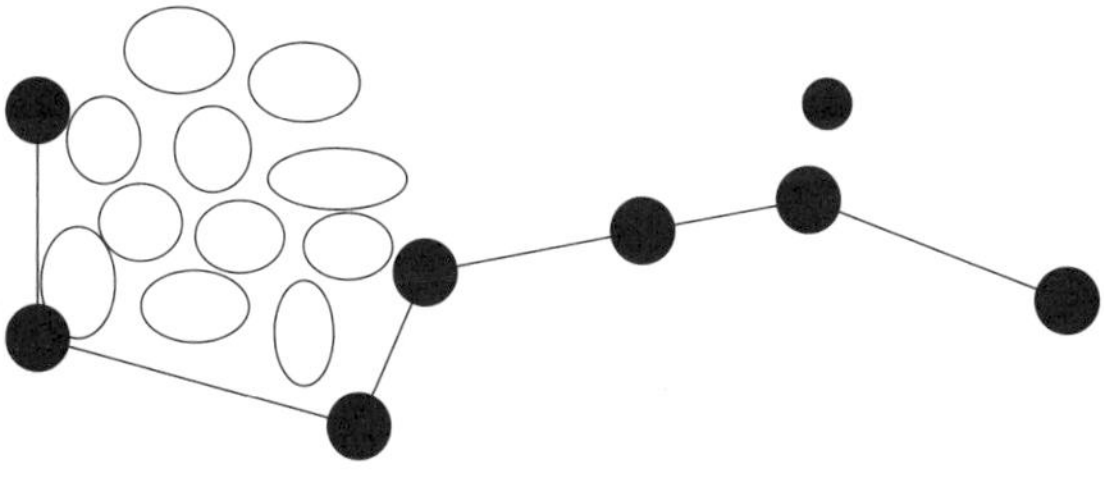

図４・９：北斗八星・大匙《おおさじ》図

央の北極星（太極）の位置からこの名称が使われ、外宮は、北極星（太極）である内宮の外周を回る北斗八星（八卦）の位置にあるからこの名称が使われた、と思われる。

吉野裕子氏が指摘した、内宮の太一の宮を象徴する「屋形紋《やかたもん》」、外宮の北斗の宮を象徴する「刺車《さしくるま》紋《もん》」を利用して、「太極（太一・北極星）八卦」図を描くと図4・11のようになる。

これにより、何故「内宮」、「外宮」と呼ばれたかがビジュアル的に分かる。

（5）何故「外宮先祀《げくうせんし》」なのか

外宮から先に祀りを行う「外宮先祀《げくうせんし》」は、次のようにも考えられる。

豊受大神《とようけのおおかみ》は御饌《みけ》つ神であるから、まずは天照大神に対して神饌《しんせん》を用意しなければならない、という意味において「外宮先祀」である必要がある。しかし、内宮と外宮の関係を「太極（太一・北極星）八卦」として見るならば、次のように言える。

内宮と外宮の関係は、「太極（太一・北極星）八卦」であるから、まず外宮の象徴である外側の円に配された八卦（北斗八星）を祀り、「占い」を済ます。そしてその次に、その中心にある内宮の象徴である太極（北極星）を祀る。具体的には、前述したように、八卦（北斗八星）の外宮は、太極（北極星）の内宮のため、まず先に帝車の用意をすること、そして、匙《さじ》に神饌を盛りつけること等々の作業が必要だからであろうと思われる。

（6）御鏡《みかがみ》の形は内宮と外宮の関係を物語っている……その重大な発見

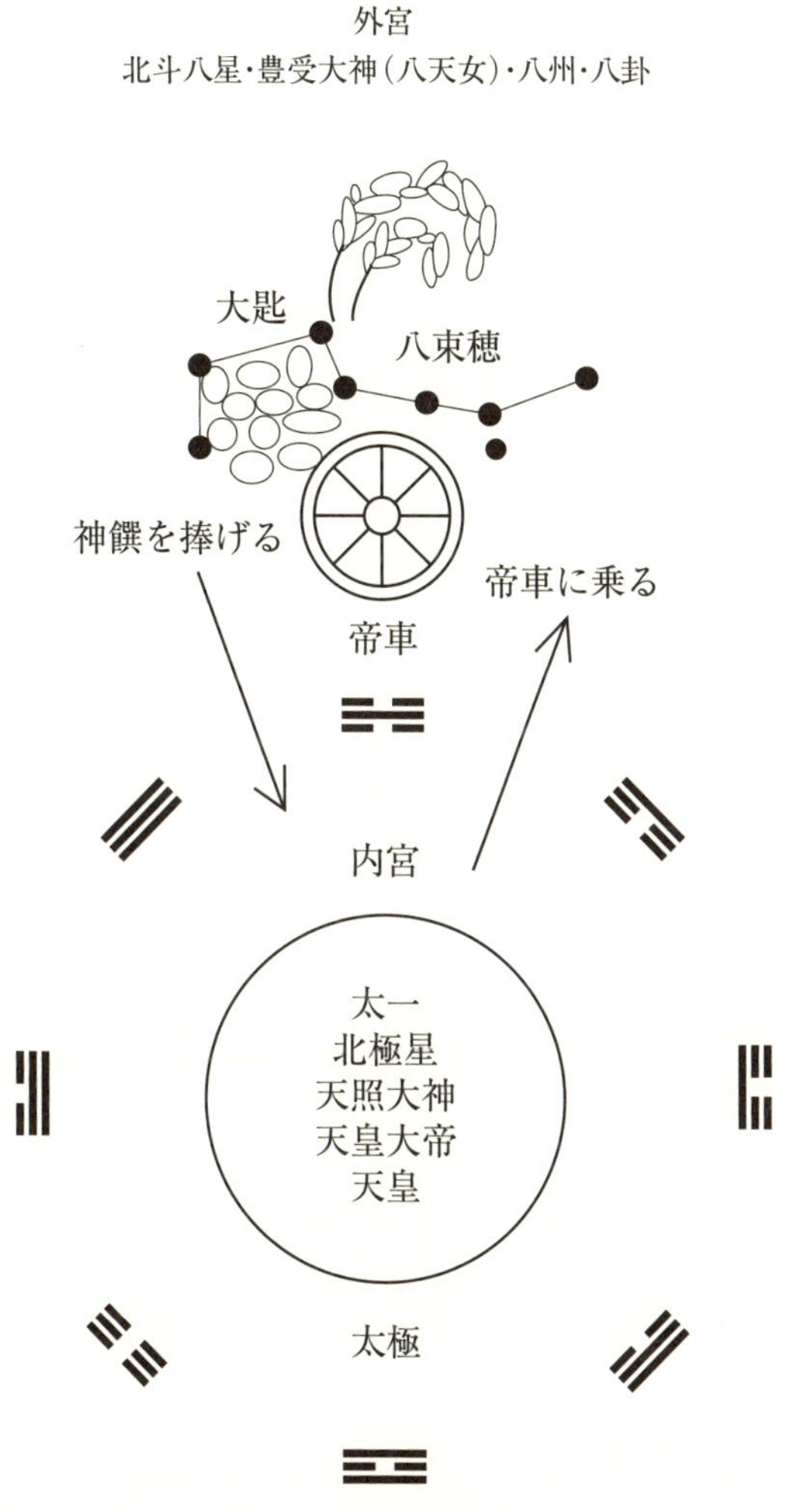

図４・10：伊勢神宮・八束穂・帝車・「太極（太一・北極星）八卦」略図

伊勢神宮の20年に一度行われる、遷宮《せんぐう》のさいに調進される神宝の中に、「御鏡《みかがみ》」がある。この御鏡が意味している、重大な内容を発見したと思われるので、述べることとする。

過日、伊勢神宮参拝の折、神宮徴古館《ちょうこかん》へ寄り、見学のあと『神宮御神宝図録』を入手した。その図録から「御鏡」の形が、内宮と外宮とで違うということを再度確認した。御鏡の形式は、皇大神宮とその別宮は円形、豊受大神宮とその別宮は、八稜形の「八花崎形《やつばなざき》」であった（図4・12参照）。

ある日、その図録を眺めていた。突然、発見!! と頭の中で叫んだ。〈外宮の御鏡・八花崎形《やつばなざき》は、八天女を、つまり、豊受大神を象徴している!!〉と。ならば、外宮の御鏡は、北斗八星（七星）、八州（日本）、八束穂、そして八卦を象徴している、ということになるのだ!! 出てきた、新しい証拠が出てきたのだ!! 私は嬉しさ故、飛び上がらんばかりであった。

勿論、内宮の御鏡《みかがみ》は円形である。この円形は、太極太一、太陽、北極星、天照大神、そして天皇（天皇大帝）を象徴表現している。

私が今まで述べてきた、内宮と外宮の関係を、如実に象徴表現している事例が出てきたのだ。この後押しは心強い。やはり、私の仮説、〈内宮を太極とし、外宮を八卦とする呪術〉は間違いないと言えよう。この御鏡の形の相違は、限りなき貴重な証拠と私には思われる。

内宮と外宮の御鏡が意味しているデザイン表現は、次のようになる。まさに、内宮と外宮の隠密裡の呪術関係を表しているのだ。

太極＝内宮・御鏡（円形）・天照大神（太陽）・北極星・太一（北極星神）・天皇大帝・天皇

内宮＝太極・屋形紋・北極星・太一・天照大神・天皇大帝・天皇
外宮＝八卦・刺車紋・北斗八星・豊受大神（御饌つ神・八天女）・
大匙（神饌・米）・八束穂・八州（独立国・日本）

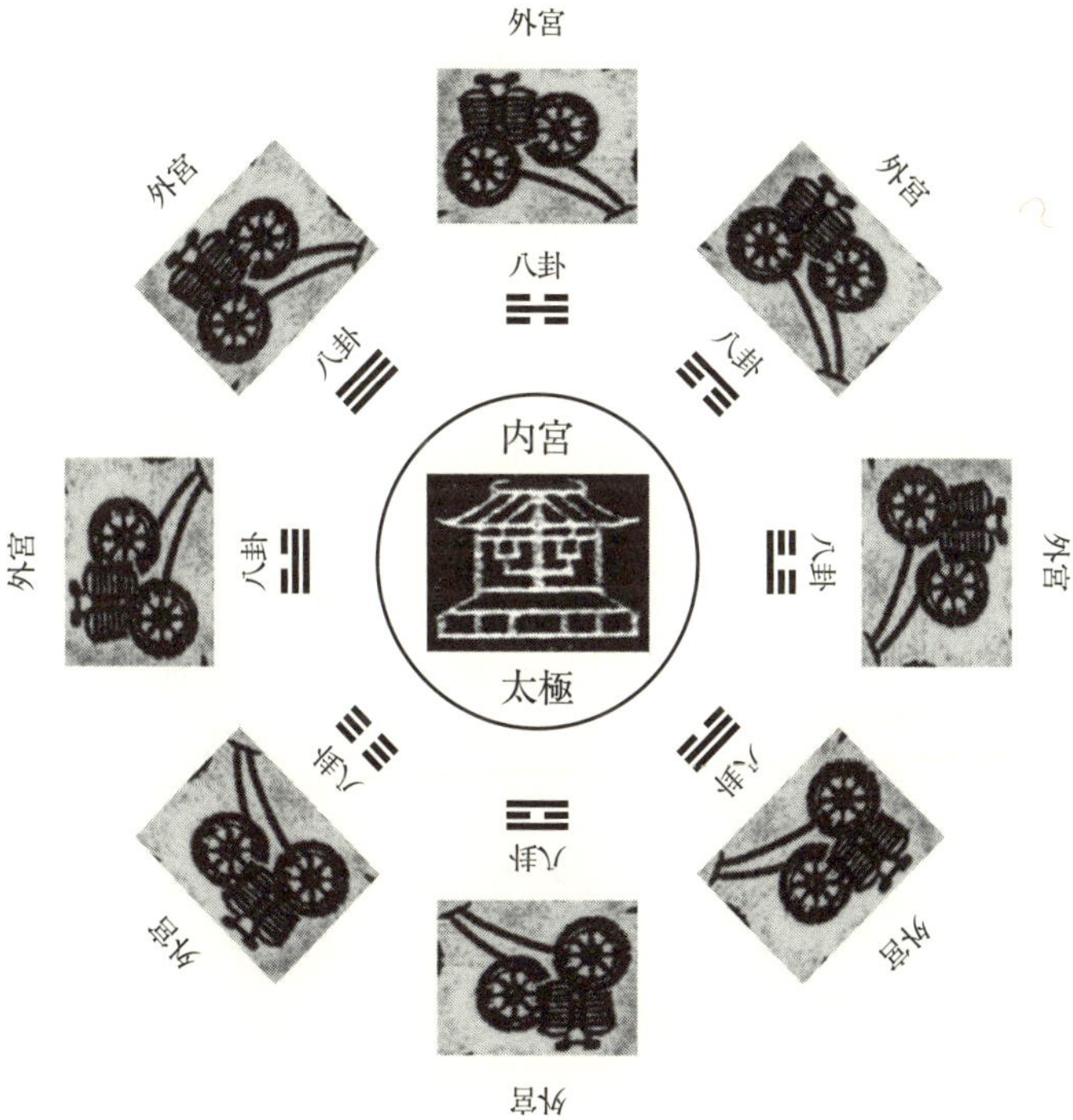

図４・11：伊勢神宮・内宮・外宮・秘紋「太極（太一・北極星）八卦」図

八卦＝外宮・御鏡（八稜形）・豊受大神（御饌つ神・八天女）・北斗八星・八束穂・大匙・八州（独立国・日本）

但し、天照大神のご神体である八咫鏡《やたのかがみ》は、内行八花文《ないこうはつかもん》、あるいは八稜《りょう》形であろうと推測されている。

（7）伊勢神宮・天の「太極（太一・北極星）八卦」総合図

この章において、伊勢神宮の、内宮と外宮の関係を述べてきた。
伊勢神宮の内宮と外宮の深奥なる呪術グランドデザインは、伊勢神宮を日本の中枢と考え、そこから天に伸びる「北極星・北斗八星」に、「天照大神・天皇大帝《てんこうたいてい》（天皇）」と「豊受大神・八州（独立国・日本）・八束穂」を描き、それぞれの永遠の安寧《あんねい》を願い呪術するものであった。それは、日本の国柄を象徴している。具体的には次のようなデザイン表現となる。

天の太極＝内宮・天照大神（太陽）・北極星・太一（北極星神）・天皇大帝《てんこうたいてい》・天皇・屋形紋・御鏡《みかがみ》（円形）

天の八卦＝外宮・豊受大神（御饌つ神・八天女）・北斗八星・八州（独立国・日本）・八束穂・大匙《おおさじ》（米・神饌《しんせん》）・帝車・刺車紋・御鏡（八稜形）

とうとう我々は、伊勢神宮が密かに天に描いているメッセージの解読に成功したのだ。デザイン図は、

内宮・御鏡《みかがみ》（円鏡）

外宮・御鏡《みかがみ》（八稜鏡）

図4・12：（『神宮御神宝図録』神宮徴古館農業館より）

図4・13の通り。

神宮の森の夜は、格別である。伊勢神宮の隠れた呪術は、満天の星の中の北辰《ほくしん》・北斗に、天照大神、天皇（天皇大帝）、豊受大神、八天女、八州（独立国・日本）、そして八束穂《やつかほ》（日本の稲）を描いているのである。夜空にキラキラと輝く、何と美しい呪術的グランドデザインであることか。それは、天に描く、対中国皇帝属国拒否・独立国家宣言でもある。

この天の図には、日本の国柄である八束穂・大匙（米・神饌）が描かれている。そこが秀逸《しゅういつ》なところである。この呪術デザインは、内宮と外宮の両方を造ることによって、可能となった。内宮だけでは日本の国柄を描けないところに、伊勢神宮の特異さがあるのだ。

我々は、八の暗号解読の旅によって、とうとう伊勢神宮の秘密を知ってしまった。その畏《おそ》れ多さに身が引き締まる思いである。

しかし、まだまだ暗号解読の旅は続く。より、核心に迫る旅となる、本当の、そして真の伊勢神宮の呪術的グランドデザインの発見は、この先の「第5章」となる。手前味噌になるが、期待していただきたい。

伊勢神宮における八の諸事例と暗号

伊勢神宮の内宮と外宮が織りなす、壮大な「八の世界」の宇宙的な呪術を、お分かりいただけたと思

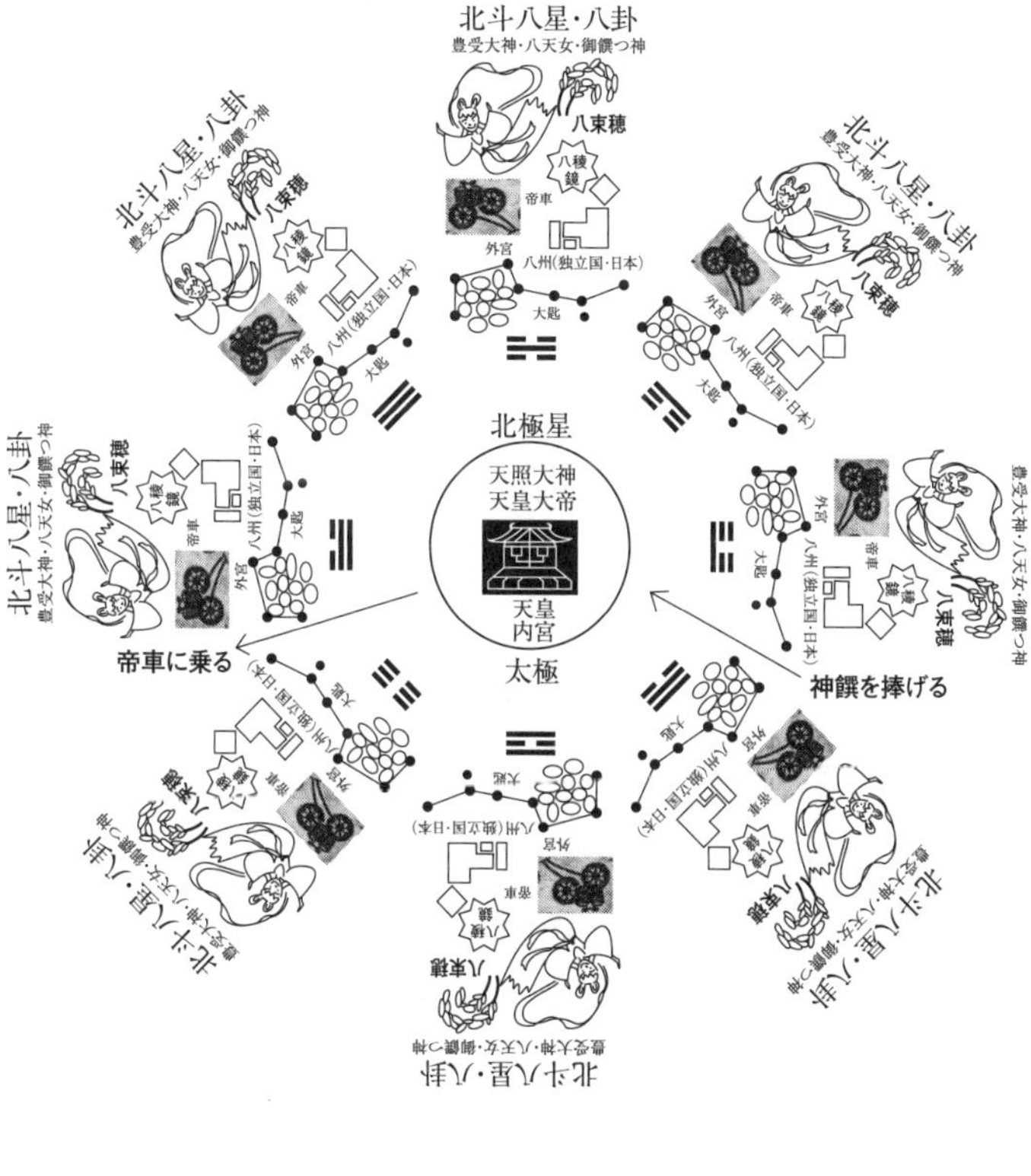

図４・13：伊勢神宮・天の「太極（太一・北極星）八卦」総合図

う。更に、重大な基本原理の呪術の発見がまだまだ続くのであるが、これらの発見は、次章で述べることとする。それよりまず先に、伊勢神宮における、「八の世界」の諸事例を述べようと思う。八で象徴された事例の多さを、分かっていただきたいと思うからである。聖なるものは、聖なる数字「八」を必要としている。伊勢神宮は、「八の世界」を基本としているのである。

❶ 八咫鏡《やたのかがみ》

八咫鏡《やたのかがみ》は、三種《さんしゅ》の神器《じんぎ》の一つである。

『記紀』によると、天照大神が岩戸に隠れたとき、石凝姥命《いしこりどめのみこと》が作ったと伝える鏡。天照大神の霊魂の依代《よりしろ》として天孫降臨《てんそんこうりん》後、宮中に安置され、垂仁《すいにん》天皇の時代に伊勢に移されたと伝えられる。伊勢神宮のご神体。皇位継承の印《しるし》として、形代《かたしろ》の鏡が宮中賢所《かしこどころ》に祀られている。

八咫鏡の「八・や」は、単なる数字の「8」を示すだけでなく、弥栄《いやさか》の「弥（八・や）」であり、めでたい、大きい、永遠、無限、多く、完全等々の意味を持つ、古代日本の最高の聖数を表している。また、言霊《ことだま》（数霊《かずだま》）の霊威をも表現している。

「咫（た）」は、タケの略で長さを言う。この場合の「咫（た）」は、周制の八寸（約18㎝）のことを表しているとも言われている。となると、八咫《やた》は、八寸×8であるから、径が約1・4ｍの大鏡となる。よって、この場合、「八咫」は象徴的な意味となる。

咫が八寸（周制）で八咫鏡となれば、八と八の重なりになる。何と、八咫鏡は、古代日本の聖数「八・や」と、中国の吉数「八・はち」との重なりであったのだ。

鎌倉時代に書かれたとされる神道書『皇太神御鎮座伝記』などによると、伊勢神宮（内宮）の御神体とされる鏡は、「八頭、八葉形」、つまり一種の八角形、八稜鏡《はちりょうきょう》と言われている（図4・14参照）。

しかし、八咫鏡は内行花文鏡《ないこうかもんきょう》という説もある。この内行花文鏡は、中国後漢の代表的な鏡の一種で、日本の弥生時代後期から古墳時代の副葬鏡として発見される。もし、八咫鏡が内行花文鏡ならば、当然、内行八花文《ないこうはっかもん》であろう（図4・15参照）。

なお、花文は星を表現しているという説もある。即ち八花文は八芒星《はちぼうせい》ということになる。いずれにしても、「八の世界」を表現していることは間違いない。

三種の神器とは、八州《やしま》の君主である天皇を象徴しているのであるから、当然、三種の神器のそれぞれの名称に付いている「八・や」は、「八州（日本）」の意味をも含んでいる。

なお、この八咫鏡は誰も見た人がいないことになっている。遷宮《せんぐう》のときに鏡を入れてある袋を取り替えるその役目をした人は、必ず一カ月以内に死ぬということが伝説として伝わっている。または、見た者は死ぬという伝説もある。

古代日本人は、特別、鏡を好んでいた。中国や朝鮮半島の墓に収められている鏡の数との比較からそのことが分かると、森浩一氏は述べている。

中国においては、鏡を墓におさめるようになるのは漢から唐の時代であるが、多くの場合、一人の死者には一面しか入れていない。日本のように、十面とか四十面を入れた例はない。朝鮮半島においても、楽浪郡《らくろうぐん》地域の墓と武寧王《ぶねいおう》の墓以外には、それほど多くの鏡は入っていない。楽浪郡の場合でも多くて一人の死者に数面、武寧王の場合は四面である。その点、日本は特殊である。どうしてこれほどまでに鏡を愛好したのだろうか。この謎が解けたならば、日本の社会の特徴がつかめると思われると、森浩一氏は記している（『鏡』編＝森浩一《もりこういち》・社会思想社）。

このことは、多くのことを示唆《しさ》してくれる。

中国、朝鮮半島と比べ、日本（大和朝廷）は、鏡を格別愛好するほどの特殊性を持っていた、と理解してよい。そして、その鏡の全てを代表するのが八咫鏡《やたのかがみ》である、と言えるのではなかろうか。そして、その日本の全ての鏡を象徴する八咫鏡は、伊勢神宮において、皇祖神・天照大神のご神体とされている。この特殊事例は、どのように考察したらよいのであろうか。森浩一氏が述べているように、この謎が解けたら、日本の社会の特徴がつかめるのであろう。

残念ながら、これ以上のことは分からない。

しかし、日本の全ての鏡を象徴していると思われる八咫鏡が置かれている場所は、伊勢神宮の呪術を見事に成立させている。この呪術の核心を一言で述べるならば、伊勢神宮（内宮）の心御柱《しんのみはしら》と北極星を繋ぐ宇宙軸上に、八咫鏡が置かれていることである。私は、この宇宙世界を構成する呪術デザインの素晴らしさに、ただただ、畏《おそ》れ入るばかりである。

この件については、「第5章」で詳しく述べるが、大変意義深い呪術的内容なのである。

但し、八咫鏡《やたのかがみ》は、三種の神器の中の鏡を表すばかりではない。『日本書紀』においては、在地首長の天皇（景行天皇）への服従の意思表示として、八咫鏡や剣を賢木《さかき》にかける儀礼が見られる。よって一般的な意味もある。

図４・14：八稜鏡。奈良県吉野郡金峯山出土・重文・東京芸術大学所蔵（『国史大辞典』より）

図４・15：内行八花文鏡。奈良県天理市大塚古墳出土・宮内庁所蔵（『国史大辞典』より）

❷ 機殿《はたどの》と八の世界

伊勢神宮における「衣食住」の「衣」に関する事例にも、「八の世界」が見られる。大御神《おおみかみ》に供えられる神御衣《かんみそ》を機織《はたお》る機屋《はたや》は「八尋殿《やひろでん》」。そしてその神衣料物《かんみそりょうもの》の各々の数が8の倍数となっていることは偶然ではなく、ここにも「八《や》の世界」が存在していることを示している。

内宮・所管社・機殿《はたどの》神社・八尋殿《やひろでん》

『倭姫命世記《やまとひめのみことせいき》』によれば、約2000年前、皇大神宮（内宮）が伊勢の五十鈴《いすず》の川上に鎮座すると、まずその大宮の辺に八尋《やひろ》の機屋《はたや》を建て、天棚機姫《あめのたなばたひめ》の神孫、八千々姫命《やちぢひめのみこと》に高天原でなされたように大御神の御衣《おんぞ》を織らさせた。宇治の機殿《はたどの》というのがそれであると記してある。

現在は、神服織機殿《かんはとりはたどの》神社が松阪市大垣内《おおがいと》町に、神麻続機殿《かんおみはたどの》神社が松阪市井口中町にある。

神服織機殿《かんはとりはたどの》神社は、皇大神宮の神御衣《かんみそ》の内、和妙《にぎたえ》（絹）を奉織する「機殿《はたどの》＝八尋殿《やひろでん》」の守護神をお祀りする。伝承では、服部神部《はとりかんべ》の祖神、天御桙命《あめのみほこのみこと》と、奉織工の祖先、天八千々姫命《あめのやちぢひめのみこと》をお祀りするといい、域内には、八つの小さな末社《まつしゃ》がある（図4・16、図4・17参照）。

神麻続機殿《かんおみはたどの》神社は、大昔、ここで麻続《おみ》氏が荒妙《あらたえ》（麻）を織り、祖神の天八坂彦命《あめのやさかひこのみこと》を祀っていたという伝承がある。その祭神にちなむように八つの小さな末社が配置されている（『伊勢神宮の衣食住』矢《や》野憲一《のけんいち》・東京書籍）。

機殿の名称が八尋殿《やひろでん》。また、八尋殿を守護する両神社の神様の名前は、それぞれ天八千々姫命《あめのやちぢひめのみこと》、天《あめの》

図4・16：神服織機殿《かんはとりはたどの》神社と八尋殿。中央は筆者。板葺き屋根の小さな方が神社で、萱葺《かやぶ》きの立派なのが、八尋殿

図4・17：域内にある小さな八末社のうちの四末社

八坂彦命《やさかひこのみこと》であり、「八・や」のつく神様である。更に、両神社とも小さな八つの末社を置いている。

この偶然とは思えないデザインは、やはり、神宮の概念「八・や」に則《のっと》っている。

神御衣祭《かんみそさい》は、春と秋に天照大神に衣服をお供えする祭である。

『儀式帳』『延喜式《えんぎしき》』などによると、神御衣祭とは、大神宮司・禰宜《ねぎ》・宇治内人《うちんど》らが神服織織女《かんはとりしょくじょ》八人、神麻続《かんおみ》織女八人を率いて、服部《はとり》・麻続《おみ》の織女の織れる和妙衣《にぎたえのみそ》・荒妙衣《あらたえのみそ》などを供進する祭儀であった、という（『伊勢の大神』編＝上田正昭・筑摩書房・参考）。

「織女《しょくじょ》八人」とは、単なる八人ではなく、八州（日本）のそれぞれの州の織女が集まっているという、象徴された人数である。また、神御衣《かんみそ》は織女八人が天照大神にお供えするわけであるから、天照大神を太極とすれば、織女八人には八卦を配されることになる。

よって、デザイン表現としては次のように推測される。

［太極＝天照大神・太一・北極星・天皇］—［八卦＝織女八人・北斗八星・八州（独立国・日本）］

『延喜式』によれば、大神宮に神衣料物《かんみそりようもの》として供えられたリストとして、次のものが記してある。

和妙御衣《にぎたえのみそ》24疋《ひき》、髻絲《もとゆいのいと》、頸玉《くびたま》・手玉《てだま》・足玉《あしたま》の緒、袋《ふくろ》襪《しとうず》の緒などの糸各16条、縫糸64条、長刀子1《ひと》枚《ひら》、短刀子・錐《きり》・針・鉾鋒《ほこさき》各16枚、著糸玉串2枚、韓櫃《からひつ》2合、筥《はこ》1合、荒和衣《あらたえのみそ》80疋《ひき》、刀子・針各20枚、韓櫃1合（『伊勢の大神』）。

供えられる神衣《かんみそ》料物の各々の数が8の倍数になっている場合が多い。

また、『儀式帳』は「忌鍛冶内人《いみかじうちんど》」の仕事として、毎年四月九月に御小刀48（8×6）柄、御錘48柄、御杖前48口、御針48隻を作ると記してある。それは、合計192（8×24）の総数となる。

❸ 御飯《みけ》二八具

伊勢神宮における「衣食住」の「食」に関しては、「八の世界」が見られるのであろうか。やはり、「稲・米」に関しても多くの「八の世界」が表れている。

延暦《えんりやく》の『止由気宮《とゆけぐう》儀式帳』によると、お供えする膳物は、

天照坐皇大神《あまてらしますすめおほみかみ》の御前に、御水《みもい》四毛比《もひ》、御飯《みけ》二八具《ぐ》、御塩四坏《つき》、御贄《みにえ》等。

止由気《とゆけ》大神の御前に、御水四毛比、御飯二八具、御塩四坏、御贄等。

相殿神の三前に、御水六毛比、御飯三八具、御塩六坏、御贄等。

ここに記されている、御飯《みけ》二八具、御飯三八具とは、九九の表記で、それぞれ、二×八＝十六具、三×八＝二十四具を表し、シャレた表現になっている。いずれにしても、御飯だけが「八」の倍数になっているのである。

この御飯《みけ》二八具、三八具の表現方法は、次のような意味を含んでいると思う。

〈御飯《みけ》は八の倍数を旨《むね》とする〉との強い世界観・宗教観である。

また、二月の祈年祭《としごいのまつり》では、〈食国天下《おすくにあめのした》の国民《おおみたから》の取作《とりつく》らむ奥津御年《おきつみとし》を八束穂《やつかほ》の茂穂《いかしほ》に成幸給《なしさきはえたま》へ〉と祈る（『伊勢神宮の衣食住』矢野憲一・東京書籍参考）。

「御飯《みけ》二八具」の八と「八束穂」の八は、八州《やしま》（日本）のそれぞれの州（くに）を表し、八州《やしま》で収穫されたそれぞれの稲・米という意味が含まれているのである。

なお、御箸《みはし》は、檜《ひのき》製の八角形であり、「御飯《みけ》二八具」と同様、八の世界観を表現している。

米と八の不思議な因縁を記すこととする。

米はその形から、「八木《はちぼく》」とシャレて呼ばれる。八十八歳は、「米」の形から「米寿《べいじゅ》」として尊ばれる。

また、「米」は八十八回の手間がかかって作られるものだから、大事に食べなさいと親から言われたものである。八十八夜は立春から八十八日目にあたる。当然、米作りの作業の目安にもなっていたと思われる。「八十八の升掻《ますか》き」という諺《ことわざ》もある。米寿の人に米を升掻きで切ってもらって使うと商売が繁盛する、といって縁起を担ぐことである。八方に伸びるイメージもある。

「稲・穂・穎《かい》」が八と一緒になった言葉を一覧する。※穎（かい）……穂のままの稲。穂。

「八束穂《やつかほ》」・「八握穂《やつかほ》」・「千稲八千稲《ちしねやちしね》」・「八百稲《やおしね》」・「千穎八百穎《ちかいやおかい》」・「大八洲豊葦原瑞穂国《おおやしまとよあしはらみづほのくに》」・「千八百税《ちやおちから》（神宮の玉垣に懸ける百八十荷の稲）」

❹ 抜穂《ぬいぼ》の神事（抜穂八荷）

外宮の神嘗祭《かんなめさい》は、旧九月十五・十六日に行われた。しかし、この十六日の早朝、外宮では神嘗祭とは別の「抜穂《ぬいぼ》の神事」があった。

――旧儀によると、外宮では旧九月十六日の朝、「抜穂の神事」ということが行われた。これは大物《おおもの》忌《いみ》の父が、耕作した御田《みた》の「初穂《はつほ》八荷《か》」（六十四把《わ》）を担《にな》って正殿の御床下《みゆかした》におさめる神事で、そ

――の先頭には禰宜《ねぎ》が榊をささげて参入したという。この神事は明治維新後の神宮の諸祭儀の改革で廃止された。(『伊勢の大神』・編＝上田正昭・筑摩書房)

心御柱《しんのみはしら》に抜穂・八荷をおさめたということから、「八の世界」の呪術が想像できる。この神事の内容は、伊勢神宮のコスモロジー的な深遠な哲理を含んでいる。暗号解読のヒントとなる重大な意味を持つ。

以上、伊勢神宮において、御飯《みけ》・米・稲穂に関しては、「八」の世界観、宇宙観で統一されている、と言っても間違いではないと思う。伊勢神宮の「衣食住」に関しては、これまで述べてきたように、見事に「八の世界観」でデザインされているのである。

❺ 鞭懸《むちかけ》の数・八本

「唯一神明造《ゆいいつしんめいづくり》」を眺めていて、いつも、大変気になって仕方がないもの、それは「鞭懸《むちかけ》」である。以前は、「鞭懸」を幾つかの辞書で引いても見あたらない場合があった。ましてや、何故八本なのかは、想像するほかない(図4・18参照)。

神明造に付けられている「むちかけ・鞭懸・鞭掛」は、大嘗祭の際に造られる、悠紀殿《ゆきでん》、主基殿《すきでん》にも付いている。この部分が描かれていない古い図もあるので、初めから必ずあったのかは定かではない。明治天皇、大正天皇、昭和天皇の大嘗祭における大嘗宮には付いていた。

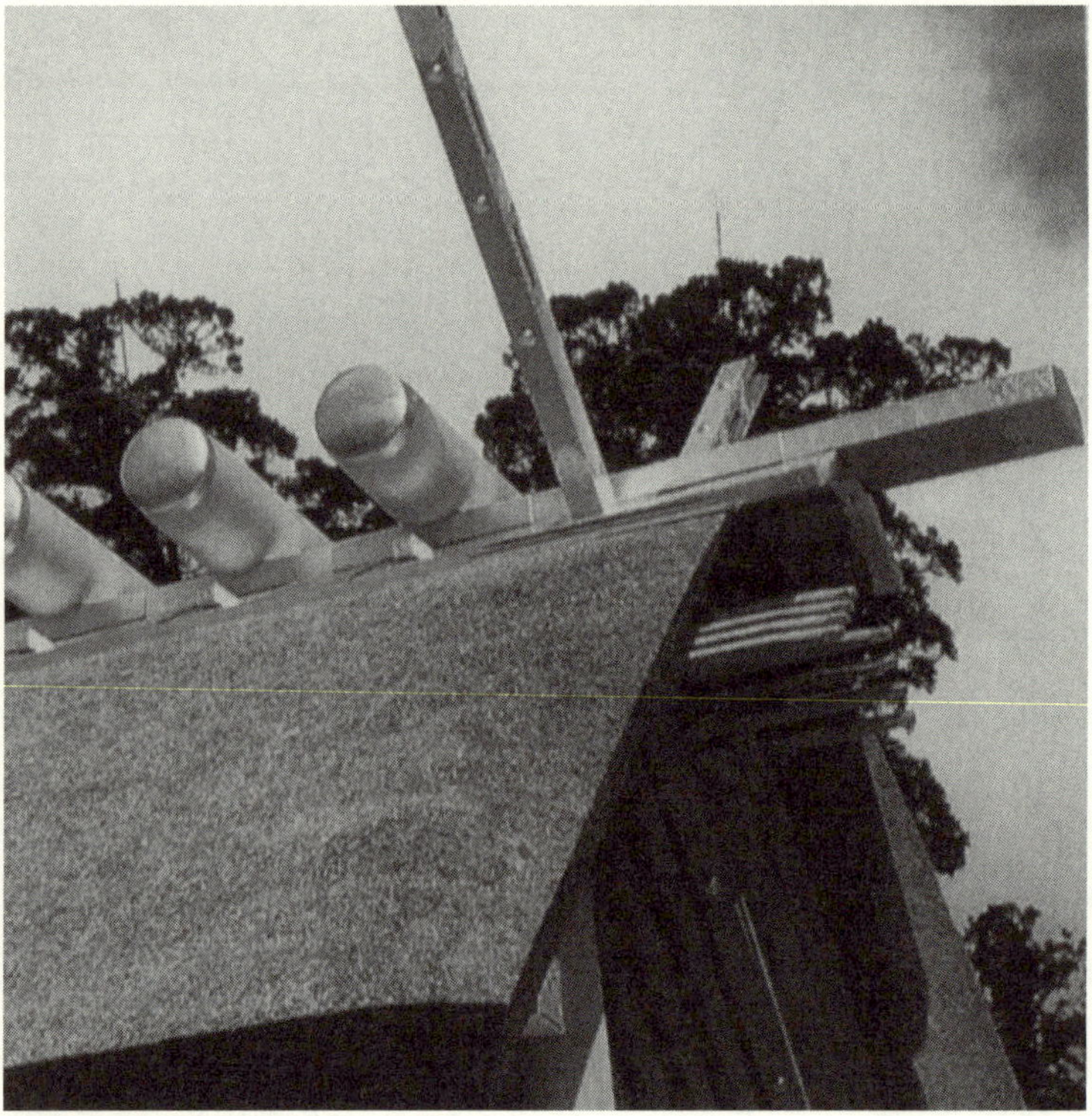

図４・18：内宮正殿・鞭懸（『伊勢神宮御正殿構造形式の変遷』宮本三郎著、伊勢神宮崇敬会より）

「鞭懸《むちかけ》・鞭掛」は、「小狭小舞《おさごまい》」とも言う。

破風板《はふいた》に付けられたこの鞭懸は、破風板をとめるための構築方法の名残なのであろうか。

「鞭懸」の棒は、破風の頂点近くに、左右4本ずつある。合計8本。この8本は、もう片方の破風の頂点近くにあるから、それも足すと、総数16本になる。実に不思議な棒である。

鞭懸の数は、それが付いている場合は、ほぼ8本で統一されている。

この8本の鞭懸にはどんな意味があるのだろうか。何故8本なのか。神社における聖数、つまり古代日本の聖数「八・や」を、表しているような気がしてならない。いや、毅然《きぜん》としてそれを主張しているように思われる。だから伊勢神宮においては、一定の8本なのだ。

前に述べたように「八開手《やひらで》」は「八州《やしま》」を表現している。ならば、鞭懸《むちかけ》も「八州《やしま》（日本）」を表している、と考えられる。更に言えば、この8本は、天武天皇以後であるが、中国の八卦の意味と習合している、と思うのは考えすぎだろうか。余談になるが、この八本の形が末広がりの「八の字」に似ているのは、気になる偶然である。

なお、鞭懸の数であるが、神奈川県大山頂上に鎮座する「大山阿夫利《あふり》神社本社」の鞭懸の数は、5本ずつの10本で、総合計20本である。私は、それを実際に見て、思わず、何故との思いで、何度も本数を数え確かめてしまった。その他の神社にも、このような例がある。

※第26代継体《けいたい》天皇陵と推定されている「今城塚《いましろづか》古墳」から、家形埴輪《はにわ》が出土した。この家形埴輪は、二階建ての神殿風高床式で、2本ずつ4本、総合計8本の鞭懸がデザインされていた。古代日本の聖数

「八・や」の概念の発露であろうと思われる。何故、「鞭懸」と称されたのであろうか。不思議である。

❻ 八開手《やひらで》と八度拝《はちどはい》

「第2章」ですでに述べているので簡単に記す。

八開手《やひらで》とは、八遍拍手《かしわで》することを言い、四度拝を重ねることを八度拝《はちどはい》という。伊勢神宮（天照大神）と天皇に対する最高の儀礼作法である。

❼ 神嘗祭《かんなめさい》における太玉串《ふとたまぐし》行事と天八重榊《あめのやえさかき》

伊勢神宮の神嘗祭《かんなめさい》において、斎内親王《いつきないしんのう》の行われる太玉串《ふとたまぐし》の行事がある（※太玉串とは、榊の大枝に木綿《ゆう》をつけたもの）。

この太玉串の祭儀について吉野裕子氏は、大宮司、禰宜《ねぎ》、宇治大内人《おおうちんど》が捧持《ほうじ》する太玉串の合計が雌雄14本ということで、北斗の星を表現していると述べている（『陰陽五行思想からみた日本の祭』人文書院）。また斎内親王が捧持する2本の太玉串は、北極星（太一・天照大神）を象徴していると推測している。この件についての吉野氏の論証は割愛《かつあい》するが、結論として、太玉串によって内宮に北辰・北斗を描くとされている。見事な考察である。

なお、吉野氏は、太玉串は合計16本になることから、なおかつ八卦をも意味しているのではなかろうかと推測している。二重の呪術が施されているように思われる。

また同時に、内宮の神嘗祭においてのみ、「天八重榊《あめのやえさかき》」といって、8本ずつ8列、64本の榊も内玉垣御門の左右にさし立てられた（『大嘗祭』真弓常忠《まゆみつねただ》・国書刊行会）。

この「天八重榊」は、8×8で64本であるところから、「易経の六十四卦」（『易経』には六十四卦のことが記してある）を意味し、全宇宙の諸相の無限を象徴していると思われる。

では、この「天八重榊」は、八州《やしま》（独立国・日本）の意味を含んでいるのであろうか。

伊勢神宮の祭祀形式において、八州（独立国・日本）を意味する場を設けることは、天皇家の第一の宗廟という性格からして、当然考え得ることである。

64といえば、64人で舞う「八佾《やつら》の舞」を思い出す。中国の舞であって、天子が独占する舞であるとされている。この舞は、易経六十四卦を表現している。

更に、推測できることがある。

この「天八重榊」は、内宮の神嘗祭においてのみ配されるという。だとしたら、この「天八重榊」は、出自が八天女の一人でもある、外宮の豊受大神を象徴していると思われる。わざわざ、「天八重榊《あめのやえさかき》」と称されていることは、その証左であろう。

つまり、8×8の天八重榊は、太極の内宮において、八卦の外宮の豊受大神（八天女・北斗八星）を象徴し、なおかつ八州（独立国・日本）をも象徴している、と推察される。

となると、内宮とこの天八重榊の関係は、内宮と外宮の合体した姿であるとも言えよう。

よって、天八重榊は満天の星（8×8）と外宮の北斗八星（豊受大神・八天女・八州・日本）を象徴している、と推測される。

神嘗祭の太玉串《ふとたまくじ》の行事とは、内宮正殿宮地内に、わざわざ外宮の神・豊受大神を呼び寄せ、北極星と北斗八星、そして満天の星を描くことだったのである。つまり、内宮と外宮の合体イベントであったのだ。勿論、この8×8の天八重榊は、古代日本の聖数「八・や」の意味が基本となっている。

デザイン表現としては、次のように推測できる。

［太極＝内宮・天照大神・太一・北極星（天皇大帝）］――［八卦＝外宮・天八重榊（8×8）・豊受大神（八天女）・北斗八星・八州（独立国・日本）］

❽ 八盛《やもり》の水

鎌倉初期に編纂された『神宮雑例集』に出ている話。

天孫降臨のとき、先達として天牟羅雲《あめのむらくものみこと》命を地上に天降《あも》りませて偵察させたところ、「食国《おすくに》の水は未熟《うまからず》、荒水《あらきみず》にありけり」と報告された。それを聞いた天照大御神は「そうだった、全ての政《まつりごと》はうまくいくように命じてあったが、水取《もひとり》のことが遺《のこ》されていた。高天原の天忍石《あめのおしわ》の長井の水を取って八盛《やもり》を地上に持ち下して、神々の御饌や皇御孫命《すめみまのみこと》の御水に献じ残りの水は天忍水《あめのおしみず》として日本国土の水にそそいで和《やわ》しなさい。また天孫降臨にお伴としてお仕えした神や、全ての人々にもこの水を飲ませなさい」と言われた（『伊勢神宮の衣食住』矢野憲一・東京書籍）。

「八盛《やもり》」の水を地上に持ち下ろしたという表現は、日本の地であることから、古代日本の聖数「八・や」の意味を踏まえていることは勿論のこと、「八州《やしま》（日本）」の意味も当然含んでいると思われる。八州のそれぞれの州に「一盛」ずつの水を分け与え、全体として「八盛」の水となるのである。

また後述の「斎庭《ゆにわ》の稲（穂《いなのほ》）」と同様、水も天孫降臨のとき持たされたとしているところは、稲と水の関係を思うと、完璧を目指したストーリーと言えよう。

デザイン表現としては、次のようであろうと思われる。

［太極＝伊勢神宮・天照大神・天皇（天皇大帝・北極星・太一）］――［八卦＝八盛《やもり》の水・北斗八星・八州（独立国・日本）］

「斎庭《ゆにわ》の穂《いなのほ》」のストーリーは次の通り。

> 天照大神は、天上にて「天狭田《あまのさなだ》・長田《ながた》」で自ら稲を作っておられた。そして、『日本書紀』の神代記の第二の一書《あるふみ》においては、天照大神が、天忍穂耳尊《あまのおしほみみのみこと》に斎鏡《いわいのかがみ》とすべしと宝鏡を授け、〈吾《あ》が高天原《たかまのはら》に所御《きこしめ》す斎庭《ゆには》の穂《いなのほ》を以《も》て、亦吾《またあ》が児《みこ》に御《まか》せまつるべし〉と勅《みことのり》している。そして、瑞穂《みずほ》の国の稔《みの》りを実現すべく、瓊瓊杵尊《ににぎのみこと》が天上の稲をもって天降《あまくだ》ったのである。

⑨ 杵築祭《こつきさい》と立柱祭《りっちゅうさい》……八の世界からの考察

杵築祭

延暦《えんりやく》年間の『儀式帳』によれば、正殿宮地の四隅を杵《つ》き平らげる杵築祭《こつきさい》には、「禰宜《ねぎ》・内人《うちんど》ならびに妻子」が加わり、みんなで「詠《うた》ひ舞ひ」に興じたという。「禰宜・内人ならびに妻子」の参加人数は次の通りである。内宮は男40人、女40人。外宮は男20人、女20人（『伊勢神宮』所功《ところいさお》・講談社学術文庫参考）。

この数字は、四隅の四を意識した数とも言える。更に言えば、八も意識した数と言わざるを得ない。男女を足せば、それぞれ、80人と40人である。いずれも八で割り切れる。しかも、男女の数が同数であることは、陰陽と創造・再生を意味しているものと思われる。

立柱祭・八角形木槌《きづち》

立柱祭《りっちゅうさい》とは、内宮、外宮それぞれで、新しい正殿の柱を立てる儀式。神職による拝礼ののち、小工《こだくみ》によって十本の柱を木槌《きづち》でうちかため、完成の無事を祈る（『お伊勢まいり』矢野憲一、他・新潮社参考）

立柱祭のさいに使われる木槌の形が八角形である。わざわざ木槌を八角形にしていることに対して、聖なる意味を感じ取らざるを得ない。後ほど述べる、大嘗祭において使用される稲舂《いねつき》用臼《うす》の形も外周が八角形であり、やはり聖なる意味を含んでいるのだ。

「八角形木槌」は、今まで何度も説明してきたように、八角形が持つ意味の全てを含んでいると思われる。ここでは特に、「八州《やしま》（独立国・日本）」の意を強く主張しているように思われる。つまり、「八州（独立国・日本）＝八角形木槌」を意味する木槌ということになる。勿論、古代日本の聖数「八・や」の意味を全て含んでいる（図4・19参照）。

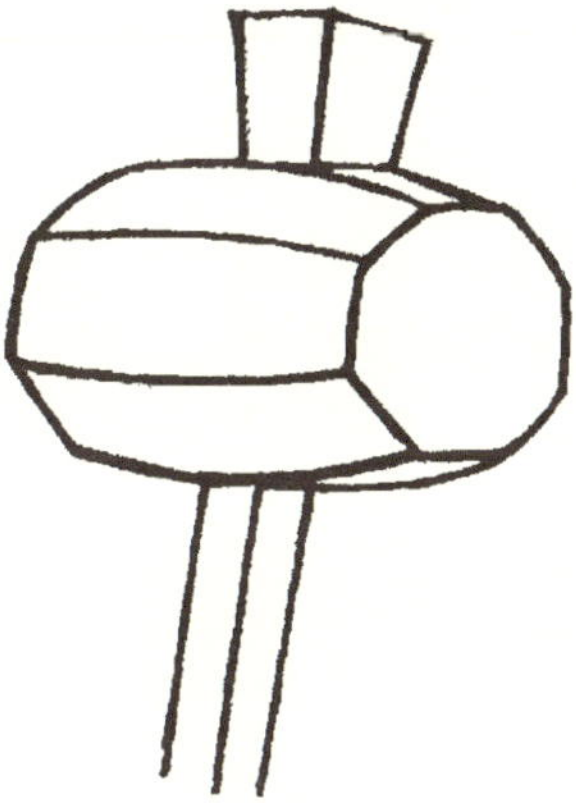

図４・19：立柱祭（『お伊勢まいり』監修・編集神宮司庁、伊勢神宮崇敬会より）と八角形木槌（著者が作画したもの）。

⑩ 後鎮祭《ごちんさい》（八重榊《やえさかき》、天平瓮《あめのひらか》・八百口）と心御柱《しんのみはしら》

後鎮祭《ごちんさい》とは、伊勢神宮の遷宮における造営の完成を感謝し、神殿の安泰を祈る祭。具体的には、心御《しんのみ》柱《はしら》の本に坐《まします》宮地の神を、鎮《しず》め祭るのである。心御柱は、内宮と外宮の正殿の床下中央に立てられる。心御柱は、五色の絹をまきつけられ、八重榊《やえさかき》で飾られる。そして、更にその周りに、八百口とも伝えられる「天平瓮《あめのひらか》」という丸く底の平たい直径八寸ともいわれている皿が、積み重ねられるという（『伊勢神宮』所功・講談社学術文庫参考）。

前述しているが、伊勢神宮（外宮）の神嘗祭《かんなめさい》において、「初穂八荷」を正殿（外宮）の御床下《みゆかした》におさめる神事があった。この「初穂八荷」も、心御柱におさめられたと言ってよい。よって、これらの事例から、心御柱におさめられるものは全て「八の世界」と関係のあるものばかりである、ということが分かる。

実際、この考察によって、伊勢神宮における基本的な壮大な呪術哲理を、発見したのである。

⑪ 宇治橋

宇治橋は五十鈴《いすず》川に架かる橋で、内宮の入り口となる。俗界と聖界との掛け橋といわれている。この橋にも「八の世界」が見られる。

橋脚の形が八角形なのだ。前述しているが、高御座《たかみくら》、そして立柱祭に使われる木槌《きづち》も八角形であった。

また、後ほど述べるが、大嘗祭に使用される稲舂《いねつき》用臼《うす》も八角形である。やはり、橋脚の八角形はこれらと同様「八州《やしま》（独立国・日本）」を意味していると推測される。

また、欄干《らんかん》の上に16基の擬宝珠《ぎぼし》を据《す》えている。つまり、片側8基×2。まさに「八の世界」である。入り口左の擬宝珠には「元和《げんな》五（１６１９）年」の銘が刻まれている。

擬宝珠《ぎぼし》の数・16基は、神社の形・神明造にある16本の鞭懸《むちかけ》と、数の上で同じである。擬宝珠、鞭懸は、それぞれ片側が8基・8本となっている。鞭懸の数8本×2は、古代日本の聖数「八・や」を表現していることはもとより、八開手《やひらで》、八州（独立国・日本）、そして八卦をも意味しているとすでに述べている。私はこの宇治橋の擬宝珠16基も同様の意味を象徴していると思う。

次のように言える。

〈宇治橋は、八州（独立国・日本）の中心・伊勢神宮の、聖なる川に架かる、八州（独立国・日本）を象徴する八角形の橋脚で支えられた、八州（独立国・日本）を象徴する16基の擬宝珠を備えた橋〉と思う。勿論、古代日本の聖数「八・や」の意味を含んでいることは言うに及ばない。なお、冬至の頃、宇治橋の中央から朝日が昇る。

八の暗号解読の旅人たち（読者）には、宇治橋のデザインに込められた、深奥な意味を理解したうえで、「神の聖域」へと続く「神の橋・宇治橋」を厳粛な気持ちで渡って欲しい。

なお、五十鈴川には元来「橋」がなく、橋ができるようになったのは、鎌倉時代以降である。

以上で、伊勢神宮においては、「衣食住」全てにわたり「八」の世界観・宇宙観で統一されていることが、お分かりいただけたと思う。

大嘗祭における八の事例と暗号

大嘗祭《だいじょうさい》については、多くの立派な学者が論述している。素人の小生ごときがこの件について論ずるのは、身の程知らずで、まさに汗顔のいたりである。しかし、大嘗祭に対する切り口が特殊である、ということで、私見を論述させていただきたい。

私は、「第2章」でも簡単に述べたが、即位式の意味を持つ大嘗祭の創設は、もっと直截的《ちょくせつてき》な理由であるとの確信を抱いた。この問題は、どうしても天武天皇が正式に採用したと推測される「天皇号」に行き着く。私は、天武天皇がなにゆえ「天皇号」を正式採用したのかを考察することが、その答えに近づく第一歩であると思う。

まずは、大嘗祭の形式を簡単に説明しようと思う。その後、大嘗祭と「八の世界」の事例を列挙し説明したい。暗号解読による大嘗祭の呪術的グランドデザインの発見は、次の「第5章」にて述べることとする。

❶ 大嘗祭概要

新天皇が即位して初めて行う、一世一度の大嘗祭《だいじょうさい》は、農耕の収穫儀礼である新嘗祭《にいなめさい》からの独立であった。この二つの祭の区別が明確になったのは、天武天皇即位年（673年）である。大嘗祭とは、即

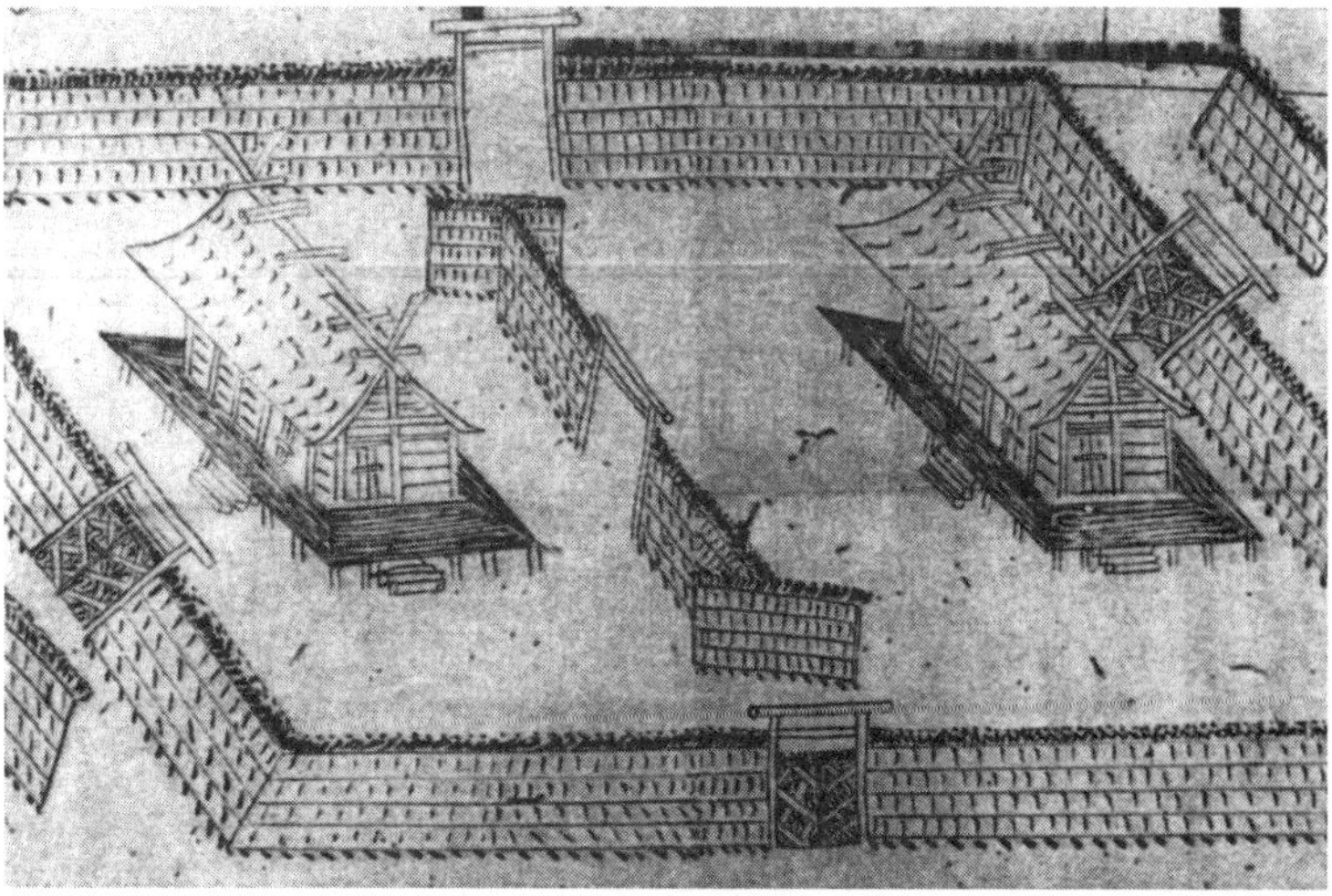

図4・20：悠紀殿・主基殿の建物立体図（『大嘗祭』鳥越憲三郎・角川書店より）

位して初めての新穀（八束穂）を、天照大神と天皇とが共食され、国家の安泰と繁栄を祈る儀式なのである。祭に用いられる新穀（八束穂）は、あらかじめ卜定《ぼくじょう》された悠紀《ゆき》、主基《すき》の国から奉《たてまつ》られ、祭の日の夜、天皇は新しく造られた大嘗宮の悠紀《ゆき》殿、ついで主基《すき》殿でこれを天照大神とともに召し上がる。ここにおいて、宇宙的結合が完成する。このことにより、天皇は、大八州（独立国・日本）の「祭祀王＝天皇」として君臨することとなる（図4・20参照）。

大嘗祭は、旧十一月の中の卯《う》の日（後世には下の卯の日）より始まり、辰《たつ》の日の悠紀節会《せちえ》、巳《み》の日の主基節会、午《うま》の日の豊明節会《とよあかりのせちえ》にいたる四日間にわたって行われる。辰の日以降は諸臣と饗膳《きょうぜん》を共にする節会となる。大嘗祭においては、騎馬民族の臭いはいささかも感じられない。お米作りを代表とする、純粋な農耕民族の儀式である。しかも、外国からの戦利品、貢《みつ》ぎ物、贈答品などのたぐいは、一切飾らない。実にシンプルで崇高な農耕儀式である。但し、節会に関しては、平安時代に入ってから華美になった。

私は、日本を代表する儀礼といえば、この農耕の収穫儀礼である大嘗祭であると思う。この祭りは全国の百姓《おおみたから》の祭りを代表している。まさに、百姓《おおみたから》を代表する祭祀王たる天皇の誕生を意味する、農耕の収穫儀礼なのだ（新嘗祭には神饌《しんせん》として米と粟《あわ》を用いた。大嘗祭にも秘事として粟を用いたとの説もある）。

さて、この大嘗祭に、「八」のデザインがどれほど見られるのだろうか。大嘗祭の世界は、数字で表現すると「八」と言えるのか。私は、はっきり断言できる。大嘗祭も「八の世界」であると。聖なるものは、聖なる「八」を必要とするのだ。

❷ 八神殿《はっしんでん》と御膳八神《みけはっしん》

亀卜《きぼく》によって、斎田・斎場の場所が決められ、その斎場には、八神殿《はっしんでん》が建てられる。祭神は〈御歳《みとし》神、高御魂《たかみむすひ》神、庭高日《にはたかひ》神、大御食《おほみけ》神、大宮女《おほみやのめ》神、事代主《ことしろぬし》神、阿須波《あすは》神、波比伎《はひき》神〉である。これを御膳八《みけはっ》神《しん》という。

大嘗祭で使用される米（稲）は、亀卜によって場所が決められ、そこで作られるのであるが、そこは、八柱《やはしら》の神様（御膳《みけ》八神）に見守られる斎田となる。まさに、米（稲）とは「八」であると、主張しているようでもある。それにしても、何故八神なのであろうか。

この答えを述べている人はいない。

前章で『古事記』においては、八神がセットとなって誕生する様子を記述した。また、『記紀』において、多くの神を表現する言葉は、全て八が付く言葉であることを証明した。更に、『古事記』における、数字の付く「神名・人名・身分名」を調べた結果、八の付く「神名・人名・身分名」は、他の数詞が付く「神名・人名・身分名」に比べ圧倒的に多いことが明らかになった。また、『古事記』において、数詞の付く神名は、ほぼ「八・や」に限られていた。どうやら、神を表現するならば「八」に限ると、古代日本の人々は思っていた、と推察できる。

なお、「御膳《みけ》一神＝一州」であり、「御膳八神《みけはっしん》＝八州《やしま》（独立国・日本）」と考えられる。

そして、「御膳《みけ》八神」は、古代日本の「八・や」を意味していることは勿論のことであるが、中国の「八・はち」の世界の影響も受けていると思う。八卦である。この件については後ほど「第5章」で詳しく述べようと思う。

なお、八神殿は、御巫《みかんなぎ》八神（宮中八神）を祀る八神殿と、大嘗祭の御膳《みけ》八神を祀る八神殿とがある。

❸抜穂《ぬいぼ》の儀式……「造酒児《さかつこ》・稲実公《いなのみのきみ》・酒波《さかなみ》など八人」「八把」

斎田に稲穂がたわわに実る頃、「抜穂《ぬいぼ》の儀式」が行われる。

《まず造酒児《さかつこ》・稲実公《いなのみのきみ》・酒波《さかなみ》など八人が、田の四方から二人ずつ入り、稲の穂先を摘む。抜穂は四握《あく》で一把《わ》にくくり、三十二把をそろえて神部《かんべ》に渡す。神部はそれを八把ずつ目籠《めかご》にいれる》（『大嘗祭』鳥《とり》越憲三郎《ごえけんざぶろう》・角川書店参考）。

やはり、抜穂の儀式も、「八」と関係している。斎田に入り〈抜穂する人が八人〉であることは、八《や》州《しま》（日本）のそれぞれの州《くに》の代表の集まりを象徴していると思われる。

また、抜穂を〈神部が抜穂を八把（四握×8＝三十二握）ずつ目籠《めかご》に入れる〉ことも、八州《やしま》（日本）の意味を含んでいると推測できる。

この場合、「抜穂八把」と、「抜穂八人」は、古代日本の聖数「八《や》」はもとより、八州《やしま》（日本）を代表しているという意味を含んでいる、と思われる。共食をする天照大神と天皇を太極として考えれば、「抜穂八把」と「抜穂八人」は、八州（独立国・日本）を代表するという意味合いが強いゆえ、八卦に配されていて、天照大神と天皇を守護しているという、推測も成り立つ。

昭和の大嘗祭の悠紀斎田の風景を見てみよう。八つに分けられている（図4・21参照）。

図4・21：悠紀斎田の全景（『図説　天皇の即位礼と大嘗祭』新人物往来社より）

❹ 稲春《いねつき》の儀、八乙女《やおとめ》と八角形臼《うす》

大嘗祭において、米は、八乙女《やおとめ》によって、稲春《いねつき》された後、悠紀膳屋《ゆきおものや》と主基膳屋《すきおものや》に運ばれ、料理される。その稲春の様子であるが、八乙女が稲春歌《いねつきうた》を歌いながら搗《つ》く。この行為は、稲穂の刈り取りによって死んだ穀霊が、冬至に復活することを促すための所作である、と鳥越憲三郎氏は述べている。臼《うす》の形は、外側周りが八角形。そして、搗《つ》く人は八乙女である。やはりここでも、米に対しては「八の世界」が堂々と顔を出している（図4・22、図4・23参照）。

もし、この行為が復活を意味するならば、まさに偶然ではあるが、キリスト教の復活を意味する八角形の洗礼盤を想像してしまう。

八乙女は、八州《やしま》（独立国・日本）のそれぞれの州《くに》を代表している集まりである、という見解は、すでに「八乙女舞《やおとめのまい》」で述べた。臼が八角形であることは、八角形が全世界や国全体を意味することから、この場合、八州（独立国・日本）を表現している、との推測も可能である。一辺あるいは一角が、一州を表現していることになる。

となると、〈八州（独立国・日本）のそれぞれの州《くに》から集まってきた八乙女が、稲春歌《いねつきうた》を歌いながら、八州を意味する八角形の臼《うす》で八州を意味する八束穂（米）を搗《つ》く〉という状況がなりたつ。

勿論、ここでの八乙女は、八州のそれぞれの州《くに》から来た八乙女ではないが、儀式としてそのような意味を持たせることが、大切なのである。

「八乙女」と「八角形臼《うす》」については、「八卦」を意味するのだろうか。

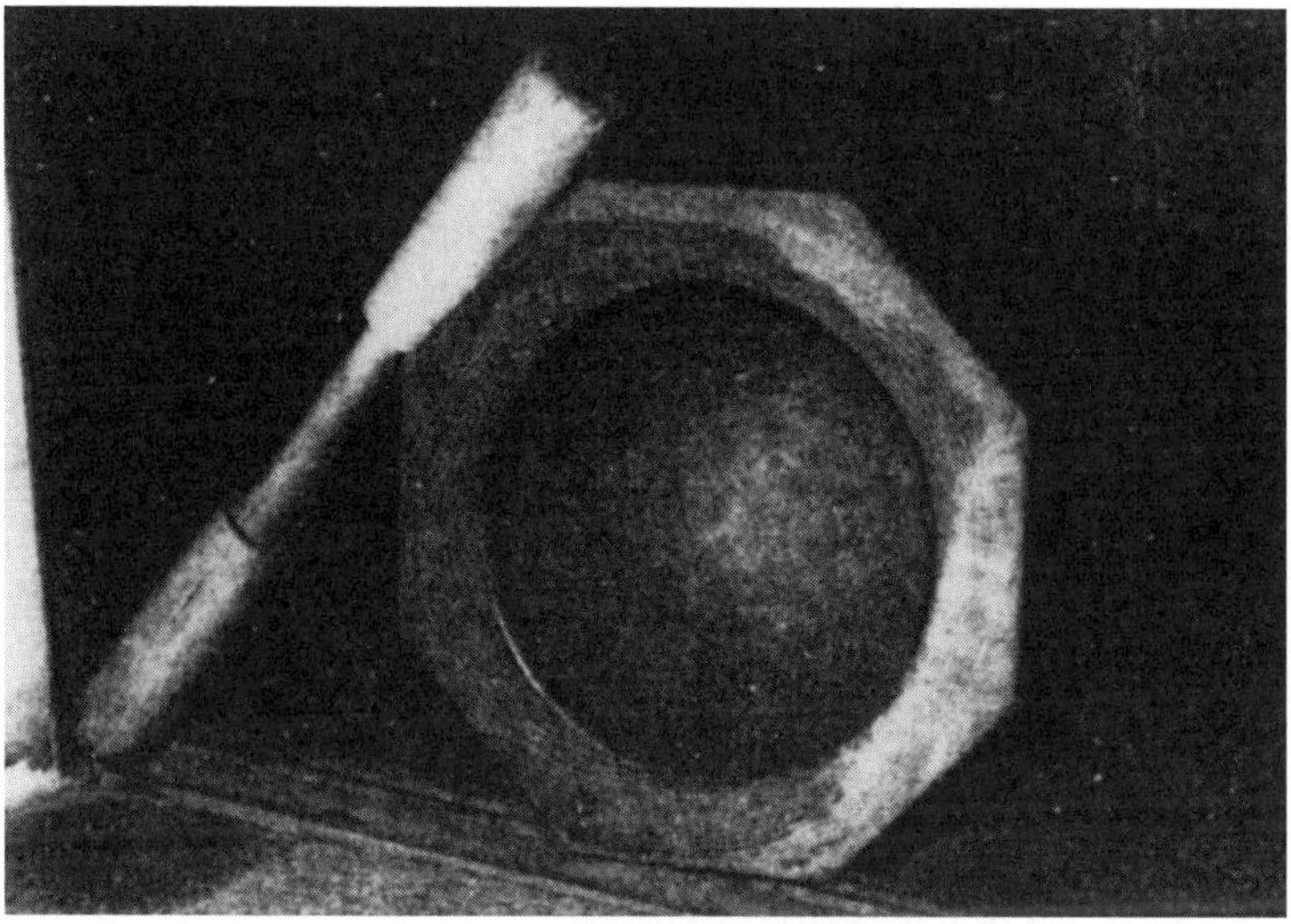

図４・22：稲舂用臼と杵（『大嘗祭』・真弓常忠・国書刊行会より）

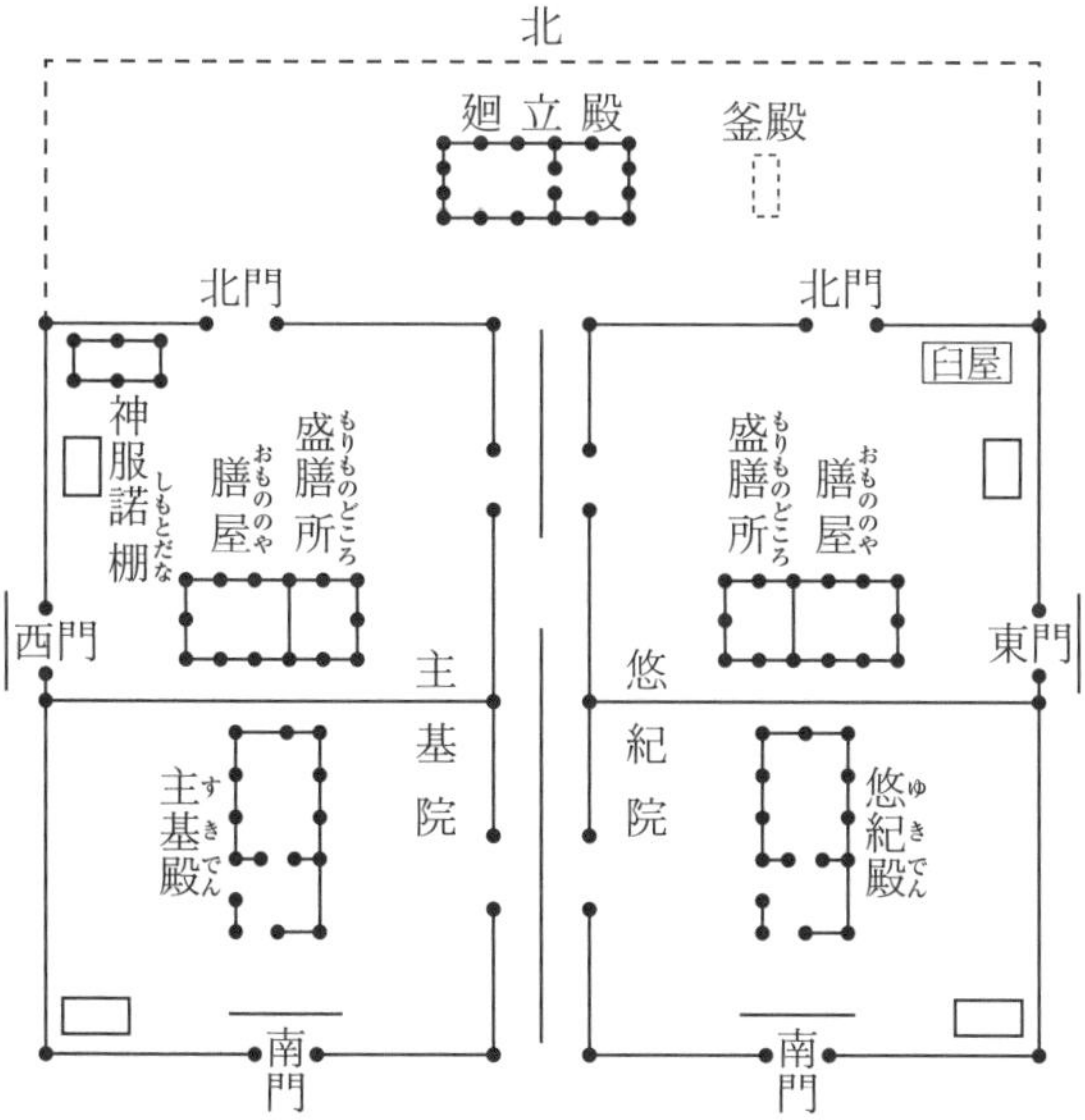

図４・23：大嘗宮（『陰陽五行思想からみた日本の祭』吉野裕子・人文書院より）

八乙女については、「八乙女舞」を事例とするならば、中国に「八佾舞《はちいつのまい》（やつらのまい）」という、「八卦」を象徴する8人×8列の舞がある。天武天皇によって整備された大嘗祭における「八乙女」ならば、やはり、「八卦」の意味も含まれていたのではなかろうか。

「八角形臼《うす》」については、明確に八角形であることから、「八卦」の意味も含まれている、との推測も可能である。いずれにしろ、稲、米に対しては、とことん「八」にこだわる、というのが大嘗祭の儀式なのだ。

❺八《やつ》足《あしの》机《つくえ》の意義

神饌《しんせん》をお供えする形式として、八足机《やつあしのつくえ》がある。「はっそくのつくえ」とも言う。

昭和の大嘗祭のときの神饌として、羹《あつもの》八足机、御酒《みき》八足机、御粥《おかゆ》八足机、御直会《おなおらい》八足机が行立《ぎょうりゅう》（用意）された。

この八足机の八足の数は、勿論、古代日本の聖数「八・や」を表すものであるが、八州《やしま》（独立国・日本）の意味も表現していると推測される。一足（一脚）が一州を意味し、八足《やつあし》（八脚）で八州《やしま》（独立国・日本）を意味する。八州のそれぞれの州（国）が集まって、八足机を構成している、という意味合いなのである。また、八足机は、八州のそれぞれの州の人々が集まった「八州人《やしまびと》」に支えられている、という意味もあった。

つまり、八足机には、八州（独立国・日本）の大地に、八州（独立国・日本）のそれぞれの州（国）と、それぞれの州の人々が集まって構成している八足（八脚）で立っている、という意味深さがあった

図4・24：（ANA クラウンプラザホテル新潟より）

のである。

大嘗祭において、八足机の台の上に載せられる天照大神と天皇に捧《ささ》げられる神饌《しんせん》は、独立国・八州（日本）の大地に立ち、八州（独立国・日本）のそれぞれの州とそれぞれの人々によって支えられているという、八足机の象徴的な意味があったのだと推察できる。

今日においても、八足机は神社において使用されている。八足机は神前結婚式において必ず並べられる。左右に分かれている八足机は構造上、決して丈夫とは言えない。しかし、それは、古代日本の時代から、「八州《やしま》（独立国・日本）と八州人《やしまびと》」の意味を象徴している机の形式であった（図4・24参照）。

我々は、そのことを忘れてしまった。無理もない、これとて、「八の世界」の切り口でのみ、全ての意味が解明されるのであるから。

八足机は、前述していることに加え、古代日本の聖数「八・や」の意味——弥栄《いやさか》の「弥《や》」に通じる、めでたい、大きい、永遠、無限、多く、完全等々の意味——と言霊《ことだま》（数霊《かずだま》）の霊威をも、表現しているのである。

八足机は、「はっそくのつくえ」とも称されている。私は、古代日本の意味を全て含んでいるという意味において、あえて、「やつあしのつくえ」「やつあしつくえ」と称することを望む者である。

この八足机の台の上に載せられる神饌料物《しんせんりようもの》は、これらの多くの意味を含んだ八足に支えられている、ということになる。

八足机は、我々一般人も身近に接することができる。神前結婚式出席の折には、是非ともこの八脚に象徴されている、厳粛な八州（独立国・日本）の意味、そして弥栄《いやさか》の意味を思い出して欲しい。

我々は、古代日本人の、建国当時の気持ちを、忘れ去っているのではなかろうか。初めて八州と称した頃の熱い気持ちを。そして、伊勢神宮と大嘗祭において、独立国家を宣言をした、当時の熱い気持ちを。まさに、八足机《やつあしのつくえ》は独立国・八州（日本）を象徴しているのである。我々は、古代日本人の気持ち・気概を察してあげなくてはならないのだ。

❻ 渡御《とぎょ》（八幅の布単《ふたん》八条）

天皇が渡御《とぎょ》される廻立殿《かいりゅうでん》から悠紀殿《ゆきでん》までの道筋に、大蔵省が二幅の布単《ふたん》を敷く。布単とは単《ひとえ》の布のことである。中古までは、柴垣内の地面に八幅の布単八条が敷かれた。（『大嘗祭』鳥越憲三郎・角川書店参考）。

「八幅の布単《ふたん》八条」は、聖数「八・や」の意味を含むことは勿論のこと、「八州（独立国・日本）」の意味をも含み、八州の君主として「八州のロード」を歩むことをも、象徴していたのではなかろうか。つまり、「一州＝一幅の布単一条」であるから、「八州《やしま》（独立国・日本）＝八幅の布単八条」となる。中古までは、八幅八条で表現する、古代日本の聖数「八」の原理が生きていたのだ。まさに、神聖な場所に移動する道筋にふさわしいデザインであった。「八幅八条」は、聖なる「八州（独立国・日本）の道」を表現していたのである。

ならば、この形式はおそらく天武天皇が考えた呪術デザインであろうと推測できる。

❼ 八重畳《やえだたみ》

古代の儀式書『儀式』と『延喜式《えんぎしき》』によると、嘗殿中央の神座《しんざ》にすえられる八重畳《やえだたみ》の大きさは、長さ八尺（2・36ｍ）、幅四尺（1・18ｍ）であり、現在私たちが使っている敷き布団に比べるとかなり大きい。大嘗宮の神座（寝座）の八重畳は、『兵範記《ひょうはんき》』によると、「筵《むしろ》一枚、薦《こも》七枚」のあわせて八枚が重ねられ八重となる（『大嘗《おおにえ》の祭り』岡田荘司《おかだしょうじ》・学生社参考）。

長さ八尺、幅四尺の数字は、八重畳に相応《ふさわ》しい数字である。八尺の長さの「筵《むしろ》一枚、薦《こも》七枚」が八重に重なっているから、「八尺八重畳《やたのやえだたみ》」と表現できる（注：『古事記』では「八《や》尺鏡《たかがみ》」と記されている）。

そもそも、畳は、日本独自の作りであったのであろうか。ならば、八重畳は、日本そのものを象徴している。つまり、「八州《やしま》（独立国・日本）＝八重畳《やえだたみ》」である。勿論、「一重畳《ひとえだたみ》＝一州」で、八州のそれぞれの畳が集まって、八重畳を形成しているのである。

この大嘗祭の八重畳（神座・寝座）については多くの説がある。

鳥越《とりごえ》憲三郎氏の説を紹介する。

上代の新嘗会には、儀礼の中で床《とこ》に臥《ふ》すことが必要であった。床に臥すことは死の擬態を意味し、死してのち神として甦《よみがえ》るためであった。稲穂が刈られることで穀霊は死に、冬至において復活すると考えられたのも、同じ思想に基づくものである。そのため冬至に行われていた新嘗会、その後の大嘗会においても、穀霊の復活を促す歌がうたわれながら、新穀は臼《うす》で搗《つ》かれる。新約聖書コリント前書にも「一粒の麦、地に落ちて死なずば生きず」と記されている。大嘗宮の寝座に臥《ふ》すことによって、天照大神の神霊を体現する現人神として再生すること、これが大嘗宮に寝座が置かれて

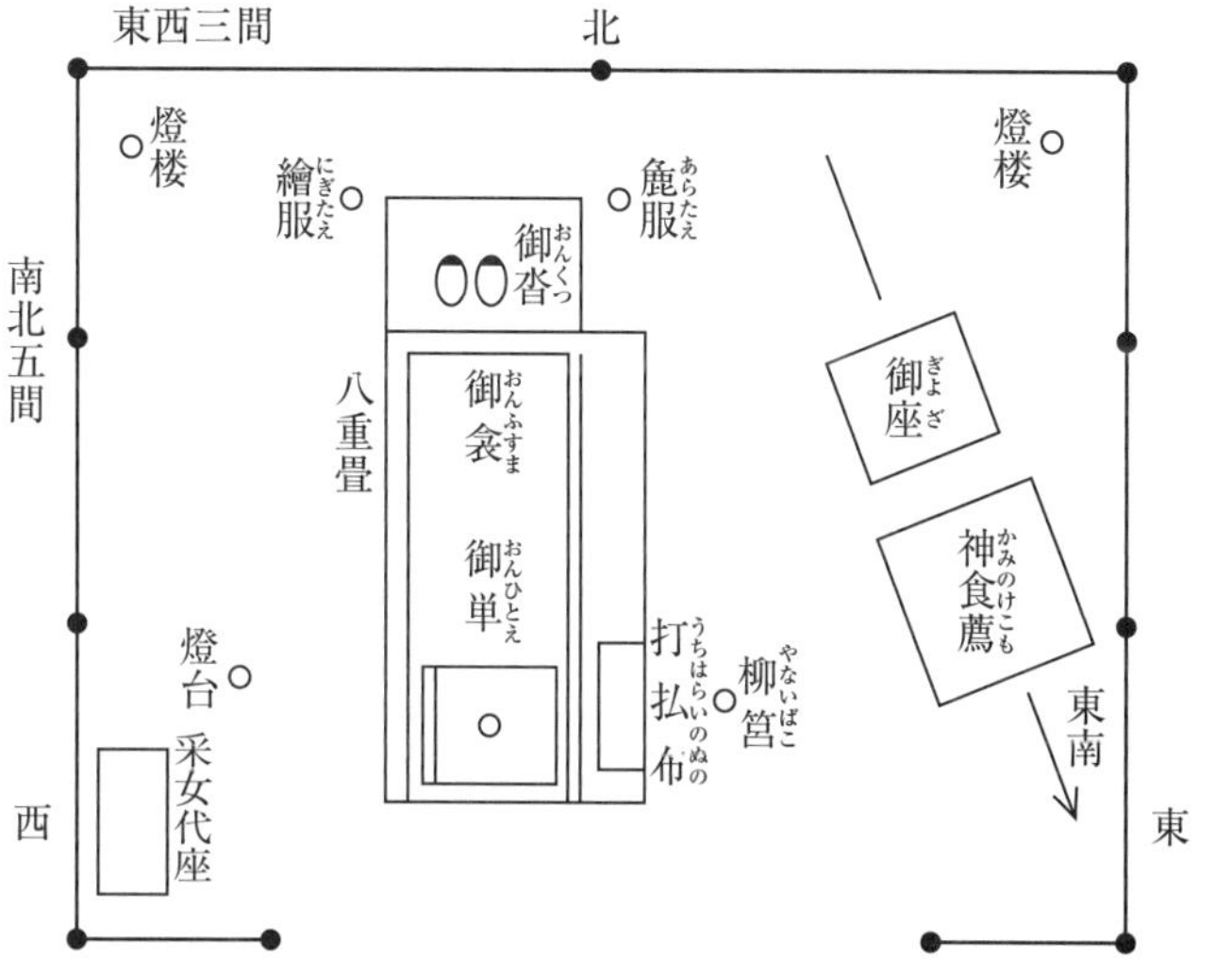

図4・25：悠紀殿内部の配置図（『陰陽五行思想からみた日本の祭』吉野裕子・人文書院参考）

いる理由である。だが、新嘗会・大嘗会が形式化されるにつれて、寝座は形式的なものとして置かれるようになったものと考えられる（『大嘗祭』鳥越憲三郎・角川書店参考）。

寝座（八重畳・神座）の解釈として、大変、魅力的な説である。私は、私なりに独自の説を述べようと思う。この件は、「第5章」で詳しく記す。

大嘗宮《だいじょうぐう》（悠紀《ゆき》・主基《すき》両殿）内の神座《しんざ》は、第一の神座と第二の神座がある。第一の神座は、嘗殿中央にある、寝座（八重畳）をいう。第二の神座は、御座《ぎょざ》（天皇が坐す）の前に置かれる短帖《たんちょう》（神食薦《かみのけこも》）をいう（図4・25参照）。

❽ 天照大神との共食（御酒八度）

『江家次第《ごうけしだい》』大嘗祭には、「御酒八度」との記述があり、『江記《ごうき》』では「了御飯（飲）如レ此八度」とある。また、『大嘗祭卯日御記』には、〈如レ此八度召之了、（白四杯、黒四杯）〉との記述がある（『大嘗《おおにえ》の祭り』岡田莊司・学生社参考）。

天照大神と新天皇との共食の儀で、「八度」と記されていることは、注目に値する。稲、米は「八」の倍数で表現されていたことは、すでに述べてきた通りである。さらに、天照大神と新天皇との共食の儀においても、「八」を旨とする事例が出現した。

この場合においても、一度が一州であり、八度で八州《やしま》（独立国・日本）を象徴していると思われる。部屋のほとんどを占める「八重畳」の脇で、天照大神と新天皇が、「八度」の共食の儀を行うことは、やはり大嘗祭は、「八の世界」であると言える。

❾ 新天皇誕生の祝宴、祝いの節会《せちえ》「酒杯数・四杯・四度・八度」

大嘗祭の後の儀礼として、祝いの節会《せちえ》がある。白酒《しろき》、黒酒《くろき》が供せられる。白酒は当時のことと濁酒であるが、黒酒は常山木《くさぎ》の灰を入れて黒くしたものである。それぞれ四杯を四度、合わせて八度供する。そして諸卿にも一献賜《たま》う。そして悠紀《ゆき》国の風俗歌を奏するが、古くは悠紀国の国司に率いられて八人が歌いながら入って歌舞した（『大嘗祭』鳥越憲三郎・角川書店参考）。

この「四杯・四度・八度」の儀式は、「八開手」および「八度拝」と同様な意味を持つものであろうと想像できる。つまり、聖なる数「八・や」の意味を表現しているとともに、最高のグレードを示す儀礼形式を表している。

三三九度と違って、四・四・八というところが、面白い。

三三九度は、漢文化の影響である。「四・四・八」のこの儀式は、日本古来のものと考えてもよい。この「四・四・八」が、最高の儀礼形式とされていることは、「八」の探究者にとっても、これほどの喜びはない。

白酒《しろき》、黒酒《くろき》は陰陽を表している。また、〈それぞれ四杯を四度、併せて八度に供する〉のであるから、一度が一州を意味し、八度で八州《やしま》（独立国・日本）を表現していることになる。

また、八度に八卦《はっか》を配すれば、「陰陽八卦（八度）」となる。さらに、この八度＝八卦に、八州《やしま》と北斗八星を配せば、デザイン表現は次のようになる。

「太極＝天照大神・北極星・太一・天皇」――「八卦＝白酒《しろき》・黒酒《くろき》（四杯・四度・八度）・八州《やしま》（独立国・日本）・北斗八星」


ならば、大嘗祭においては、天の北斗八星に、白酒《しろき》・黒酒《くろき》が描かれているデザイン図を想像することができる。これはもうロマンの世界でもある。

⑩ 天皇の祝詞《のりと》……八握穂《やつかほ》（八束穂）

大嘗祭において、天皇が祝詞《のりと》を唱えられる文言《もんごん》の中に、「八《や》」が出てくる。

「神八《や》十万《そよろず》」と〈八《や》握穂《つかほ》にしなひたるを御食《みけ》に奉《たてまつ》りて……〉である。

稲穂の「やつかほ」は、八束穂と書く場合と八握穂と書く場合がある。いずれにしても、「八の世界」である。大嘗祭は、神と稲の祭りと言ってもよい。その聖なる祭りには、聖なる数字「八」が必ず表現されている。

「八《や》十万神《そよろずのかみ》」は『日本書紀』に見られるが、『古事記』では見られない。『古事記』においては同様な表現は「八《や》百万神《およろずのかみ》」となる。

前述したように、抜穂《ぬいぼ》の儀式において、八人は八神殿《はっしんでん》の神様・御膳八神《みけはっしん》に見守られ斎田に入り、抜穂は四握《あく》で一把《わ》にくくり、三十二把を揃えて神部《かんべ》に渡す。そして、神部が八把ずつ目籠《めかご》に入れる。この穂が、天皇の祝詞で唱えられた「八握穂《やつかほ》」である。

勿論、大嘗祭と関係なく使われる「八束穂《やつかほ》」・「八握穂《やつかほ》」という言葉も、「八州《やしま》（独立国・日本）」の意味を含んでいると推測できる。「一束穂《ひとつかほ》＝一州」であるから、「八束穂＝八州（独立国・日本）」なのである。「八束穂《やつかほ》」とは、「八州穂《やしまほ》」のことなのだ。つまり、「八束穂」は、「日本（八州）の稲」を象徴しているのである。

では、八卦《はっか》の意味を含んでいるのであろうか。

大嘗祭は、天武天皇の時代に新嘗祭《にいなめさい》から独立整備された、と考えれば、「八握穂《やつかほ》」は、「八州穂《やしまほ》」であるからして、天武天皇以前は別として、その時点から「八卦」の意味を含ませたのではなかろうか。何故なら、天武天皇は、大嘗祭、伊勢神宮の祭祀儀礼等に関して「八州（独立国・日本）」に「八卦」を配する呪術を積極的に施《ほどこ》しているからである。

よって、大嘗祭においては、天の北斗八星に「八束穂《やつかほ》＝八握穂《やつかほ》＝八州穂《やしまほ》＝八卦穂《はっかほ》」を描く呪術となる。

第5章

伊勢神宮と大嘗祭に共通する呪術グランドデザインの大発見!!

この章において、伊勢神宮と大嘗祭《だいじょうさい》の「八の呪術（暗号）」の全てを明らかに（解読）する。伊勢神宮の呪術を分析・検証すればするほど、その次元を超えた見事さに体が震える。その意味深さ、緻密《ちみつ》さ、大胆さ、荘厳さ、構成力の素晴らしさ……、伊勢神宮の建物と祭祀儀礼は、高度に精華された芸術作品である。

前章までに、幾つかの問題点が出てきたので、整理してみよう。

第一点。伊勢神宮は「天」に「太極《たいきょく》（太一《たいいつ》・北極星）八卦《はっか》」を描いている。とするならば、当然「地」にも「太極（太一・北極星）八卦」を描いているのではなかろうか、という推測が成り立つ。

第二点。大嘗祭において、天照大神《あまてらすおおみかみ》と御膳八神《みけはっしん》との関係は明らかであるが、同じ御饌《みけ》つ神である、伊勢神宮・外宮の豊受大神《とようけのおおかみ》との関係はどのようなものであろうか。

第三点。大嘗祭において、伊勢神宮同様、天の「太極（太一・北極星）八卦」の世界が見られるのであろうか。あるいは、伊勢神宮、大嘗祭ともに、天地に描く「太極（太一・北極星）八卦」の世界が見られるのであろうか。

この三つの問題点の解明によって、我々は、天皇、国家、伊勢神宮、そして大嘗祭の呪術的グランドデザインを知ることとなる。誰も探索しなかった未知の領域である。今まで通り、「八の世界」の切り口で進んでみようと思う。我々のこれからの旅は、畏《おそ》れ多くも伊勢神宮、大嘗祭の最深部の呪術に触れようとしている旅なのである。まさに聖なる暗号を解読しようとしているのだ。

伊勢神宮の天地に描いた「太極（太一・北極星）八卦」の暗号解読

❶ 心御柱《しんのみはしら》と八、地に描いた「太極（太一・北極星）八卦」の発見

伊勢神宮においては、〈心御柱《しんのみはしら》は語るべからず〉という古くからの言い伝えがある。最も大切な神秘の柱と言われている心御柱は、正殿《しょうでん》の中央に鎮座するご神体である神鏡の真下に立てられた、床まで達しない柱で、伊勢神宮の中心の場所を示す。いやいや八州《やしま》（日本）の中心と言っても過言ではない。

心御柱は、遷宮《せんぐう》のつど新たに立て直されるが、社殿からは独立して床下に20年、古殿地《こでんち》に20年、計40年その位置を占めている。40年は、八で割り切れる数である。何故遷宮年が20年なのか、諸説がある。40年という視点に立てば、八で割り切れるということと関係があるのかもしれない。

（注：古殿地《こでんち》……現在の社殿が建てられる前の敷地。20年ごとに交替する。玉石が一面に敷かれた空間。中央に心御柱を覆《おお》う小さな覆屋《おおいや》がある）。

（1）心御柱《しんのみはしら》と祭儀

心御柱《しんのみはしら》には、由貴大御饌《ゆきのおおみけ》、八重榊《やえさかき》、天平瓮《あめのひらか》、抜穂《ぬいぼ》等々がおさめられる。伊勢神宮において、心御柱は最も大切な神秘と言われている。よって、心御柱に関する祭儀は、重大な意義を持つものと推測され

る。心御柱と直接関係する祭儀について、再度確認のために記す。

後鎮祭《ごちんさい》

伊勢神宮の遷宮《せんぐう》における後鎮祭《ごちんさい》は、造営の完成を感謝し神殿の安泰を祈り、心御柱の本に坐《まし》ます宮地の神を鎮める祭であるという。このとき、心御柱に五色の絹をまきつけ、八重榊で飾り、径八寸の天平《あめのひら》瓮《か》八百枚も安置されるという。五色の絹を巻き付けるのは、道教の影響と言われている。おさめられるものは、八重榊、径八寸の天平瓮《あめのひらか》八百口であり、全て「八の世界」である。

八重榊《やえさかき》

八重榊《やえさかき》は、心御柱の周りを飾るものと思われる。そればかりではなく、次のような装飾呪術儀礼があるという。鎌倉期成立の度會行忠《わたらいゆきただ》撰『心御柱秘記』によると、心御柱の先端には、8枚の榊の葉が付けられるという。

この場合の8枚の榊の葉と八重榊とは、八州（独立国・日本）の州々《くにぐに》から集められた榊が心御柱におさめられているという、実際はそのようでなくても、そのような意味を持たせているのであろうと、推測できる。「一枚の榊の葉＝一州」であるから「八枚の榊の葉＝八州《やしま》（独立国・日本）」となる。また、「一重榊《ひとえさかき》＝一州」であるから「八重榊《やえさかき》＝八州《やしま》（独立国・日本）」を表す。

天平瓮《あめのひらか》

「天平瓮《あめのひらか》」については矢野憲一《やのけんいち》著『伊勢神宮の衣食住』（東京書籍）の記述をまとめると、次の通りである。

《心御柱《しんのみはしら》の周りに安置されるという「天平瓮《あめのひらか》」は、古くから神秘の取り扱いとされている。心御柱と同様、「天平瓮」は、「その図ありといへども神慮《しんりよ》恐れあり、因《よ》ってこれを略す」とか「神宮に伝来の旨ありて、その職にあらざる神官は知らざる事なり」とされている》。

心御柱におさめられる、神秘の取り扱いを受けている「天平瓮」について、推測する。

天平瓮の大きさは八寸である。八咫鏡《やたのかがみ》の咫《た》は、周制の八寸のことを表している。ならば、〈天平瓮の大きさ＝八寸＝咫〉となる。よって、「咫《た》（八寸）の天平瓮《あめのひらか》」と言える。

八咫鏡の「八・や」は、数の八を意味するとともに、大きい、立派、めでたい、神秘的等々の意味を含む。また、数霊《かずだま》の霊威をも持ち合わせている。それは、尊称、美称でもある。

仮に、天平瓮に尊称・美称の「八・や」を付ければ、「八咫天平瓮《やたのあめのひらか》」となる。やはり、単なる「八寸」ではない。「八寸」の意味は、かように重い。

また、後鎮祭において、天平瓮を心御柱に八百口おさめることは、古代日本の聖数「八・や」の意味を含んでいるものと思われる。何故八口ではなく八百口なのかは、私の全くの憶測であるが、神秘性ゆえ「心御柱」を覆ってしまう必要から、その数になったのだと思う。勿論、八寸、八百口は「八州（独立国・日本）」の意味も含んでいる。

さらに、想像をたくましくするならば、「八百口」は「八百万神《やおよろずのかみ》」をも象徴しているのではなかろうかと推測する。いずれにせよ、八寸、八百口は、聖数「八」のこだわりの発露であろう。

「天平瓮《あめのひらか》」であるが、『日本書紀』の神武紀に記されている。神武天皇の大和入りに際して、〈天香具《あまのかぐ》山《やま》の土で天平瓮《あまのひらか》八十枚《やそち》を造り祭れ〉（岩波文庫）との夢の中の啓示を受け、その通りにしたら敵を降伏させることができた、と語られている。

また、『日本書紀』崇神《すじん》天皇紀に、〈物部《もののふ》の八十平瓮《やそびらか》を以《も》て、祭神之物《かみまつりもの》と作《な》さしむ。即《すなは》ち大田田根子《おほたたねこ》を以《も》て、大物主大神《おほものぬしのおほかみ》を祭《いはひまつ》る主《かむぬし》とす〉（岩波文庫）と記述されている。『古事記』においては、大国主神《おおくにぬしのかみ》の国譲りのあとに、「天八十平瓮《あめのやそびらか》」が登場する。『記紀』によると、「天平瓮」は、どうやら物部《もののべ》と関係があり、しかも八十《やそ》でなくてはならないようである。

「天八十平瓮」とは、敵対する相手側の霊地の土で「天平瓮」を作ることによって、あるいはもともと敵対していた物部の「天平瓮」を作ることによって、国を平定鎮護するという呪術の意味合いがあった。

即《すなわ》ち、伊勢神宮の心御柱におさめられた「天平瓮《あめのひらか》八百口」は、物部《もののべ》氏の土地と神様はもとより、八州の国の全ての土地と神様を象徴している、と思われる。心御柱《しんのみはしら》は、〈八州《やしま》（独立国・日本）の土と八《や》百万神《およろずのかみ》を象徴する、「天平瓮《あめのひらか》」によって守護されている〉のである。

遷御《せんぎょ》

内宮のご神体は、天照大神の霊魂の依代《よりしろ》である「八咫鏡《やたのかがみ》」であるが、そのご神体を新宮に遷し奉る祭りが「遷御《せんぎょ》」である。20年ごとに繰り返される、遷宮諸祭のクライマックスである（図5・1参照）。

ご神体は、正殿《しょうでん》の中央におさめられている。そのご神体の真下に、床まで達しない柱・心御柱《しんのみはしら》が立てられている。ということは、心御柱の真上に「八咫鏡」が鎮座していることになる。心御柱と「八の

図5・1：『明治二年両大神宮遷御之図』（神宮文庫蔵）

世界」の重大な繋《つな》がりが、ここでも見られる。

なお、外宮のご神体については、石原藤夫《いしはらふじお》（オロモルフ）氏がインターネット・HPにおいて説明している。確かに、石原氏が記しているように、外宮のご神体について述べている本はほとんどない。私も不思議に思っていた。石原氏は、外宮のご神体も内宮と同様、御神鏡である、と述べている。雄略天皇の御代に、天照大神が、豊受大神《とようけのおおかみ》を外宮として呼び寄せたが、そのときに、籠《この》神社にあった御神鏡も、豊受大神のご神体として移られた、とされている。

内宮のご神体は勿論のこと、外宮のご神体も「鏡」なのだ。鏡は本来「太陽」を表している。ならば、豊受大神も太陽を象徴していることになる。この件は、太陽神を女性とし、太陽と稲作を象徴する伊勢神宮の伝統を表現したものであろうか。

三節 祭《みふしのまつり》——由貴大御饌《ゆきのおおみけ》

三節 祭《みふしのまつり》とは、神嘗祭《かんなめさい》と月次 祭《つきなみのまつり》（六月と十二月）をいう。

神嘗祭を始めとする三節 祭《みふしのまつり》において、心御柱に供えられる御饌《みけ》が、「由貴大御饌《ゆきのおおみけ》」である。つまり、心御柱に供えられる大御饌《おおみけ》のみが、「由貴大御饌」と呼ばれる。この祭儀は、内宮、外宮とも行われる。

また、このとき用いられる稲は、茎の根から刈り取って脱穀するのではなく、神田から抜穂《ぬいぼ》された稲である。「由貴大御饌」に限って「抜穂」なのだ。この抜穂は、「八束穂《やつかほ》」を象徴している。いずれにしても、内宮と外宮の心御柱は、三節祭において、抜穂である「八束穂」を御饌《みけ》として供えられている。

よって、心御柱を太極とするならば、そこに供される「八束穂」に八卦を配すというデザイン図が成り立つのである。

伊勢神宮・抜穂《ぬいぼ》の神事

外宮では神嘗祭《かんなめさい》の大御饌《おおみけ》が終わった九月十六日の朝、「抜穂の神事」が行われた。八荷《か》（六十四把《わ》）を正殿《しょうでん》の御床下《みゆかした》（心御柱）におさめる神事である。この神事は明治維新後の神宮の諸祭儀の改革で廃止された。

外宮だけの神事であるとされているが、はたして内宮にはこの「抜穂の神事」はなかったのであろうか。天武天皇が成したリニューアル伊勢神宮においては、あったと想像することも可能であると思うが、いかがであろうか。

豊受大神を象徴する、外宮の心御柱《しんのみはしら》におさめられる抜穂の八荷《か》（六十四把《わ》）は、一荷が一州、八荷で八州《やしま》（独立国・日本）を象徴していると推測できる。つまり、「八束穂《やつかほ》」であり、「八州穂《やしまほ》」（小生の造語）でもある。また、「抜穂八荷」は六十四把であるところから、八卦及び六十四卦を意味していると思われる。

（2）八束穂・再考

八束穂について、更に考察してみよう。

外宮における「抜穂の神事」で述べたように、御床下《みゆかした》（心御柱）におさめられる初穂が「八荷《か》」であり、「六十四把《わ》」にあたるということは、注目すべきことなのだ。

このことは、大嘗祭の「抜穂の儀式」においても次の通りである。

《八人が、田の四方から二人ずつ入り、稲の穂先を摘む。抜穂は四握《あく》で一把にくくり、三十二把をそろえて神部《かんべ》に渡す。神部はそれを八把ずつ目籠《めかご》にいれる》。

大嘗祭における神饌《しんせん》も「抜穂」である。よって、「伊勢神宮・由貴大御饌《ゆきのおおみけ》」と「大嘗祭・神饌」に限って、抜穂の形式であった。

「八束穂」という言葉は、祈年祭《としごいのまつり》の祝詞《のりと》で、〈……八束穂《やつかほ》の茂《いか》し穂に……〉と祈る部分に見られる。

また、大嘗祭において、天皇が祝詞《のりと》を唱えられる文言の中に〈八握穂《やつかほ》にしなひたるを御食《みけ》に奉《たてまつ》りて……〉と、字が異なるが「やつかほ」が見られる。

八束穂の「八・や」は、めでたい、大きい、立派、永遠等々の日本古来の聖数の意味がある。八荷《か》・八把《わ》も、「八束穂」と同様、弥栄《いやさか》の意味が備わっている。勿論、八束穂、八荷、八把の「八」は、「八州（独立国・日本）」の意味を含んでいる。

前述したように一束穂《ひとかほ》が一州を表し、八束穂《やつかほ》で八州《やしま》（独立国・日本）を意味する。それが神宮の心御柱に集まり、おさめられる。八束穂は日本の稲を意味する八州穂《やしまほ》でもあるのだ。

また、心御柱に八荷（六十四把）がおさめられるのは、道教の影響もあったと推測される。何故ならば、心御柱《しんのみはしら》に五色の絹をまくのは、道教からきた作法である。よって、稲穂を八荷（六十四把）として供えることは、古代日本の聖数「八・や」と中国の吉数「八・はち」との習合であると推察できる。

となれば、八荷（六十四把）は、八卦（六十四卦）の意味をも含むと考えても差しつかえない。抜穂「八把、八荷」は、「八束穂」を象徴し、古代日本の聖数・弥栄《いやさか》の八《や》、八州（独立国・日本）、そして八卦を意味しているのである。

心御柱を太極とするならば、そこにおさめられる八束穂は、八卦を配されることとなる。

（3）内宮と外宮の心御柱を太極とするデザイン

心御柱《しんのみはしら》を太極とすると、そこにおさめられるものが、八卦《はつか》となる。心御柱におさめられるものは、何故か、八卦を配されるに相応《ふさわ》しく、全て八と関係がある。

八重榊、八寸の天平瓮《あめのひらか》八百口、八束穂の御饌《みけ》・即ち由貴大御饌《ゆきのおおみけ》、そして外宮において、初穂八荷（六十四把）、がおさめられる。

さらに、心御柱の真上に位置する内宮正殿《しょうでん》の床の中央には、八咫鏡《やたのかがみ》（天照大神）が心御柱の太極として鎮座する。

見事に太極八卦の成立である!!　心御柱におさめられるものは、全て八の世界を含んでいる。これは偶然ではない。まさしく、意図した呪術の世界なのである。

さて、太極を表現する心御柱が、内宮と外宮にあるということは、どのように理解したらよいのか。

二つの太極、つまり二つの「心御柱」が存在するのだ。

内宮と外宮の関係は、北極星と北斗八星の関係であり、太極（内宮）と八卦（外宮）の関係でもある。

この矛盾はどのように考えたらよいのか。

私見ながら、太陽、地球、月の関係に擬《なぞら》えれば理解しやすいと思う。

つまり、太陽の周りを廻る地球、そして、地球を廻る月、の関係である。

太陽が内宮。地球が外宮。月が外宮の八卦。このように擬《なぞら》えれば、理解されやすいと思う。

地球の外宮は、太陽の内宮に対しては八卦であり、月の八卦に対しては太極である。

ならば、外宮の心御柱は、内宮の心御柱に対しては八卦であるが、外宮の心御柱としては、太極でもある。そして、外宮の心御柱の周りにおさめられるものが、八卦となる。

内宮の心御柱は太極であり、その周りにおさめられるものが八卦となる。その中に外宮も含まれるのである。この関係を図で示すと、図5・2のようになる。

内宮・心御柱のデザイン表現
内宮心御柱・太極＝八咫鏡《やたのかがみ》・天照大神・太一《たいいつ》・北極星・天皇（天皇《てんこう》大帝）
内宮心御柱・八卦＝豊受大神（八天女）・北斗八星・八束穂・八重榊・天平瓮《あめのひらか》（八寸・八百口）・八州
（独立国・日本）

外宮・心御柱のデザイン表現
外宮心御柱・太極＝豊受大神（八天女）・北斗八星
外宮心御柱・八卦＝八束穂・八重榊・天平瓮（八寸・八百口）・八州（独立国・日本）

では、内宮と外宮の心御柱が描くデザイン図を示す。

それは、伊勢神宮における、暗号解読図「地（心御柱）の太極（太一・北極星）八卦」図をお披露目

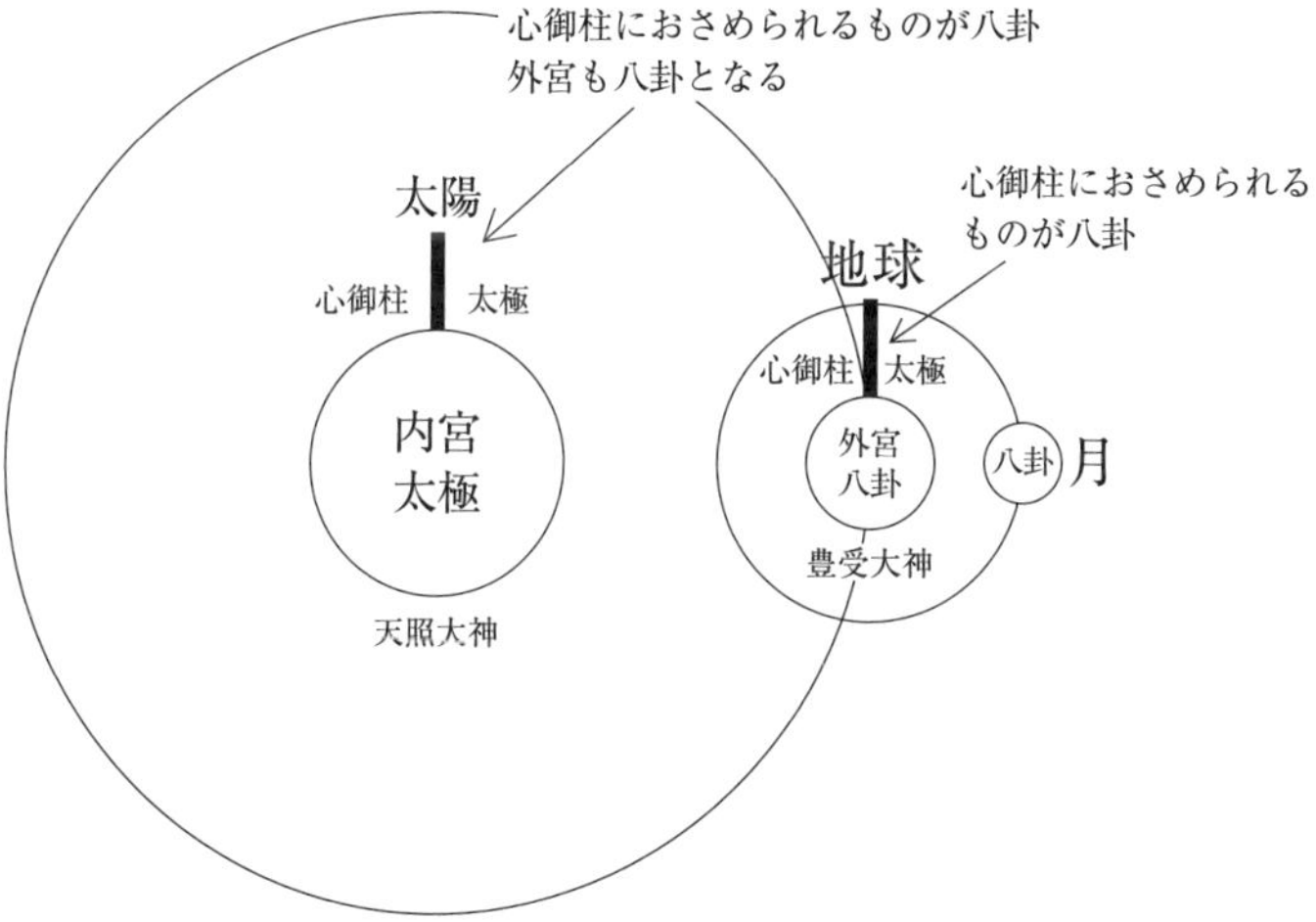

図5・2：伊勢神宮・心御柱・例図

する瞬間となる（図5・3参照）。

内宮・天照大神の心御柱の「太極（太一・北極星）八卦」図、及び、外宮・豊受大神の心御柱の「太極（太一・北極星）八卦」図は、部分的に省略してある。くれぐれも、太陽、地球、月の関係をイメージして、理解していただきたい。

とうとう、我々は、天ばかりではなく、地に描く「太極（太一・北極星）八卦」図も手にした。やはり、生命を育む母なる大地にも、「太極（太一・北極星）八卦」図は描かれていたのだ。天と地で、実に収まりがよい。

心御柱《しんのみはしら》におさめられるものは、全て八と関係がある。ということは、この呪術の確かさを証明している。

❷ 伊勢神宮・太極（太一・北極星）八卦図、呪術的グランドデザインの大公開！

「第4章」の図4・13 伊勢神宮・天の『太極（太一・北極星）八卦』総合図」を見ていただきたい。

そこには、内宮と外宮の密かな関係、つまり、内宮を太極とし、外宮を八卦とする呪術図が描かれている。

では、この「天の太極（太一・北極星）八卦」図と、いま論じている「地（心御柱）の太極（太一・北極星）八卦」図とを合わせてみよう。うまく、天地が結合するのであろうか。牽強付《けんきょうふ》会《かい》にならないだろうか。いや、心御柱《しんのみはしら》が天と地をリーズナブルに中継するのである。

合体させてみよう。すると、見事な、「天地の太極（太一・北極星）八卦」図ができあがるのだ!!

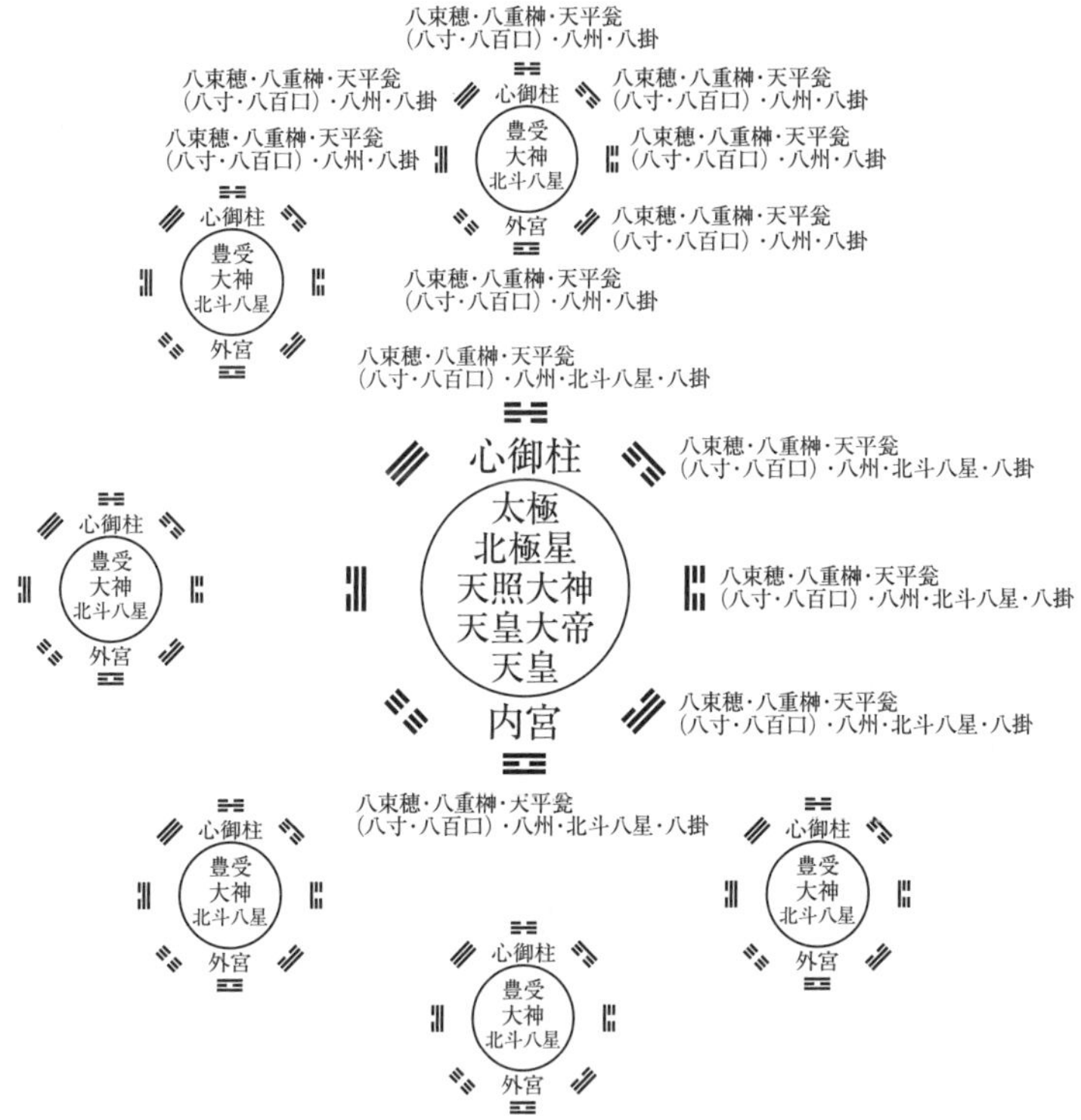

図5・3：伊勢神宮・地(心御柱)の「太極(太一・北極星)八卦」図

では伊勢神宮における、暗号解読の最後の扉を開けることとしよう。天皇及び古代国家の、呪術的グランドデザインが初めて明らかになる瞬間でもある!!

この天地に描くグランドデザインこそが、天武天皇がリニューアルした伊勢神宮の真の隠密裡《おんみつり》の呪術であり、聖なる八の暗号なのである!! (図5・4参照)

(注:作図の関係で、地の「太極(太一・北極星)八卦」図の一部分を省略してある)。

とうとう、我々は伊勢神宮の暗号解読図を入手したのだ。何と美的な呪術的グランドデザインであることか。しかし、この図を眺《なが》めていて、さらなる重大な発見があったのだ!!

伊勢神宮と宇宙軸

最初は分からなかった。発端は、八咫鏡《やたのかがみ》であった。それは、八咫鏡そのものではなく、置かれている場所の意味についてである。私は、何故八咫鏡が心御柱《しんのみはしら》の真上に位置しているのか、深く考えなかった。しかし、この位置にあることこそが、重大な呪術的意味を持っていたのだと、ふと気がついたのだ。

吉野裕子《よしのひろこ》氏は、伊勢神宮の内宮と荒祭宮《あらまつりのみや》の関係は、天照大神(太陽神)と北極星神(太一・天皇大帝)の関係であり、故に、習合していると述べている。

この習合関係が、心御柱の真上に八咫鏡が位置することで、表現されていたのだ。

八咫鏡は、天照大神(太陽神)のご神体であり、心御柱の真上に位置している。心御柱と北極星を結ぶ軸を想定するならば、八咫鏡の真ん中を貫いていることになる。つまり、壮大な宇宙軸が存在していることになる。天照大神(太陽神)と北極星神(天皇大帝・太一・天皇)は宇宙軸で繋《つな》がっていたのだ。

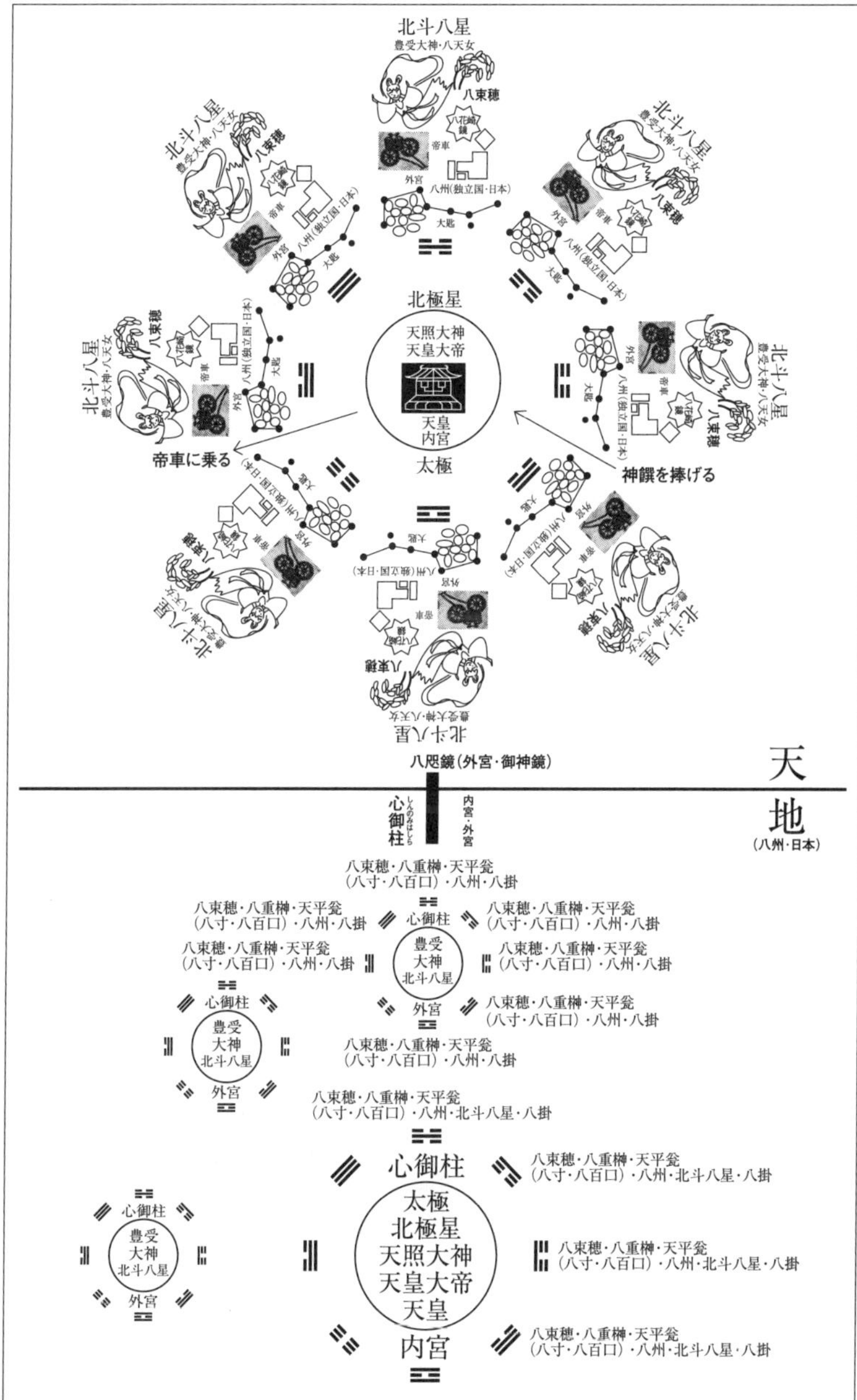

図5・4：伊勢神宮・天地の「太極（太一・北極星）八卦」図

即ち、この呪術によって、天照大神（太陽神）と北極星神（天皇大帝・太一・天皇）は、習合していると言えるのである。

ならば、外宮についても同じことが言えるのではなかろうか。

外宮の心御柱の真上には、豊受大神のご神体である「御神鏡《ごしんきょう》」が置かれている。だとしたら、外宮の心御柱は、豊受大神の御神鏡を貫き、北斗八星（七星）と繋がっており、宇宙軸を形成していると考えられる。豊受大神は、北斗八星（七星）を出自としている八天女の中の一人とされている。やはり、宇宙軸で繋がっていたのだ（図5・5参照）。

内宮と北極星を繋ぐ宇宙軸は、第一宇宙軸、そして外宮と北斗八星を繋ぐ宇宙軸は第二宇宙軸と、名づけようと思う。

第一宇宙軸は、伊勢神宮・内宮と北極星を結ぶ軸のため、固定している。

第二宇宙軸は、伊勢神宮・外宮と北斗八星を結ぶ軸のため、絶えず動いている。その動きは、観念的には、北斗八星の動きと共に外宮も移動するのである。一日に、北極星を一周することになる。

しかし、実際には、伊勢神宮の外宮は、地上の建物であるから固定している。よって、北斗八星のみが動くことになる。いずれにしても、外宮と北斗八星を結ぶ宇宙軸は、絶えず動いているのである。それは、太極の北極星を守護している、とも言えるのだ。

伊勢神宮賛歌

図5・4、図5・5を作成し、それを眺めることにより、初めてグランドデザイン図の意味内容が理

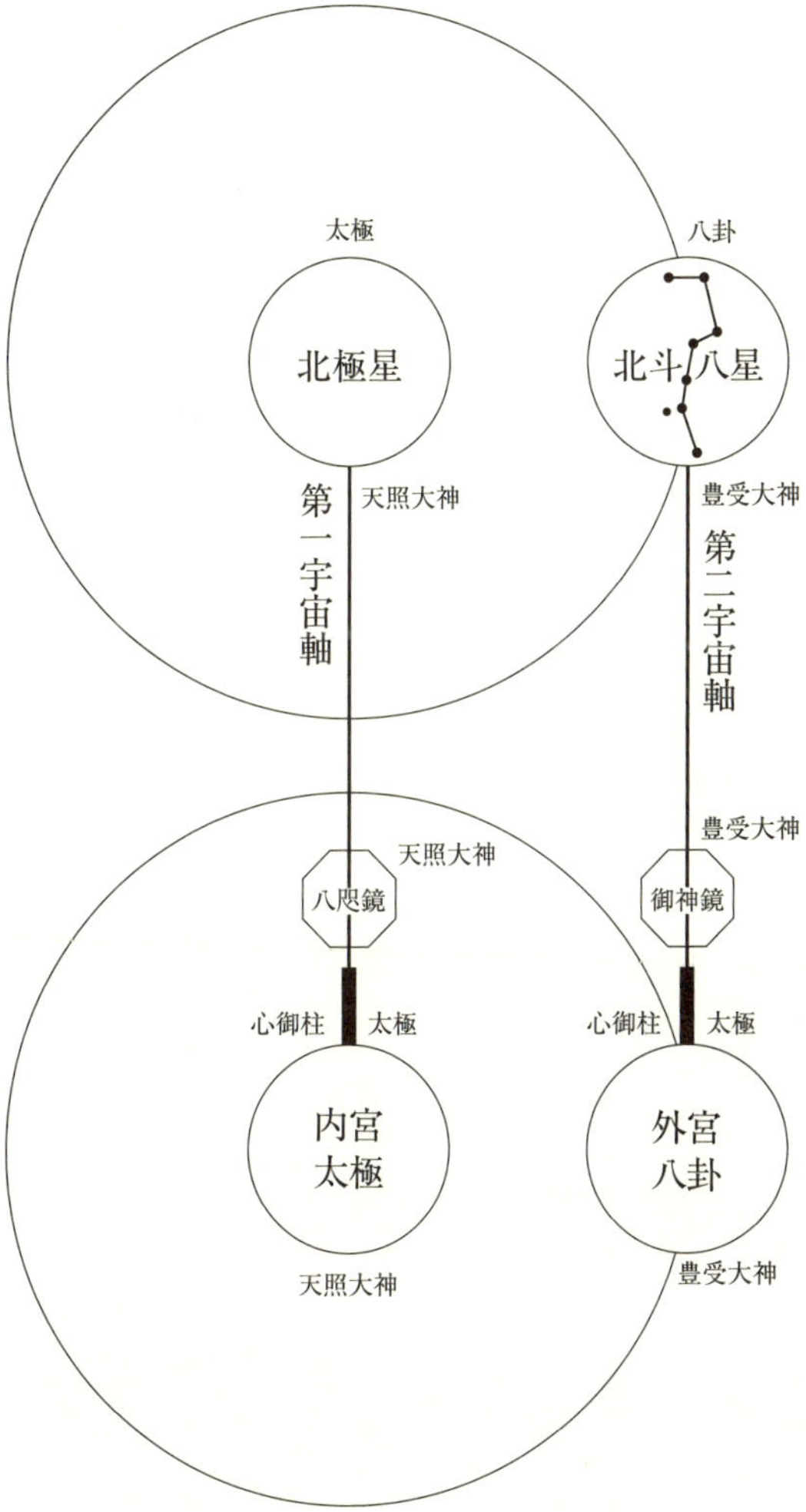

図5・5伊勢神宮・宇宙軸図

解できた。

なんと、美しい、雄大な、壮大な、荘厳《そうごん》な、聖なる宇宙的呪術グランドデザインであることか!! ただただ、聖なる美しさに対し、崇敬な気持ちで感動するのみである。

神宮の森から天に向かい満天の星空の北辰・北斗に、天照大神・豊受大神・天皇（天皇大帝）、そして八州（独立国・日本）・八束穂が描かれている。同時に、大地（地中）にも、天と同じ模様が描かれている。さらに、伊勢神宮の心御柱と、北極星・北斗八星を繋ぐ宇宙軸も描かれている。我々は、はっきりと、その姿を頭に描くことができる。

伊勢神宮の隠密裡《おんみつり》の呪術的グランドデザインは、八州人《やしまびと》の食（八束穂）の安寧《あんねい》を願う壮大な宇宙図であるとともに、天皇（天皇大帝）の存在を証明する、凛《りん》とした独立国家・八州（日本）の象徴図でもあったのだ。

それは「国家図」ともいえ、天地に日本の国柄を描いた御璽《ぎょじ》（天皇の印）ともいえよう。

とうとう我々は、伊勢神宮の秘事であった呪術的核心にたどり着いた。まずは神々に御神酒《おみき》を捧げ、暗号解読の旅人たちとともに、満天の星空の中の北辰・北斗を仰ぎ、姿勢を正しながらも、乾杯の美酒に酔いたい気分である（北斗八星・豊受大神は、万病に効く「醸酒《かみざけ》」をつくる八天女を象徴）。

日本は、大八洲豊葦原瑞穂国《おおやしまとよあしはらみづほのくに》と言われてきた。伊勢神宮のこの隠れた呪術こそは、日本の食全てを稲に代表させ、稲の実りを願う、裏を返せば飢えをなくそうとする、高度な祈りなのだ。まさに、祭祀王・天皇のグランドデザイン図である。これこそが独立国としての日本の国柄なのだ。

次のようにも言える。

天皇のお治めになる八州は「食国《お(を)すくに》」と称される。この表現は、八州人《やしまびと》を飢えさせないという、天皇の願いが込められている。ならば、伊勢神宮の天地に描くグランドデザインは、「食国《おすくに》」の意味をも表現している、とも言えるのである（「食国」については後ほど述べる）。

私は、伊勢神宮の呪術に対し、この地上天地に永遠なる美的なメッセージを描き残そうとした、超絶した天武天皇の意志を感じる。このような美図を暗号として密かに描いていたことに対する、透徹した、そして凛然《りんぜん》とした伊勢神宮の美的感覚の姿勢に、そしてその秀逸な内容に、西行《さいぎょう》同様、私は、ただただ、「かたじけなく」思うのである。

大嘗祭の天地に描いた太極（太一・北極星）八卦の暗号発見と解読

伊勢神宮においては、天地に壮大な「太極（太一・北極星）八卦」を描く呪術が施されていた。では、大嘗祭《だいじょうさい》において、そのような呪術が推察されるのであろうか。検証してみたい。

大嘗祭は、天皇が天皇（天皇《てんこう》大帝）たらんとして行う祭祀儀礼である。大嘗祭を経ない天皇は半帝と言われていた。まさに、国家儀礼である。現在において、天皇は日本の象徴である。ならば、大嘗祭は当然国家儀礼として斎行されなければならない。大嘗祭の呪術的グランドデザインを知ったならば、さらにその気持ちは強くなるはずである。

❶ 大嘗祭における御膳《みけ》八神《はっしん》と伊勢神宮の豊受大神《とようけのおおかみ》との関係

大嘗祭においては、亀卜《きぼく》によって、斎田・斎場の場所が決められ、その斎場には、御膳《みけ》八神《はっしん》を祀る八《はっ》神殿《しんでん》が建てられる。御膳八神の登場は、これだけではない。大嘗祭の一連の神事には、御膳八神が三度登場する。

一度目は、悠紀《ゆき》・主基《すき》の御田《みた》に祀る八神殿の神として。

二度目は、京の北野の斎場に移ったとき、そこに設けた悠紀と主基の内院にそれぞれ祀る八神殿の神として。

三度目は、大嘗祭の一連の神事が終わったあと、十二月上旬に悠紀・主基の国の御田に再び八神殿を造ることになるのだが、その八神殿の神として。

大嘗祭の儀礼の眼目《がんもく》は、天照大神と天皇が新穀を共食することにある。その新穀の御饌《みけ》は、御膳《みけ》八神《はっしん》によってお供《そな》えを保証されている。

このことから、大嘗祭における、天照大神と御膳八神との関係は、伊勢神宮における、内宮の天照大神と外宮の御饌《みけ》つ神・豊受大神との関係と、みけ（御膳・御饌）という点で共通であると言えよう。しかも、大嘗祭の御膳《みけ》の神は八神であり、伊勢神宮・外宮の御饌《みけ》つ神・豊受大神《とようけのおおかみ》は八天女の中の一人である。この共通の「八」は、偶然ではない。それなりの理由が存在するはずである。

豊受大神は、八天女の中の一人ということで、八天女、そして北斗八星を象徴していると前述している。よって、同様に、豊受大神は、単なる御饌《みけ》つ神ではなく、御饌つ神・八神をも象徴していると思われる。八天女（豊受大神）一人一人が「御饌つ神」を象徴しているのだ。御饌《みけ》は、稲を元としているから、「御饌つ神・八神」、つまり豊受大神は、「稲の神・八神」を象徴していることにもなる。

また、「稲の神・八神」は八州のそれぞれの州《くに》を代表している意味も含まれる。更に、「稲の神・八神」は、八束穂《やつかほ》も象徴している。すなわち、稲の神一神が一束穂《ひとかほ》に当たり、稲の神・八神で八束穂となる。

次のように言える。

〈「稲の神・八神」＝豊受大神・八天女（伊勢神宮・外宮）＝御膳《みけ》八神（大嘗祭）＝八束穂〉

大嘗祭と伊勢神宮は、「稲と八」という共通点で繋がっているのだ。

❷ 豊受大神《とようけのおおかみ》と天《あめ》の羽衣《はごろも》諸説

大嘗祭において、天照大神と天皇が共食される神饌《しんせん》は、「御膳《みけ》八神」が守護・保証している。だとしたら、大嘗祭において、天照大神及び天皇と、伊勢神宮・外宮の「御饌《みけ》つ神・豊受大神《とようけのおおかみ》」との関係はどのようなものであろうか。伊勢神宮（外宮）の豊受大神は大嘗祭から外されているのであろうか。まさか、外されているから外宮ということではなかろう。

この件について考察してみようと思う。

大嘗祭における、天皇と豊受大神（伊勢神宮・外宮）との関係は、次の儀礼所作から想像できる。天皇は、悠紀《ゆき》、主基《すき》両殿における儀式の前に、廻立殿《かいりゅうでん》において、「天《あめ》の羽衣《はごろも》」という湯カタビラを召して沐浴《もくよく》される。この「天《あめ》の羽衣《はごろも》」が、重要な意味を持つのである。

吉野裕子著『隠された神々』（人文書院）の記述を要約して述べる。

《この天皇の「天の羽衣」の沐浴《もくよく》は、外宮の豊受大神の出自神話、つまり天降《あまくだ》りした天女の水浴を思わせる。大嘗祭のこの儀式は、豊受大神の天降りにまつわる神話の再演とも受け取られる。それは、天皇が北斗の神・豊受大神に代わって代理として、「太一」である天照大神に、神饌を供進される様相を示すものとしても受取られる》。

また、桜井《さくらい》好朗《よしろう》氏は次のように論じている。

大嘗祭において、天皇はたんに尊貴な君主というにとどまらず、高天《たかま》の原（天上《あめ》）から瑞穂の国（葦原の中つ国）へ降臨するホノニニギを演じ、「現《あき》つ神」「明神《あらみかみ》」になる。神話ではホノニニギは当初から「天つ神」なのだが、新帝は尊貴といえども、地上の人間である。尊貴なる君主は地上より天上に昇り、いったんは「天つ神」にならねばならない。記紀神話にはない、このような所作を演じるために、新帝はまず廻立殿《かいりゅうでん》に入る。ここは地上の朝廷の宮司である木工《もく》寮の造営するところであり、帝はまだ地上の世界にいるわけである。そこで湯槽に「天の羽衣」を着て入ることで、変身して天上へ昇る力を身に付ける。悠紀・主基の神殿は神意によって卜定《ぼくじょう》された斎国の造営するところであって、天上の高天の原に見立てられる。ここで新帝は神との共食儀礼をおこなって、「天つ神」となる。その後、マトコオフスマに見立てられた寝座で降臨の所作があって、地上に「現つ神」と現ずる。高天の原に見立てられた大嘗宮は、ことが終わると、すぐさまかくされる。

――つまり撤去されるわけである(『儀礼国家の解体』吉川弘文館)。

吉野裕子氏と桜井好朗氏の説に、ほぼ賛成である。ただ、この仮説には、「太極(太一・北極星)八卦」の呪術は含まれていない。私は、この説に、「太極(太一・北極星)八卦」の呪術デザインを重ねたいと思う。

❸ 天の羽衣と天の「太極(太一・北極星)八卦」発見

まず、「天《あめ》の羽衣《はごろも》」にまつわる儀式を、「八の世界」で眺めてみよう。

「天の羽衣」といえば、八天女の中の一人であった豊受大神《とようけのおおかみ》を思い出さないわけにはいかない。吉野裕子氏は、天照大神は北極星(太一)と、そして豊受大神は北斗七星と習合している、と述べている。内宮＝天照大神＝北極星(神)、外宮＝豊受大神＝北斗七星、である。

私は、豊受大神は北斗七星ではなく、輔星《ほせい》を加えた北斗八星を意味し、外宮＝豊受大神＝八天女＝北斗八星＝八束穂＝八州＝八卦を表していると述べた。このことが、この儀式にも表れているのではなかろうか。

天皇が「天《あめ》の羽衣」を着ることは、天上に昇る力を身につけることを意味する。そして天皇は、「天《あま》つ神」になるために、「高天の原《たかまのはら》」に昇り、天照大神と共食儀礼をする。この場合、高天の原を象徴しているのが北極星であろうと推測する。北極星(高天の原)において、天皇と天照大神が共食をすることによって、天皇と天照大神(北極星神)とが一体化される。よって、天の「太極」が成立する。

まさに、「陰陽太極」（天照大神＝太陽＝北極星神・北極星＝天皇大帝＝天皇）である。天皇が「太一（天皇大帝）＝北極星（神）」になったとなれば、北斗七星に守られるのは当然なこと。北斗七星と述べたが、前述しているように、豊受大神は八天女を象徴しており、輔星を含むからこの場合は「北斗八星」である。

「北斗八星」は「八卦」を配され、「八卦・北斗八星」として太極の北極星を守ることになる。つまり、北斗八星を象徴する御饌《みけ》つ神・豊受大神は、「北極星（神）＝天照大神＝天皇大帝（天皇）」を守護することとなる。

また、豊受大神は御饌つ神であるから、八束穂を象徴している。豊受大神は、前述したように「稲の神・八神＝豊受大神・八天女＝御膳《みけ》八神（大嘗祭）＝八束穂」であるから、御膳八神と習合していると考察される。となれば、北極星（神）には、北極星を輔佐・守護する北斗八星（北斗七星）である、御膳八神と習合した豊受大神（八天女）によって神饌《しんせん》が捧《ささ》げられるのだ。北斗八星の大匙《おおさじ》として、北極星に捧げられることになるのである。北極星において天照大神と天皇が共食される新穀（神饌）は、このようにして調えられる。御膳《みけ》八神も「天の八卦」として配され、太極の「北極星・天照大神・天皇大帝（天皇）」を守護しているのである。

これらのことは、大嘗祭における、秘密裏の呪術デザインである「天の太極（太一・北極星）八卦」の成立を意味する。やはり、伊勢神宮同様、同じ呪術が施されていたのだ。この件は、天武天皇が、伊勢神宮のリニューアルと大嘗祭の独立を同時に施した証左となる。

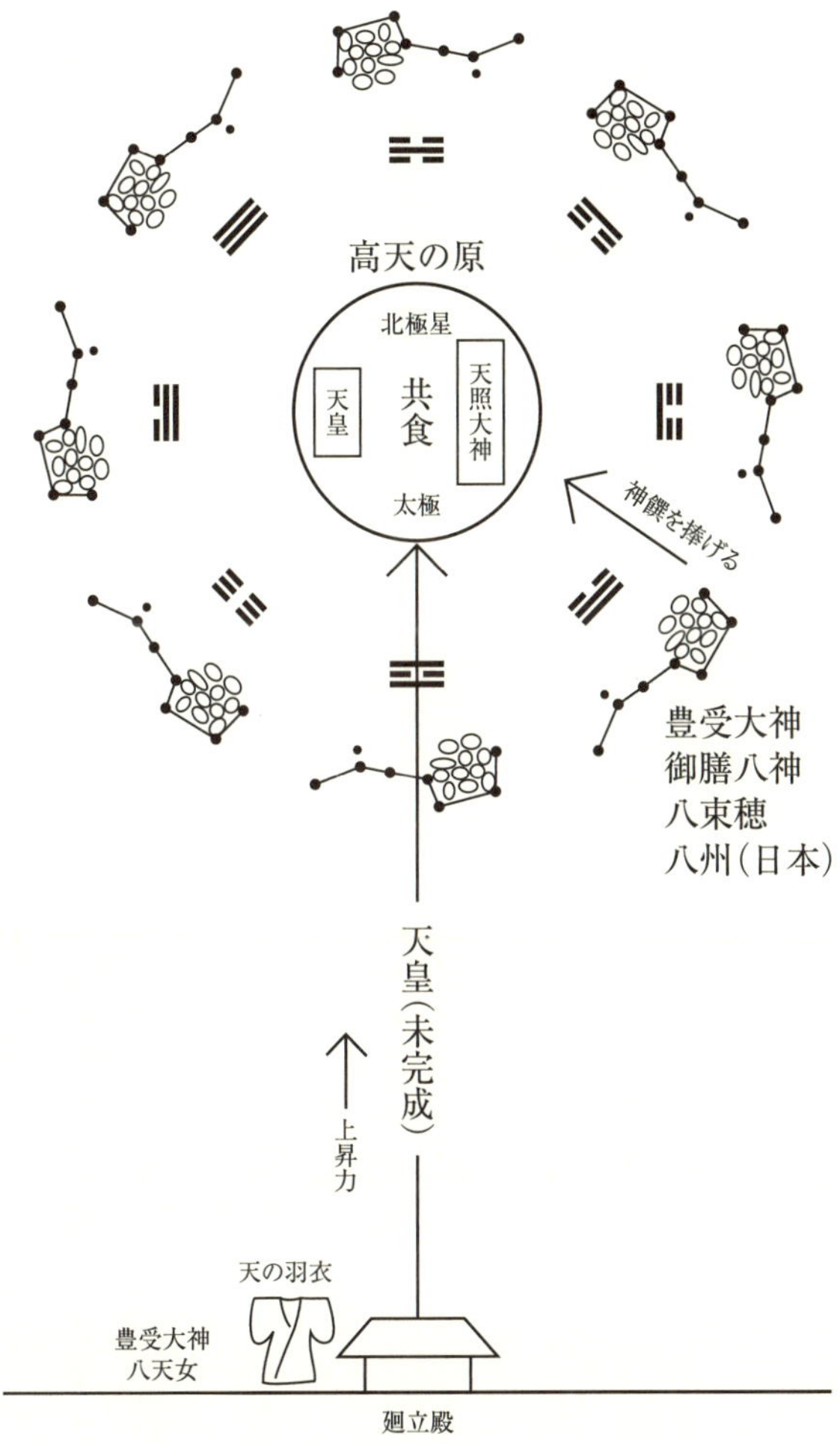

図5・6：天照大神と天皇の共食デザイン図

天皇は天上に昇り、北極星において天照大神と共食する（図5・6）。
この内容をデザイン表現すれば、次の通り。
太極＝天照大神（内宮）・北極星（高天の原）・太一・天皇大帝・天皇
八卦＝［御饌《みけ》つ神・豊受大神（外宮・八天女・天の羽衣）］・北斗八星・御膳《みけ》八神（大嘗祭）・八束穂・八州（独立国・日本）

ここでのキーワードは、「天の羽衣」である。豊受大神を象徴する「天の羽衣」が「天の太極（太一）八卦」を描くことを可能としているのだ（図5・7）。

❹天の羽衣と真床襲衾《まとこおふすま》……地の「太極（太一・北極星）八卦」発見

大嘗祭における「天の太極（太一・北極星）八卦」図は見事に描かれた。では、大嘗祭において、「地の太極（太一・北極星）八卦」図は描かれているのであろうか。今まさに重大な局面に立たされている。それは、伊勢神宮と大嘗祭において、共通の呪術的グランドデザインが成立するかどうかの問題でもある。考察してみよう。

「真床襲衾論《まとこおふすまろん》」とは

大嘗宮の内陣中央には、神座《しんざ》（寝座）の八重畳《やえだたみ》が置かれている。この八重畳（神座・寝座）における儀礼については、厳重に秘事として口外することが禁じられてきた。大嘗祭の本質を知るためには、こ

天の太極＝北極星・天照大神（内宮）・太一・天皇大帝・天皇
天の八卦＝北斗八星・豊受大神（外宮・御饌つ神・八天女・天の羽衣）・
御膳《みけ》八神・八束穂・八州（独立国・日本）

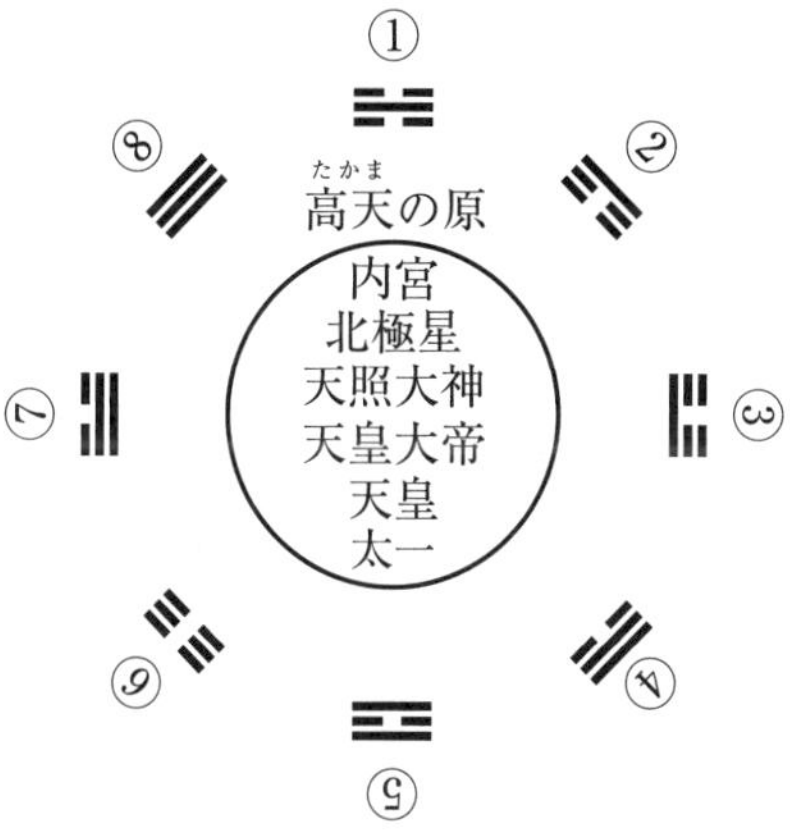

①豊受大神（外宮・御饌つ神・八天女・天の羽衣）・御膳八神・北斗八星・八束穂・八州（独立国）・八卦
②豊受大神（外宮・御饌つ神・八天女・天の羽衣）・御膳八神・北斗八星・八束穂・八州（独立国）・八卦
③豊受大神（外宮・御饌つ神・八天女・天の羽衣）・御膳八神・北斗八星・八束穂・八州（独立国）・八卦
④豊受大神（外宮・御饌つ神・八天女・天の羽衣）・御膳八神・北斗八星・八束穂・八州（独立国）・八卦
⑤豊受大神（外宮・御饌つ神・八天女・天の羽衣）・御膳八神・北斗八星・八束穂・八州（独立国）・八卦
⑥豊受大神（外宮・御饌つ神・八天女・天の羽衣）・御膳八神・北斗八星・八束穂・八州（独立国）・八卦
⑦豊受大神（外宮・御饌つ神・八天女・天の羽衣）・御膳八神・北斗八星・八束穂・八州（独立国）・八卦
⑧豊受大神（外宮・御饌つ神・八天女・天の羽衣）・御膳八神・北斗八星・八束穂・八州（独立国）・八卦

図５・７：大嘗祭・天の「太極（太一・北極星）八卦」図

の問題を解明しなければならない。神座・八重畳は、果たして何を意味するものであろうか。

大嘗祭については、すでに多くの学者が論じている。岡田《おか》荘司《だしょうじ》氏は次のように述べている。《大嘗祭についての研究書と論文は800点近い研究蓄積がある。しかし、大嘗祭の本義について正面から取り上げた論考は意外に少ない。しかも、折口《おりくち》論の継承がほとんどといってよい》（『大嘗《おおにえ》の祭り』学生社）。

ここで言う、折口論とは、「真床《まとこ》襲衾《おふすま》論」のことである。

私も僭越《せんえつ》ながら、この論争に加わってみようと思う。浅学ゆえ、明らかに力不足であり、単なる思いつきであり、恥ずかしい思いもするが、あえて挑戦したいと思う。勿論、私の場合は、「八の世界・八の切り口」で検証してみることとする。

大嘗祭の本義は、天照大神と天皇が新穀を共食することであり、天皇が「神格」を得ることにある。このことについては、どの学者も同意している。しかし、もう一点の問題がある。大嘗宮の内陣のほとんどの場所を占める神座《しんざ》（寝座・八重畳）を、どのように解釈するかである。この神座（寝座・八重畳）についての論考を試みたのが折口信夫《おりくちしのぶ》氏なのだ。この論考が有名な「真床《まとこ》襲衾《おふすま》論」である。

この説は、『日本書紀』神代巻に、ニニギノミコトが降臨したときにくるまったと記されている「真《ま》床《とこ》襲衾《おふすま》」と、大嘗宮・内陣の神座・八重畳に用意される寝具・「御衾《おふすま》」を同一のものと推論した。そして、天皇は、八重畳の上で「真床襲衾＝御衾《おふすま》」にくるまる秘儀をされる、というのだ。神座（寝座・八重畳）の「御衾《おふすま》」にくるまることで、皇祖神・天照大神と一体化し、完全な天皇になられる、というわけである。

ほとんどの学者は「真床襲衾論」を継承している。しかし、岡田荘司氏は、神座（寝座・八重畳）は天照大神がお休みになるところで、ここには天皇といえども近寄ることはできなかった、という説を述べている。また、次のようにも記している。

《折口が自ら「仮説」であると称してから五十年、ここに通説から定説へと昇格する。「仮説」検証がほとんど行われず、定説の地位を獲得するという、学問世界における不思議な現象であった。》

「八の世界」と新「真床襲衾論《まとこおふすま》」

「真床襲衾論《まとこおふすま》」を「八の世界」から検証したら、どのように解釈できるであろうか、私見を述べようと思う。私も、基本的に「真床襲衾論」に賛成である。

天皇は「天《あめ》の羽衣《はごろも》」を身にまとうことで、天に昇る能力を得ている。「天の羽衣」は、空中上昇力の象徴となる。

それに対応するのが、ニニギノミコトが降臨したときにくるまった「真床襲衾」である。神座（寝座・八重畳）の御衾《おふすま》と同義であり、降臨を象徴する。

では、「真床襲衾」はどのような意味を持つのであろうか。

天皇（天皇大帝）の資格を得た天皇は、高天《たかま》の原《はら》を象徴する北極星から、ニニギノミコトが降臨したように、「真床襲衾《まとこおふすま》＝御衾《おふすま》」にくるまって、八州《やしま》（独立国・日本）の大地に天降《あまくだ》りする。その八州（独立国・日本）の大地を象徴するのが、神座「八重畳」なのだ。

なお、天上《あめ》（北極星・高天の原）から天降りする天皇は、稲穂のニギニギしさを象徴するニニギノミコトを演じているとも言える。その姿は、大八洲瑞穂国の祭祀王・天皇に相応《ふさわ》しい。

この神座（寝座）が「八重畳《やえだたみ》」と称されていることは、大変意味深長なことなのだ。何故、八重畳と称されているのか。それなりの理由があるはずである。この真の意味を説明できてこそ、「真床襲衾」の意義が、そして大嘗祭の大儀が分かるのだ。

「八重畳」の「八・や」は、弥栄《いやさか》の「八《や》」であって、古代日本の聖数を表現している。そして、八重畳は、八州《やしま》（独立国・日本）を象徴している。それは、一重畳《ひとえだたみ》が一州を意味し、「八重畳《やえだたみ》＝八州《やしま》（独立国・日本）」となるからである。

ならば、天皇が「真床襲衾《まとこおふすま》＝御衾《おふすま》」にくるまって、天照大神の神座である八重畳に天降りすることから、八重畳は、八州（独立国・日本）の中心・太極を表現していると推測される。地の太極の成立である。

伊勢神宮においては、地の太極は「心御柱《しんのみはしら》」であった。〈心御柱は語るべからず〉と言われるほどに、最も大切な神秘の柱であり、伊勢神宮の中心を示す。それだけではなく、私は、八州（独立国・日本）の中心をも示していると推察している。この「心御柱」に相当するのが「八重畳」なのだ。

天皇大帝《てんこうたいてい》（天皇）の資格を得た天皇が、天照大神の神座（寝座・八重畳）である場所に天降りすることとは、天照大神と天皇の習合一体化を意味する。つまり、天照大神と天皇は、地の太極に配されるのだ。そして、「真床襲衾（御衾《おふすま》）」も太極を象徴することとなる。

天皇が天皇（天皇大帝）の資格を得て、八重畳（日本の中心・太極）に天降りする様子（図5・8）は次のように言える。

大嘗祭・地の太極＝八重畳・天照大神（内宮）・北極星（神）・太一・天皇大帝（天皇）・真床襲衾《まとこおふすま》

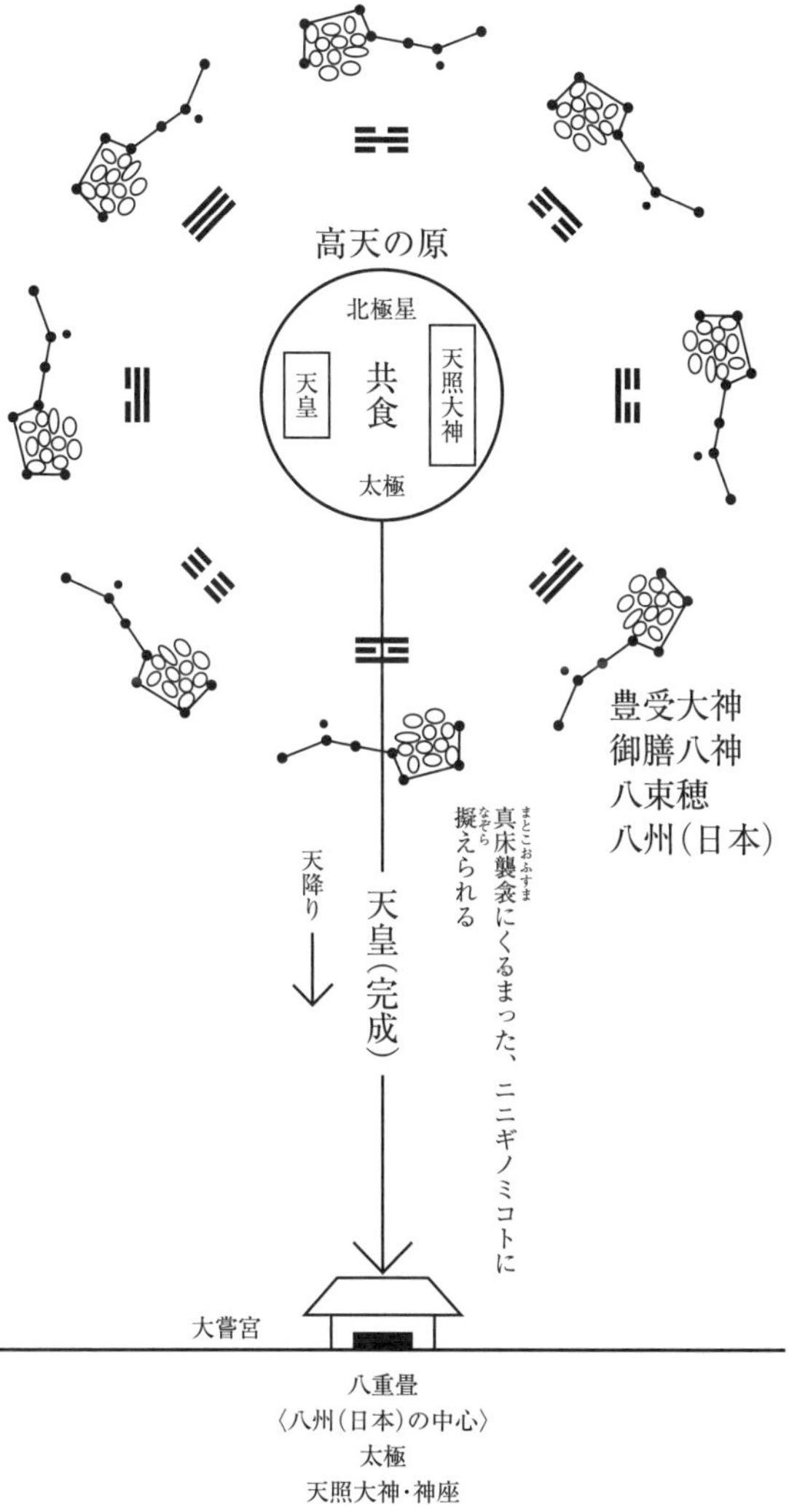

図５・８：天皇の資格を得た、天皇の天降り図

（御衾《おふすま》）では、地の太極が八重畳（神座・寝座）であるならば、何が八卦に配されるのであろうか。最も相応《ふさわ》しいものは、御膳《みけ》の神様「御膳八神《みけはっしん》」であろう。

天照大神と天皇が共食される新穀は、御膳八神が守護神としてずっと見守ってきた稲穂である。また、この稲穂は、大嘗祭における「抜穂《ぬいぼ》の儀式」で述べたように、「八州穂《やしまほ》」（造語）を象徴する「八束穂」である。

御膳八神は、稲穂の守護は勿論のこと、天照大神と天皇を守護する神でもある。天皇をお守りする宮中八神（御巫《みかんなぎ》八神）と御膳八神とは、半数ほどが同じ神様であることからも、そのことが言える。

外宮の豊受大神は、御饌《みけ》つ神であり、八天女（天の羽衣）、北斗八星、八州（独立国・日本）、そして八束穂を象徴し、内宮の天照大神を守護していることは、すでに何度も述べている。

また、「ミケ」を共通項として、「御膳《みけ》八神（大嘗祭）」＝御饌《みけ》つ神・豊受大神・八天女（外宮）」である。よって御膳八神と豊受大神（八天女）は、地の八卦に配される神として習合する。そして、「真床襲衾（御衾《おふすま》）」（太極）の対として、豊受大神を象徴する「天の羽衣」も、八卦を象徴することとなる。

次のように言える。

大嘗祭・地の八卦＝御膳《みけ》八神・豊受大神（外宮・八天女・天の羽衣）・北斗八星・八束穂・八州（独立国・日本）

また、次のように対比できる。

真床襲衾《まとこおふすま》（太極）＝降臨象徴（対天皇）・天照大神（内宮）・北極星（神）・太一・天皇大帝《てんこうたいてい》・天皇・八

重畳
天《あめ》の羽衣《はごろも》（八卦）＝天に昇る力（対天皇）・八天女・豊受大神（外宮）・御膳《みけ》八神

天武天皇は、旧来から行われていた新嘗祭《にいなめさい》に、重大な儀礼を加えた。新たに、天皇（天皇大帝）の証明となる呪術的な儀礼を付加したのだ。それが、大嘗祭の「天の羽衣」と「真床襲衾」の秘儀であり、「太極（太一・北極星）八卦」の呪術であったのだ。

新「真床襲衾論」――何故、「太極（太一・北極星）八卦」なのか

では、何故、大嘗祭の呪術は「太極（太一・北極星）八卦」なのか。

結論を先に述べよう。それは天皇の根源的な意味「天皇大帝＝北極星神＝太一」であることを、大嘗祭で意味付けたかったからである。その呪術的証明の手法として、太一（北極星神・天皇大帝・天皇）を太極とする、呪術哲理を利用した。勿論、太一は天照大神と習合している。それは伊勢神宮においても同様であり、且《か》つ同時期であった。伊勢神宮のリニューアルと大嘗祭はセットであったのだ。

折口信夫《おりくちしのぶ》氏の「真床襲衾《まとこおふすま》論」においては、八重畳（神座・寝座）にある「御衾《おふすま》」にくるまることで、皇祖神・天照大神と一体化し完全な天皇になられる、との説であるが、「太極（太一・北極星）八卦」を描くことについては何も述べていない。肝腎の天皇という言葉のルーツである「天皇《てんこう》大帝」について、論じていない。

私見ながら、伊勢神宮同様、大嘗祭においても、天武天皇が最もこだわったのは、「天皇大帝（北極

星神）」の意味付けにあったと思う。つまり、天皇とは、北極星神（天皇大帝）である、ということを確証させることにあったのだ。今までの大嘗祭の研究者は、そのことの探究には積極的ではなかった。しかも、この問題は、伊勢神宮と大嘗祭をセットとして考えないと、答えが出てこない。

口幅《くちはば》ったいことを言うようだが、言わせていただきたい。私には分かるのだ。天武天皇の胸中が。その胸中とは、次の通りである。

① 対中国皇帝属国拒否、つまり独立国家の象徴として「天皇号」を正式に採用しようとしたこと。

② そして、ならば、天照大神（太陽神）と天皇大帝（北極星神）の矛盾をどのように解消したらいいのか悩み、思いを巡らしたこと。

③ その矛盾した「天皇（天皇大帝）」の意味付けを合理的に解決する方法として、「伊勢神宮」と「新嘗祭」（大嘗祭）の祭祀儀礼を利用しようとしたこと。

④ 伊勢神宮、大嘗祭において、天皇（天皇大帝）を表現する呪術として、古代日本の聖数「八・や」と、中国の「太極（太一・北極星）八卦」の哲理を利用しようとしたこと。

私の真床襲衾《まとこおふすま》論とは、天《あめ》の羽衣《はごろも》（豊受大神）により天に昇った天皇が、外宮の豊受大神（北斗八星）から捧《ささ》げられた神饌《しんせん》（御膳《みけ》八神に守護された稲）を、北極星（高天《たかま》の原）において、内宮の天照大神と共食をし、天皇《てんこう》大帝（天皇）の資格を得て、その後、ニニギノミコトのように真床襲衾にくるまることでニニギノミコトを演じ、八州《やしま》（独立国・日本）の太極を象徴する、天照大神の八重畳（神座・寝座）

に、天降ることであったのだ。

天武天皇は、伊勢神宮同様、大嘗祭においても、天照大神（太陽神）と天皇大帝（北極星神）とを習合させ、天地に「太極（太一・北極星）八卦」図を描かせ、独立国家の象徴としての天皇（天皇大帝）の意味付けをしたのである。実に見事な、天武天皇が施した呪術哲理である!!

我々はとうとう、大嘗祭における、隠密裡《おんみつり》の呪術――「地の太極（太一・北極星）八卦」図――のデザイン図も手に入れた。これで、「天地の太極（太一・北極星）八卦」図が揃った。

天地の太極（太一・北極星）八卦図が繋がれば、大嘗祭の隠密裡の呪術的グランドデザイン図が完成する。誰もが知り得なかった、大嘗祭の本質である。少なくとも、当時の天武天皇が思い描いた大嘗祭の本質である。

はやる心を抑えて、まずは、「地の太極（太一・北極星）八卦」図（図5・9）を明らかにしよう。

デザイン表記は次の通り。

大嘗祭・地の太極＝八重畳・天照大神（内宮）・北極星（神）・太一・天皇大帝・天皇・真床襲衾（御《お》衾《ふすま》）

大嘗祭・地の八卦＝御膳八神・豊受大神（外宮）・八天女（天の羽衣）・北斗八星・八束穂・八州（独立国・日本）

❺ 天地に描いた大嘗祭・太極（太一・北極星）八卦図

では、大嘗祭における、「天と地」の「太極（太一・北極星）八卦」のデザインを一つにまとめてみよう。伊勢神宮の場合と同様、宇宙的な壮大なデザイン図となる。

大嘗祭は天皇一世一度の最大のイベントである。その大嘗祭の呪術的グランドデザインの暗号が、初めて解読されるのだ。勿論、『古代天皇家「八」の暗号』解読である。伊勢神宮の隠密裡の呪術的グランドデザインを発見したときと同様、その貴重な瞬間を見ていただきたい（図5・10参照）。

大嘗祭賛歌

なんと、美しく、神秘的、幻想的な呪術デザインであることか!!

「天《あめ》の羽衣」は天に舞う天皇を、「真床襲衾《まとこおふすま》」は地に天降《あまくだ》りする天皇の姿を想像させられる。大嘗祭の呪術デザインは、幽遠な神の世界をも表現している。伊勢神宮と同様に大嘗祭の呪術デザインも、感動せざるを得ないのだ!!

この美的なそして崇高なデザインは、伊勢神宮とあまりにもよく似ている。それは、共通な呪術哲理であることを示している。

とうとう我々は、伊勢神宮同様、大嘗祭の核心にたどり着くことができたのだ!!

折口信夫氏はじめ多くの学者が、大嘗祭について論考している。大嘗祭最大の秘儀と言われている「真床襲衾《まとこおふすま》」とは、天上に昇り天に「太極（太一・北極星）八卦」図を描いた天皇が、今度はニニギノミコトに擬《なぞら》えられ、オフスマにくるまり天降りをし、地にも「太極（太一・北極星）八卦」図を描くことであった。つまり、天地に「太極（太一・北極星）八卦」図を描き、天皇（天皇大帝）の確固たる存

地（八州）の太極＝八重畳・天照大神（内宮）・北極星・太一・天皇大帝・天皇・真床襲衾《まとこおふすま》
地（八州）の八卦＝御膳《みけ》八神・豊受大神（外宮）・八天女（天の羽衣）・
北斗八星・八束穂・八州（独立国・日本）

①御膳《みけ》八神・豊受大神（外宮）・八天女（天の羽衣）・北斗八星・八束穂・八州（独立国）・八卦
②御膳八神・豊受大神（外宮）・八天女（天の羽衣）・北斗八星・八束穂・八州（独立国）・八卦
③御膳八神・豊受大神（外宮）・八天女（天の羽衣）・北斗八星・八束穂・八州（独立国）・八卦
④御膳八神・豊受大神（外宮）・八天女（天の羽衣）・北斗八星・八束穂・八州（独立国）・八卦
⑤御膳八神・豊受大神（外宮）・八天女（天の羽衣）・北斗八星・八束穂・八州（独立国）・八卦
⑥御膳八神・豊受大神（外宮）・八天女（天の羽衣）・北斗八星・八束穂・八州（独立国）・八卦
⑦御膳八神・豊受大神（外宮）・八天女（天の羽衣）・北斗八星・八束穂・八州（独立国）・八卦
⑧御膳八神・豊受大神（外宮）・八天女（天の羽衣）・北斗八星・八束穂・八州（独立国）・八卦

図5・9：大嘗祭・地（八州）の「太極（太一・北極星）八卦」図

在を証明することにあったのだ。それは、美的で崇高な、対中国皇帝独立国家宣言図でもある。と、同時に、日本の国柄、八束穂を天地に描くことだったのである。

また、次のようにも言える。大嘗祭においても、伊勢神宮同様、天地に内宮と外宮を描くことであった、と。つまり、伊勢神宮と大嘗祭はセットであったのだ。

伊勢神宮の隠密裡の呪術的グランドデザインを発見したときと同様、神々に御神酒《おみき》を捧《ささ》げ、そして、暗号解読の旅人とともに、姿勢を正しつつも、美酒に酔いたい気持ちである。

御饌《みけ》つ神・豊受大神について述べたい。

豊受大神は、伊勢神宮ばかりではなく、大嘗祭においても重要な役割を担《にな》っていた。

何故ならば、伊勢神宮と大嘗祭の呪術は、豊受大神が「八天女」を象徴していることから成り立っている、と言っても過言ではないからである。伊勢神宮と大嘗祭においては、「八天女」の持つ意味が呪術として欠かせないのである。それは、今まで検証してきた実感である。

天照大神が、わざわざ丹波の国から豊受大神を招いたのは、このような最重要な儀式を成立させるためであったのだ。

また、大嘗祭《だいじょうさい》は新嘗祭《にいなめさい》からの分離独立であるが、同時期に、旧来の新嘗祭も整理発展させ現在の形にしたのではなかろうかと推測される。

なお、真床襲衾《まとこおふすま》の秘儀であるが、現今、天皇が八重畳に入る儀式がないとしたら、それは、いつしか忘れ去られてしまったのであろうと思う。少なくとも天武天皇が施した呪術を検証するならば、八重畳の中に天皇も入ったに違いない。天皇大帝（天皇）を証明する、「太極（太一・北極星）八卦」図の根

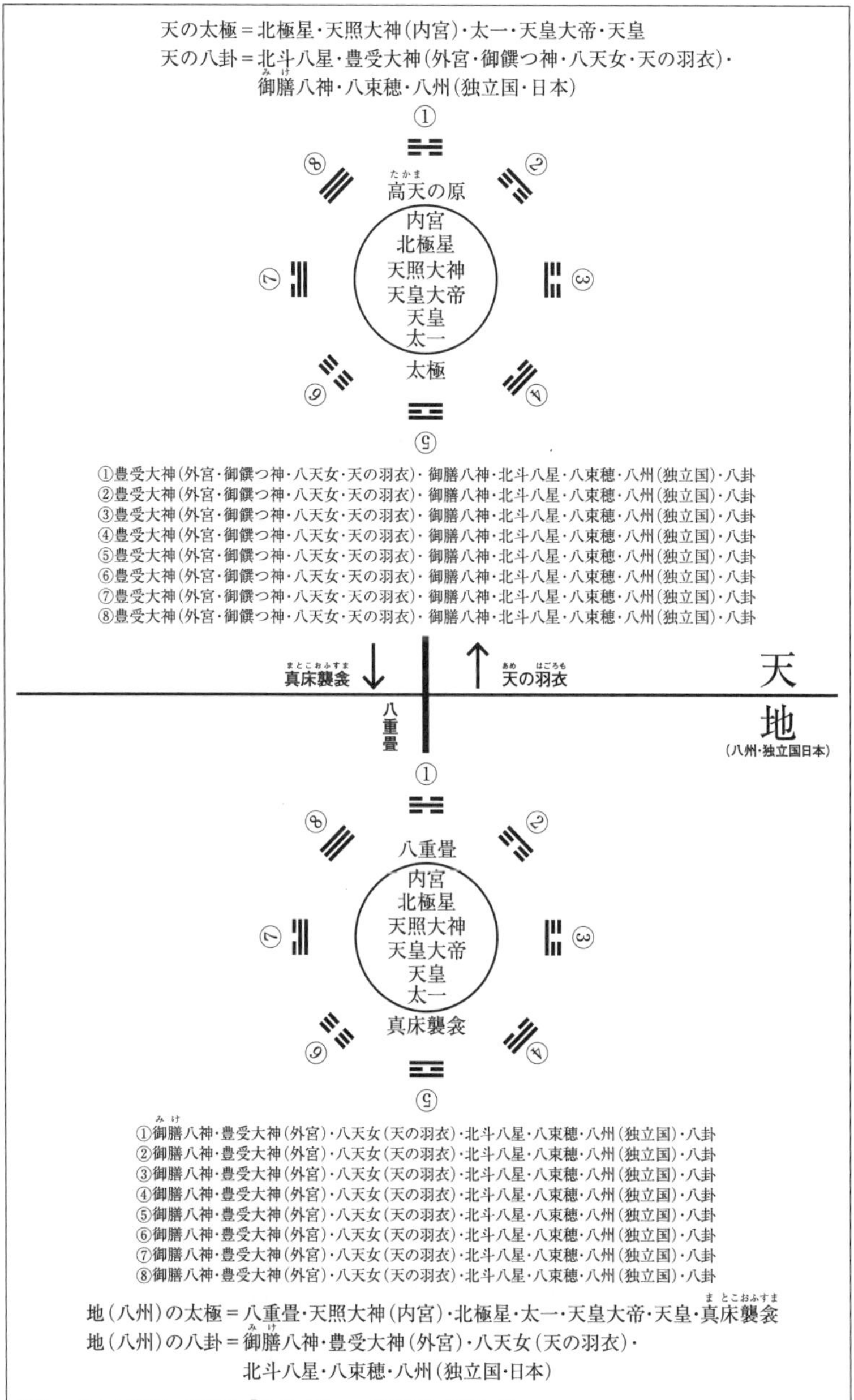

天の太極＝北極星・天照大神(内宮)・太一・天皇大帝・天皇
天の八卦＝北斗八星・豊受大神(外宮・御饌つ神・八天女・天の羽衣)・
御膳《みけ》八神・八束穂・八州(独立国・日本)
①
②
③
④
⑤
⑥
⑦
⑧
高天《たかま》の原
内宮
北極星
天照大神
天皇大帝
天皇
太一
太極
①豊受大神(外宮・御饌つ神・八天女・天の羽衣)・御膳八神・北斗八星・八束穂・八州(独立国)・八卦
②豊受大神(外宮・御饌つ神・八天女・天の羽衣)・御膳八神・北斗八星・八束穂・八州(独立国)・八卦
③豊受大神(外宮・御饌つ神・八天女・天の羽衣)・御膳八神・北斗八星・八束穂・八州(独立国)・八卦
④豊受大神(外宮・御饌つ神・八天女・天の羽衣)・御膳八神・北斗八星・八束穂・八州(独立国)・八卦
⑤豊受大神(外宮・御饌つ神・八天女・天の羽衣)・御膳八神・北斗八星・八束穂・八州(独立国)・八卦
⑥豊受大神(外宮・御饌つ神・八天女・天の羽衣)・御膳八神・北斗八星・八束穂・八州(独立国)・八卦
⑦豊受大神(外宮・御饌つ神・八天女・天の羽衣)・御膳八神・北斗八星・八束穂・八州(独立国)・八卦
⑧豊受大神(外宮・御饌つ神・八天女・天の羽衣)・御膳八神・北斗八星・八束穂・八州(独立国)・八卦
真床襲衾《まとこおふすま》
天《あめ》の羽衣《はごろも》
天
地
(八州・独立国日本)
八重畳
①
②
③
④
⑤
⑥
⑦
⑧
八重畳
内宮
北極星
天照大神
天皇大帝
天皇
太一
真床襲衾
①御膳《みけ》八神・豊受大神(外宮)・八天女(天の羽衣)・北斗八星・八束穂・八州(独立国)・八卦
②御膳八神・豊受大神(外宮)・八天女(天の羽衣)・北斗八星・八束穂・八州(独立国)・八卦
③御膳八神・豊受大神(外宮)・八天女(天の羽衣)・北斗八星・八束穂・八州(独立国)・八卦
④御膳八神・豊受大神(外宮)・八天女(天の羽衣)・北斗八星・八束穂・八州(独立国)・八卦
⑤御膳八神・豊受大神(外宮)・八天女(天の羽衣)・北斗八星・八束穂・八州(独立国)・八卦
⑥御膳八神・豊受大神(外宮)・八天女(天の羽衣)・北斗八星・八束穂・八州(独立国)・八卦
⑦御膳八神・豊受大神(外宮)・八天女(天の羽衣)・北斗八星・八束穂・八州(独立国)・八卦
⑧御膳八神・豊受大神(外宮)・八天女(天の羽衣)・北斗八星・八束穂・八州(独立国)・八卦
地(八州)の太極＝八重畳・天照大神(内宮)・北極星・太一・天皇大帝・天皇・真床襲衾《まとこおふすま》
地(八州)の八卦＝御膳《みけ》八神・豊受大神(外宮)・八天女(天の羽衣)・
北斗八星・八束穂・八州(独立国・日本)

図5・10：大嘗祭・天地の「太極（太一・北極星）八卦」図

本哲理が忘れ去られたならば、儀式も変化することもあろうと推測できる。

大嘗祭の呪術は、「八重畳・真床《まとこ》襲衾《おふすま》」、「豊受大神（八天女・天《あめ》の羽衣）」、そして「御膳《みけ》八神」の三点によって成立している。全て「八の世界」である。この事実を前にしては、この呪術の存在に、疑問をいだく声も消え去るのではなかろうか。

ただ、一点、疑問が残る。何故、斎田・斎場を、悠紀《ゆき》・主基《すき》の国に分け、悠紀《ゆき》殿と主基《すき》殿とで全く同じ祭儀を行うのか、についてである。この件について、学者は諸説を述べているが、何故だか少し自信がなさそうでもある。私も、呪術的な面から推理を重ねたが、分からなかった。

吉野裕子氏は、廻立《かいりゅう》殿は北極星、悠紀殿は北斗七星、そして主基殿は南斗六星を象徴している、と述べている。鳥越憲三郎氏は、次のように記している。天武天皇の描いていた大嘗祭は、斎田・斎場だけが悠紀国と主基国に分かれていただけで、悠紀殿と主基殿はなく、元々大嘗宮は一つだけだった、と。

呪術的な意味は分からないとしても、二つの国を卜定《ぼくじょう》・選定したのは、全国を代表させている、という意味を含んでいたと推測できる。つまり、悠紀国《ゆきのくに》と主基国《すきのくに》の二国で、八州《やしま》（独立国・日本）の全体と、そして全ての八州人《やしまびと》の参加を象徴させていたのである（新嘗祭は神祇官《じんぎかん》を中心に、そして大嘗祭は悠紀国と主基国の地方の人々の参加により、執行《しっこう》される）。

悠紀国と主基国で収穫された稲は、八州（独立国・日本）の稲を代表し、八州（独立国・日本）全体の土地の霊魂とその稲魂《いなだま》を含んでいるのである。よって、二度同じ祭儀を繰り返すことで、八州（独立国・日本）全体を代表する祭儀として完結するのである。

さらなる、伊勢神宮・大嘗祭の共通基本理念の発見

天地に描く、〔太極＝北極星・天照大神・太一・天皇大帝・天皇〕――〔八卦＝八束穂《やつかほ》（八州穂《やしまほ》）・大八洲瑞穂国〕

伊勢神宮と大嘗祭のグランドデザイン図「天地の太極（太一・北極星）八卦」図を眺めていたら、また新たに単純な共通哲理を見つけることとなった。すぐには気付かなかった。しかし、ふと、気付いたのだ。その単純で壮大な奥深い理念を。

そこに共通するものは、「稲・米」である。

つまり、伊勢神宮も大嘗祭も、天と地に「稲」を八卦として配したかったのだと。その稲も単なる稲ではない。日本古来の聖数「八・や」の意味を持つ「八束穂《やつかほ》」を八卦として配したかったのだと。

いやいや、それだけではない。伊勢神宮と大嘗祭の「天地の太極（太一・北極星）八卦」図を眺めていると、天と地に独立国としての「八州《やしま》（日本）」も描きたかった、ということが分かる。

「八州（独立国・日本）」と「稲・米」を一緒にした言葉がある。それは「大八洲瑞穂国《おおやしまみずほのくに》」である。なんということであろう。となると、小生が、今まで考察してきた伊勢神宮と大嘗祭の呪術的基本概念は、「大八洲瑞穂国《おおやしまみずほのくに》」で帰結するのだ!!　それは、天地に、「太極（太一・北極星）八卦」の呪術で守護された祭祀王・天皇を君主とする独立国家「大八洲瑞穂国」を描くことだったのである!!

万葉集（＊956）に次の歌（大伴旅人《おおとものたびと》）が収められている。

〈八隅知之《やすみしし》　わが大君の　食《を》す国は　大和《やまと》もここも　同じとそ思ふ〉

「（やすみしし）わが大君の　治めていらっしゃる国は　大和もここも　同じだと思います」（『萬葉集』新編日本古典文学全集・校注、訳＝小島憲之、他・小学館）という意味である。

天皇がお治めになる国は「食国《お(を)すくに》」と呼ばれていた。そしてその意味は、八州人《やしまびと》を飢えさせない国柄であることを主張している。ならば、大伴旅人の歌は、次のように解釈できる。

「（八隅知之《やすみしし》）大君のお治めになる、食の安寧を第一義とする「食国《おすくに》」は、大和もここ（九州）も、同じだと思います」

この「食国《おすくに》」の意味内容が、そっくりと、伊勢神宮と大嘗祭の呪術的グランドデザインに描かれているのである。

私は、〈食国《おすくに》＝大八洲瑞穂国《おおやしまみずほのくに》＝八束穂《やつかほ》（八州穂《やしまほ》）〉という象徴関係であろうと思う。

天照大神と天皇は、日本国の食を代表する「稲・米」の豊穣を、このようなコスモロジー的な呪術形式で、今も願い続けている。このことからしても、天皇は、日本農耕民族を代表している、農耕祭祀の祭祀王であることが分かる。また次のことも言える。まず食の安寧を願う。この基本こそが天皇の置かれた立場なのであると。

『古事記』『日本書紀』においては、「百姓」を「おおみたから」と読ませている。この「百姓」は農業一般はもとより、多くの職業を言い表している。その「百姓《おおみたから》」の代表としての天皇が、食の象徴として「稲・米」を選び、その豊穣を願っているのだ。

勿論、伊勢神宮も大嘗祭も、支配者としての手段・方法であったとも考えられる。しかし、そうであるとしても、武力的な手段・方法でないことは明白である。

小生は、まず「食」、つまり「稲・米」を究極のテーマにしたという伊勢神宮と大嘗祭の姿勢に対し、万感の思いがする。

まず、日本国民を飢えから守る、というその願いこそが、伊勢神宮と大嘗祭の眼目《がんもく》であったのである。まさに天皇のお治めになる八州《やしま》「食国《おすくに》」である。

では、この図を描いてみよう。図5・11のようになる。

八束穂賛歌

小生が今まで「伊勢神宮」「大嘗祭」に関して述べてきたことは、この単純なデザインの中に全て集約されてしまうのだ。見事に古代日本の聖数「八・や」と、中国の八卦の数・「八・はち」とが習合されている。

北斗七星（八星）の運行は農耕の基準となり生活暦となっていたことを考え合わせれば、北斗七星（八星）に八束穂を描くことは、まことに理にかなったデザインであると言わなければならない。

そもそも、伊勢神宮の建物の形は穀倉型である。弥生時代からあった南方系の倉の形である。伊勢神宮の基本哲理はこの穀倉型の建築様式に表れていると思う。

天皇家は何故続いたのか等々について書かれた本がある。

それぞれ諸説を述べているが、案外、農耕民族の祭りの代表として、ひたすら食の安寧を願っているという、祭祀王・天皇の側面が、大きいのではなかろうかと思う。時代によっては明らかに違うときもあったが、総じて軍事ではなく、まつりごと（祭・祀）に専念してきたことが、天皇家が何故続いてきたかの答えの一面である、ということである。

収穫祭は世界のどの民族でも行っている。勿論、日本も例外ではない。日本各地で行われていた収穫祭の総代表として、天皇家が主催する新嘗祭（大嘗祭）があったと思う。

よって、多くの人々は、天皇家は農業に携わる者たちの総代表として認識していたと思う。また、全ての日本の神主を代表した天皇という意識があったと思う。

そうでありながらも、いや、そうであるからこそ、「伊勢神宮」「大嘗祭」は神聖なものとして、神秘、秘儀のベールに隠し続けられてきたと思う。それは「ありがたさ」の演出とも言える。

今、その隠密裡《おんみつり》に描かれていた、伊勢神宮（天皇家）の高度な農耕儀式の呪術的グランドデザインを知ることとなった。これまで、誰もこのデザインに気付かなかった。神聖なものとして、神秘として、あるいは秘儀としてそのデザインは霧の中に隠れてしまっていたのだ。

しかし、「八の世界の切り口」で検証した結果、壮大で美しいその世界が「あぶり出し」のように、ものの見事に浮かんできたのである。

なんというシンプルで美しいデザインであろうか!!

これ以上の永遠、悠久を意味する、食の安寧を祈る堅固な呪術デザインが他にあるだろうか!!

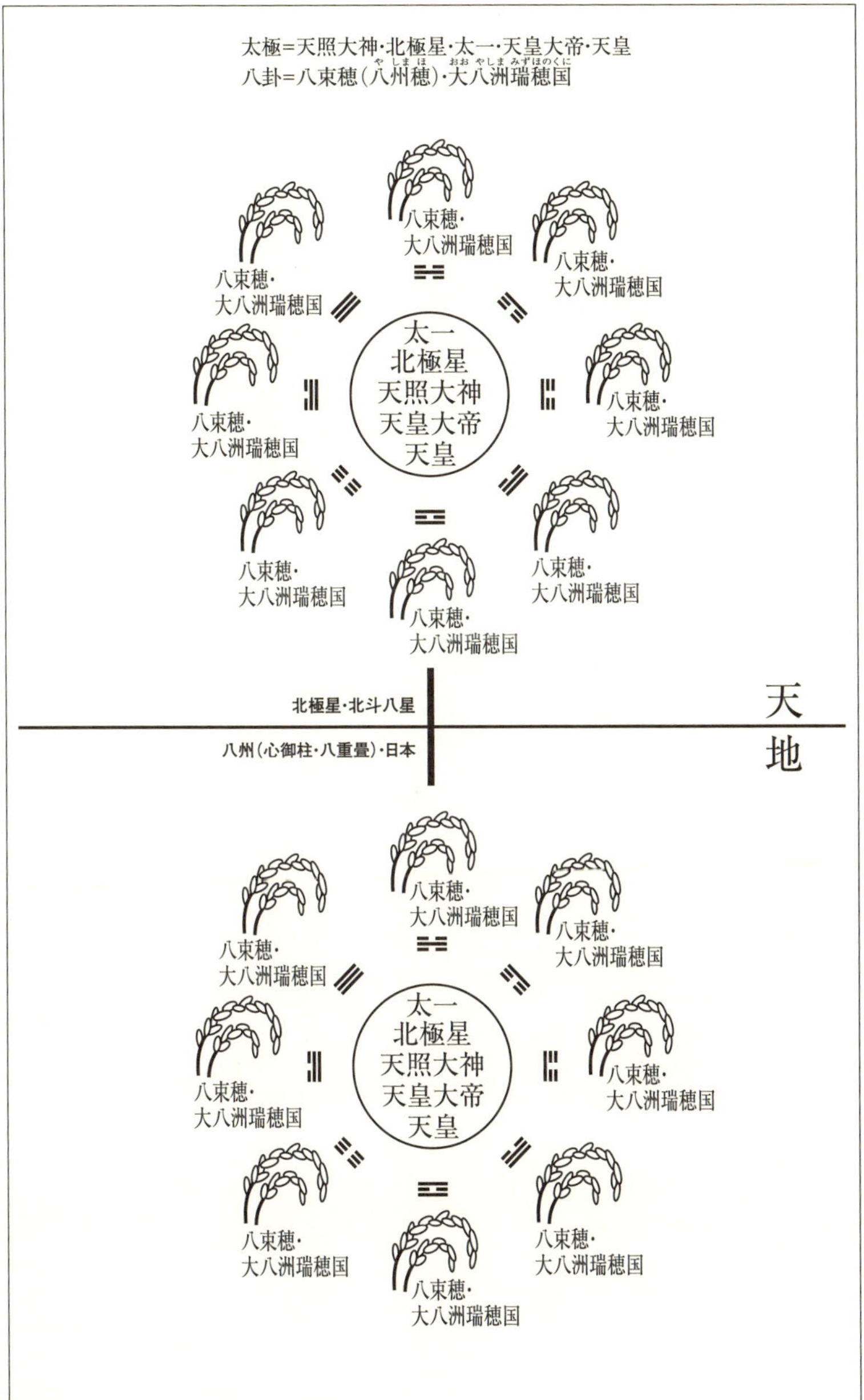

図５・11：天地に描く八束穂（伊勢神宮・大嘗祭）

天皇家（伊勢神宮）は、食の安寧のため天と地（八州《やしま》）とに、壮大な八束穂《やつかほ》（八州穂《やしまほ》）を永遠の形として描いている。天皇家は、天地《あめつち》に、独立国としての大八洲瑞穂国《おおやしまみずほのくに》（八束穂・八州穂《やしまほ》）──「食国《おすくに》」──を描いているのである。

このことは、まさに八州（独立国・日本）の天皇は、真の、そして世界的に見ても貴重な価値ある祭祀王であることの確たる証明となる。

これほどまでに神秘的で格調高い祭を主催する、天皇家の思慮深さに驚かざるを得ない。伊勢神宮において、そして大嘗祭において、誰にも知られず、神聖なる秘儀として、千数百年も連綿と天地《あめつち》に壮大な八束穂をひたすら描き続けてきたのだ。

天武天皇の、デザイン能力の素晴らしさには、ただただ感服するのみである。

小生は、吉野裕子氏が述べた次の言葉を思い出さずにはいられない。

天皇制を論ずるとき、社会主義のイデオロギーは、農村、あるいは民衆の天皇を敵視する視点を探し出そうとするが、それは無理である。民生の根源としての稲の祭が、天皇のそれと共通している以上、その間に憎悪のあるはずがない。天皇制永続の問題において、両者の間における祭の共通性を無視することはできないのである（『陰陽五行と日本の天皇』人文書院）。

隠された呪術的グランドデザインが明らかになった。しかし、それによって「伊勢神宮」「大嘗祭」の「ありがたさ」が少しも減じることはない。むしろそのことにより、更に敬虔《けいけん》な、そして崇敬な気持ちにさせられるのである。

独立国家宣言としての「天皇号」と『記紀』「伊勢神宮」「大嘗祭」

これで、「八の切り口」による、『記紀』「伊勢神宮」「大嘗祭」の検証・論考は一応済んだ。しかし、私は未だに、「伊勢神宮」と「大嘗祭」の隠密裡の呪術的グランドデザインの発見の興奮から冷めることがない。それほど、衝撃的であった。

だが、まだまだ述べたいことは多くある。この章において、天武天皇が何故「天皇号」を採用したかの諸事例を一覧（図5・12）してみようと思う。「第2章」においても述べているので、参照を願いたい。

天武天皇は「天皇号」を正式に称することを決心した。それは、中国に対して属国拒否の強い気持ちの表れでもあった。

日本（倭国）国王では、いつまでたっても中国皇帝の属国に過ぎないのである。

幸い、聖徳太子が先鞭《せんべん》をつけ「天皇号」を称し、様子を窺《うかが》っていた。勿論、中国皇帝に対して属国拒否を表明している。

このような流れの中、天武天皇は、制度として正式に「天皇号」を採用し、正式に独立国家宣言をしたのである。

『記紀』は「万世一系の天皇誕生物語」であり、リニューアル「伊勢神宮」は永遠に続く「大八洲瑞穂《おおやしまみずほの》国《くに》の独立国家宣言記念神社」であり、そして「大嘗祭」は永遠に続く「大八洲瑞穂国の独立国家宣言記念祭典」である、と思う。

673年、つまり即位年、天武天皇は、新嘗祭と大嘗祭を分離させている。何故、わざわざ新嘗祭から大嘗祭を創造したのであろうか？　大嘗祭は天皇即位の儀礼でもある。何故、従来の即位式だけでは不十分であったのか。

私には、天武天皇の気持ちが分かるのだ。それは、ひとえに対中国皇帝属国拒否の象徴である「天皇号」に行き着く。

天武天皇は、「天皇＝天皇大帝＝北極星神」である儀式を、大嘗祭の親祭として実行したかった。名実共に「天皇」になろうとした。いやいや、そればかりではない、「天照大神」と「天皇＝天皇大帝＝北極星神」との習合をも、完璧に成就させたかったのである。

新嘗祭は、天照大神と天皇が、新穀を共食することに意義があった。しかし、この新嘗祭に「天皇＝天皇大帝＝北極星神」である呪術儀礼を加え、大嘗祭としたのだ。

それは、「伊勢神宮」のリニューアルにおいても同様であった。

伊勢神宮の突然の昇格は、天武天皇が天照大神を望拝《ぼうはい》したことにより、伊勢神宮から神風が吹き、「壬申《じんしん》の乱」の勝因になったことによる、との説がある。私は、その通りであろうと思う。しかし、それだけでは、「天照大神＝北極星（神）＝天皇大帝＝天皇」の呪術が説明できない。やはり、「壬申の乱」における天照大神の「神風」に対する感謝の念だけではなく、それに加えて、対中国皇帝属国拒否

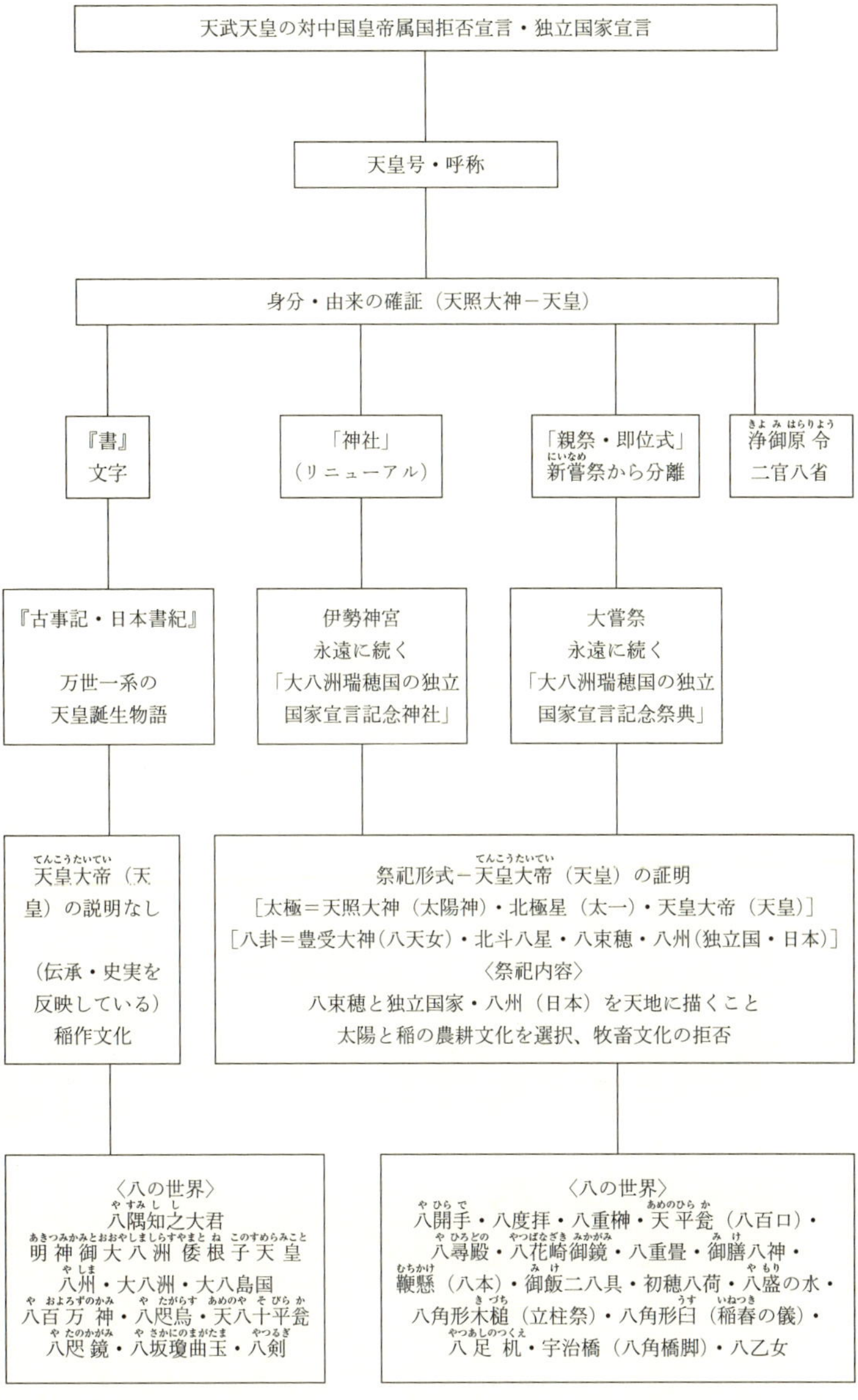

図５・12：天武天皇は何故、「天皇号」を採用したのか

にともない「天皇号」を称したこと――伊勢神宮に「天皇大帝＝天皇」の呪術を取り入れようとしたこと――によるものと思う。これらのことは、天皇が天皇たらんとして、唐・高宗《こうそう》を意識して精一杯主張した結果である。私には、天武天皇の対中国皇帝属国拒否の気迫、気概が伝わってくる。

日本独自の文化の選択と創造

天武天皇は、中国の思想「天皇」と称することで対中国皇帝属国拒否を宣言し、また、「天皇」の身分を証拠立てる手段として、中国の呪術「太極八卦（北極星八卦）」を利用した。つまり、天武天皇は、中国の文化を借りて、対中国皇帝属国拒否を表現したのである。それは、中国文化にあこがれつつも、中国文化に飲み込まれまいとする、その自尊心との葛藤であろう。

私は、そこに朝鮮半島とは違う、独自の道を歩む姿を見る。例えば、朝鮮半島では、地理的理由もあろうが、中国皇帝と対等な皇帝号を称することはできず、属国としての国王号を称するしかなかった（皇帝号を称した期間はわずかである）。律令は中国の律令をそのまま使用した。しかし、日本では、中国の律令を我が国独自の二官八省に変えている。また、朝鮮半島と違い、宦官《かんがん》制度は採用しなかった。さらに、年号も独自のものを使用し続けた。そして、漢字も訓読みを発展させ日本語表記が可能となった。

因みに、古代日本が大陸・半島文化を拒否した文化・制度、及び独自の創造文化は次の通りである。該当する代表的な諸事例を記す。

〈牧畜民の習俗である「去勢」や「宦官《かんがん》制度」を拒否。「科挙《かきょ》」の拒否。「纏足《てんそく》」の拒否。「同姓不婚」

の拒否。「異姓不養」の拒否。「食肉拒否」。中国皇帝に対して「天皇号」制定（属国拒否）。易姓革命《えきせいかくめい》思想の拒否。姓のない天皇家。「独自の年号」制定（属国拒否）。独自の形式「二官八省」の制定（属国拒否）。牧畜文化の拒否と稲作文化の採用。漢字訓読み普及。漢詩に対して和歌を創作〉。

天武天皇は、古代日本の聖数「八・や」と「太極（太一・北極星）八卦」の呪術を使って、「天皇」の何たるかを秘密裏であるが具体的に形作り、堂々と「天皇号」を称し、独立国宣言をした。よって、八の呪術を使って、独立国宣言をしたとも言えるのである。

私は、天武天皇の、デザイン力、想像力の素晴らしさに、まさに神の領域を感じる。このエネルギーに対しては、ただただ感服するほかない。

伊勢神宮の祭祀の内容は今まで述べてきたように、「太陽（天照大神）と稲」である。天地に八州（独立国・日本）と八束穂を描くために、「太極（太一・北極星）八卦」の呪術を利用したが、あくまでも祭祀内容は「太陽（天照大神）と稲」であった。天武天皇は、牧畜文化を拒否し、太陽と稲の文化を選んだ（注：※天武天皇は「食肉禁止令」を出している）。

稲のルーツは中国長江《ちょうこう》流域と推測される。そこから日本に伝わった。同時に文化も伝わってきた。稲倉の形をした内宮・外宮の造りを見れば、まさにルーツが分かろうというものである。

『記紀』は、天孫降臨の場所が九州の南部であり、神武天皇が日向《ひむか》から東征したと記した。やはり、当時の人々には、長江流域から九州に上陸した太陽・稲作文化のルーツを思い浮かべるという、かすかな記憶があったのではなかろうか。そのように述べている人もいる。

独立国としての気概と天皇号

天武天皇が施した伊勢神宮と大嘗祭の呪術的グランドデザインは、日本の国柄である独立国を象徴する「祭祀王・天皇（天皇大帝）」と、独立国としての「大八洲瑞穂国《おおやしまみずほのくに》」を、天地に描いている。それは、天武天皇の気概でもある。我々は、この独立国に憧れた強い気持ちと、伝統の国柄を確立しようとしたその気持ちを、察してあげなくてはならない。

現在の日本と近隣国との関係はどうであろうか。

私は、7世紀においてすでに中国文化に憧れつつも中華思想に飲み込まれまいとした、聖徳太子と天武天皇の自主独立の気概・心情を記した。ところが、21世紀の現在においては、少し奇妙な関係になっているのではなかろうか。我が国日本は、中国、韓国に対して独立国としての気概をもって対応しているのであろうか。勿論、対等として。お互いに対等な関係が理想である。それは米国、ロシアに対しても言える。

韓国においては、未だに多くのマスコミが、日王と称し、天皇と称さない。何故なのか。それは、朝鮮半島においては、ほとんどの歴史において、中国の属国であり続けたため、皇帝と称することができなかったからである。つまり、王号を称するしかなかったのだ。皇帝号を称することは、対中国皇帝属国拒否の意味であったのだ。詳しくは述べないが、朝鮮半島においては、ほんのわずかな期間しか皇帝号を称することができなかった。そういう意味において、朝鮮半島は、真の独立国ではなかったのだ。

日本においては、中国皇帝と対等、つまり属国拒否として天皇号を称した。韓国のマスコミが、いまだに日本の天皇を日王と称するのは、いろいろと理由を付けるだろうが、一番の理由は、この微妙な心理にある。１３００年も続いている天皇号がうらやましいのである。そして、ねたましく思うと同時に、面白くないのだ。

しかし、今もって、独立国家・日本の象徴たる天皇号が、属国の象徴であった日王号に差し替えられる状況に対して、見て見ぬふりをする今日の日本人の態度は、不思議と言えば不思議である。

日本文明と天皇号

伊勢神宮と大嘗祭の呪術を探究して、実感したことがある。日本文明についてである。

日本文明が独自の文明として発展し、今日、一国一文明と世界の文明学者たちから認知されているのは、何故であろうか。つまり、日本が中華文明に飲み込まれなかった最大の要因は、どこにあったのか。そのように考えると、やはり、天皇号に行き着くのである。天皇号を称し、それが連綿と続いてきたことによるのではないかと。

もし、独立国でありたいという聖徳太子の気概がなかったら、そして、もし天武天皇が天皇号を正式に採用しなかったならば、つまり、王号のままであったなら、中華文明に、簡単に飲み込まれてしまったのではなかろうかと、ふと思うのである。

それは、独立国であろうとする気概の問題でもある。天皇号の存続が、人々にその気概を持続させたのである。

伊勢神宮と大嘗祭には、秘術ながら天皇号の呪術が組み込んであり、独立国を主張している。それは、中国の文化（天皇）を採用して、中国の文化（皇帝）に飲み込まれまいとした方法であったと、言えるのではなかろうか。

私の浅薄な頭で考えてみて、独立国の存続方法として、これ以上の方法が、あったのだろうかと、ふと思い巡らすのである。

聖徳太子が隋の煬帝《ようだい》に送ったとされる国書には、天皇号が記してあった（608年）。皇極天皇（斉《さい》明《めい》天皇）が採用した舒明《じょめい》天皇・八角形墳陵には「太極（太一・北極星・天皇）八卦」の意味を持たせている（643年）。これも天皇号の主張である。そして、天武天皇の天皇号正式採用である（673年）。正式採用までには、充電期間があったことが分かる。

伊勢神宮と大嘗祭における、天皇の意味内容表現であるが、上古以来の日本の伝統を尊重し、日本独自のものとし、世界的に見ても類稀《たぐい》れな祭祀王としての天皇にまで高めたのである。

私は、伊勢神宮と大嘗祭について、呪術の暗号解読を行った。見事解読に成功したと思っている。この事例だけで、日本文明の根幹を語るのはきわめて乱暴で独断的である。以上の件は、単なる思いつきの域を出ないが、私見として敢《あ》えて述べることにした。

いずれにしても、天皇号に対する、聖徳太子、そして天武天皇の当時の気概と苦労とその内容を、全ての人々に、是非とも知って欲しいと思う次第である。

伊勢神宮の天地に描いた呪術的グランドデザインを思い出して欲しい。まさに、伊勢神宮こそ、独立国家・日本の象徴なのである。

伊勢神宮のリニューアルと大嘗祭は、天武天皇の在位中にその建築・儀礼形式が全て完成しているわけではない。もう少し時間がかかったであろうと思う。しかし、根本的なデザイン構想は天武天皇の時代に完成していたと推測できるのだ。

伊勢神宮と大和朝廷の女性霊力信仰

私は、伊勢神宮を考察してきた。呪術の発見もあり、ある程度は伊勢神宮を解明したと思っている。少なくとも「八の世界」については……。しかし、不思議なことがある。次の二点である。

第一に、内宮と外宮の主祭神がともに「女神」であること。

第二に注連縄《しめなわ》を飾らないこと。

「八の世界」とは関係ないが、伊勢神宮の性格を理解するうえで、是非とも述べておかなくてはならない。二点挙げたが、第一点の女神についてだけ述べさせていただく。

第二の不思議については、今後の課題としたい。ただ、出雲大社が日本一大きな注連縄を飾っているのに、伊勢神宮が飾っていないのは、出雲大社との関係であろうか。東の日出《ひい》づる伊勢神宮と日が没する西の出雲大社は、アマツ神とクニツ神との対比でもある。ただ、伊勢神宮の東に位置する夫婦岩には、長さと大きさでは日本一の注連縄が懸かっている。伊勢の町では、注連縄は、正月だけの期間ではなく一年中掲げられている。この特異な風習があるのにも拘《かか》わらず、伊勢神宮においては、注連縄は飾られない。それは、注連縄の代わりを鳥居が受け持っているから、と言われている。

何故、内宮・外宮とも女神が主祭神なのか？

内宮と外宮ということならば、男女の神に分けて祀るのが自然である。内宮が男神、外宮が女神とすれば、陰陽ですっきりする。勿論、内宮においては、天照大神は、荒祭宮《あらまつりのみや》（太一・北極星神）と習合していて、陰陽を示している。よって、陰陽太極八卦の呪術から見れば、内宮・太極＝女神・男神、外宮・八卦＝女神となり、見事に呪術が成立する。しかし、これは隠密裡の呪術であるから、表だっては、女神二神となる。

だとしたら、この矛盾を敢《あ》えて推し進めるほど、「女神」の力は「男神」より優れた神威を持っている、と当時の人々は考えていたと思わざるを得ない。女性霊力信仰である。やはり、〈万物を産み出し、万物を育み、万物を抱擁する霊力を持ったものが女神である〉として捉《とら》えていたに違いない。伊勢神宮の女神二神は、弥生時代の女性霊力信仰のみならず、縄文時代から続いている女性霊力信仰を取り入れている、と推測できるのである。

例えば、当時の伊勢神宮の斎王《さいおう》は女性である。女性の「血の穢《けが》れ」がことさらに忌《い》まれた時代に、日本の神社の総元締めとも言うべき伊勢神宮は、この点を忌避《きひ》しなかった。それは、とりもなおさず女性の霊力信仰を優先したことに他ならない。

前方後円墳と女性霊力信仰

我々の生命はどこからやってきて、どこへ行くのか？

当時の人々は、母なる子宮から生命は誕生し、死後は再び子宮の中に戻っていき、もう一度更に生まれ変わるという、生命循環の思想を持っていたのではなかろうか。現代においても、女性の出産、つまり生命の誕生は神秘である。古代人は、子々孫々《ししそんそん》、世代が続いていくのは、女性の霊力によるものと想像していたのではなかろうか。縄文時代に作られた土偶であるが、それらは全て女性の像と言っても過言ではないと言われている。

私は、「前方後円墳」の形は、生命循環の子宮と産道を象徴しているのではないかと、思っている。

前方後円墳のあった場所を時代ごとに、日本全土にしるしを付けていけば、そのしるしは近畿地方を中心として、とぎれなく続いている。つまり、大和朝廷、即ち、天皇家と全く関係のない前方後円墳があっただろうか。何らかの形で影響を受けていたと思われる。でなければ、墓の形ぐらい、独自のものを造ってもよさそうなものである。何故前方後円墳は連綿と続き、全国に広がったのか。この広がりは5世紀頃、朝鮮半島にまで広がっている。この「とぎれなさ」こそが、単純に考えれば、大和朝廷の存続を表していると思う。

しかし、大和朝廷については騎馬民族征服説（現在、この説に賛成する学者はほとんどいない）、政権交代説等々、いろいろと言われている。だとしたら、箸墓《はしはか》古墳以来の「前方後円墳のとぎれなさ」はどのように解釈すればよいのか。異なった政権に代わったならば、墓の形ぐらい変えそうなものである。単純明快な疑問であるが、何故、墓の形を変えなかったのか。やはり、そこには統一された「文化・伝統」があり、それを連綿と持ち続けたとしか考えられない。

前方後円墳には、多くの鏡が埋葬されている。この風習は、中国、朝鮮半島には見られないので、日本独自の特徴である。鏡は太陽と女性を象徴しているものと推測される。このことは、女性霊力信仰が強かった証《あかし》だと類推できる。

前方後円墳を大和朝廷（大和王権）の象徴と見ることには、異論があるかもしれない。しかし私は大和朝廷の女性の霊力信仰が、「前方後円墳」に表れているのではなかろうかと思う。また、邪馬台国《やまたいこく》を都とする倭国の女王・卑弥呼《ひみこ》の霊力信仰と伊勢神宮の天照大神が、何故か関係あるように思えてならない。

現代人の感覚では、太陽が天に存在することは当たり前である。しかし、古代の人たちはそうは思わなかった。太陽は、昼間は天に位置しているが、夜は地平線に隠れてしまうことから、地上・地下（海）の存在でもあると考えていた。ならば、太陽は、天と地の両方の神様ということになる。『記紀』において、天照大神は地上において誕生したことを考えあわせると、このことも首肯《しゅこう》できる。太陽（天照大神）は、母なる大地の神様でもあった、ということなのだ。

女性霊力崇拝事例

未熟で乱暴な推論であると思われるが、私は、あえて述べようと思う。

天皇家、つまり大和朝廷の女性霊力崇拝の事例を一覧するならば、次の通りであろうと思う。

大和朝廷の女性霊力崇拝＝

卑弥呼《ひみこ》・台与《とよ》（女性）＝

前方後円墳（子宮と産道）＝
箸墓《はしはか》前方後円墳（倭迹迹日百襲姫命《やまとととびももそひめのみこと》）＝
前方後円墳・鏡埋葬（女性と太陽象徴）＝
伊勢神宮・女神二神（皇祖神・天照大神、豊受大神）＝
伊勢神宮・斎王（女性）＝
猿田彦《さるたひこ》に打ち勝つ天鈿女《あめのうずめ》＝
宗像《むなかた》大社・三柱姫神《みはしらのひめがみ》（海の正倉院《しょうそういん》・沖ノ島・田心姫神《たごりひめかみ》）＝
太陽と稲・弥生時代の女性霊力信仰＝
土偶・縄文時代の女性霊力信仰

このイコールは、全く同じであるという意味ではなく、何らかの影響を受けている、ということを示している。

安本美典《やすもとびてん》氏は、天皇在位を平均10年として神武天皇の即位年を推測している。この結果、神武天皇が活躍した年代は280年～290年となる。『記紀』によると、神武天皇の5代前に天照大神という女性の神様がいたと伝えられているから、5代・50年をさかのぼると、時代は230年～240年になり、卑弥呼の時代と重なる。ということは、天照大神は、卑弥呼の話が神話化し、伝承化した結果とも考えられる。つまり、大和朝廷の始まりは、邪馬台国《やまたいこく》以後であるということになる。よって、邪馬台国と大和朝廷は卑弥呼＝天照大神の神話として繋がっている。天皇起源は短くなるが、神武天皇以来天皇家は欠けることなく、連綿と万世一系をまがりなりにも保ってきたという、大変注目すべき仮説であると思われる。この仮説に対して、多くの異論がある。私も、全面的には賛成できない。しかし、大変興味ある仮説として記した。

女性霊力信仰と男系天皇

卑弥呼《ひみこ》と台与《とよ》は、巫王《ふおう》・シャーマン・キングであり、神懸かりをし、神の言葉を伝えて国を治めた。巫王の場合、多くは女性が王であり、男性がそれを補佐して神託《しんたく》政治が行われる。女性は結婚をしないから、系図が途切れる。この点において、大和朝廷と邪馬台国とは異質であるが、女性霊力信仰という意味においては共通である。よって、王の系図を途切れないようにすること（男系）、そして女性霊力を信仰（天照大神）すること、この二つを上手に制度化したのが、神武天皇以降の大和朝廷であろうと思われる。

邪馬台国倭《わ》連合国は、祭政一致であった。倭国の女王・卑弥呼が死んだ後、男王では連合国が治まらず台与《とよ》を擁立した。男王には、政治を執る力はあっても、祭ごとをつかさどる力がなかったのである。

邪馬台国が大和朝廷と繋がっているとするならば、何故その後は男王が続き、万世一系としての男系となったのであろうか。

私見ながら、祭祀王・男系天皇は、天照大神（卑弥呼）を大和朝廷の祖神として祀ることで、女性霊力信仰とし、政治と祭りのバランスを取ったのであろうと思う。

日本の皇位は男系だけで継承されてきた。過去に女性天皇は存在したが、あくまでも繋ぎであって、男系を保ってきた。これが、神武天皇以来の伝統である。この連綿と続いてきた伝統の前に、私は言葉を持たない。ただただ伝統に従いたいと思うのみである。

それは、ほぼ2000年続いてきた祭祀王たる天皇の性格を知っているからだ。大和朝廷は、連綿と女性霊力信仰に基づき祭祀を行ってきた。祭祀王たる男系天皇は、女性霊力信仰に基づき、天照大神を皇祖神として祀ってきたのだ。最高位である伊勢神宮においては、二神とも女神である。俗な言葉で言えば、一体、男性の立場はどうなっているのか、という嘆きの声も聞こえてこようというものである。

しかし、私は、これでいいのであると思う。それは祭祀王たる天皇は男系であり、祭祀内容は女性霊力信仰に基づく、というバランスの良さによる。それは、「男尊女尊《だんそんじょそん》」とも言えよう。

女性霊力信仰は、男系の万世一系の皇室と日本国を守るために、古代日本人が選んだのだ、とも言えるのだ。

となると、女性霊力信仰は、連綿と続いてきた価値ある伝統・祭祀王たる男系天皇を守ることこそ、本来の目的である、とも考えられるのだ。

第6章

天海大僧正が仕掛けた日光東照宮呪術的グランドデザインの謎

我々は、前章において、とうとう伊勢神宮と大嘗祭《だいじょうさい》の宇宙的な呪術的グランドデザインを、知ってしまった（暗号解読成功）。その最高度に洗練された、芸術的な感覚をもった呪術デザイン（八の世界）の素晴らしさには、心底感嘆せざるを得なかった。この呪術の中には、祭祀王《さいしおう》としての天皇の性格と、日本の国柄が象徴されていた。

その後、偶然ではあるが、驚くべきことを発見した。日光東照宮《にっこうとうしょうぐう》についてである。何と、この宇宙的な呪術は、日光東照宮にも密かに施《ほどこ》されていたのである。実は、この天地に描くグランドデザインは、伊勢神宮と大嘗祭にのみ施されている、隠密裡《おんみつり》の呪術と思っていた。その初めての発見を小生がしたのだと、欣喜雀躍《きんきじゃくやく》していた。

ところが違ったのだ。私より先に発見していた人物がいたのだ!!　天海大僧正《てんかいだいそうじょう》である。正直、私は、初めての発見でないと分かり、力が抜けてしまった。しかし、はっと、気がついた。それは仮説の正しさの証拠なのだと。私が発見した「伊勢神宮・大嘗祭」の呪術的グランドデザインの確かさが認められた、と思えば嬉しさ百倍であると。まさに、勇気凛々《ゆうきりんりん》である。

天海大僧正は、畏《おそ》れ多くも、伊勢神宮の呪術を真似して、家康《いえやす》を天皇と同等、あるいはそれ以上の位として密かに祀《まつ》った。恐るべし天海大僧正である。

日光東照宮の封印された真実の解明は、天海大僧正が施した呪術を解明することにある。

この章の旅は、誰もが知り得なかった、東照宮の呪術的グランドデザインの発見に繋《つな》がる、暗号解読の旅となる。しかし、もう我々は、どのような呪術かはすでに知ってしまっている。ならば、慣れた旅となる。旅人である読者には、天海大僧正はどのような呪術を施すのであろうか推論を巡らしていただき、そして当てていただけたら幸いである。

江戸城と八の暗号

天海大僧正は、家康、秀忠《ひでただ》、家光《いえみつ》と徳川三代にわたり、絶対的な帰依《きえ》を受けた。その天海は、江戸城、ならびに江戸幕府の護持のための寺・寛永寺《かんえいじ》を造営した。そして、天海は家康を天皇と同等以上のものとして、日光東照宮において祀ったのだ。

その同等以上の祀りの方法とは、一体どのようなものだったのだろうか。ここに、天海のデザインが注目を浴びることになる。

日光東照宮は、山王一実《さんのういちじつ》神道によって祭祀されている、という。その山王一実神道は、天海自らの創造で、一切のことは自分の他、知る者がいない、と言明している。よって、日光東照宮の深奥は、天海のみが知ることになる。

だとしたら、天海が基本とした宗教的哲学は、表には出てこない。むしろ、秘中のものとして、とんでもないデザインを施している可能性がある。ならば、天海が家康をどのようにして祀ったかを調べることは、天海の秘密を暴《あば》き出すこととなり、俄然《がぜん》、面白くなってくる。

その天海の深奥に、「八」の探究者である小生が、「八」という切り口で挑《いど》むこととする。すると、天海が秘中としていた世界が、ハッキリと見えてくる。まず、江戸城から検証してみよう。

❶ 八方位の守護

江戸城のほぼ真北には、日光東照宮が位置している。徳川家康が北極星神となり南面し、江戸城に対し睨《にら》みを利かせている。このことは江戸城鎮護《ちんご》の他に、多くの意味を持つ。この件は後ほど詳しく述べることとする。

江戸城の艮《うしとら》にあたる八方位の鬼門《きもん》（北東）には、上野・寛永寺を建て、江戸城鎮護の祈願寺とした。さらに、わざわざ神田明神《かんだみょうじん》を鬼門の位置に移した。これは平安時代、艮《ごん》の鬼門の方位（北東）に比叡《ひえい》山延暦寺《ざんえんりやくじ》を配し、御所《ごしょ》・王城鎮護としたのと同様である。筑波山《つくばさん》も、比叡山に準じ、鬼門封じの祈願所とした。

その反対の方向、裏鬼門（南西）には、赤坂の日枝《ひえ》神社がある。この神社は比叡山の守護神である日《ひ》吉《よし》大社を勧請《かんじょう》したものである。勿論、江戸城守護の願いが込められている。

更に、江戸城南には、徳川家の菩提寺《ぼだいじ》である芝・増上寺《ぞうじょうじ》を配した。つまり、江戸城は、八方位の二つのライン、南北と、北東・南西ラインによって守られている。

また、八方位の裏鬼門の方向へずっと延ばして行くと、ほぼ静岡県の久能山《くのうざん》東照宮に突き当たる。その距離も江戸城と日光東照宮との距離に近い。

この久能山東照宮には、驚くべき呪術がほどこされているという。

家康は、神廟《しんびょう》（奥社廟塔《びょうとう》）と「三池《みいけ》の刀」を、久能山東照宮から西に向け安置するよう命じた。この「三池の刀」とは、幾度もの合戦を乗り越えてきたという刀であり、久能山東照宮安置のために、わざわざ罪人を試し斬りさせた刀である。『徳川実紀《とくがわじつき》』には、「西国鎮護」のためと記してある。

久能山から西に方位線を延ばすと、鳳来寺山《ほうらいじさん》と京都にぶつかる。鳳来寺と久能山の関係はどのように考えられるのであろうか。

家康は、〈鳳来寺の薬師如来《やくしにょらい》の申し子である〉とされている。このことから埋葬地として鳳来寺山の真東の久能山に葬《ほうむ》られた。神として再生するために、東の場所を選んだとも言われている。

しかし、廟塔と刀を西面させたのは、まさに西方鎮護の呪術であった。家康は、神像と罪人の血を吸った刀を、あろうことか、天皇の住まう京都に向け安置した。

これで八方位のうち、南北と北東・南西のラインの他に、西に対する江戸城守護の仕組みも分かった。

では、東の守護は考えなかったのか、という疑問が湧《わ》くのは当然である。天海大僧正ともあろう人が、パーフェクトでないはずがない。天海は呪術を粗相《そそう》するような人では絶対にあり得ない。しかし、主だったそれらしき建造物、呪術アイテムなどは見あたらない。だが、これでよいのだ。

東の守護は、さらに高度な精神的呪術を仕組んだ。家康は、「東照大権現《だいごんげん》」である。東照大権現とは、一体何を意味しているのか。

「東照大権現」の東照とは、朝日のことを意味する。

つまり「天照《あまてる》=海照《あまてる》=東照《とうしょう》」のことである。

よって、東照大権現とは、天照大神を意味している、とも言えるのだ。

また、天海は、薬師如来を東照大権現の本地《ほんじ》とした（前述のように、家康は薬師如来の申し子だという伝説もある）。

密教では、薬師如来と大日如来《だいにちにょらい》は同体の如来としているということから、「家康＝東照大権現＝天照大神＝大日如来＝薬師如来」ということになる。

東から日が昇ることによって（東照によって）、一切の世界が明るく照らし出される。東は万物の生命発動の方位でもある。よって、八方位の東の呪術的保護の仕組みは、「家康＝東照大権現＝天照大神＝大日如来＝薬師如来」で成立する。

天海の見事なデザインである。

これで江戸城守護に関わる八方位の、南北軸、東西軸、鬼門・裏鬼門軸の霊的呪術が、揃った。これらのことは、勿論、基本は「八卦」の思想に基づいているといってよい。

❷ 江戸城守護呪術図

これまで述べてきたことを図表に表すと図6・1のようになる。久能山と富士山を結ぶ線を延長すると、ほぼ日光山に至り、「不二・不死」を意味するから不思議である。

日光東照宮と八の暗号発見と解読

❶ 天の太極（太一・北極星）八卦

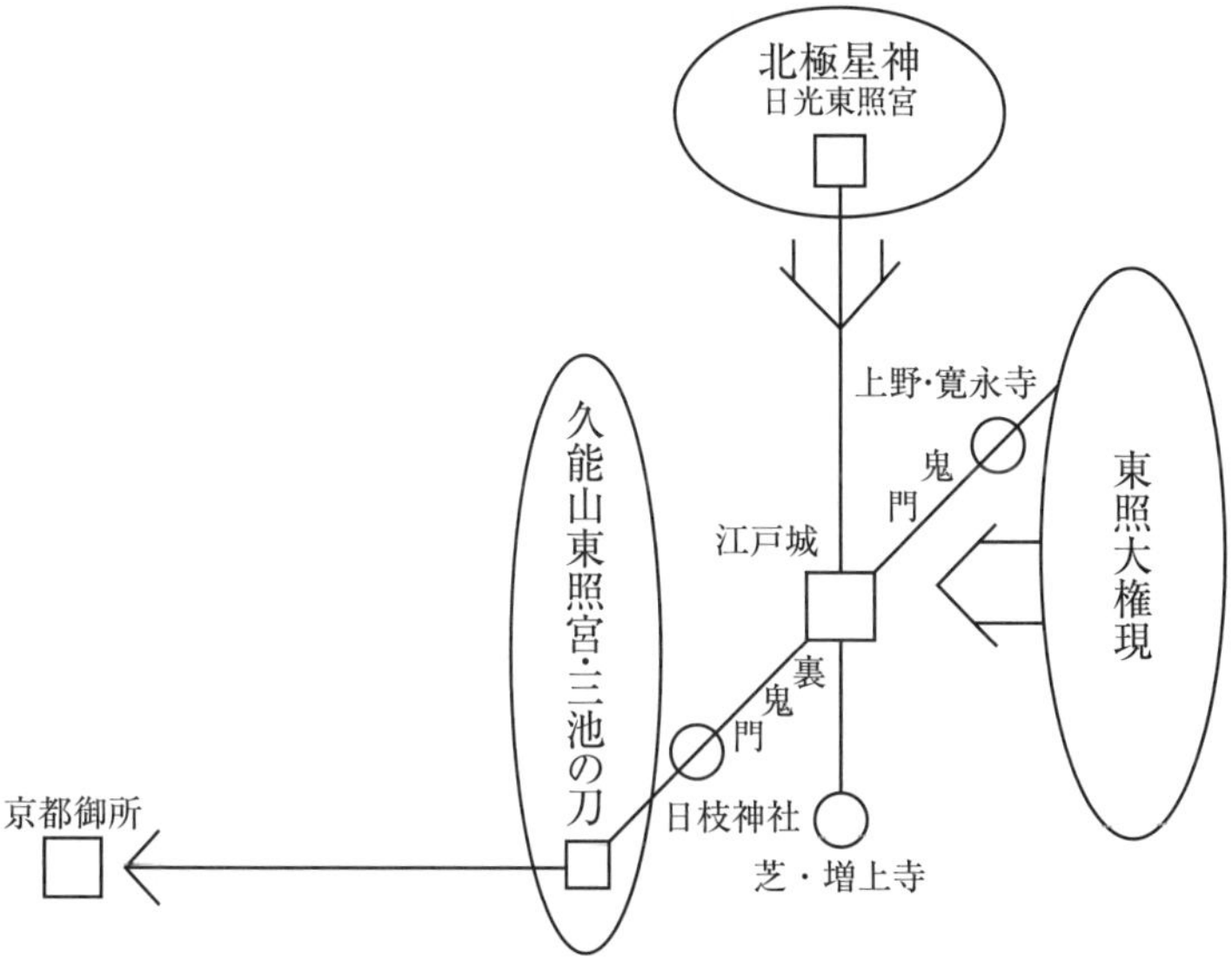

図６・１：江戸城守護呪術図

（1）久能山から日光への遷座《せんざ》

更に、天海大僧正による日光東照宮のデザインを、「八」の切り口で見てみよう。

徳川家康は静岡県の久能山に葬られたが、天海のプランによって、日光の地に廟《びょう》を移された。では、何故久能山から日光に遷座《せんざ》したのだろうか。

私は、ズバリ、家康が最高の神に変身するための手段だったと思う。日光東照宮が江戸のほぼ真北に位置することは、北極星を意識していることになる。

そもそも密教は「護国修法」によって国家（天皇）と結びついた。例えば天台宗の「熾盛光法《しじょうこうほう》」は、天皇の本命星《ほんみょうしょう》・北極星に祈願する秘法である。天海は、天皇を意識して、家康を北極星神として祀ったのである。

（2）山王神と摩多羅神《またらじん》

徳川家康は東照大権現として祀られた。その相殿神《あいどのしん》は、山王神道の山王神と摩多羅神《またらじん》である。摩多羅神とは、唐から帰国する途中慈覚大師《じかくだいし》の前に現れた神だという。この神は、吒枳尼天《だきにてん》と同様とも、大黒天《だいこく》と同様とも言われ、また、阿弥陀如来《あみだにょらい》と同じとも言われている。多くの神と習合しているように見受けられる。

山王神は、釈迦如来《しやかにょらい》の垂迹《すいじゃく》だとされ、また大日如来とも、そして天照大神とも同一だと考えられている。この二つの神は、あまりにも多くの神々と習合しているため、よく分からない。

ところが、東照大権現の相殿神としての山王神は北斗七星で、摩多羅神はその輔星《ほせい》であると言われている。「北斗七星＋輔星」なのだ。となると、主祭神・東照大権現の家康は、北極星に当たる。

高藤晴俊《たかふじはるとし》氏の『日光東照宮の謎』（講談社現代新書）によると次のようになる。

◎東照宮に伝えられる三幅対の画像では、中央に家康像、左右に山王神と摩多羅神が描かれている。
◎摩多羅神の画像の上部には、北斗七星と輔星（アルコル）が描かれている。（図6・2参照）
◎山王神の画像の中央には、七神のみで輔星に相当する神像が描かれていないことから、摩多羅神が輔星に当てられていると類推される（参照図なし）。

山王神が北斗七星で、摩多羅神がその輔星であるということは、家康を北極星とし、その北極星を廻る北斗七星と輔星という関係になる。「北斗七星＋輔星」、即ち「北斗八星」なのだ。「北斗八星」については すでに述べている。何度も使っているが聞き慣れない言葉である。この「北斗八星」が重大な意味を持つ。これこそが日光東照宮の全てを物語っている。しかも、本質を隠蔽《いんぺい》して（図6・2、図6・3参照）。

小生はこの部分に接して、すぐに伊勢神宮を思い出し、震えながら心の中で叫んだ。このコンセプトは、伊勢神宮の表に出てこない呪術哲理と同じであると!! 先に伊勢神宮の呪術を紹介してあるので、おそらく暗号解読の旅人もそう思ったに違いない。

（3）輔星《ほせい》と「太極（太一・北極星）八卦」と家康

輔星《ほせい》の位置は、北斗七星の柄の先端から二番目の星、武曲星のすぐ脇にある（「第2章」図2・7を参照）。

中国の科挙《かきょ》の試験において、北斗の星は幾つかという問題が出たとき、「七」と答えた場合は不合格で、「八」が正解だという話を聞いたことがある。またこの星は寿命星とも言って、正月にこの星の見えない者は、その年のうちに死ぬという伝承もある。北斗七星は、この星を入れると八個で、陰陽道ではこの星を重視し、「金輪星」と言って信仰の対象としている。

このように、北斗七星に輔星を加えることにより、北天の空に北極星を中心とする壮大な八卦の図ができる。

デザイン表現としては、「太極＝北極星」―「八卦＝北斗八星」となる。

さて、家康が北極星であるということは、道教の教義から「天皇大帝《てんこう》」、すなわち「天皇」を意味する。道教では、太一《たいいつ》、すなわち北極星を中心とした「太一（北極星）八卦」の哲理があるが、まさに、その通りなのだ。

ところが、東照大権現は、文字通り、「天照大神」をも意味する。また、家康は、「家康＝東照大権現＝天照大神＝大日如来＝薬師如来」である。よって、家康は、多くの神様を象徴している日神でもあり、また北極星神でもあるのだ。

このことは大変なことを意味する。

神・徳川家康は、「太極八卦」の「太極」のデザインとぴったりと合う。「太極八卦」の図の中では、太極は二つ巴《どもえ》の「陰陽」になっている。太極の陰と陽がデザインできる。つまり、徳川家康を意味する

図6・2：三幅対摩多羅神画像。上部に北斗七星（八星）図が描かれている

図6・3：三幅対山王神画像部分。北斗七星および輔星に対応する人物像が八つの円の中に描かれている（『日光東照宮の謎』高藤晴俊・講談社現代新書より。一部作図および加筆）

ところの、太陽神と北極星神は、太極図に収まるのである（図6・4参照）。

この場合の陰と陽はどうなるのか。

太陽は陽、北極星は陰。しかし、天照大神は女性で陰、北極星神は男性で陽であると考えられる。となると、〈陽であって陰、陰であって陽〉となり、まさしく陰陽の習合である。しかも、中国の歴史そのものとも言える、「八卦」の哲学で組み立てられているのだ。これほど王道をいく大胆な呪術的哲学デザインが、他に存在し得るだろうか。これ以上の堅固な呪術があろうか。まさに、「八」のデザインそのものである。

（4）東照宮「太極（太一・北極星）八卦」図と伊勢神宮「太極（太一・北極星）八卦」図

天海が創造し、天に描いた家康の「太極（太一・北極星）八卦」図は図6・5の通り。

この図は、伊勢神宮において描かれた「太極（太一・北極星）八卦」図と全く同じである。伊勢神宮の図（図6・6）も一緒に並べてみよう。

伊勢神宮と東照宮は、天に「太極（太一・北極星）八卦」を描いている。天海は、伊勢神宮の壮大な呪術を知って、これに勝るものはないと判断したのではなかろうか。家康を陰陽の太極とし、その周りに八卦を配すことは、まさにこれ以上の呪術は宇宙に存在しないと思わせるほどの、究極の呪術哲学なのである。

❷ 地の「太極（太一・北極星）八卦」……天海の恐るべき秘術

図6・4：太極

（1）深秘式《じんぴしき》と三種の神器

今述べてきたように、天海は、「天」の呪術については、伊勢神宮を真似て「太極（太一・北極星）八卦」を描くことで、落着した。では、「地」の呪術については、どうであろうか。大変興味がある。やはり、伊勢神宮を真似たのか。追求してみよう。

天海は、家康公の神柩《しんきゅう》を納めた奥の院の御廟塔《ごびょうとう》供養のさい、恐るべき秘術儀式を行ったという。山王一実神道「塔中《とうちゅう》勧請《かんじょう》鎮座《ちんざ》深秘式《じんぴしき》」である。この深秘式について述べた本は幾つかあるが、全て江戸末期から明治初期にかけて書かれた写本であり、天海大僧正が生きていた頃のものではない。よって、深秘式の全ては、天海大僧正のみが知るところなのである。しかし、完全な秘術儀式解明はともかく、形式はある程度伝わった。

この件については、『天台密教の本』（学習研究社）に書かれた不二《ふじ》龍彦《たつひこ》氏の記述、『台密の理論と實踐』（三崎《みさき》良周《りょうしゅう》・創文社）、そして『日本思想と神仏習合』（菅原《すがわら》信海《しんかい》・春秋社）からも参考にさせていただいた。

この深秘式の中で、特異なことは、「三種《さんしゅ》の神器《じんぎ》秘《ひ》印明《いんみょう》」が家康に対して行われたことである。なんと天海は、天皇位の証《あかし》である「三種の神器」を印明という形で表し、家康に伝授したのだ。その三種の神器は、神柩《しんきゅう》の中に納められた御璽箱《ぎょじばこ》の内箱の台座に、「神鏡、宝剣、神璽《しんじ》」と梵字《ぼんじ》で書かれ、表現されていた。

御璽箱の外箱は八角形である。これは、胎蔵界《たいぞうかい》の「八葉蓮華《はちようれんげ》」を表現したものだ。しかし、この八角形も、道教では全宇宙を意味している。天海は、あろうことかこの八角形に、天皇即位のさい用いられ

太極＝東照大権現・太陽（天照大神）・北極星
八卦＝北斗八星［山王神（北斗七星）+摩多羅神（輔星）］

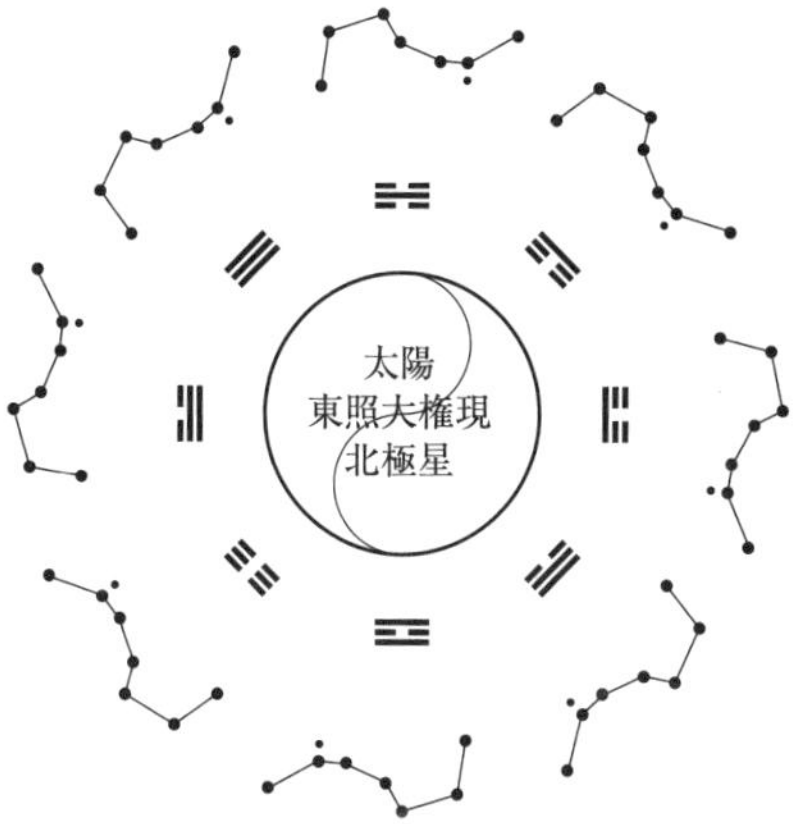

図６・５：日光東照宮「太極（太一・北極星）八卦」図

太極＝内宮・太陽（天照大神）・北極星
八卦＝外宮・豊受大神（八天女）・北斗八星（北斗七星+輔星）

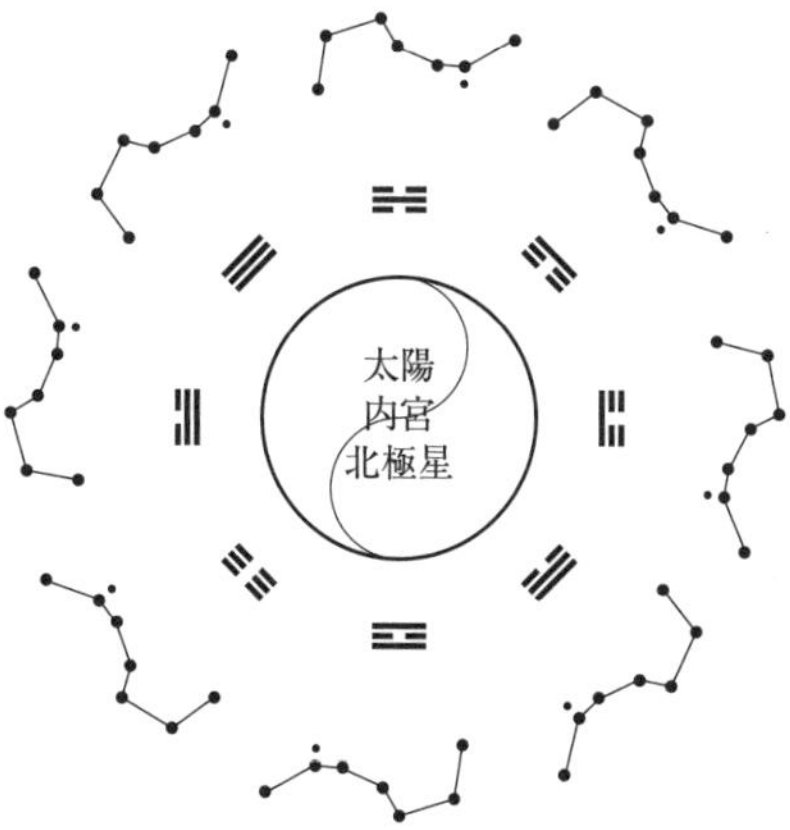

図６・６：伊勢神宮「太極（太一・北極星）八卦」図

る八角形の「高御座《たかみくら》」の意味を持たせた。

更に、補足するならば、内箱に梵字で書かれた三種の神器も、全て「八」で言い表される。すなわち「八咫鏡《やたのかがみ》」「八剣《やつるぎ》（草薙剣《くさなぎのつるぎ》）」「八坂瓊曲玉《やさかにのまがたま》」である。ここで言う神璽は、「八坂瓊曲玉」を表している。即ち、全て「八の世界」である。

（2）ついに発見!! 仮説の正しさを証明する、極秘敷曼陀羅《ごくひしきまんだら》と八卦図《はっかず》

内箱には、梵字《ぼんじ》で書かれた三種の神器《じんぎ》とともに納入されていた、「種字曼陀羅《しゅじまんだら》」と「極秘敷曼陀羅《ごくひしきまんだら》」がある。「種字曼陀羅」は箱内の御璽や法華経を包むものであり、「極秘敷曼陀羅」は箱の内に敷くものである、と三崎良周氏は述べている。

「極秘敷曼陀羅」は、「八」の探究者としての私に、勇気と喜びを与えてくれた、と言っても過言ではない。天海さん、やっぱりここに行き着いたのか、という気持ちである。何故なら、そこには、はっきりと八卦《はっか》が描かれているではないか!! 何と曼荼羅を、「八卦」で表している!! しかも敷曼陀羅なのだ!! 私は興奮の極《きわみ》に達し、そして安堵した。正直な気持ち、私は天海大僧正と握手をし、抱きつきたい気持ちであった（図6・9参照）。

「天」に「太極（太一・北極星）八卦」を描いたならば、必ず「地」にも「太極（太一・北極星）八卦」を描いているに違いないという、私の今までの推理の正しさを、裏付けてくれたのだ!! この八卦・極秘敷曼陀羅は、私の仮説の正しさを裏付ける、限りなく貴重な証拠であると思われる!!

私は、東照宮のこの呪術を知ってから、伊勢神宮と大嘗祭の呪術を発見したのではない。伊勢神宮と

大嘗祭の呪術を発見したのち、この東照宮の呪術に出合ったのだ。しかも、八卦が描かれている敷曼陀羅に。もう、〈伊勢神宮と大嘗祭においては、天地に、呪術として「太極（太一・北極星）八卦」が描かれている〉との、私の仮説を疑う者はいないであろう。私は高ぶった気持ちを抑えることができない。

三崎良周氏も〈密教曼荼羅にこのような形体のものがあったのかどうか〉と、「八卦」の模様を不思議がっている。私には天海大僧正のデザイン意図が、充分に分かるのだ。この八卦の模様の真の意味こそが、〈一切のことは自分の他、知る者がいない〉と明言している山王一実神道なのである。

（3）御璽箱《ぎょじばこ》とその内部図

図6・7、図6・8、図6・9を、見ていただきたい。

御璽箱の下に敷いた「極秘敷曼陀羅《ごくひしきまんだら》」の「敷」という文字に注目したい。「天地」の「地」を表しているとも言える。それに対して、北斗八星（山王神＋輔星）は、勿論「天」である。

御璽の内箱の中には、八卦を描いた極秘敷曼陀羅を敷く。この極秘敷曼陀羅を御璽箱の下に敷いた呪術こそが、天海大僧正が考えた最も重要なデザインの一つなのだ。

八卦を描いた極秘敷曼陀羅のその上には、家康自身と言える御璽の内箱と御璽の八角形外箱が乗る形になる。よって、家康は太極（北極星）となる。この形は、天皇が八角形の高御座《たかみくら》で即位式を行うという姿を思い出させる。つまり、家康が亡くなった後、天皇と同等の位になるという意味を含んでいたと思う。

そしてそれを宝塔八角形基壇が覆《おお》う。この八角形基壇であるが、さらに次のことが言える。伊勢神宮を整備発展させた天武天皇は、崩御された後、八角形墳陵に葬《ほうむ》られた。勿論、天海大僧正は、このことを知っていた。家康神廟の八角形基壇は、それに影響を受けた形であるのだ（図6・10参照）。

まさに家康は、天海によって、「天と地」を、「太極（太一・北極星）八卦」の呪術でしっかりと制御する術を授《さず》かったのだ。

なお、内箱の両側面には、〈今此三界、皆是我有〉、〈其中衆生、悉是吾子〉と法華経《ほけきよう》の文言《もんごん》が記されている。この三界、つまりこの世は、全て我が所有するものである。そしてその中の衆生《しゆじよう》は、全て悉《ことごと》く吾《わ》が子であると、言っている。

三種の神器の印明《いんみよう》といい、この文言といい、家康の地位を天皇の地位にまで高めようとした意図が、明白である。

（4）東照宮・天地「太極（太一・北極星）八卦」図

では、伊勢神宮と大嘗祭の場合と同様、今回も天と地の「太極（太一・北極星）八卦」図を繋《つな》げてみよう。

暗号解読の旅人（読者）には、どのような天地「太極（太一・北極星）八卦」図になるのか、想像がつくことであろう。天皇になりたかった家康の呪術的グランドデザインが、初めて明らかになる瞬間でもあるのだ。

デザイン図は図6・11の通りである。

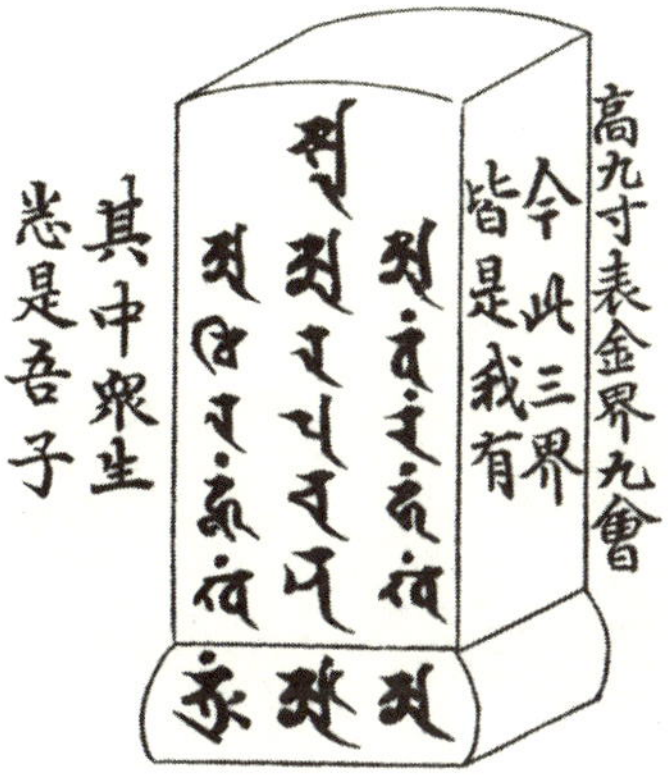

図６・７：御璽内箱

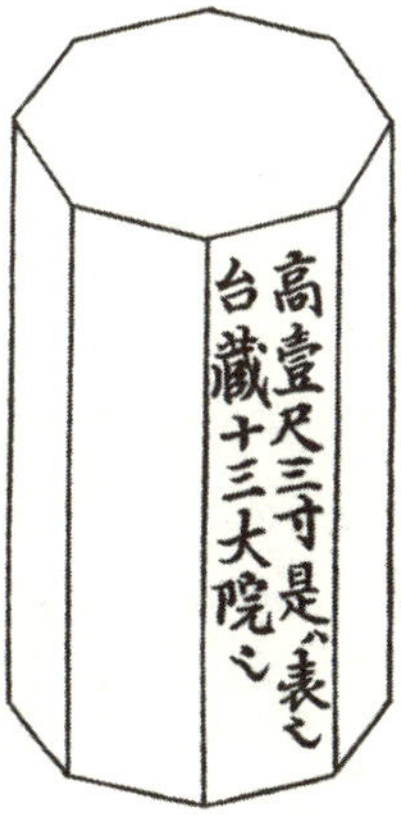

図６・８：御璽外箱

図６・９：極秘敷曼陀羅（以上３点、『天台密教の本』学習研究社より）

図6・10：八角形基壇

何と、美しい、幽遠・幽玄な、「太極（太一・北極星）八卦」であることか!! 星と曼荼羅が一体となって、宇宙に「太極（太一・北極星）八卦」を描いているのだ。デザイン図は、「日光」でもあるのだが、「星光」でもある。

思いもよらぬことであったが、日光東照宮の秘密裏の呪術的グランドデザインとは、天地に天皇（太一・北極星・天皇大帝）を描くことでもあったのだ!! 天海大僧正が描いた、最高級の隠密裡《おんみつり》の呪術デザインがいま明らかになった。まるで、見てはいけないものを見てしまった、戦慄《せんりつ》すべき呪術のようでもある。

伊勢神宮と東照宮の呪術を比べてみようと思う。この比較は、驚くほどはっきりと根本哲理の違いを示唆《しさ》してくれる。

伊勢神宮と東照宮の「八の世界」の比較

❶ 伊勢神宮の呪術原理を真似た東照宮

豊臣秀吉は八幡神になりたかった。しかし、朝廷から八幡神を名のるとは不届き至極、ということでそれは拒否されている。家康は、八幡神の原理である「八卦」を天海によって伝授され、しかも、北極星、太陽の神様として、天皇をもしのぐ「太極（太一・北極星）八卦」のデザインで祀られた。同じ天下人として、祀られ方に大きな違いがある。

北天においては、北極星を中心に、北斗七星が毎日周回している。その動きの壮大さは神秘的でもある。この北天に宇宙的な「太極（太一・北極星）八卦」を描こうとするのは、易の原理を知っている者ならば、自然な要求であろう。

この呪術的哲学デザインでキーポイントになるのは、「輔星《ほせい》（アルコル）」である。北極星を保護しながら廻る北斗七星に、輔星を加えることにより、八卦図ができあがる。

伊勢神宮においては、外宮の豊受大神は八天女の中の一人であること、そして日光東照宮においては、東照大権現の相殿神《あいどのしん》に輔星の摩多羅神《またらじん》を加えていること、が最重要なのだ。

この隠密裡《おんみつり》の最終的な伊勢神宮のデザインは、天武天皇が成《な》した。ときの最高のブレーンを集め、最高の呪術を施したのだ。それが、伊勢神宮の内宮における天照大神と太一（北極星）の習合であり、内宮と外宮との関係「太極（太一・北極星）八卦」なのである。

このことは、誰にもさとられずに、ときだけが過ぎた。

しかし、天武天皇が隠密裡にデザインしたであろう、伊勢神宮における「太極（太一・北極星）八卦」の基本哲理を、天海は発見した。そして、天海は、この伊勢神宮の隠された基本哲理を、家康のために利用した。天海はこのためにわざわざ「山王一実神道」を作ったのだ。

天海は、この呪術の本質を、勿論、誰にも語っていない。

日光東照宮にとっては、伊勢神宮の秘めた呪術哲理を共有することこそが、最高グレードになることだったのだ。天海は、家康を、天皇を超えた存在として、また、日光東照宮を、伊勢神宮を超えた存在

太極＝北極星・徳川家康・東照大権現・天照大神・大日如来・太一・天皇
八卦＝北斗八星（山王神+摩多羅神）

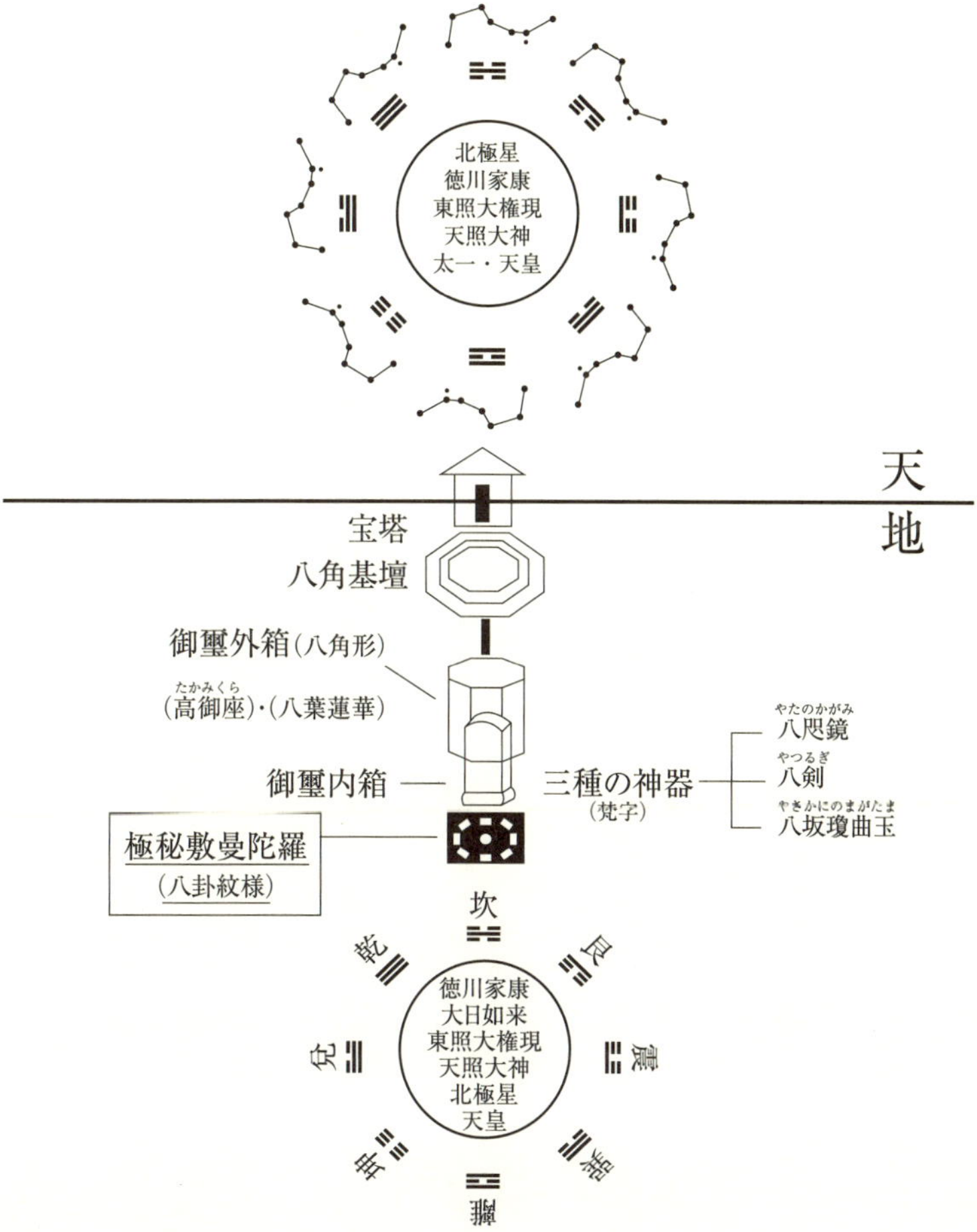

太極=極秘敷曼陀羅（中央）・大日如来・徳川家康・東照大権現・天照大神・北極星・太一・天皇
八卦=極秘敷曼陀羅（外側）・北斗八星（山王神＋摩多羅神）

図6・11：日光東照宮・天地「太極（太一・北極星）八卦」図

として考え、デザインした。少なくとも、秀吉の「豊国神社」は超えようとした。そして秀吉に対しては、比べようのないほど超えたのだ。

伊勢神宮は静かに凛然《りんぜん》として堂々と続いている。そして、日光東照宮もきらびやかに続いている。天地に描いた「太極（太一・北極星）八卦」の呪術が、十二分に効いているのであろう。建物のデザインも対極である。「シンプル」と「きらびやかさ」との対比（家康が祀られている奥社は、その限りでない）。

また、いわゆる万世一系の天皇と平凡な出自の家康、という対比も面白い（家康は、出自をでっちあげ源姓《みなもとせい》を名のったりもした）。

日光が世界文化遺産に指定されているのに、伊勢神宮はなぜ指定されていないのか。この対比も面白い。

宮号が宣下されたことにより、翌々年からは毎年四月の例祭に朝廷より奉幣使《ほうへいし》が派遣されるようになり、これにあわせて、戦国時代に廃絶されていた伊勢神宮への例幣使《れいへいし》も復活された。この日光例幣使の派遣は幕末の慶応三年まで、二百二十年間続けられたが、江戸時代を通じて、例幣使が派遣された神社は、伊勢神宮と東照宮だけであった（『日光東照宮の謎』高藤晴俊・講談社現代新書）。

伊勢神宮と、そして伊勢神宮のコスモロジー的呪術を真似た東照宮のみが、例幣使を受けていたということは、あまりにも因縁めいている。

天海は、徳川家康を、まさに考え得る最高のグレードとして祀った。伊勢神宮と東照宮は、いずれも太陽の神様である。この神様がいずれも北極星（神）と習合している。この習合は、あくまでもこっそりと太陽の神様を、「太極（太一・北極星）八卦」の呪術で守ることにある。だからこの「守護の呪術・太極（太一・北極星）八卦」は表には出てこない。輔星《ほせい》（アルコル）を加えることにより、この呪術・「太極（太一・北極星）八卦」は成り立つのだから、輔星という言葉の意味は、実に深い。この秘密のデザインこそが、伊勢神宮において天武天皇の考えた基本であり、それを天海が発見し日光東照宮で真似たということなのだ。

この日光東照宮の大胆なデザインは、伊勢神宮の秘密を解いたことにある――という思いに、天海は、密かに満面の笑みを浮かべたことであろう。

大僧正・天海のデザインした日光東照宮は、「八の切り口」で検証することによってのみ、表に出ていない隠密裡《おんみつり》の呪術部分があぶり出され、初めてその奥深さが分かるのである。

私は、ふと思う。東照宮の呪術は、天皇とは何かという意味・意義を、我々に切ないほどに教えてくれている、と。家康は東照宮の呪術に示されているように、これほどまでに天皇の地位に憧《あこが》れていながらも、天皇になろうとしなかった。簡単に天皇家を滅ぼすことができたのにも拘《かか》わらずである。さすがに、千数百年も連綿と続いてきた万世一系の天皇家に対しては、血筋の違いに畏怖《いふ》せざるを得なかったのであろう。また、たとえ、天皇家を名告《なの》っても、他の人々が認めるわけがないことを自覚していた。

表立って人々に知られることなく、秘密裏の呪術によって天皇の地位として祀られた家康の心は、まさに、「いじらしい」とも言えるのだ。

❷ 太極（太一・北極星）八卦の本質の違い

さて、「第5章」で、伊勢神宮と大嘗祭《だいじょうさい》の呪術的基本的概念は、天地に「大八洲瑞穂国《おおやしまみずほのくに》（八束穂）・八卦」を描くことである、と述べた。

この壮大で実にシンプルな概念図は、我々に伊勢神宮と天皇の何たるかを教えてくれた。

ところが、伊勢神宮を真似た日光東照宮の場合はどうであろうか。そのように思ったとき、初めて、日光東照宮には、稲の八卦は配されていないことに気がついた。

日光東照宮・奥の院には、仏教と習合した神のみが配されている。つまり、天には、北斗八星（山王神＋摩多羅神《またらじん》）が八卦として配され、地には、敷曼陀羅が八卦として配されているのだ。

天海大僧正は、伊勢神宮を真似し、密《ひそ》かに天皇以上の位として徳川家康を日光東照宮の奥の院に祀った。しかし、伊勢神宮の本義でもある、食の安寧を祈る稲の呪術は、施《ほどこ》さなかった。

勿論、日光東照宮においては、稲の八卦が天地に配されていないからといって、稲の祭祀がないわけではない。その年の一年の豊作を祈る「祈年祭《としごいのまつり》」、豊作を感謝する「新嘗祭《にいなめさい》」等々も行われている。

また、「山王神」と「摩多羅神」は、多くの神と習合しているから、当然、稲も含まれていると思う。

しかし、伊勢神宮のように直截的《ちょくせつてき》ではない。

また、対中国皇帝属国拒否として天皇号を称し、その天皇の意味付けを伊勢神宮に施したという、当時の独立国を目指した気概もない。

果たして天海は、伊勢神宮と大嘗祭の、天地に八束穂を描く「太極（太一《たいいつ》・北極星）八卦」の概念を知っていたのであろうか。いやいや勿論、天海は知っていた。しかし、そこまで真似ることは物理的に不可能であったのだ。やはり、歴史の重みが違うのである。

そもそも伊勢神宮が稲倉《いなぐら》の形をしていること。天皇の祖神《おやがみ》・天照大神が稲と結びついていること。天皇は、大八洲瑞穂国《おおやしまみずほのくに》（食国《おすくに》）の祭祀王であること。これらのことはさすがに天海大僧正も真似することはできなかった。天皇・八州《やしま》・八州人《やしまびと》（造語）を象徴する八束穂《やつかほ》（稲）のことは除いてしまったのだ。

いかに天皇に似せようとしても、稲の祭祀だけは組み込めなかった。

天海の、天皇を真似た呪術の内容のあまりの凄さに、私は恐れおののいた、と言っても過言ではない。ここまで真似をするのか、という気持ちであった。

しかし、徳川家康は、「祭祀王たる天皇」にはなれなかった。つまり、日本の国柄「大八洲瑞穂国《おおやしまみずほのくに》（食国《おすくに》）」を表現することは、できなかったのだ。

この差はあまりにも大きいと感じる次第である。

第7章

八幡神は何故突然、大出世したのか？

前章にて、我々は、『古代天皇家「八」の暗号』解読の旅の目的地に到達した。しかし、帰路は別の道を通りたい。まだまだ、知っていただきたい重大な「天皇家の暗号（国家の暗号）」の解読がある。帰路の旅は、ときどき横道にそれる、気ままな旅としたい。

どうしても避けられないテーマとして「八幡神」がある。何と言っても八幡神は「八の神様」なのだ。ましてや皇室第二の宗廟《そうびょう》の神となった八幡神である。だが、八幡神のルーツは諸説があり、いまだ定説がない。

私見によれば、八幡神の突然の大出世は、光明皇后《こうみょう》（聖武天皇《しょうむ》）によるものと思う。それは、中国唯一の女帝・則天武后《そくてんぶこう》に対する、強い憧《あこが》れがあったからだ。その想像を絶する深い憧れは、「八の切口」でのみ発見できる。

八幡神の暗号解読の旅は、横道にそれながらも、多くの貴重な事例を発見することになる。特に、則天武后が建立《こんりゅう》した「天樞《てんすう》」に関する発見は、忘れられぬ興奮であった。勿論、「八の世界」の発見であり、八の暗号解読である。ここでのキーワードは、「国とは、八方なり」を意味している、則天武后が作った則天文字「圀《くに》」である。八幡神のことは勿論のこと、光明皇后、則天武后についても、情熱を込め論ずることとする。この章は、特に、光明皇后と則天武后の姿を追う、ロマン溢《あふ》れる暗号解読の旅としたい。

但《ただ》し、八幡神のルーツについては、詳しく述べない。とても手に負えるものではないからである。何故、八幡神は出世したかについて論考したいと思う。

八幡神とは

❶ 八幡神概要

八幡《はちまん》神社と呼ばれる神社の数は、全国で三万とも四万とも言われ、日本の神社の約三分の一を占めている。八幡宮の総本社は宇佐《うさ》神宮で、宇佐八幡と呼ばれ、祭神は、応神《おうじん》天皇、比売大神《ひめのおおかみ》、神功《じんぐう》皇后である。柳田國男《やなぎたくにお》氏は、我が国の歴史の中で最も普及したのが八幡神である、と述べている。頼朝《よりとも》の祖先・義家《よしいえ》は石清水《いわしみず》八幡宮前で元服したので、「八幡太郎義家《はちまんたろうよしいえ》」を名のり、頼朝の代には鶴岡《つるがおか》八幡宮を鎌倉幕府の鎮守とした。そして「神は八幡」と言われるように神の代名詞となった。

八幡神のルーツについては、諸説があり定説がない。ましてや、八幡神社の「八」は何故「八」なのかについては、時代によって呼び方が変わっており（やはた→はちまん）、その意味とその変遷を述べるのは難しい。

おそらく、まだ応神《おうじん》天皇の霊神と言われる前の八幡神《やはたのかみ》は、〈弥栄《いやさか》の八《や》である幡《はた》が幡めき、八方に広がる〉という、イメージであったと推測できる。

九州地方においては、仏教が日本に入ってきたとされる538年（あるいは552年）以前に、仏教文化が入ってきていたと思う。勿論、道教は仏教より先に流入している。

八幡神は、「八」を共通項として、仏教（八葉蓮華《はちようれんげ》）、道教（太一八卦《たいいつはっか》）とも親密な関係があったのではなかろうか。ところが571年、応神天皇の神霊《しんれい》であるという八幡神が、突然、宇佐の地に顕《あらわ》れる。となると、八幡神と応神天皇の関係は？　ここが分からない。何故、八幡神なのかということが分からない。八幡神の名前を単に借りたのか？　何らかの関係があるはずであるが、分からない。

実際に応神天皇として祀られたのは、571年に応神天皇の神霊が顕れたとされる時期よりも、ずっと後だったということが推測できる。中野幡能《なかのはたよし》氏は、八幡神が、749年、一品《いっぽん》の位を叙せられたのは、応神天皇の神霊であると受け取られていたからだと、述べている（『八幡信仰』塙書房）。

また、単なる地方神である八幡神が、何故皇室第二の宗廟《そうびょう》の神にまで出世したのか、不思議である。神仏習合が初めて行われたのも八幡神であり、僧形八幡神像《そうぎょうはちまんしんぞう》までもが作られた。そこには、八幡神を利用しようとした僧侶たちの姿が見えてくる。とにかく、今もって訳が分からないのが八幡神なのだ。

「八幡」及び「八幡神」のルーツについては、「海神《ワタツミ》説」、「八幡＝八旗＝不動明王説」、そして「八幡＝八旗＝道教説」等々がある。

❷ 数字の「八」から八幡神を考察する

八幡神《やはたのかみ》と聖数「八・や」

原始「八幡神《やはたのかみ》」の「八・や」は、「八《や》咫鏡《たのかがみ》」、「八《や》咫烏《たがらす》」、「八《や》百万神《およろずのかみ》」の「八・や」と同様の意味を持っていた。その「八・や」とは、弥栄《いやさか》の「八・や」の意味であり、めでたい、大きい、たくさん、立派、無限、永遠等々の意味を持つ聖なる数であった。よって、「八幡《やはた》」の意味は、めでたい幡、大きい幡、たくさんの幡、立派な幡、無限の幡、永遠の幡等々を意味する。

また、「八・や」は、数字の中で最も口を大きく開く「開a音」ゆえ、言霊《ことだま》・数霊《かずだま》の霊威を持っている。「八幡神《やはたのかみ》」は発する言葉からして、特別な数霊の霊威を放っているのである。

では、今まで「八・や」の付く言葉を検証してきたように、八幡神《やはたのかみ》の「八・や」は、「八州《やしま》（日本）」の意味を含んでいるのであろうか。八州（日本）のそれぞれの州の幡が集まって、八幡になったという意味も含んでいるのか。大和朝廷から見たら、地方神にすぎなかった八幡神である。大変微妙な問題である。

私は、大和朝廷のルーツは九州にあると思う。神武天皇東征である。また、大和朝廷と古代日本の聖数「八・や」とは、特別な繋《つな》がりがあることは、「第1章」でも述べている。とするならば、八幡神は大和朝廷と繋がっていた、とも推測可能である。確たる証拠を挙げることは不可能であるが、何らかの繋がりがあったのではなかろうか。

私は、八幡神は九州にあっても、やはり八州（日本）を意味していたと思う。

少なくとも八幡神が突然出世した時期・奈良時代には、八州（日本）の意味も含んでいた。だからこそ、出世したとも言えるのだ。よって、八幡神の一幡《ひとはた》は一州をさすが、勿論、場所の特定はない。当時の八州人《やしまびと》の住む範囲内の八州なのである。ここでは、「八幡《やはた》＝八州《やしま》（日本）」を意味しているという、その象徴的な意味合いが大切なのである。

『古事記』においては、神の名前は、全て日本古来の数詞「ひふみ式」であった。神の名前は、漢文化の呼び方である「いちにさん式」では断じてなかった。『古事記』の中では、それは徹底していた。

だが、「八幡神」に関して言えば、日本古来の呼び方「八幡神《やはたのかみ》」から、中国式の呼び方「八幡神《はちまんしん》」に変わったのである。中野幡能《はたよし》氏の『八幡信仰』によれば、「八幡神」は奈良時代までは「ヤハタ神」と呼ばれていた。

八幡神の突然の出世は、則天文字「圀《くに》」の影響を受けた光明皇后によるものだった

何故八幡神を祀る宇佐神宮が、突然大出世したのか、その仮説を記したいと思う。八幡神の大出世は、光明皇后の則天武后《そくてんぶこう》に対する憧《あこが》れの発露の結果である。このように述べると、なんという愚説を、と思われるかもしれない。しかし、それが真実なのだ。この絡《から》み合った謎の糸は、光明皇后の則天武后に対する憧れと、則天文字《そくてんもじ》「圀《くに》」の関係を考察することによって、解きほぐすことができる。これこそがまさに「八の暗号解読」なのである。

❶ 八幡神の出世と光明皇后に関する概論

八幡神と聖武天皇・光明皇后の関わり合い

考えてみれば、実に不思議なのだ。八幡神は、突然大出世をする。それまでは、単に地方神にすぎなかった。聖武《しょうむ》天皇と光明皇后《こうみょう》がそのようにした、と言っても過言ではない。

749年、八幡大神に一品《いっぽん》、比売《ひめ》大神に二品の位を贈っている。品位《ほんい》の制はもともと親王を叙した位

階である。このような、他に例のない品位を叙じたことは、朝廷が八幡神を皇室の祖先と考えていたことになる、と中野幡能氏は述べている。

八幡神は地方神で、少なくとも「八」と「幡」に関係していた神であったはずだ。今の場所に定まるまでは、場所の移動も何回かあった。その後、空海《くうかい》、嵯峨《さが》天皇、最澄《さいちょう》も八幡神を競うように寺院に勧《かん》請《じょう》し、僧形《そうぎょう》八幡神が造られ、石清水《いわしみず》八幡宮が造られ、鶴岡八幡宮が造られ、その広がりは、全国にまで達した。

しかし、八幡神に品位を叙して以来、宇佐神宮を第二の宗廟として位置づけようとしたことは、確かである。八幡神の突然の大出世には、聖武天皇と光明皇后が関わっている。

ならば、当時の状況と、聖武天皇・光明皇后がどのような考えを持っていたかを、知る必要がある。

聖武天皇・光明皇后、称徳《しょうとく》天皇、藤原仲麻呂《ふじわらのなかまろ》の、中国及び則天武后への憧れ

奈良時代は、唐の国をお手本に、日本国家建設に邁進《まいしん》していた時期である。その中でも特に、聖武天皇・光明皇后、孝謙天皇（称徳《しょうとく》天皇）、そして側近として重用された藤原仲麻呂《ふじわらのなかまろ》は「中国かぶれ」と言ってもよいほどであった。

聖武天皇・光明皇后は、中国の女帝・則天武后（武則天）を大いに真似た。

なお、女帝になったのだから、「則天武后」ではなく「則天皇帝」と呼ぶのが相応《ふさわ》しいが、便宜上、今後「則天武后」と記す。中国では「武則天」と呼ばれている。

聖武天皇・光明皇后は、則天武后にならい、東大寺の大仏や国分寺を造ったほどの熱の入れようであ

った。聖武天皇・光明皇后は、則天武后が大仏（龍門石窟《りゅうもんせっくつ》）や大雲寺（国分寺に相当）を造ったのを真似たのである。この件に関しては、聖武天皇よりも光明皇后の方が積極的だったと考えられる。同じ女性としての共感があったのだろうと思われる。

（注：則天武后624年？〜705年……唐の三代皇帝高宗《こうそう》の皇后。高宗の死後、帝位につき周朝をひらき、中国史上唯一の女帝となる。高齢になっても活力は衰えず、健筆をふるった）。

藤原仲麻呂は、朝廷の官司名の全てを中国風に改めた。また、称徳女帝も光明皇后同様、則天武后を真似している。

例えば、称徳女帝は、反乱を企てた黄文王《きふみおう》を「頑狂《くなたぶれ》」とし、意に反した神託を持ち帰った和気清麻呂《わけのきよまろ》を「別部穢麻呂《わけべのきたなまろ》」と改名させ罰しているが、これはそもそも則天武后が始めたことなのである。また、称徳女帝が側近に僧侶・道鏡《どうきょう》をおいたのも、則天武后の側近僧侶・薛懐義《せっかいぎ》の真似だったとも考えられる。

そして、聖武天皇・光明皇后が真似たであろう、次のような事例がある。

我が国の「四字の年号」には、「天平感宝《てんぴょうかんぽう》」「天平勝宝《しょうほう》」「天平宝字《ほうじ》」「天平神護《じんご》」「神護景雲《けいうん》」の五つがある。これは、則天武后が「天冊万歳《てんさつばんざい》」「万歳登封《ばんざいとうふう》」などという、中国の歴史においても例をみない四字年号を作ったのだが、それを真似したものなのだ。また、天平感宝から天平勝宝へと、一年の内に二度改元したのも、則天武后を模したものである。

755（天平勝宝七）年、光明皇太后（聖武太上天皇）は、玄宗《げんそう》皇帝が天宝三（744）年、「年」を「載」に改めたことにならって、年の改称を行った。「年」を「歳」に改称し、天平勝宝七歳とした。

九歳まで用いた。この場合、「年」を玄宗のように「載」としなかった。しかし、則天武后が作った年号「天冊万歳」、「万歳登封」の「歳」を使用したことは、やはり、則天武后の強い影響が感じられる。この時代は、孝謙《こうけん》天皇の時代であったが、まだ光明皇太后が「紫微中台《しびちゅうだい》」をおき、権力を持っていた。よって、光明皇太后の発案なのだ。また、「中台」の称号も、則天武后を模したものである。

さらに、光明皇后の、中国好きと則天武后への憧れを述べてみよう。

光明皇太后は、天平宝字三（７５９）年、官吏《かんり》の必読書として『維城典訓《いじょうてんくん》』を指定した。この『維城典訓』は、政治訓として、則天武后が編纂《へんさん》させたものだ。このことは、光明皇太后が則天武后を手本にしたいという考えからであった。

光明皇太后は、７４９年、孝謙（称徳）女帝が即位したにも拘《かか》わらず、「紫微中台《しびちゅうだい》」という役所を作った。紫微中台とは、「天皇になれなかった光明皇后」が、権力を奪う機関として設けられたものである。紫微の本義は、北辰《ほくしん》に位置する天帝の座を意味するという。これは中国の道教哲学である。光明皇后（聖武天皇）は則天武后を真似て、東大寺大仏、国分寺を造ったとすでに述べたが、さすがに則天武后とは違い帝位を奪うことまではしなかった。しかし、紫微中台という天子の座をも意味するところにおさまったことは、憧れの女帝・則天武后に、より近づいたとも言えなくはない。

以上のように、当時の日本は中国一辺倒だった。とはいえ、同時に『万葉集』等々が編纂され、日本文化も花開いている。そこが大変興味深い。

女性である光明皇后と称徳女帝にとっては、同じ女性であった則天武后の影響は、計り知れないものがあった。更に、則天武后の影響を受けた要因の一つとして、遣唐使が直接則天武后の宴に招かれたこともある。

701（大宝元）年、粟田真人《あわたのまひと》、山上憶良《やまのうえのおくら》らが遣唐使に選ばれ、翌年出発し、二年後に無事全員帰国した。文武天皇の時代である。長安城の宮殿で則天武后の宴を受けた際の、粟田真人の堂々たる振舞いに唐人がみな感服したと、『新唐書《とうじょ》』に載っている。このことも含め、朝廷には唐の情報が直接入り込んでいたのだ。

❷「言霊名《ことだまめい》・光明子」と則天武后への憧れと真似……大仏への投影

光明皇后には、則天武后がしていたであろうことを密かに真似た、と思われる事例がある。それは、精神的なものであり、微妙な心理である。「八の世界」とは直接関係ないが、いかに光明皇后が則天武后に憧れ、真似をしたかの事例として記す。

光明皇后の名は、光明子《こうみようし》である。この「光明子」という呼び名は、多くの意味を含んでいる。「光明」という言葉があまりにも随所に出てくるから大いに不思議であった。考察してみると、驚くべきことに、この名「光明子」は、暗号でもあり、言霊名《ことだまめい》でもあったのだ。

当時は、名前にも言霊があったと考えられる。これを勝手ながら「言霊名《ことだまめい》」と名付けることとする。

光明子《こうみようし》と称されるようになったのは、天平十二（740）年頃である。それは、河内国《かわちのくに》の知識寺の盧舎那仏《るしやなぶつ》を拝した年に当たる。また、国分寺造立《ぞうりゆう》の詔《みことのり》を出した前年でもある。もし、幼少の頃から「光明子」と称していたならば、国分寺と大仏の建立に関して全く関わり合いのない問題となってしまう。単なる偶然として片づけざるを得ない。

しかし、740年頃に「光明子」と称したならば、国分寺と大仏の建立に大いに関係している、と思わざるを得ない。

聖武天皇と光明皇后は、全国に国分寺と国分尼寺《こくぶんにじ》を建立した。その国分寺の名が「金光明《こんこうみょう》四天王護国之寺」である。また、国分寺、国分尼寺ともに「金光明最勝王経《こんこうみょうさいしょうおうきょう》」を転読しなさいとの詔《みことのり》を出している。

寺の名についている「金光明」と、お経の名についている「金光明」は、光明皇后の名「光明」と関係ないのであろうか。偶然であろうか。私は大いに関係があると思う。

国分寺造立の前年に当たる年に、「光明子」と称したことは、まさに、一種の言霊《ことだま》的な呪術であったのだ。

大仏・盧舎那仏《るしゃなぶつ》の正式名は毘盧舎那《びるしゃな》仏といい、サンスクリット語の「バイローチャナ」の音を漢字に当てたものだ。意味を訳すと、「光明遍照《へんじょう》」と言われている。光に擬《なぞら》えた仏様ということになる。つまり、光明する仏様ということである。

今まで述べてきた、大仏、寺名、そして、経名は、「光明《こうみょう》」で共通している。となると、やはり関係があると思わざるを得ない。

聖武天皇と光明皇后は、奈良の盧舎那仏（大仏）と全国に配置された国分寺・国分尼寺を建立した。それは、中国唯一の女帝・則天武后《そくてんぶこう》が次のものを造ったことの真似だった。

1、則天武后は、石仏の盧舎那仏（大仏）と巨大な弥勒菩薩《みろくぼさつ》（大仏）を造った（→奈良大仏）。
2、則天武后は、諸州に一ヵ所ずつ大雲経を収める大雲寺を設置した（→国分寺）。
則天武后も造らなかった国分尼寺を建立したのは、光明皇后の特別な意見であったと思われる。

則天武后が造った盧舎那仏（石仏）は、龍門石窟《りゅうもんせっくつ》にあり、全身が金箔《きんぱく》で貼られ、金色《こんじき》に輝いていたという。顔は、則天武后に似せて造られたとも言われている。確かに顔の表情は女性を思わせる。かつては、覆屋《おおいや》があって金箔を保護していた。奈良の大仏よりも1m大きい。

とするならば、則天武后は、金色に輝く盧舎那仏を自分自身と思っていたと推測される。

則天武后の大仏建立はこれだけではなかった。女帝即位後、彼女は弥勒菩薩《みろくぼさつ》の生まれ変わりであるとして、洛陽城《らくようじょう》内の天堂《てんどう》に、高さ約70mもの巨大な弥勒菩薩像を造ったのだ。手元には資料がなく憶測の域を出ないが、多分、この巨大な弥勒菩薩の顔は、則天武后に似ていたのではなかろうか。さらに言えば、金色に輝く金箔が貼られていたのでは、との推測も可能である。あまりに大きすぎて物理的に不可能とも思われるが……。少なくとも顔全体は金色に輝いていたと推測できる。

則天武后の皇帝名はさまざまである。聖神皇帝、金輪《こんりん》聖神皇帝、越古金輪聖神皇帝、慈氏越古金輪聖神皇帝、天冊金輪大聖皇帝等々の尊号であったという。この中で特徴的なのは「金輪《こんりん》」の文字が意図的に使われていることである。

「金輪」とは金輪聖王《こんりんじょうおう》、つまり金輪王のことで、金の輪宝を感得し四天下を領する理想の帝王のことである。

この「金輪」であるが、金色に輝くイメージを持っている。

則天武后は、金色に光り輝く大仏・盧舎那仏を造った。その顔も則天武后に似せて造らせたといわれている。弥勒菩薩・大仏については憶測だが、盧舎那仏と同様であったと思われる。

則天武后は、後光が射《さ》しているというイメージを持たせるために、わざわざ皇帝名の中に「金輪」を入れたと推測される。それは、当時の人々は、則天武后のことを「金輪《こんりん》」と呼んでいた、ということからも窺《うかが》い知れる。

以上のことから、光明皇后の「光明」と則天武后の「金輪」は、光り輝くということで共通していることが分かる。この共通は、偶然であろうか。

さらに、不思議な偶然（?）がある。

龍門石窟の盧舎那仏・石仏は、則天武后の顔に似せて、造ったと言われている。また、天堂の中の弥勒菩薩も、則天武后の顔を似せて造られたのではなかろうかと推測される。何しろ、則天武后は弥勒菩薩の生まれ変わりである、とされていたから。

光明皇后にも、同じような話があるのだ。盧舎那仏（大仏）ではないが、十一面観音像は光明皇后に似せて造られた、との伝承がある。この伝承は、光明皇后が則天武后の真似をしていた、という事実の影響からであろう。

想像を膨《ふく》らませてみよう。

則天武后は、盧舎那仏、弥勒菩薩を自身の顔に似せて造らせた。また、弥勒菩薩は自身の生まれ変わりであるとした。ならば、則天武后に憧れトコトン真似した光明皇后である、それなりの気持ちを持ち合わせていたのではなかろうか。
勿論、皇后の立場である。大仏を皇后に似せて造らせることはできない。また、生まれ変わりなどということは、更に不可能である。しかし、それなりの気持ち――密かに自分自身を盧舎那仏（大仏）に投影させること――は、可能であろう。どうすればそれが可能なのか。それは、自分自身を「光明」と名のることである。

光明皇后は、〈「則天武后は盧舎那仏《るしゃなぶつ》に自分自身を擬《なぞら》えていた」ということをも真似した〉のであろうと思う。即ち、密かに、自分自身を大仏に投影していたのだ。

「光明」皇后は、「光明」に光り輝く塗金《ときん》をされた盧舎那仏（光明遍照《こうみょうへんじょう》）を造ることによってのみ、自分自身を密かに大仏に擬えることができたのだ!!　光明皇后の「光明」は、「光明遍照」（大仏）の「光明」であったのだ!!

塗金には膨大な量の金が使用される。何故これほどまでに、大仏の塗金にこだわる必要があったのかは、このことを理解することにより分かる。それは、光明皇后のためでもあったのだ。則天武后が造った大仏が塗金されていたから、それを単に真似た、とも言えるが、このような動機もあったと思う。

光明皇后は、憧れていた則天武后に自分自身を投影させ、トコトン真似をした。そして、さらに光明皇后は、密かに盧舎那仏（大仏）にも、則天武后同様、自分自身を投影させていたのである。

❸ 則天文字《そくてんもじ》「圀《くに》」の出現と八幡神

さて、もう一つ光明皇后が真似ただろうと思われることがある。

それは、則天武后が作った「則天文字《そくてんもじ》」の中の「圀《くに》」という文字である。真似たといっても、「圀」の字の意味・概念を真似したのだ。「八幡神」は、この則天文字「圀」の影響を受けた。光明皇后の則天武后に対する憧れが、そのようにさせたのである。

「圀」と「八幡神」の関係を説明する前に、「則天文字」と「圀」について詳しく述べることとする。

則天文字

唐に代わって一時期「周」をたてた則天武后（皇帝）は、697年までに新しく考案させた17字の文字を公文書などに使わせた。この文字は「則天文字」と言われる。

図7・1はその一覧表である。

江戸時代に出土した吉備真備《きびのまきび》の祖母の骨蔵器《こつぞうき》（骨壺）は、銘文から708年頃の作と知られるが、そこには「圀《くに》」の字が使われている。また、江戸時代の、水戸光圀の名前にも使用されている。ちなみに則天文字は、一部の例外を除いてほとんど使われなくなってしまった。

さて、この17文字の中で「圀《くに》」が、問題の字なのである。

「圀《くに》」とは

「圀《くに》」の説明の前に、「国」の字について述べる。「国」の元の字は「國」である。この「國」の字源は次のように考えられている。

〈住民を表す小さな「口」と、土地を表す「一」を、武器を表す「戈《ほこ》」、つまり武器で守る意味。そしてそれらを大きな「囗」（かこい・くにがまえ）で囲んでいる〉。

則天文字の「圀《くに》」をよく見ると、「囗」（くにがまえ）の中に「八」と「方」が書かれている。続けて読めば「八方」である。国とは八方なりと主張している。

『古事記』の序文にある、〈（天武天皇は）乾《けん》布《ぷ》を握《と》りて六合《りくがふ》を摠《す》べ、天統を得て八荒《はつくわう》を包《か》ねたまひき〉の「八荒《はつこう》」と、『日本書紀』神武紀の〈八紘《あめのした》を掩《おほ》ひて宇《いへ》にせむ〉の「八紘《はつこう》」は、同じ意味を持つ。その意味は、「八州（日本）＝八荒＝八紘」と、道教的な宇宙感「八紘一宇《はっこういちう》」の思想を表現している。

この「圀」の中に書かれている「八方」は、「八荒」「八紘」と同じと思われる。つまり、宇宙全体を表す。しかし、この宇宙全体を表す「八方」は、「囲い」を意味する「囗」に囲まれているから、一つの「国」を表現している。

則天武后は、「八の世界」の理解者だったことが、この「圀」の文字ではっきりと分かる。
※圀は八方ということで八の世界を意味しているが、中心から八方に広がる中心点を考えれば、九の世界とも言える。また、圀は九画でもある。
※國の字の改変であるが、最初は囗の中に武を入れた字であった。武は則天武后の武であり、「武一族の国」という意味を含ませたのだ。しかし、側近から、囗の中に人がいる囚の字の意味になると忠告され、急遽《きゅうきょ》中止した。よって、再考した結果、「圀」の字にしたのである。

「圀《くに》」の影響

則天文字の影響は、江戸時代に出土した吉備真備《きびのまきび》の祖母の骨蔵器からも知られる。銘文から７０８年

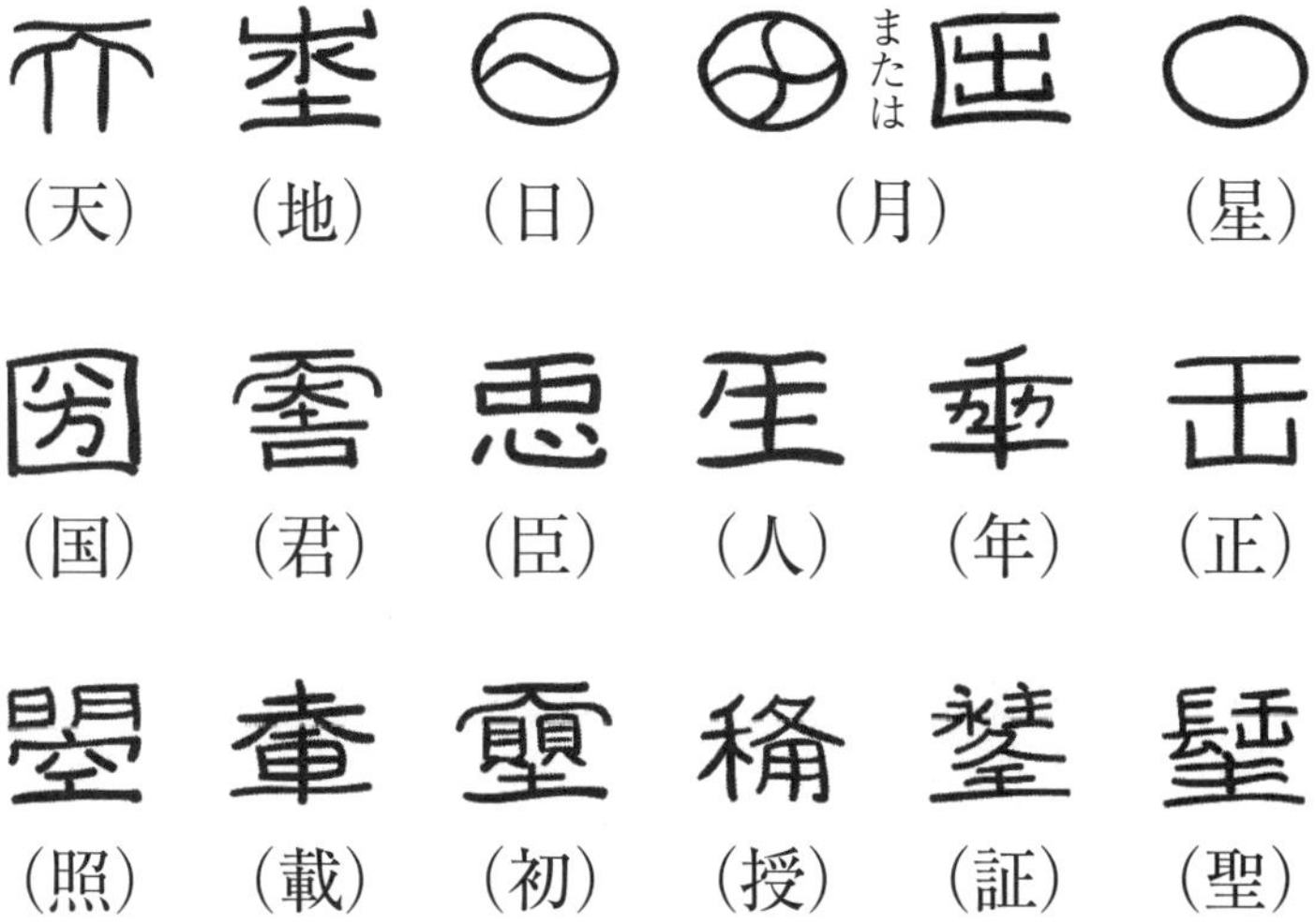

または
(天) (地) (日) (月) (星)
(国) (君) (臣) (人) (年) (正)
(照) (載) (初) (授) (証) (聖)

図7・1：則天文字

頃の作と分かるが、そこには「圀」の字が使われている（後述するが、「圀」の制定年は695年であるから、日本に伝わったのも早い）。

以上のような状況のもと、その則天武后が作った文字、則天文字（17字）を知って、日本の指導者は驚いたと思う。特に、「圀《くに》」という字には大変驚いたのではなかろうか。国の概念を、あまりにも直截《ちょくせつ》的《てき》に「八方」と表しているからである。

〈なんと、国を表す言葉は、八方？〉――聖武天皇・光明皇后、そして光明皇后の父である藤原不比等は、そう思ったに違いない。いや驚いたに違いない。その驚きとは、国という字をあまりにも単純に数字で表現していることと、日本の事情についてであろう。

何故なら、すでに日本国を表す言葉には、「八島《やしま》」「八州《やしま》」「大八州《おおやしまぐに》」「大八嶋国《おおやしまぐに》」等々があったからである。また、多くの神を表現する言葉も、八十神《やそかみ》、八十万神《やそよろずのかみ》、八百万神《やおよろずのかみ》で表現される。いやいやそもそも、「八」は古代日本の聖数でもあるのだ。

この影響は、意外に大きかったと思う。何と言っても、憧れの則天武后が、「国」とは「八」であると言っているのである。古代日本の聖数でもある「八」は、「国の概念である」、と「圀」という字で指摘しているのだ。このことは、日本の国造りにおいて、心理的に大いに影響を与えたと思う。

それまでにも、中国から「易経八卦《えききょうはっか》」など多くの「八の哲学」が入ってきている。中国の歴史は「八卦」の歴史と言ってもよい。『易経』である。孔子は〈韋編《いへん》三たび絶つ〉とことわざになるほど、この本を読んだ。「易経八卦」からは、陰陽五行が生まれた。八卦は北極星神を表す太一《たいいつ》と結びつき、「太極（太一・北極星）八卦」の哲理を生じさせた。また、仏教からは「八葉蓮華」の概念が生まれた。

こういう状況の中、695年に創られた則天文字の「圀《くに》」が日本に入ってきた。国の在《あ》りようは「八」と言っている。たびたび述べるが、影響があったはずである。その例として、712年完成の『古事記』、720年完成の『日本書紀』の内容・表現方法に、「八の世界」がしっかりと出ていると思う。案外、則天文字「圀」が、『記紀』に表れる「八の世界」を後押ししていた、とも推測できるのである。

今まで述べてきたように、「中国かぶれ」でいて、則天武后に異常と言えるほど興味を持っていた光明皇后である、当然、則天文字にも関心を示したはずだ。

国は、「八の世界」で表せる。いや、光明皇后は、国は「八」で表すもの、ととったに違いない。則天武后に憧れていたのなら、そのように理解しても不思議ではない。そのように感じているところに、光明皇后は「八幡神」のことを知った。

国は「八」で表される。だったら、国を守る神も「八」に限る、と思っても理にかなう。

光明皇后は、「國」という字を改変し「圀」で表した則天武后の「八」に対するこだわりを感じたと思う。だからこそ、日本にあった八幡神をグレードアップし、則天武后を真似て造った東大寺大仏の守護神にしたのだ。

なにしろ光明皇后（聖武天皇）は、則天武后を真似して、世界一の金銅仏《こんどうぶつ》（大仏）と国分寺を造ったのだ。ならば、光明皇后は、則天武后の「圀《くに》」の意味を汲《く》み取り、「八の神様」である八幡神を引き立てようとした、と推測しても、見当はずれではない。

則天武后と文字「圀・天皇・日本」に関する不思議

則天武后は、「圀《くに》」という字を創作したとき、日本が八州《やしま》と称していたことを知っていたと推測できる。なのに、八州をも意味する「圀」の字を創作した。また、則天武后（高宗）が天皇号を採用するとき、日本ではすでに慣用的に「天皇」と称されていたことを知っていた。なのに「天皇号」（高宗天皇）を称した。さらに不思議なことがある。あまり信用できない説であるが、則天武后が日本号を称するようにしたという、伝承もある。唐時代の学者・張守節《ちょうしゅせつ》が記した書『史記正義《しきせいぎ》』に〈武皇后が日本と名を変えて呼んだ国〉と書かれているのだ。則天武后と日本に関する因縁話には、何故か、何かがあると思わせられる。

❹則天武后の「天樞《てんすう》」造立《ぞうりゅう》は「圀《くに》」の字のお披露目儀式であった……その発見と暗号／解読

光明皇后が、「圀《くに》」の概念「国とは八方なり」の表現の一つ、と思っただろう事例がある。それは、則天武后が洛陽城《らくようじょう》に造ったオベリスク形の「天樞《てんすう》」である。

６９５年、則天武后は、洛陽城の正門前に、自分自身の徳を頌《たた》えるための銅鉄製の「天樞」を建てさせた。天樞の形は八角で、その直径は十二尺、高さは百五尺であったという。八角形のオベリスクを想像したらよい。天樞の正面には、則天武后の親筆で「大周萬國頌徳天樞《だいしゅうばんこくしょうとくてんすう》」の8字が刻みこんであった。この計画に賛成した百官及び四夷《い》諸酋長《しゅうちょう》の名も刻《こく》してあった。土台は同じく銅鉄製の山形で、高さ二十尺、周囲百七十尺余にも及んだという。この土台の上に、天樞が高くそびえ立っていたのである。その姿は、偉観を呈したであろうと想像される。武后の死後、天樞は間もなく破壊された。

巨大な八角の天樞に8文字を入れていることから、則天武后は、八の呪術を使っていることが分かる。「天樞《てんすう》」とは、『大漢和辞典』には、〈①天の中心②北極星。北斗の第一星③国土の中央。都をいう〉と記してある。刻まれた8文字は、天樞の形から判断するに、次のような意味になるのではなかろうか。

〈万国の中央・大周国の洛陽から、そしてそこから天に伸びる天の中心・北極星から、偉大なる周・武后（則天皇帝）の徳を頌《たた》える声が、八方（宇宙全体）に広がっている〉。

「大周萬國頌徳天樞《だいしゅうばんこくしょうとくてんすう》」の疑問と閃《ひらめ》き

則天武后が天樞に刻んだという文字「大周萬國頌徳天樞《だいしゅうばんこくしょうとくてんすう》」について、一つの疑問が浮かび上がった。それは疑問と同時に、もしかして、という閃《ひらめ》きでもあった。

天樞に刻まれた文字は、「大周萬國頌徳天樞」ではなく「大周萬圀頌徳天樞」であったのでは、という推測である。「國」と表示しているが、実際は「圀」という則天文字で刻まれていたのではなかろうか。

則天文字「圀」の制定の時期が分かれば、その疑問は氷解する。「圀」の制定がいつだったかは、『則天武后』（林語堂《りんごどう》・みすず書房）、『則天武后　中国の英傑7』（澤田瑞穂《さわだみずほ》・集英社）、『追跡　則天武后』（今泉恂之介《いまいずみじゅんのすけ》・新潮社）を通読しても出てこなかった。

「國」ではなく、もし「圀」であると、「国とは八方なり」を意味しているから、八角形の天樞とそこに刻まれた8文字が生きてくる。となると、まさに、この八角形の天樞に書かれた則天文字「圀」は、その意味が、天樞という形で劇的にお披露目された、ということにもなる。俄然《がぜん》、面白くなってきた。

私は、今まで則天武后についての情報を得ようとしてきた。勉強不足のため、情報量は多くない。しかし、何といっても8の探究者にとって、聖なる字と崇《あが》めたくなるような「圀」という字を作った則天武后である、私の則天武后に対する思いは、熱く激しいものであった。よって、則天武后であったならば、当然このような演出をしただろうという、確信が持てるのである。もし、そうでなかったならば、かえって則天武后の性格が、あやふやなものになってしまう。そう思った途端、8の探究者の血が騒いだ。詳しい資料を求めることにした。

天樞に刻まれた文字「圀」の件であるが、たとえ天樞建立後に「圀」の字が制定された場合でも、「圀」の意味を考えれば、その後、國から圀へ訂正される場合もある、との思いもあった。

ただ、『大漢和辞典』には、『唐書《とうじょ》、高宗則天武后氏傳』として「大周萬國頌徳天樞」と記述されている。とすれば、『唐書』（この場合は、『新唐書』のことか）の記述の間違いを指摘することにもなり、強く主張するのもいかがなものか、という謙虚な気持ちもあった。勿論、どの本も「大周萬國頌徳天樞」と記してあり、なんの疑問も提示していない。

ついに発見!!「天樞」造立は「圀《くに》」の字のお披露目儀式であった

幸い、『則天文字の研究』（蔵中進《くらなかすすむ》・翰林書房）という、うってつけの素晴らしい本が平成七年に上梓《じょうし》されていた。

この本の中に回答が述べられていることを信じ、はたして小生の勘が外れているのか、当たっているのか、の高揚した気持ちでこの本を繙《ひもと》いた。過去、則天文字については、木村正辞《きむらまさこと》・常磐大定《ときわだいじょう》・内藤《ないとう》湖南《こなん》・内藤乾吉《ないとうけんきち》諸氏による優れた研究があった。

しかし、〈いつ頃からか圀（國）ができ〉（内藤乾吉）とされ、正確な時期は不明であった。

蔵中進氏は、ズバリ「圀」の制定は、天樞建立時であろうと、推定している（中国の則天文字研究家・施安昌氏が1991年に発表した論文による）。

当たった!! 小生の閃《ひらめ》き・勘が当たったのだ!! 「八」に対する、そして則天武后に対する熱い思いが通じたのだ!! ならば、天樞造立の目的は、「国とは八方なり」を意味する「圀」の字を、「お披露目《ひろめ》記念」することであったのだ!!


文字の呪術霊力を信じていた、大周萬國の代表者たる則天武后のことである、国を表現する文字を変える場合、それ相当の演出をするはずである。

則天武后は、巨大な、明堂《めいどう》・天堂《てんどう》を建立し、巨大な弥勒菩薩《みろくぼさつ》と盧舎那仏《るしやなぶつ》を造り、そして巨大な九鼎《きゆうてい》をも造らせた。さらに高宗に連れ添い、前例のない封禅《ほうぜん》を実現させたのである（高宗は史上4人目の封禅経験者）。

これらの則天武后の巨大パワーを考察するならば、この「天樞」は単なる天樞であってはならないのだ。則天武后の権力・権威のほどを示すものでなくてはならないのだ。私はそのように、確信をいだいた。その通りであった。

則天武后は、国の名称を「唐」から「周《しゅう》」に変えた。そして、「國」の字も改変し「圀」とした。

巨大な銅鉄製の八角形オベリスク形の天樞は、則天武后が作った、新国「周」、新字「圀」をセットとして、全宇宙・全世界に知らしめるための、則天武后に相応《ふさわ》しい、雄大・壮大な呪術的「お披露目記念碑」であったのだ。勿論、則天武后の徳を頌《たた》えるためでもあったのだが。

何故『唐書』は「圀」を「國」と記したか

では何故、『唐書』には、「大周萬圀頌徳天樞」ではなく、「大周萬國頌徳天樞」と記されたのか。それは、『唐書』が上梓《じょうし》された頃には、則天文字が禁止され、「國」が正字に戻っていたからであろうと思う。

例えば、現在の学術書においても、原資料には「國」あるいは「国（囗の中が王）」と書かれているのに、その区別なく「国」と記している場合がある。だから、原資料を見なければ、判断がつかない。事例として、「日本三古碑《にほんさんこひ》」と称されている「那須国造碑《なすこくぞうひ》」、「多賀城碑《たがじょうひ》」、「多胡碑《たごひ》」の碑文《ひぶん》を拓本《たくほん》で見てみよう。すると、「那須国造碑」と「多賀城碑」は「国（王）」の字が刻まれ、「多胡碑」には「國」の字が刻まれている。しかし、多くの書物の紹介では、てんでんばらばらに「国（玉）」あるいは「國」として記されている。

「第8章」において、水戸光圀は、何故「光國から光圀」へと名前を変えたのか、を述べるつもりである。この件とて、事典、研究書などにおいても、簡単に「光国から光圀」へ名前を変えたと記している。事典・研究書においてもそうであるから、注意をしないといけない。

よって、この場合、『唐書』においては、則天文字「圀」ではなく、記録した当時の正字「國」を選択したのであると推測される。

「天樞」の意味は、呪術によって成り立っている。ならば、八角形「天樞」には「圀」の字が刻まれていた、ということを知らなければ、「天樞」本来の意味は全く理解し得ないのである。

「天樞」の呪術デザイン

更なる考察をしてみよう。

そもそも「天樞」の字源には、天の中心・北極星の意味がある。よって、記念碑「天樞」の形が八角形をしていることは、北極星を太極としてその周りを回る、北斗八星（北斗七星＋輔星）を意味していると思われる。

「天樞」の名称と八角形は、北極星（太一）を太極とし、北斗八星に八卦を配する「太極（太一・北極星）八卦」の呪術概念を表している。これが天の「太極（太一・北極星）八卦」の表現とするならば、地の「太極（太一・北極星）八卦」の表現は次の通りであろう。

地の「太極（太一・北極星）八卦」とは、「天樞」の形が八角であることから、八角に八卦を配している。また、「国とは八方なり」の意味を持つ則天文字「圀」の字を「天樞」に書き込むことによって、八卦が配されていると見るべきである。

これから、少し刺激的な仮説を述べたい。

則天武后は、太極、つまり北極星（太一）に自分自身を擬《なぞら》えていたのではなかろうか。則天武后は、高宗皇帝から高宗天皇へと尊号を変えている。天子（皇帝）は北極星神（天皇）になれないとした哲理を破ったのは、誰あろう、則天武后の提案だったのだ。だとしたら、天皇（北極星神）を意識して天樞を造ったに違いない。則天武后は、北極星神になれない則天皇帝（天子）として即位した。が、しかし、則天武后（皇帝）は、天樞を造ることによって、北極星神（天皇）に自分自身を擬《なぞら》えていたと、類推できるのである。

「天樞」とは、周（洛陽城）から北極星に通じる宇宙軸を中心として、天は北極星（太一・則天武后）を太極とし、地は周（洛陽城・則天武后）の天樞を太極として、八方に八卦（北斗八星）の呪術を伴って、全宇宙に向け則天武后の徳を頌《たた》えつつ、且《か》つ、新国「周」と新字「圀」とを、お披露目記念として情報発信していた記念碑であったのだ。

となると、「八の世界」から見れば、「天樞」とは、全世界・全宇宙に向けた、数字「8」の巨大な記念碑であった、ということになる。一時的ではあるが、世界最大の「8の記念碑・天樞」が造立されていたことは、8の探究者として、感極まる嬉しさである。

私事ながら、「圀」の字を作った則天武后に対し、光明皇后同様、熱い思いを抱かざるを得ないのだ。

この天樞の密かな呪術概念は、今まで述べてきた、伊勢神宮、日光東照宮、大嘗祭と同様に、天地に「太極（太一・北極星）八卦」を描く呪術概念であることに驚かされる。

この天樞造立が、新国「周」とともに新字「圀」の字の壮大なお披露目儀式であったこととの発見は、小生の「八の世界」に対する更なる自信となった。

「天樞」の影響を受けたと思われる光明皇后

すでに、私は、八幡神の出世は、則天武后に憧れトコトン真似をした光明皇后が、則天文字の「圀」

の字の影響を受けたことにあり、との仮説を途中であるが述べている。このたび、新たに「天樞」のことを知り、ますますもって、その通りであるとの確信を抱いた。

光明皇后は、この「天樞」の全てを知っていた。勿論、天樞に刻まれた則天文字「圀」の、壮大なお披露目イベントであったことも。そして「天樞」がどのように象徴的な意味を持っていたのかも。光明皇后は、則天武后がなした「圀」の概念の表現方法に、驚いたに違いない。臆面《おくめん》もなく言わせていただけるなら、光明皇后は、小生と同じ感動を味わったのではなかろうか。そう思わざるを得ないのである。

そして、更に私は確信に満ち満ちて次のことを思う。則天武后が作った「圀」の字の影響を受け、光明皇后なりに表現したものが、「八幡神の出世」であっただろうことを。

❺ 聖武天皇・光明皇后は、「國」の俗字を使用……東大寺門額字《もんがくじ》「金光明四天王護国之寺」の暗号発見と解読

俗字「国（王）」の使用

もう一つの、興味深い発見があった。

則天武后は、國の字を改変して「圀」という字を作った。それと似たことを聖武天皇（光明皇后）は行ったのだ。それは、國の字の改変ではないが、わざわざ俗字《ぞくじ》「国（王）」を使用したという事例である。私は、この件も、聖武天皇（光明皇后）が、則天武后を真似したからであると推測している。

それは偶然の発見であった。東大寺の門額《もんがく》に書かれた寺名「金光明四天王護国之寺《こんこうみょうしてんのうごこくのてら》」の「国（玉ではなく王）」という文字についてである。私は、門額字《もんがくじ》の写真を眺めていた。聖武天皇の宸筆《しんぴつ》であるという（図7・2参照）。

そして突然、内なる声が脳天を突き抜けた。〈な、何と!! 聖武天皇・光明皇后は、則天武后を真似て、「國」の字を改変していた!!〉と。が、しかし、後ほど、この文字は聖武天皇が「國」という字を改変したのではなく、すでにある俗字「国（王）」を使用したことが分かった。イヤハヤ、力が抜けてしまった。

※「国（王）」の字は、漢代の隷書体《れいしょたい》や六朝《りくちょう》の楷書体《かいしょたい》から見られるという。「国（王）」は、「囗（くに）」の中に「王」さまがいる、という意味で作られた俗字だと思われる。日本においては、「那須国造《なすこくぞう》碑《ひ》」（700年に造られた）に見られる。

何故、俗字「国（王）」を使用したのか――その暗号解読

だが、しょげ返ることはなかった。偶然ではあるが、面白い発見をしてしまったのだ。直接、「八の世界」とは関係ないが、この俗字「国（王）」の使用について述べてみたい。聖武天皇・光明皇后が、「圀」という字を意識していたことの証左になるからである。

東大寺の門額に書かれた文字は、聖武天皇の宸筆《しんぴつ》であるという。勅額《ちょくがく》である。宸筆の字が俗字であることは、それなりの重大な意味を持っていると推測される。ましてや、当時の人々が注目する、世界最大の金銅仏が鎮座している、世界最大の木造建築の門額に書かれた文字である。それなりの意味があるはずである。後ほど述べるが、意外な暗号を含んでいたのだ。

では何故、聖武天皇（光明皇后）は俗字「国（王）」を選択し、東大寺の門額に記したのか。その疑問は、「東大寺（大仏）」と「門額字」との関係を、則天武后が作った「天樞」と改変字「圀」との関係

図7・2：西大門勅額（東大寺蔵、奈良国立博物館）

に当てはめることで解ける。

聖武天皇（光明皇后）は、「國」の字を俗字「国（王）」に置き換えた。この暗号（文字呪術）を含む「国（王）」の字のお披露目方法は、「東大寺（大仏）の門額」に刻むことであった。このことは、則天武后がなした次の形式を真似た。

〈則天武后は、「國」の字を改変し「圀」という字を作った。改変された「圀」の字のお披露目方法は、巨大なオベリスク形の「天樞」に刻むことであった。それは文字呪術でもあった〉。

つまり、総国分寺である「東大寺（大仏）」と、その西大門に掲げられていた正式名「金光明四天王護国之寺」と書かれていた「門額字」との関係は、「天樞」と天樞に刻まれた「圀」との関係を真似たことによるものであった。

では、何故、聖武天皇・光明皇后は、國という字を俗字「国（王）」にしたのであろうか。もし、則天武后に憧れていたならば、圀という字にしたのでは、との疑問も生ずる。

しかし、聖武天皇・光明皇后は、「國の字を変える」ということだけを真似た。

それなりの理由があったのだ。

「金光明四天王護国之寺」と書かれた文字全体を眺めていただきたい。ここには、重大な呪術暗号が隠されている。何故俗字「国（王）」にしたかが分かる。

則天武后は、文字呪術力を信じていた。その事例として、17の則天文字を作ったこと、年号をたびたび変えたこと、敵対した者の名前を蔑《さげす》む名前に変えたこと、皇帝尊号に「金輪《こんりん》」という文字を使い続けたこと等々を挙《あ》げることができる。聖武天皇・光明皇后は、その則天武后の文字呪術の影響を受けたのである。

では、門額字に使用された「国（王）」の文字呪術は、どのようなものであるのか。

これこそが、暗号なのだ。

「金光明四天王護国之寺」の、ここで書かれた〈囗の中に王を入れたクニという字〉の中の王は、二文字前の「金光明四天王」の「王」に対応していると思われる。

となると、何と、「金光明四天王」が、国の範囲を示す「囗《くにがまえ》」の中に入ることによって国を護国するという意味になるのだ!! 実に大胆で分かりやすい文字呪術である。門額に書かれた文字は、まさしく暗号であったのだ!!

◎則天武后は「國」の字を改変し、「国とは八方なり」を主張する「圀」とした。この「圀」の字のお披露目儀式は、八角形「天樞」にこの文字を刻むことによって行われた。まさに、新国「周」と新字「圀」を、八方（全世界）に知らしめる呪術でもあったのだ。則天武后（女帝）の親筆と言われている。

◎聖武天皇・光明皇后は、「國」の俗字である「国（王）」を門額に記すことにより、〈国とは、護国として金光明四天王をいだくことなり〉を含む暗号とした。この暗号「国（王）」の字のお披露目は、「東大寺（大仏）」の門額に刻むことによって行われた。聖武天皇の宸筆と言われている。則天武后を真似たとも言える。

憧れと真似

この門額字「金光明四天王護国之寺」は、単なるデザインではなかった。以上のような重大な意味が、暗号として隠されていたのだ。

聖武天皇と光明皇后は、則天文字「圀」を知り、則天武后を真似て「國」を俗字「国（王）」に置き換え、堂々と文字呪術を施《ほどこ》したのである。

聖武天皇・光明皇后の則天武后に対する憧れと真似は、今まで誰もが想像しないほどの激しいものであった。

八幡神の出世は、光明皇后の則天武后に対する「憧れと真似」によるもの、ということを暗号解読の旅人（読者）に信じさせることは大変である。歴史のとらえ方が「憧れと真似」では、突飛すぎると笑われそうである。でも、旅先案内人として、多くの事例を見せていくことで、徐々に信じてもらえるようにしていきたい。

よって、光明皇后の則天武后に対する「憧れと真似」の事例は、更に続く。八の暗号解読の旅であるが、同時に「憧れと真似」のパワーの凄《すさ》まじさも、是非味わっていただきたい。

❻ 八幡神の出世に関する間接的諸要因

光明皇后の則天武后に対する「憧れと真似」を更に述べようと思うが、その前に、何故、光明皇后は「八幡神」に興味を持ったのか、その元々の諸要因を述べようと思う。やはり光明皇后には、「八の世界」に関心を持たざるを得ない環境があったのだ。

御巫《みかんなぎ》八神《はっしん》と御膳《みけ》八神《はっしん》の影響

天皇と直接関係する八神としては、天皇を守る神としての「宮中八神《きゅうちゅうはっしん》」、すなわち「御巫《みかんなぎ》八神」と、大嘗祭の斎田に坐す「御膳《みけ》八神」がある。この二つの八神も、「八幡神」の出世に、直接ではないにしても、影響を及ぼしたと思う。よって、光明皇后は、この二組の八神のことは当然知っていたはずである。

何故、天皇を守る神が「八神」なのか。そして、何故天皇一代一度の最大のイベント・大嘗祭の斎田において「八神」を祀るのか。

光明皇后は、「八」は日本古来の聖数であるということを、充分に知っていた。そして中国の八卦と習合した「八」であることも。

やはり、八幡神の出世に関しては、こうした状況も充分に考慮に入れなければならない。

藤原家と八角堂

そもそも光明皇后には、「八」に関心を向けざるを得ない、更なる特別な環境があった。これはまさしく運命と言うべきか。不思議なことだが、藤原家と「八」の関係は、八角堂として深く結びついている。光明皇后の立場から整理して記述してみよう。

①父・不比等《ふひと》の霊廟《れいびょう》として、興福寺に北円堂（国宝・八角堂）が建立されている（721年）。

②母・橘三千代《たちばなのみちよ》も法隆寺の西円堂（国宝・八角堂）を建立している（718年）。
③藤原四兄弟の嫡男《ちゃくなん》、藤原武智麻呂《むちまろ》の霊廟も八角堂（国宝・栄山寺《えいさんじ》）である。
④光明皇后は、聖徳太子の霊を慰めるため、かの有名な夢殿（国宝）を行信《ぎょうしん》に造らせている（739年）。勿論、八角堂である。
⑤光明皇后は、741年、大和法華寺に八角堂の阿弥陀堂を建立した。
⑥光明皇后の実家の子孫末裔《まつえい》は、藤原内麻呂《うちまろ》の霊廟と一族繁栄を願い、興福寺・南円堂（重文・八角堂）を建立した（813年）。

それにしても、藤原家は八角堂と縁がある。これは偶然なのか。日本の主だった八角堂は、この中に収まってしまう。これだけ揃っているのである、偶然ではない。藤原家と八角堂との関係はどのように理解したらよいのか。

思いつきであるが、次のことを述べたい。天皇家は、舒明《じょめい》天皇陵から707年の文武陵まで、八角形の陵としていた（孝徳天皇陵は不明）。私は、藤原家は、天皇家のその概念を真似して、霊廟として八角堂を造ったのではなかろうかと、推測するのだ。

光明皇后は、「八」の意味を十分知っていた。だからこそ、「八の神様」の「八幡神」に興味をいだいたのだ。しかも、本人までもが、八角堂の夢殿、そして同じく八角堂の阿弥陀堂を造らせている。

以上のように、光明皇后の身内には、八角堂と関わり合う者が沢山いた。光明皇后は、藤原家との関係もあり、「八の世界」について関心が高いばかりか、高度な専門家でもあったのだ。

❼ 八幡神の出世

八幡神の出世の手際よさ

746年、聖武天皇は、病気平癒《へいゆ》祈願のために、八幡神を三位に叙した。
747年、東大寺大仏の完成を八幡神に祈願している。
748年、大仏完成供養祭の前年に当たるこの年に、八幡神が自ら託宣し、〈震旦《しんたん》国の霊神、今は日《にち》域《いき》鎮守の大神なるぞ〉と告げられた。
749年、朝廷は、大仏完成供養祭のとき、八幡神に一品《いっぽん》、比売《ひめ》大神に二品《にほん》を贈る。大仏の守護神ともなる。

このときから、宇佐八幡宮は皇室の第二の宗廟になる？

こうしてみると、八幡神の出世は明らかに大仏の造営、完成とリンクしている。

前述の、一覧にした4年間であるが、あまりにも八幡神の出世の手際が、よすぎるように感じる。そして、最も重要な点であろうと思われることは、八幡神は、一品の位を贈られる前年に、〈我は、震旦国の霊神なるぞ〉と自ら託宣していることである。中国の神であることを宣言している。どうも、中国にぞっこんの聖武天皇・光明皇后が、演出したような気がするのだ。

この託宣によって、八幡神は、明らかに、中国の道教最高神「玉皇上帝《ぎょうこうじょうてい》」（玉皇大帝）と習合した。中国びいきの光明皇后にとっては、最高の演出であった。

また、八幡神に一品の位が贈られたことは、次のような意味を持つ。八幡神は、このことにより応神天皇の神霊であるとの認知を得たのであると。

私見ながら、光明皇后（聖武天皇）は、八幡神の出世のため、道教の最高神「玉皇上帝」と応神天皇の神霊を習合させたのであろうと、深読みしてしまうのである。そうすることによって、八の神様として、グレードが一気にピークに達したのだと。

何故光明皇后は、八幡神のグレードアップを図ったのか

八幡神の突然とも言えるグレードアップは、表面的には次のように考えられる。

八幡神を応神天皇の神霊とし、一品の位を与えたことは、天皇家第二の宗廟としての地位を確保するためであった、と思われる。これが半分の理由とするならば、後の半分の理由は、中国最高神を習合させ世界一の神を目指したためだと思う。

後の半分の理由——何故中国最高神を習合させたのか——を考察したいと思う。

光明皇后（聖武天皇）は、大仏の完成を、世界一の中国最高神に祝ってもらいたかった、ともとれる。また更に、大仏を、天皇家を、藤原家を、そして日本国を世界一の中国最高神に守護してもらいたかった、ともとれる。おそらく、その全てであろう。そして、大仏と八幡神に、光明皇后（聖武天皇）のあらゆる願いを込めたのである。

発見——東大寺と手向山《たむけやま》八幡宮の関係は、洛陽城（隋唐城）の明堂《めいどう》と天堂《てんどう》の関係の真似であった

写真を眺めていると閃《ひらめ》くことがある。これまでにも、伊勢神宮の御鏡《みかがみ》の暗号発見、そして東大寺の門額字「国（王）」の暗号発見がそうであった。

今度も閃いたのだ。

『追跡　則天武后』（今泉恂之介・新潮社）に掲載されていた「隋唐城の模型」写真を眺めていた。天《てん》堂《どう》と明堂《めいどう》の大きさは半端ではない。見ている者を圧倒する巨大さである。

この巨大な建物が、大仏（天堂）と、道教の神（明堂）を祀っていると分かり、驚愕《きょうがく》した。ならば、東大寺（大仏）と手向山八幡宮《たむけやま》（震旦《しんたん》国の神・道教）の関係とそっくりではないか!!　私は瞬時に、光明皇后は、これをも真似たのだと確信し、思わず「発見!!」と叫んでしまった。

光明皇后（聖武天皇）は、則天武后を真似して、大仏と国分寺を造った。これはどの学者も述べている定説である。それればかりではなく、光明皇后は、則天武后の真似をして、手向山八幡宮をも造っていたのだ。誰もが、この事例については、述べていない。ならば、やはり、発見と言えよう。光明皇后（聖武天皇）が、則天武后を真似した範疇《はんちゅう》には、大仏、国分寺と同様に、手向山八幡宮も入っていたのである。

則天武后が統治した頃の洛陽は、国際都市であった。その洛陽城の内城（宮城）の正門が応天門、応天門の向こうに八角形屋根の明堂、その奥に円形屋根の天堂がそびえていたのだという。

洛陽市都城博物館の模型資料によると、明堂は、八角形に造られている。全宇宙を八角形としてとらえる思想がここに表れている。八角形で表される宇宙の中心にいるのは、道教の最高神である。しかし、則天武后が造った明堂の形は不明というよりも、諸説がある。屋根の形状などが一定していないのだ。

だが、隋唐城の模型の形を前提として論ずることとする（図7・3参照）。

則天武后が、造った明堂は、「万象神宮《ばんしょう》」と呼ばれ、八百万《やおよろず》の神々を奉祀《ほうし》する神殿を意味するものである。薛懐義《せつかいぎ》という僧正が、則天武后から任され建立した明堂であった。周王朝を立てる前年の689年の正月朔日《ついたち》、則天武后は、万象神宮において祭儀を執《と》り行った。このとき、まず、昊天上帝《こうてんじょうてい》を拝した。昊天上帝とは、中国の最高神であり、宇宙の主催者であるという。なお、昊天上帝は、道教最高神の、〈玉皇上帝《ぎょっこうじょうてい》・「天皇大帝《てんこうたいてい》＝天皇」〉とも同一視されている。

明堂完成後、その背後に明堂より大きな天堂が造られた。

仏教の儀式を行うための大殿堂で、高さは100mを超えていたと言われる。その天堂の内部には、高さ約70mの弥勒菩薩《みろくぼさつ》（大仏）が置かれた。麻布と漆の張り子で、日本で言う脱活乾漆仏《だつかつかんしつ》である。小指の中に十人が入れたほどの大きさだったという。

則天武后は、それまでの唐の国教であった「道教」よりも「仏教」を重んじ、691年、仏教を道教の上におくという詔《みことのり》を出した。しかし、晩年は「道教」の神仙思考にも憧れていた。

奈良の大仏は、同じ盧舎那仏《るしゃなぶつ》ということで、龍門石窟にある盧舎那仏を真似たとされているが、それだけではなく、洛陽城内にあった巨大な弥勒菩薩にも影響を受けていたのであろうと思われる。

八幡神の出世の理由——その発見

隋唐城の模型から、八幡神のグレードアップ要因は、「明堂」と「天堂」が並んでいることと関係がある、ということを推論したい。

図７・３：隋唐城の模型。左端から応天門、明堂、天堂。（洛陽市都城博物館）

写真を見てみると分かるが、「明堂」と「天堂」が並んでいる。

明堂（万象神宮）は、屋根の形状が八角形であることから、「昊天《こうてん》上帝」の周りに八卦を配した「昊天（玉帝）上帝八卦」の哲理であろうと思われる。

この「明堂」のことも知っていた光明皇后は、「八の神様」である八幡神をグレードアップし、大仏とペアにしたのだ。748年、八幡神自らが震旦国の霊神と託宣したことは、道教の神様であると宣言しているのであるが、それはまさしく「明堂」の概念をイメージしたものであった。この託宣も、おそらく光明皇后が企画・発案して述べさせたものであろう。一覧にすると次のような関係となる。

天堂［大仏・世界最大］＝ 東大寺［大仏・金銅仏世界最大］

明堂［八角形・中国最高神・昊天（玉皇）上帝］＝ 手向山八幡宮［八幡神・玉皇上帝］

大きさでは世界一の洛陽の大仏と、金銅仏では世界一の奈良の大仏には、近くに中国最高神「昊天上帝（玉皇上帝）」が存在している、ということで共通している。となると、八幡神を出世させた理由は、憧れの則天武后が住んでいた「洛陽城」（隋唐城）にある「天堂」と「明堂」の関係を、「東大寺」と「手向山八幡宮」とによって実現させることにあった、と言えるのだ。

簡単に述べるならば、光明皇后は、則天武后を真似して、つまり天堂と明堂を真似して、「世界一の大仏」と、「世界一の神様」とをオソロイで造りたかった、のだ。

光明皇后ならば、ここまで考えたのではなかろうか。則天武后に対する、光明皇后の「憧れパワー」は、我々が想像する以上に大きかった。ここで言う「世界一の神様」とは、光明皇后憧れの則天武后が作った文字「圀」の意味「国とは八方なり」の、具現化の一つの事例であると、思われる。光明皇后は、「国とは八方なり」ならば「神も八方なり」と、「八幡神」を中国最高神「昊天《こうてん》上帝（玉皇上帝）」にグレードアップしたのである。それが「圀」の字を作った則天武后に対する、光明皇后の答えだったのだ。

なお、手向山八幡宮であるが、当初は平城宮南に鎮座していたようであるが、すぐに東大寺大仏殿南方の鏡池付近に移座したと推測される。現在は東側に位置しているが、元々は南側だとすると、天堂と明堂と同様、南北に位置していたことになる。南北一直線だったのかは不明であるが、とにかく南北に相当する位置に造られたことは、天堂と明堂の関係を真似したことの証左ともなる。

八幡神の出世の結果は、名称にも表れ、この頃から、「八幡（ヤハタ）神」から中国ふうの呼び名「八幡（ハチマン）神」になったのだと思う。時期的に多少のズレはあるにしても。そして、その後、仏教の持っている「八葉蓮華《はちようれんげ》」の「八」の概念とも一致し、習合し、「八幡大菩薩《はちまんだいぼさつ》」となり、八幡神の概念の総仕上げとなった、と思うがいかがであろうか。

日本古来の弥栄《いやさか》の意味であった「八（ヤ）ハタのかみ」と、中国の八卦の意味の「八・はち」と習合した原始「八幡（ヤハタ）神」は、７４８年、自ら中国の神であることを託宣し、リニューアルし、「八幡（ハチマン）神」になったのだ、と思う。

今まで、なぜ「八幡（ヤハタ）」から「八幡（ハチマン）」になったのか、不思議に思っていたのだが、「八・ヤ」から「八・ハチ」に変わったことは、震旦国（中国）の神霊であるという、強い主張が感じられる。同時に世界一の神様という主張も、当時の状況から感じ取られるのである。

八幡神と天皇

私は、八幡神は、中国最高神の「玉皇上帝」と習合したと述べた。則天武后が明堂にて祀った昊天《こうてん》上帝《じょうてい》は、道教最高神の玉皇上帝と同一視されている。道教最高神は、時代によって何度か名前が変わっているが、本質的には同じと見てもよい。ならば、748年、八幡神自らが震旦国の霊神と託宣した八幡神は、〈玉皇上帝＝昊天上帝＝天皇大帝＝北極星＝天皇〉である、と言えるのだ。

つまり、八幡神＝天皇（天皇大帝・北極星）ということになる。

八幡神が天皇（天皇大帝・北極星）である？　にわかに信じがたい説が浮かび上がってきた。しかし、少なくとも、間接的にはそう言えるのだ。

更に、八幡に八卦を配せば、次のように表現できる。

太極＝八幡神・玉皇上帝・昊天上帝・天皇大帝・北極星・天皇

八卦＝八幡（八本の幡）・八州（日本）

宇佐神宮（宇佐八幡宮）は、応神天皇を祀っているから天皇を祀っている、という意味ではない。天皇の根源である「天皇大帝《てんこう》・北極星」を祀っているのかどうかの問題である。

伊勢神宮は、「太一（北極星）＝天皇大帝＝天皇」を隠密裡《おんみつり》に祀っている。

とすると、伊勢神宮と宇佐神宮（手向山八幡宮）は、揃って天皇（天皇大帝・北極星）を祀っている、ということになる。宇佐神宮が、皇室第二の宗廟として位置付けられたことを考慮するならば、あながちち、無視できない仮説であると思う。八幡神の突然の大出世も、そして、その後ますます発展していく姿も、八幡神は天皇（天皇大帝・北極星）を象徴しているという意識があったからであろうか。

ならば、次のように言える。

建武《けんむ》の中興《ちゅうこう》のとき、後醍醐《ごだいご》天皇は、楠木正成《くすのきまさしげ》に錦《にしき》の御旗《みはた》を授けた、という説がある。この錦の御旗には、天照大神、そして八幡大菩薩と書かれていたようである。

八幡大菩薩は、天皇大帝（北極星・天皇）をも意味している。となると、天照大神（太陽）と天皇大帝（北極星・天皇）が並んで書かれていたことになる。

実に良いバランスとなる。このバランスの良さは、伊勢神宮（天照大神＋天皇大帝・太一）をも意味している、とも言えるのである。

八幡神は天皇（天皇大帝・北極星）であるという仮説により、「八」と「天皇」の関係が、ここでも浮上した。私は、無理に結びつけようとしたのではない。ふと、足下を見たら、落ち葉に隠れていた仮説を発見したのである。

だが、このように理解していいものか、さすがに迷う。はたして、光明皇后は、ここまで意味付けしていたのであろうか。

聖武天皇と大仏

私は、この章では、敢《あ》えて光明皇后と則天武后の関わり合いを中心に述べてきた。

しかし、聖武天皇についても、次の件は是非とも記しておきたい。

聖武天皇は、自分自身を大仏に投影していたのである。この件は、中西進《なかにしすすむ》氏が著作の中で述べている。しかし、中西氏は、光明皇后が大仏に対しそのような気持ちを持っていたとは記していない。私は、聖武天皇についてはそのような検証はしていなかった。中西進氏の著作からその情報を得た。ならば、聖武天皇と光明皇后は、お揃いで大仏に自分自身を投影していた、ということになる。その意味・意義を検証してみようと思う。

光明皇后については、すでに自説を述べている。聖武天皇については、中西進氏の書『聖武天皇』（PHP新書）を参考にして簡単に記すこととする。

聖武天皇の夢に、日本は神国で、日輪は大日如来《だいにちにょらい》、その本地《ほんじ》は盧舎那仏《るしゃなぶつ》だから、仏法に帰依すべきだというお告げがあった。盧舎那仏は、光明遍照《こうみようへんじよう》と言い、光り輝く太陽のイメージでもある。大仏の、黄金に燦然《さんぜん》と輝く姿は、光明遍照の太陽に等しい。もともと、釈迦を「太陽の子孫」と呼ぶことが、紀元前から始まっていた。また、太陽の仏として大日如来がある。更に、天皇を太陽（天照大神）の子孫とする思想が当然働いた。よって、盧舎那仏と天照大神を同一視していた、と思われるふしがあった。これらの理由から、聖武天皇は、自身を盧舎那仏に擬《なぞら》えようとする意図があった、と推測される。そして、聖武天皇は盧舎那仏に我が身を投影して、「われは国家なり」とその存在を宣揚したのである。以上のような内容を中西進氏は記している。

聖武天皇は、光り輝く大仏（光明遍照）を天照大神に擬え、天照大神を皇祖とする天皇家の子孫として、大仏に自分自身を投影したのだ。私は、光明皇后の名前「光明子」から検証した結果、光明皇后は、密かに大仏に我が身を投影していたのではないかという、推測をした。ならば、何と、聖武天皇と光明皇后は、仲良く揃って、大仏に我が身を投影していたのだ。

聖武天皇と光明皇后は、歳が同じであったからであろうか、とても仲の良かったお二人であったと推察できる。それは、光明皇后が東大寺献物帳に記した、聖武天皇を偲《しの》ぶ願文によって窺《うかが》い知れる。聖武天皇は、光明皇后の才能を花開かせてあげようという、愛情の気持ちがあったのではなかろうか。また、光明皇后の願いを叶《かな》えることに対して、無上の喜びを感じていたのではなかろうかと、憶測するのである（注：ところが、聖武天皇と光明皇后の仲は、深い溝があり冷たい風が吹いていた、とする説もある）。

大仏と天照大神を同一視していたとなると、伊勢神宮と東大寺・大仏の関係は、次のようにも言える。

伊勢神宮（内宮正殿）対 荒祭宮《あらまつりのみや》（別宮）＝ 天照大神（太陽）対 天皇大帝（北極星神・天皇）

東大寺（大仏）対 手向山《たむけやま》八幡宮 ＝ 天照大神（太陽）対 天皇大帝（北極星神・天皇）

よって、奈良の大仏と手向山八幡宮の関係は、太陽と北極星の関係、とも言える。それは、伊勢神宮における、太陽（内宮正殿）と北極星（荒祭宮《あらまつりのみや》）の関係に似ているのである。

私は、東大寺大仏とは、国家神道・伊勢神宮（天照大神）と、八幡神（中国最高神・北極星神）を、精神的に秘かに取り入れ、国家仏教としての大仏を成就させることにあったと、推測するのである。

しかし、東大寺（大仏）と手向山八幡宮の対《つい》の関係の意味は、光明皇后が亡くなられてからは、いつしか忘れ去られてしまったのであろうと思う。手向山八幡宮の位置が南側から東側になったことは、天堂と明堂の関係を真似たことが、忘れ去られてしまった結果であろうと推測される。だが、僧侶の八幡神の利用は、その後も続き、やがて、「八幡大菩薩」となり、更に発展することとなる。

❽何故、光明皇后は則天武后を真似たのか……怨霊鎮魂説

怨霊鎮魂《おんりょうちんこん》

聖武天皇・光明皇后は、世の安泰と国民の繁栄を願って大仏を建立したと言われている。しかし、それは表向きの理由であって、本当の理由は、怨霊《おんりょう》封じのために造営されたのが大仏であった、との説もある。

表向き説と怨霊説に共通するのは、いずれにせよ、則天武后に憧れ真似をしたということであり、それは間違いのない事実である。

奈良の大仏建立は「国家鎮護」という建前のもと、実際は長屋王《ながやのおおきみ》たちの「怨霊封じ」を行ったのであると、井沢元彦《いざわもとひこ》氏は述べている。藤原四兄弟が疫病で死んだことは、長屋王を筆頭に、持統・藤原王朝によって罪なくして殺害された皇子たち（大津皇子《おおつのみこ》・安積《あさか》親王）の怨霊であると、聖武天皇・光明皇后は認識していた、としている。また、梅原猛《うめはらたけし》氏は、夢殿は聖徳太子の怨霊鎮魂のために建てられたと述べている。

となると、聖武天皇・光明皇后が造らせた「大仏」と光明皇后が造らせた「夢殿」は、怨霊鎮魂のた

めということになる。当時の呪術的な側面を考えると、この「怨霊鎮魂」説は、無視できない重要な要因であると思われる。私は、だからこそ、聖武天皇・光明皇后は、則天武后を真似たのではなかろうか、と推測する。

この件については、特に光明皇后に焦点を当てて考察してみたい。

則天武后は、唐の太宗《たいそう》の幼妾《ようしょう》として選ばれ宮中に仕え、最後は女帝の地位まで上り詰めている。その間には、多くの貴族・幕僚を殺し、また自分の子供を毒殺したり（異論もある）、失脚させている。かなり忌まわしい汚れた負の部分がある。

しかし、国家統一の強化と社会の長期安定をもたらした。社会生産は大幅に伸び、人口も増加した。唐代の大詩人・李白《りはく》の詩に、「中国に七聖あり」と書かれているが、その中に則天武后も含まれている。ちなみに、李白と光明皇后は、誕生年が同じである（聖武天皇も同年生まれ）。

則天武后（皇帝）は、82歳（推定）で崩御された。善政もしたが悪政もしている。忌まわしい過去があるのにも拘《かか》わらず、長生きしている。

光明皇后は、朝廷に対する藤原氏の素晴らしい貢献も、そして、今までの数々の謀略も全て知っていた。皇后になれない身分でありながら、729年、藤原氏の長屋王に対する謀殺で皇后になれた。ところが、737年、半年足らずの内に天然痘にかかり、藤原四兄弟（光明皇后の兄弟）が次々と亡くなった。その驚きは恐怖となり、長屋王の祟《たた》りだと思うようになったのは無理もない。今ならば、疫病の感染であると理解するが、当時は分かるわけがない。タタリだとすると、タタリから逃《のが》れなければならない。そのためには長屋王を鎮魂する必要がある。怨霊封じのためには何をしたらよいのか、考えたことだろう。

そのように考えた結果、謀略で皇后になったという共通点もあり、中国唯一の女帝・則天武后を手本にしたのだろうと思う。だとしたら、則天武后もすがった大仏に興味を持ったのは想像に難《かた》くない。

更に言えば、則天武后が82歳の長寿を全うしたことも、大いに関係あると思う。この則天武后の長寿パワーにあやかりたい、と思うのは自然の成り行きである。表現は俗っぽくなってしまうが、怨霊封じには、則天武后パワーに限ると思ったのではなかろうか。則天武后のスケールの大きさと、82歳の長寿にすがったのである。

則天武后は、そうしたおどろおどろしい過去の負の部分を、「大仏」「大雲寺」等々を造り克服していったと、光明皇后は勝手に感じたのであろう。だとしたら、光明皇后も、則天武后を真似て、忌まわしい過去にまつわる怨霊を克服しようとしたと考えられる。

光明皇后が特に願って建立した国分尼寺の寺名は、「法華滅罪之寺《ほっけめつざいのてら》」である。殺生から身をつつしみ、身の安泰を願う寺とされている。この寺名はドキッとするほど、あまりにも直截的《ちょくせつてき》すぎる。しかし、意味深長な名でもある。この寺名からも、大仏の造立は、やはりタタリから逃れるため——怨霊を鎮魂するため——でもあった、と推察される。

怨霊については、梅原氏、井沢氏の本を是非読んでいただきたい。

⑨ 光明皇后の深謀遠慮

光明皇后の父・藤原不比等は、持統天皇・文武天皇・元明天皇に仕え、天皇家の第一の宗廟である現在の伊勢神宮の形を造るのに貢献したと思われる（天武天皇が崩御されたあと、天武天皇のデザインを完成させるのに貢献した）。

不比等の娘・光明皇后は、聖武天皇の力を借り、八幡神を、グレードアップさせた。結果、宇佐神宮（宇佐八幡宮）は、天皇家の第二の宗廟となった。

父と娘が、それぞれ皇室第一の宗廟と第二の宗廟に関わり合いを持つということは、何か特別な因縁を感じる。光明皇后は、父・不比等の影響もあるのだろう、伊勢神宮の全てを知っていた。だからこそ、八幡神を震旦国《しんたんこく》（中国）の霊神と習合させたのだ。

748年、八幡神自らが震旦国（中国）の神であり、日本を守る神であると託宣したのは、深読みすれば、光明皇后自身の託宣（プラン）だったとも考えられる。

唐に勝る国はこの世にはない。その国の最高神を八幡神と習合させた。この習合によって、八幡神は、日本のみならず、唐を含めて、ということは、世界一の「八の神様」に昇格したのだ。尤《もっと》も、そういう意味では、伊勢神宮も太一（北極星神）と習合しているから、世界一であるが。

光明皇后は、則天武后を真似して、世界一の仏像と世界一の神様を作りたかったのだと思う。そして、見事に二つとも作った。則天武后は、〈国の在《あ》りようは八である〉と、則天文字「圀」で主張している。だったら、〈神も八である〉と、光明皇后は、八幡神を道教の最高神・玉皇上帝《ぎょっこうじょうてい》（天皇大帝《てんこう》・北極星）にグレードアップさせて、則天武后に満腔《まんこう》・満貫《まんがん》の返答をしたのではなかろうか。もともと日本は八州《やしま》と言い「八」で国を表しているから、何の遠慮もなかったはずである。

光明皇后は次のように思ったことであろう。

《則天武后さんを真似て造った、金銅仏世界一の大仏も無事完成しました。大仏の大きさでは負けましたけど、金銅仏の大きさでは世界一ですからね。塗金《ときん》は大変でした。それまで日本からは金をほとんど産出していなかったものですから。則天武后さんの顔を真似て造られた金色に光り輝く大仏様（龍門石窟）は、則天武后さんの化身《けしん》とされました。私も少し真似をしてみました。名前を「光明子《こうみょうし》」と名告《なの》ることで、光り輝く「光明遍照《こうみょうへんじょう》」を意味する盧舎那仏《るしゃなぶつ》（大仏様）の完成を祈りました。その甲斐《かい》あって成就しましたよ。そればかりではありません。「光明子」ですから、密かに私自身を大仏様に擬《なぞら》えることができました。則天武后さんみたいに、大胆ではなく、こっそりでしたが。でも、少し真似できて幸せです。

　国分寺も大雲寺同様、全国に造りました。同時に「国分尼寺《こくぶんにじ》」も造ったのは、私なりにちょっぴり女性の立場を主張しておきました。どうですか、則天武后さん、偉いでしょ。

　それにしましても、則天武后さんがお造りになった「天樞《てんすう》」には驚きました。「圀《くに》」の字の意味「国とは八方なり」を、巨大な八角の天樞に刻んでお披露目したのですから。私も「國」の字を俗字「国（王）」に置き換え、それなりに主張しておきましたよ。東大寺の門額字《もんがくじ》に「国（王）」と書き、謎解き（暗号）としてお披露目しました。勿論、これらのことは、全てわが帝《みかど》の愛情溢《あふ》れる積極的な手助けのおかげです。

　則天武后さんが作った文字「圀《くに》」の概念の実現は、八幡神と、八卦《はっか》とも関係ある中国道教の最高神「玉帝・天皇《てんこう》大帝・北極星」を習合させることによって、果たしましたよ。

そして、則天武后さんの住んでいらっしゃった「洛陽城《らくようじょう》（隋唐城）」内にある世界一の大仏と、世界一の道教神のお揃いの関係も、金銅仏世界一の大仏と世界一の八幡神を近くに勧請《かんじょう》し、二つ並べることで成就《じょうじゅ》させました。手向山《たむけやま》八幡宮の建物は小さかったかな。

「圀」の意味の実現は、八の神様である八幡神を世界一の神様にしたことで充分果たしたと思います。

則天武后さんは、健筆をふるわれました。王羲之《おうぎし》の書風が大好きとか。私も大好きで、書風を真似て、『楽毅論《がっきろん》』を書き上げたほどですよ。

則天武后さんが編纂させた政治訓の『維城典訓《いじょうてんくん》』は、わが国の官吏《かんり》たる者の必読書に、もうじきですが指定したいと思います。年号も則天武后さんを真似て、「天平感宝」等々の四字にしました。何たって、則天武后さんは中国唯一の女帝さんであり、素晴らしい教養の持ち主ですから、私は全てに憧れていました。単なる真似ではありませんよ。素敵な則天武后さんその人に、少しでも近づきたかっただけです。

私は、天子様が住むという意味を含んだ「紫微中台《しびちゅうだい》」を作りました。「中台」は則天武后さんの真似です。則天武后さんのように女帝になろうとは思いませんでしたが、皇太后でありながら、ここに居を構え、内容はともかく、形だけでも、女帝さん同様の政治を行うことができましたよ。

私は、今、とっても幸せです。憧れだった女帝・則天武后さんに、限りなく近づくことができたと思いますから》。

「紫微中台」において、光明皇后（当時皇太后）は、憧れの則天武后を思い浮かべ、このように思い、得意満面であったことだろう。私は、そう感じていただろうと思わずにはいられないのである。

時代は下がって、鎌倉時代、「神は八幡」とまで言われたことは、光明皇后の面目躍如《めんもくやくじょ》と言うべきか。

八幡神は、実に不思議な神様である。もし、聖武天皇と光明皇后がいなかったならば、八幡神はこれほどまで出世はしなかったと、確信を持って言える。

第8章

高松塚古墳の被葬者は石上麻呂——。キトラ古墳は阿倍御主人!!

この章で、暗号解読の旅は、終了となる。家路につくまでに、是非とも伝えたい『古代天皇家「八」の暗号』の事例を述べようと思う。

高松塚《たかまつづか》古墳の壁画は、誰もが解けない暗号であった。しかし、ついに、その壁画の暗号が解読されたのだ。大発見（？）である。よって、初めて、高松塚古墳とキトラ古墳の被葬者が特定できた。このことを八の暗号解読として論じたい。天皇と八角形墳陵の関係は簡単に前述してあるが、再度詳しく述べることとする。私は、中国皇帝に対する独立の心構えの表現が、八角形墳陵であったと推測する。天武《てんむ》天皇について、天武天皇の世界という観点から、更に検《あらた》めて述べたいことがある。

最後に、水戸光圀《みつくに》が何故名前を「光國」から「光圀」に変えたのかの、ロマン溢《あふ》れる暗号の発見とその解読を記したいと思う。「光圀」の暗号解読成功は、まさに至福のひとときであった。

暗号解読の旅の最後の章として、是非とも心を癒《いや》していただきたいと願うものである。特に、高松塚古墳と水戸光圀の暗号解読成功は、本邦初公開として、旅人に喜んでいただけそうで、何よりも嬉しい。旅先案内人として、私の心は弾んでいる。

八角形墳《はっかっけいふん》陵《りょう》と八の暗号

❶ 八角形墳陵の出現と一覧

前方後円墳は、日本のオリジナルの形式であり、3世紀中頃から出現した。その前方後円墳も、6世紀末頃に築造停止となる。その後は方墳、円墳となるが、7世紀の中頃、畿内の特定の地域に、これも日本のオリジナル形式である八角形の墳丘が、突如出現した。

いずれも天皇陵《てんのうりょう》クラスと考えられる。

この畿内の八角形墳は、舒明《じょめい》天皇陵が最初と言われ、その後、代々の天皇陵に受け継がれ、文武《もんむ》天皇陵によって終わる。但し、孝徳《こうとく》天皇陵だけは、円墳と言われている。考えてみれば、何故孝徳天皇だけが八角形墳でないのだろうか。不思議である。

また、何故突然の八角形墳陵（図8・1）なのか、その説は大きく二つに分かれる。仏教説と道教説である。八角形墳陵と考えられる古墳を一覧する。

① 段《だん》ノ塚《づか》古墳（奈良県桜井市・舒明《じょめい》天皇陵）
② 牽牛子塚《けんごしづか》古墳（奈良県明日香《あすか》村・斉明《さいめい》天皇陵の可能性あり）
③ 御廟野《ごびょうの》古墳（京都市・天智《てんじ》天皇陵）
④ 野口王墓《のぐちのおうのはか》古墳（奈良県明日香村・天武《てんむ》・持統《じとう》天皇合葬陵）
⑤ 東明神《つかみょうじん》古墳（奈良県高取《たかとり》町・草壁皇子《くさかべのみこ》の伝承あり）
⑥ 中尾山《なかおやま》古墳（奈良県明日香村・文武《もんむ》天皇陵推定）
⑦ 岩屋山《いわややま》古墳（奈良県明日香村・斉明《さいめい》天皇陵の可能性あり）

❷ 何故、八角形なのか？　その諸説

以前は、八角形天皇陵とその被葬者が特定できず、混乱していた様相だったのが、ここ四半世紀ばかりの間に、ほぼ特定して考えられるようになった。

さて、八角形墳陵はどうして突然出現したのか？　「八の世界」を探究する者にとっては、大変興味がある。やはり避けられない重大な問題である。

天皇陵の八角形墳陵の成立要因については、諸説がある。多くの説に接して、「八の世界」の多様さ・奥深さが分かり、ますますもって、「八の世界」の存在感が浮かび上がってきた。「八の世界」は、仏教、道教、儒教、によってそれぞれ表現できる、ということがあらためて分かる。

では、諸説を簡単に述べたいと思う。

当時の大和以外の地方にも八角形墳陵はいくつか存在するが、その造りは天皇陵と違って貧弱である。

仏教説

仏教説では、田村圓澄《たむらえんちょう》氏の「八葉蓮華《はちようれんげ》」説がある。

田村氏は比較的早くから、最初の八角形墳陵は舒明《じょめい》天皇陵であるとしていた。どうやら、最初に造られた八角形墳陵の推定としては、それは妥当であった。

――八角墳の「八」は、仏教の象徴と考えられる蓮華の、特に八葉蓮花の「八」に因んでいると推定

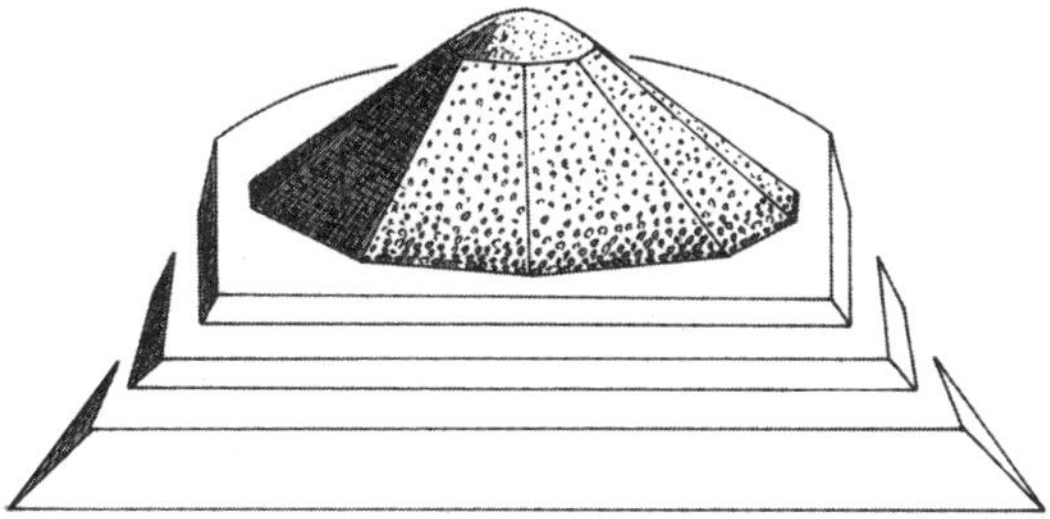

1. 舒明天皇陵

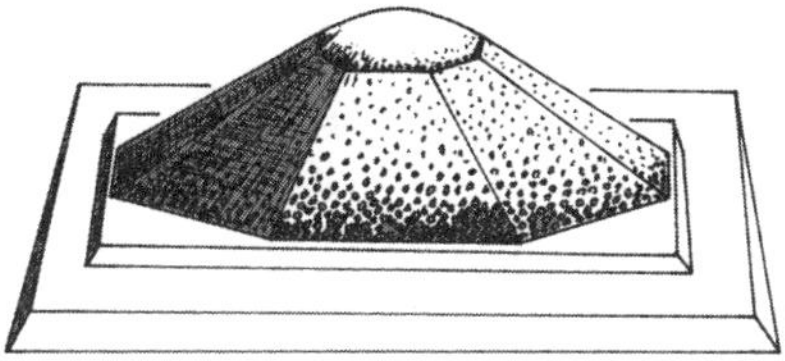

2. 天智天皇陵

3. 天武・持統天皇合葬陵（絵・松本百合子 部分）

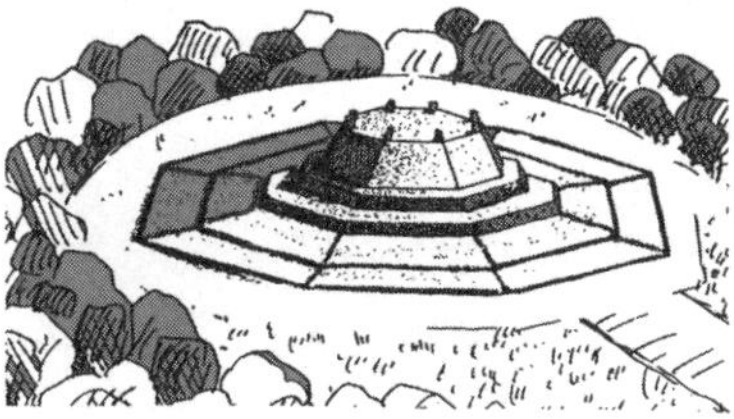

4. 中尾山古墳（推定文武天皇陵）（絵・松本百合子 部分）

図８・１：八角形墳陵（『歴史検証　天皇陵』別冊歴史読本78・新人物往来社／河上邦彦他『飛鳥学総論』人文書院より）

されるからである。……中略……つまり八角墳そのものが蓮花であり、被葬者は、蓮花の上にあり、そして蓮花につつまれている。仏法信者の最終の念願である仏国土への往生が、実現したことをあらわしているものと解される（『古代朝鮮仏教と日本仏教』田村圓澄・吉川弘文館）。

菅谷文則《すがやふみのり》氏は、八角形墳陵は仏教の思想的立場に裏付けられたものである、と述べている。具体的には、法隆寺の夢殿《ゆめどの》や西円堂《さいえんどう》、栄山寺《えいさんじ》の八角堂、興福寺の北円堂や南円堂のような、八角円堂に象《かたど》ったものとする。

道教説

福永光司《ふくながみつじ》氏は、そもそも「八」という数字や「八角」の形は、道教と関係がある、と論じている。八角形の建物（大元宮。京都の吉田神社の奥にある大元宮も道教からとったもの）には、八百万《やおよろず》の神が集うというお祭りがあり、道教と関連づけられるとしている。

太安万侶《おおのやすまろ》が書いた『古事記』の序文に〈天統を得て八荒《はっくわう》を包ねたまひき〉とある「八荒《はっこう》」は、『日本書紀』神武紀の〈八紘《あめのした》を掩《おほ》ひて宇《いへ》にせむ〉の「八紘《はっこう》」と同じで、これが天皇の政治理想とされている。

以上のように福永氏は述べ、道教説を展開している。

明堂《めいどう》・封禅《ほうぜん》説

網干善教《あぼしよしのり》氏は、中国の明堂《めいどう》の制や封禅《ほうぜん》の制での八角方壇に注目、八角は円を表すものではないとの観点から、八角方墳と呼ぶのに相応しい、と述べている。この儀式が、八角形の壇上で行われたことは、『漢書《かんじょ》』郊祀志《こうしし》や『後漢書《ごかんじょ》』祭祀志《さいしし》に記載されている。

八卦《はっか》説

重松明久《しげまつあきひさ》氏は、八角形というものは、いろいろな物象を真似たとも考えられるが、それらに共通する基本的立場は、易の八卦《はっか》にあると言えそうだ、と記している。八咫鏡《やたのかがみ》の原型とも言われる内行花文鏡《ないこうかもん》の図案の内行花文の部分の八稜形も、天武・文武陵の八角形に通じ、やはり八卦の八の具象化と思われる。更に、天武・持統天皇陵の五段築成の五重も、陰陽五行の形象化が考案の基礎をなしていると思われる、と述べている。

天皇陵の八角形墳陵の成立要因として、以上のような諸説がある。

太一（天皇大帝・天皇）八卦説

私見としては、すでに「第2章」で述べているが、再述させていただく。天皇陵の八角形は、ズバリ、「道教」の「太極《たいきょく》（太一《たいいつ》・北極星）八卦《はっか》」を表現していると思う。しかも、天武天皇と持統天皇の合葬陵は、陰陽を示し、まさに「太極（陰陽）八卦」をも表現している。「太一八卦」の太一とは「北極星神・天皇大帝《てんこうたいてい》（天皇）」を表し、「太一八卦」とは、それを中心にして八方に広がる世界を、八卦として配しているのである。

この道教の「太一（天皇大帝・天皇）八卦」の宇宙観・世界観を表したものが、八角形墳陵であると思う。

八角形は、一辺、あるいは一角が一州を表し、八角で八州《やしま》（日本）をイメージしていたであろうと推測できる。更に、八角形墳陵は、八州（独立国・日本）の八方を知ろしめす意味である「八隅知之大君《やすみしし》（天皇）」の意味をも含んでいると思われる。

❸ 八角形天皇陵の最初の被葬者とその背景

舒明《じょめい》天皇陵

最初の八角形墳陵は、舒明《じょめい》天皇と推測されている。「段ノ塚古墳」である。

では、舒明天皇陵の八角形の成立要因として、どのような背景があったのだろうか。

舒明天皇は641年崩御された。『日本書紀』に、〈皇極《こうぎょく》二（643）年、舒明天皇を押坂陵《おしさかのみささぎ》に葬《はぶ》った〉と記されている。

勿論、舒明天皇の意志であろうが、道教に関心があった皇極《こうぎょく》天皇が、あえて、舒明天皇陵の形を八角形にしたのだと私は、思う。まさしくそれは舒明一家の「天皇」としての意思表示であった。八角形墳陵を選択したのは、皇極天皇（斉明《さいめい》天皇）の次のようなことからも頷《うなず》けるのである。

①皇極天皇（斉明天皇）は、道教（八方位は道教の宇宙観を示す）に関心を持ち、道教観と思われる両槻宮《ふたつきのみや》や吉野宮《よしののみや》などを造営している。また、大和の飛鳥川《あすかがわ》で道教的な「四方拝」の儀式を執《と》り行

った。

②皇極天皇の「皇極」は、「太極八卦」を想像させる。実に象徴的である。

以上のことからも、当然、皇極天皇は道教の宇宙観「太極《たいきょく》（太一《たいいつ》・北極星）八卦《はっか》」にも関心を抱いていたと思われる。皇極の名そのものが、易経の太極を表している。

だとするならば、皇極天皇の頃から「太一（北極星・天皇《てんこう》大帝）八卦」の哲理は存在していたことになり、「天皇号」を称する状況はすでにあったと推測できる。そして、その表現として、八角形墳陵が造られたのではなかろうか。

やはり、天武天皇以前に、天皇号は慣用的に称されていたのであろう。制度として正式に天皇号を採用したのは、天武天皇であるが。

❹ 孝徳天皇陵は、八角形ではないのか

八角形墳陵は、舒明天皇から文武天皇まで続く。天皇及びそれに準ずる系統は次のようになっている。

〈舒明《じょめい》→皇極《こうぎょく》→孝徳《こうとく》→斉明《さいめい》→天智《てんじ》→（大友《おおとも》）→天武《てんむ》→（草壁《くさかべ》）→持統《じとう》→文武《もんむ》〉

この中では、孝徳天皇、大友皇子（弘文天皇）を除いて、全て八角形墳であると考察されている。孝徳天皇陵は、八角形墳陵の可能性はないのであろうか？

なお、文武天皇の後の元明《げんめい》天皇は、崩御に先立ち、〈薄葬《はくそう》によることとし、その山陵は山丘にいとなんだ仮葬所をそのまま利用し、ただ常緑樹と陵碑だけをもってそのしるしとせよ〉と遺詔《いしょう》を残している。

よって、八角形墳陵は文武天皇で終わる。

孝徳天皇は白雉《はくち》五年大坂磯長《しなが》陵に葬《ほうむ》られた。円墳と言われている。円墳であると言われているということは、八角形墳陵の可能性がないわけではない。舒明天皇陵、天智天皇陵も上円下方墳であると言われていたからである。もし、孝徳天皇陵が八角形墳でないとするならば、何故一連の流れからはずれているのだろうか。その理由とは。

孝徳天皇は、難波宮《なにわのみや》に残されてしまった。葛城皇子《かづらきのみこ》（天智天皇）が、皇極上皇や皇后の間人《はしひと》皇女を連れて飛鳥に帰ってしまったからである。孝徳天皇はその一年後崩御した。この異常な状況の影響なのだろうか。

『日本書紀』の孝徳天皇紀には、〈仏法《ほとけのみのり》を尊《たふと》び、神道《かみのみち》を軽《あなづ》りたまふ〉と最初に記してある。このことと関係があるのか。もし、八角形墳陵が神の形式と考えられていたならば、神を軽んじた天皇として、八角形陵墓にされなかったとも推測できる。それとも、現在比定《ひてい》されている孝徳天皇陵が間違っているのだろうか。

この件は、案外問題にされていない。課題として残しておきたいと思う。歴史学者はこのことが気にならないのであろうか……と、私は理解していた。しかし、孝徳天皇も八角形墳陵である可能性を述べている人がいた。私の勉強不足を恥じなければならない。

今尾文昭《いまおふみあき》氏などである。今尾氏は、孝徳天皇の陵墓の候補として、叡福寺《えいふくじ》北古墳を挙げている。もし、この古墳が八角形墳ならば、孝徳天皇陵の有力候補とすることに躊躇《ちゅうちょ》する必要はないだろう、と述べている（『古代を考える　終末期古墳と古代国家』編＝白石太一郎《しらいしたいちろう》「八角墳の出現と展開」今尾文昭・吉川弘文館）。

この叡福寺北古墳は、従来から聖徳太子の墓と言われてきたのであるが、墓室は岩屋山式横穴式石室と言われ、石室編年から示された年代観とは多少ずれが生じている、と記している。

個人的には、孝徳天皇陵も、八角形墳陵であったと思いたい。たとえ、〈神道《かみのみち》を軽《あなづ》りたまふ〉と言われたにせよ、孝徳天皇のみが八角形墳陵でない理由が、どうしても見つからない。この件は、8の探究者の私としては、気になって仕方がない問題なのである。

❺ 藤原京と聖なるライン

天武《てんむ》・持統《じとう》天皇陵（八角形）

天武《てんむ》・持統《じとう》陵は、鎌倉時代の1235年に盗掘されており、そのときの様子は『阿不幾乃山陵記《あおきのさんりょうき》』に記載されている。また、藤原定家も『明月記《めいげつき》』にそのことを記している。この記録では、玄室《げんしつ》の壁には朱が塗られ、天武天皇の棺《ひつぎ》も八角形の朱塗りの夾紵棺《きょうちょかん》で、棺内には紅い布の腐ったものが少々あったという。全てが赤づくしだった。

持統天皇の骨蔵器《こつぞうき》（骨壺）は銀製。天皇として最初に火葬されたのだ。持統天皇は、夫の天武天皇の陵を、遷都が予定されている宮と都の中心軸の真南、いわゆる聖なるライン上に築造させた。

天武・持統天皇陵の位置は、藤原京の真南に当たる。文武天皇陵と推定されている八角形墳の中尾山古墳もこのラインにあり、聖なるラインと呼ばれている。

天智《てんじ》天皇陵（八角形）

さて、藤原京から遠く離れた真北にも、八角形墳陵が存在する。天智《てんじ》天皇陵である。藤原京は、690（持統四）年に着工され、694（持統八）年に完成した。勿論、天武天皇がデザインしたと思われる。

天智天皇陵は、『続日本紀《しょくにほんぎ》』によれば、文武三（699）年に造築されたと記してある。天智天皇の崩御は671年であるから、28年後の築造となる。壬申《じんしん》の乱で混乱していたとはいえ、不思議な気もしないわけではない。勿論、671年築造とする説もある。とにかく、藤原京を中心に、南北に八角形墳陵が存在しているのである。

天智天皇陵が藤原京の真北に位置しているのは何故だろうか。もし、天智天皇陵が671年に築造されたとなれば、天智天皇は、藤原京のグランドデザインを抱《いだ》き、地割作業を進めていたとの推測も可能である。この位置関係は偶然なのであろうか。不思議である。

持統天皇の後の「文武天皇・元明天皇・元正天皇」であるが、八角形の高御座《たかみくら》で即位したのは確かであろう。今のところ、天皇即位（誕生）を八角形・高御座で行い、天皇崩御（死）ののち、八角形墳陵に葬《ほうむ》られたと推測できるのは文武天皇だけである、と思われる。

天武天皇と持統天皇は、はたして八角形の高御座で即位式を行ったのだろうか。

天武天皇・持統天皇陵と天智天皇陵、そして藤原京との関係は、図式で示すと図8・2のようになる。天皇の「誕生」と「死」が八角形で繋がっているのである。聖なるもの、それは八角形なのだ。

藤原京には大極殿《だいごくでん》が造られ、その中に八角形・高御座をしつらえ、即位したと考えられる。大極殿とは、易経の「太極」を意味する。

❻ 八角形と推定される古墳陵

では、一覧表の中で、まだ説明していない八角形墳陵について述べることとする。

中尾山《なかおやま》古墳

江戸時代中期の享保《きょうほう》二十一(1736)年に刊行された『大和志』では、この中尾山古墳を文武天皇の陵としている。しかし、明治十四(1881)年に文武天皇陵に指定されたのは、中尾山古墳ではなく、高松塚古墳の南東方向にある現在の文武天皇陵である。その根拠は不明である。二重の外縁施設を持つ三段築成《ちくせい》の八角形墳陵。「沓石《くついし》」と呼ばれる用途不明の石が二個見つかっている。この石はどうやら墳頂に置かれていたらしい。文武天皇陵の可能性がきわめて高い。

牽牛子塚《けんごしづか》古墳

奈良県明日香《あすか》村にある、二段築成の八角形墳陵。墳丘は現状で径約14m、高さ約3・8mの円墳状を呈するが、本来は、粘土・砂・小礫《しょうれき》を版築《はんちく》状に突き固めた二段築成の八角形墳陵であり、周囲には切石の護石が配置されていた可能性が高い。斉明天皇陵の可能性もあるという見解も出ている(『歴史と旅』米田文孝・平成十一年三月号)。

牽牛子とは、アサガオの種のことであるが。この古墳がアサガオ塚とも呼ばれるのは、その墳形の平面形態がアサガオの花のようであったことからと思われる。つまり、八角形の形をアサガオの花のよう

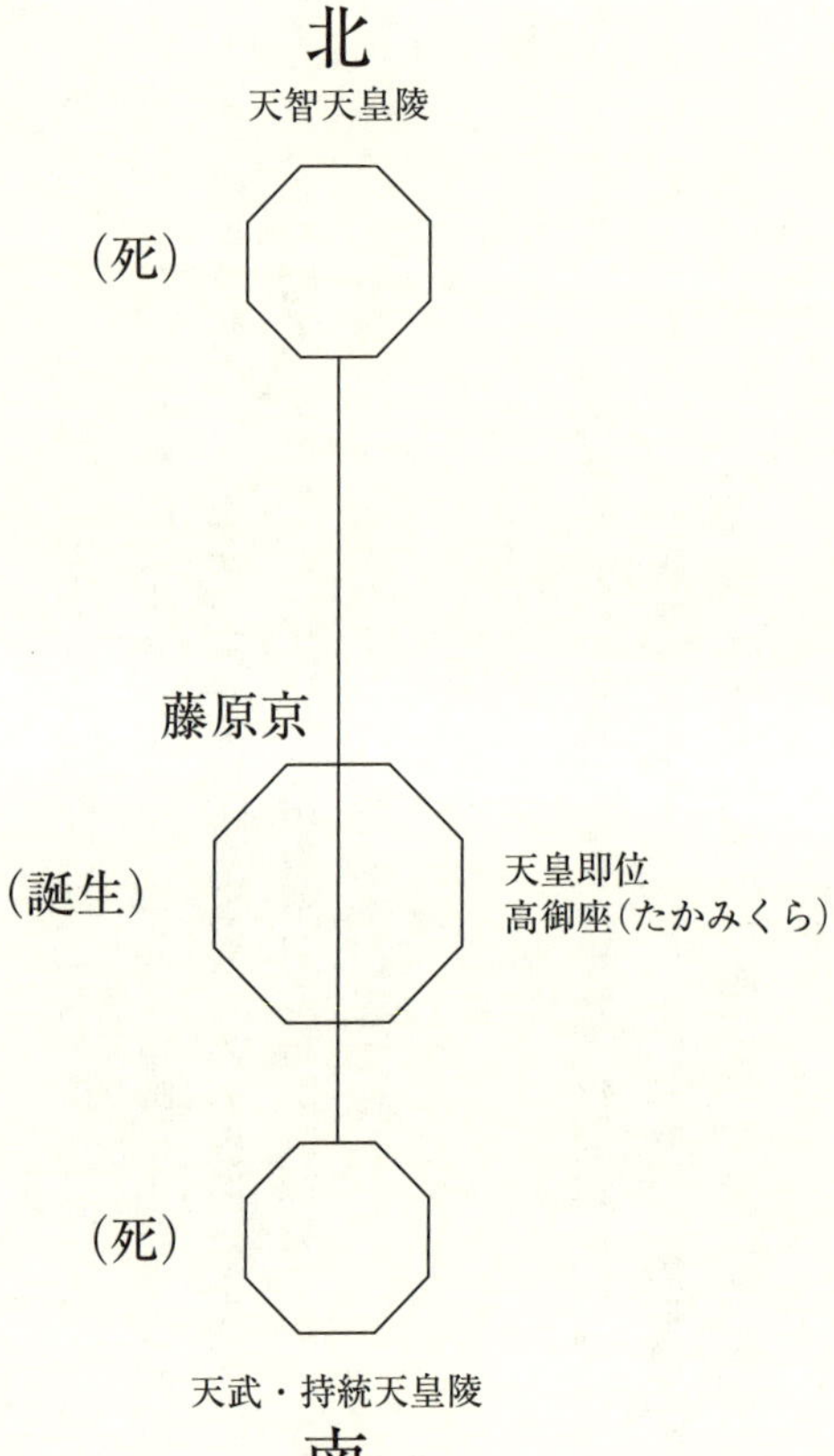

図８・２：天皇誕生と崩御

にみたのであろう（『日本の道教遺跡』福永光司、他・朝日新聞社）。

束明神古墳《つかみょうじん》

昭和五十九年に調査が行われ、対角線の長さ約30mの八角形墳陵であることが推定された。奈良県高市郡高取《たかとり》町佐田。その被葬者は、伝承などから草壁皇子《くさかべのみこ》（天武・持統の息子）の可能性が高い。石室の規模も長さ約3・1m、幅約2m、高さ約2・5mと大きなものだった。この石槨《せっかく》を復元したレプリカが、橿原《かしはら》考古学研究所の附属博物館の前庭に公開されている。しかし、草壁皇子の御陵とされる墓は別の所にある。束明神古墳の南に位置する真弓丘陵《まゆみのおかのみささぎ》である。

岩屋山《いわややま》古墳

岩屋山古墳も、八角形の可能性がある。奈良県明日香村。「岩屋山式」石室の標準的な存在であり、研磨された花崗岩《かこうがん》の切石を積んだ精緻な石室を持つ古墳として知られている。女帝で重祚《ちょうそ》した斉明（皇極）天皇の陵墓であるとする説、また吉備姫王《きびのひめみこ》の墓とする説もある。

❼ 八角形墳陵の暗号発見と解読

八角形墳陵についての暗号と解読を、整理して述べることとする。何故、天皇陵を八角形（暗号）にしたのか、その解読である。この件についてはフライング気味であろうと思うが、遠慮なく記す。

◎608年、聖徳太子が隋《ずい》の煬帝《ようだい》に送った国書の文面には、〈東《やまと》の天皇、敬《つつし》みて西《もろこし》の皇帝《きみ》に白《まう》す〉と書かれていた。
◎その35年後の皇極二（６４３）年、初めての八角形墳陵（舒明天皇）が造られた。日本のオリジナル形式である。

　この二つの事例は、「天皇」を表現している、ということで共通している。

私見であるが、６０８年、国書で「天皇号」を称したが、その「天皇号」の具体的な表現として、初めての八角形の天皇陵が造られた、と思われる。

即ち、〈「八角形墳陵」＝「太一《たいいっ》（北極星・天皇大帝《てんこうたいてい》・天皇）八卦」〉のデザインである。

そもそも、皇極天皇の皇極は、太極の意味であり、「太極八卦」を表し、「太一（北極星・天皇大帝・天皇）八卦」の世界に通ずる。吉野裕子《よしのひろこ》氏は次のように述べている。〈皇極天皇重祚《ちょうそ》後の斉明天皇の「斉明」は、北斗七星の意味を含んでいる〉と。

ならば、皇極と斉明で、北極星と北斗七星（八星）を表現していることになる。即ち、「太極＝皇極・北極星」、「八卦＝斉明・北斗八星（七星）」の関係となるのである。諡号《おくりな》とはいえ、一人の天皇が、北極星と北斗七星（八星）を表現しているとは、驚きでもある。

勇み足を承知で述べるならば、皇極天皇と斉明天皇の諡号《おくりな》は、「八角形墳陵」を初めて造築したから付けられたのである、と推測することも可能である。勿論、最初の八角形墳陵として葬られることは舒明天皇の希望であったであろうが。

　となると、今まで小生が述べてきた、「伊勢神宮と大嘗祭」の呪術である、「太極（太一・北極星）八卦」の呪術とも共通していることとなる。

608年、隋の煬帝《ようだい》に送った国書の文面に記載された「天皇号」からは、聖徳太子の対中国皇帝属国拒否、つまり独立国でありたいという気概が感じられる。それと同様、その35年後に「八角形墳陵」の形を採用したことは、陵形に天皇大帝《てんこうたいてい》（天皇）の証《あかし》を含ませることで、暗に、中国皇帝に対する属国拒否、即ち独立国の意思表示をしていた、と推測できる。

よって、正式には「天皇号」は採用されていなかったが、慣用されていた、という状況が浮かんでくる。

天皇号は、正式な制度として、天武天皇即位年（673年）に採用された。その結果、天武天皇は、天皇の証《あかし》として、「伊勢神宮と大嘗祭」において、「太一（北極星・天皇大帝）八卦」の呪術を施した。しかし、それ以前に、天皇（天皇大帝）の表現は、前述のように、八角形墳陵の形式において、なされていたのである。

ならば、天武天皇は、すでに天皇号の慣用、そして八角形墳陵の採用などの事例があり、その流れの中で、正式に天皇号を採用し、「太極（太一・北極星）八卦」の哲理を「伊勢神宮と大嘗祭」に組み込んだのだ。つまり、過去からの流れの中で、天皇（天皇大帝）の哲理を完成したのであった。

天武天皇が、天皇号を正式に採用するまでには、いろいろと経緯があったのだ。八角形天皇陵が最初に造られた当時は、大陸文化を積極的に取り入れている。特に、仏教文化の流入は、寺院建立の数からしても、その普及のほどが推し量られる。だからこそ、中国文化に飲み込まれまいとする自制心がはたらき、独立国でありたいという気概として、天皇号を慣用していたのであろう、と思われる。その天皇号の表現の一つとして、「八角形墳陵」が造られたのであろうと推察できるのである。

勿論、一辺が一州と一卦を表し、八辺で八州《やしま》（独立国・日本）と八卦《はっか》を表していることは、すでに述べている通りである。また、それは「八隅知之大君《やすみしし》」の表現でもあった。これらの意味付けも、独立国（八州・日本）としての意思表示であったのだ。更に、太極には、太一（北極星・天皇大帝・天皇）は勿論のこと、天照大神をも含んでいる、としたのだ。

このように、先人たちは、いかに独立国としての日本を形作っていこうか、知恵を絞っていたのである。図で表現すると図8・3の通り。

ただ、一点疑問がある。八角形墳陵が「太極（太一・北極星）八卦」を表現しているならば、何故、陵の形を正確に南北軸として造らなかったのであろうか。太一は、「北極星神＝天皇大帝」であるから、南北軸には厳しいはずである。ところが、日本独自である八角形墳陵は、それほど正確には南北を示していないのである。それを言うならば、日本独自の前方後円墳も、方向軸はバラバラのような気がするが、何故であろうか。また、天文図を描いている、高松塚古墳、キトラ古墳も真北からは少しずれているのである。

高松塚古墳の被葬者、石上麻呂《いそのかみのまろ》とキトラ古墳の被葬者、阿倍御主人《あべのみうし》

今まで多くの人々が高松塚古墳について述べている。多くの研究論文が発表され、出版されている。しかし、高松塚古墳壁画には、何故、八人ずつの男女が描かれているのか？　何故、北斗七星（八星）

太極＝八角形墳陵・北極星・太一・天皇大帝・天皇・天照大神・八隅知之《やすみしし》大君
八卦＝北斗八星・八州（独立国・日本）

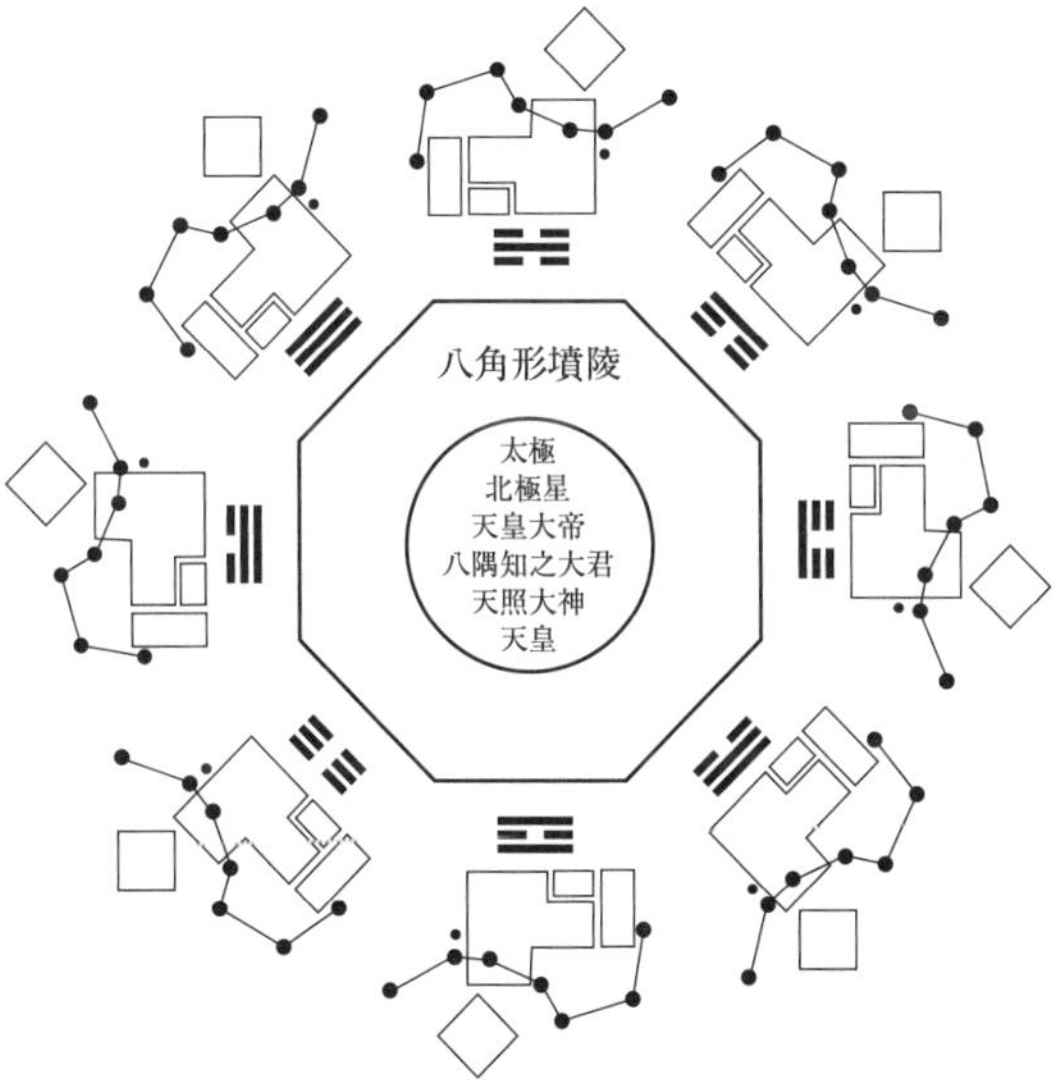

一辺・一角=一州=北斗一星=一卦
八辺・八角=八州(日本)=北斗八星=八卦

図８・３：八角形墳陵、「太極（太一・北極星）八卦」図

は描かれていないのか？　そもそも何故、壁画は描かれたのか？　その動機とは？　私の知る限り、この大問題に挑戦したのは吉野裕子氏のみで、他の人々は避けてしまっている。

高松塚古墳研究者は、勿論、この問題について追究した。いや、追究しようとした。しかし、この問題解決の入り口さえも分からなかったのだ。

無理もないことであった。この壁画は、暗号であったからである。私は、即座に分かってしまった。八の暗号であったからである。

八の暗号ではなかったが、高松塚古墳と同様、キトラ古墳の被葬者も特定できた。壁画制作の動機が高松塚古墳と同様であったからである。

❶ 高松塚古墳

奈良県明日香《あすか》村の高松塚古墳を発掘調査していた奈良県橿原《かしはら》考古学研究所は、1972（昭和四七）年3月26日、古代の男女の群像や四神《しじん》が石室の壁面に描かれていたと発表した。同古墳は日本最高の装飾古墳と見られ、〈日本考古学界の戦後最大の発見〉とさえ言われた。石壁の表面には約5㎜の漆喰《しっくい》が塗られていて、その壁面には、7色以上を使った豪華な絵が描かれている。北面は玄武《げんぶ》（亀蛇《きだ》合体）、東面中央には青龍《せいりゅう》と太陽が、西面には白虎《びゃっこ》と月が描かれている。また、白虎、青龍の両わきには各四人ずつの女子像、男子像が描かれている。天井は金箔《きんぱく》の星を朱線でつないだ星座で構成されている。北極星、二十八宿などが描かれているが、何故か北斗七星は描かれていない。なお、築造当時、南壁には朱雀《すざく》が描かれていたが、盗掘で開いた大きな穴とともに消滅したと見られている（図8・4、図8・5、

図8・6参照)。

❷ 被葬者論争

現在、高松塚古墳の被葬者論は数多くあり、素人には難しい領域となる。
大きく分けて、①皇族クラス　②高級官僚　③渡来系の王族　の三つになる。
①については、忍壁皇子《おさかべのみこ》説、高市皇子《たけちのみこ》説、弓削皇子《ゆげのみこ》説、葛野王《かどのおう》説、草壁皇子《くさかべのみこ》説、穂積皇子《ほづみのみこ》説
②については、石上麻呂《いそのかみのまろ》説、大伴御行《おおとものみゆき》説
③については百済王禅広《くだらのこにきしぜんこう》（善光）説、高麗王若光《こまのこきしじゃっこう》説、高句麗《こうくり》渡来人説
完璧な被葬者論は、いまだにない。かえってこのことが、邪馬台国《やまたいこく》論争のように多くの古代史ファンを生じさせている。

王仲珠氏は、高松塚古墳出土の海獣葡萄鏡《かいじゅうぶどうきょう》は、中国で出土した海獣葡萄鏡と同笵《どうはん》関係にあり、704年帰国の遣唐使によってもたらされた可能性が高い、と述べている。よって、7世紀に亡くなった皇子《みこ》たちはこの鏡を埋葬できず、忍壁皇子《おさかべのみこ》だけが被葬者の対象となり得ると推測している。

梅原猛氏は、頭蓋骨《ずがいこつ》がなかったこと、そして壁画が傷つけられていたことなどにより、怨霊の復活を恐れていたためとし、弓削皇子《ゆげのみこ》を被葬者と推定している。

壁画の男子像には深緑の蓋《きぬがさ》を持っている図がある。この蓋の色は一位の人物にさしかけるものである。よって、被葬者を一位の人物とする見解を見せているのは、岡本健一《おかもとけんいち》氏、白石太一郎氏たちである。

更に、出土した銀荘唐様大刀《ぎんそうからようたち》は、正倉院《しょうそういん》に伝わる金銀鈿荘唐大刀《きんぎんでんそうからたち》と同じ形式で、高松塚古墳は奈良時

図８・４：高松塚古墳壁画・東壁

図８・５：高松塚古墳壁画・西壁

（『高松塚への道』網干善教・草思社／高松塚古墳館「高松塚古墳壁画」より）

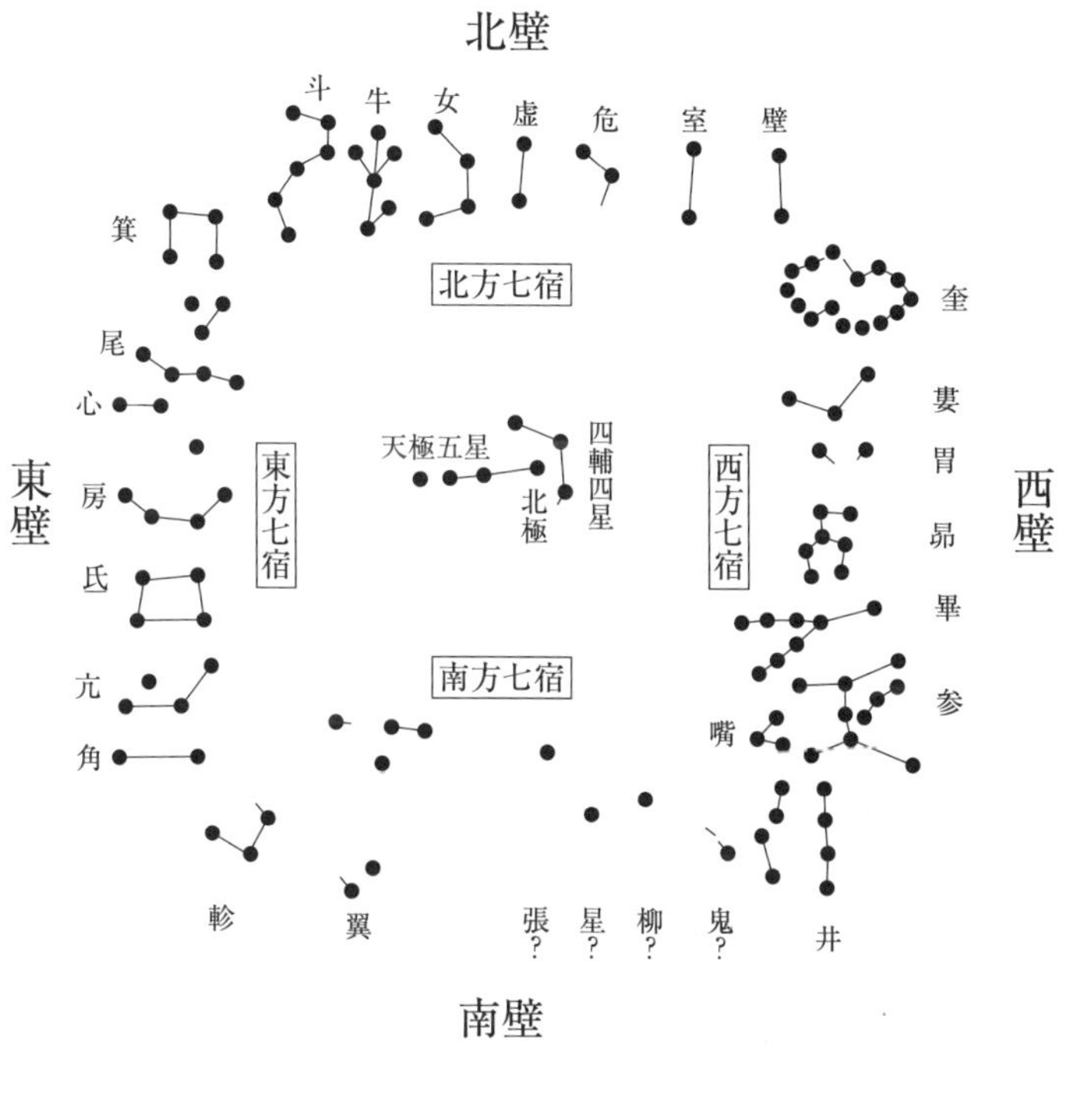

図８・６：高松塚古墳天文図（『キトラ古墳と壁画』飛鳥古京顕彰会編集を参考に作図）

代の古墳と考えられる、と述べている。そして、その他古墳の築造年代等々から被葬者を石上麻呂《いそのかみのまろ》と推定している。

となると、海獣葡萄鏡と蓋《きぬがさ》の色等々にこだわるならば、704年以降の一位の人物ということとなり、石上麻呂が推定される。

小生も、石上麻呂を被葬者として考察してみようと思う。勿論、「八の世界」の切り口、即ち「八の暗号解読」として。

（注：蓋《きぬがさ》……絹で張った長柄《ながえ》の傘。古代、天皇・親王・公卿《くぎょう》などの行列にさしかざすのに用いた。蓋の色であるが、当時の規定（大宝律令）では深緑は一位の位階を示し、皇子《みこ》は別格の紫と決められていた）。

❸ 北斗七星が描かれなかったのは何故か……そこに真実が隠されている

高松塚古墳の天井には、北極星はもとより二十八宿までもが、更に天極五星（天を支配する天帝とその一族）と四輔《しほ》（輔佐役の大臣）さえも描かれている。それなのに、北斗七星が描かれていないのは、何故なのか。この件は、私にとっては、大問題なのである。北極星と北斗七星は、普通、対として必ず描かれる。ましてや、これだけ多くの星が描かれているのに、北斗七星が描かれていないのは、きわめて異常である。このような事例が散見されるならば、検証することもない。しかし、私の勉強不足を棚に上げ論ずるのは礼を欠くことであるが、そのような前例はないであろう、と断言できるのだ。

今まで高松塚古墳を探究してきた人々は、このことの重大さに、本当に気づいていたのであろうか。

どうも、その気配が感じられないのである。それとも、この件は、手に負えない問題として意識的に避けていたのであろうか。

私は、伊勢神宮、大嘗祭、そして八角形墳陵の呪術を解明した。それは、北極星と北斗八星の呪術でもあった。その呪術を施したのは、皇極朝（八角形墳陵）から天武・持統朝（伊勢神宮・大嘗祭）にかけてのことであった。

よって、私としては、当時の状況から、北斗八星（七星）が描かれていないことは、看過できない重大事と確信できるのである。

それは、まさに、高松塚古墳の謎を解く鍵であった。次のように言える。

高松塚古墳の壁画は、北斗八星（七星）を描かないことにより、饒舌《じょうぜつ》に、そして表現力豊かに被葬者の思いの丈《たけ》を語っている。しかも、分かりやすく。

私の知る限り、この件に関して、正面から面と向かい論考したのは、吉野裕子氏だけである。吉野氏の説を紹介しつつ、拙論を展開したい。

吉野裕子氏は、何故、高松塚古墳の天井に北斗七星が描かれなかったのか、の疑問に答えている。その理由として、吉野裕子氏は、墓そのものが北斗七星であるから、と推測している。今まで、私は、北斗七星は、ときと場合によっては北斗八星の意味を持つと述べ、多くの解釈をしてきた。今度も、この北斗八星の見方、つまり、「八の世界」の見方で推論してみようと思う。

吉野裕子氏は次のように述べている。

中国古代哲学は天帝を北極星になぞらえるから、この動けない天帝は、その周りを規則正しく回転する北斗七星をその輔弼《ほひつ》として絶対に必要とする。日本の天皇はこの天帝に重ね合わされているから、北斗七星に象《かたど》られた墓は太子の墓として最もふさわしい。

いずれにしてもこの墓の主は、北斗七星の車に乗り得るほどの高位の人、天皇、もしくはそれに準ずる人でなければならない。草壁皇子《くさかべのみこ》はこの世ですでに皇太子といっても、並の太子ではなく、天皇の称号を追贈されている。しかも、母の持統天皇はこの皇太子の来世のために、呪術の限りをつくした。北斗七星の車は天井の壁画からは隠されているが、実は墓そのものが北斗七星なのであろう。

この八人の婦人がもし北斗の精であるならば、この墓はまさに北斗の車そのものである。(『持統天皇』人文書院)

吉野裕子氏は、高松塚古墳は草壁皇太子の墓であるとしている。確かに、北斗七星という車に乗るに相応しい人物である。しかし、疑問がある。

草壁皇子は、天皇の称号を追贈されている。だったら、母・持統天皇は当時の天皇の陵形である八角形墳陵に埋葬したのではなかろうか。その方が遥《はる》かに格が上である。また、草壁皇子には、束明神古《つかみようじん》墳が推定されている。八角形墳陵である。母の草壁に対する強い思いは、八角形墳陵の方が相応しいと思う。しかも、高松塚古墳は、古墳の規模も小さく、金荘《きんそう》ではない銀荘唐様大刀《ぎんそうからようたち》も出土していることから、草壁皇子の墓として相応しくない。

この疑問はさておき、天井に北斗七星が描かれていないのは、墓そのものが北斗七星であるという見解と、更に壁画に描かれた八人の女性像は、北斗の精であるという見解は、卓見と言わざるを得ない。

高松塚古墳とほぼ同時代か少し前に造られたとされるキトラ古墳の天井には、北斗七星が描かれている。しかも、輔星《ほせい》もはっきりと描かれている。つまり、北斗八星である。

このことは、高松塚古墳に描かれなかった北斗七星（八星）も、輔星を加えた北斗八星と認識されていた、ということの証左となる。

❹「太極（太一《たいいつ》・北極星）八卦」と北斗八星……男女八人が描かれている暗号

墓そのものが北斗七星であるとするならば、輔星を加えれば墓は北斗八星そのものである、と言い換えることができる。だとすると、今まで紹介してきた伊勢神宮の基本呪術「太極（太一《たいいつ》・北極星）八卦」が当てはまる。何が太極（太一・北極星）に当てはまるかの問題は後で述べることとして、もし、高松塚古墳が北斗八星であるならば、その八星には八卦が配されている、と推測される。

吉野氏が述べているように、壁画に描かれた八人の女性は、北斗の精としての八天女であろう。あるいは、北斗の精として奉仕する「八乙女」ではなかろうか。

では、男子像も八人であるが、このことはどのように解釈したらよいのだろうか。吉野氏はこの件については詳しく述べていない。

しかし、八人の男子像は、八人の女子像とペアであると考えれば、北斗の精としての「八仙」を表現していると思われる。あるいは、北斗の精として奉仕する「八男《やおとこ》」であろう。

（注：「八男《やおとこ》」………大嘗祭・新嘗祭・神今食祭《じんこんじき》などの、天皇が皇祖神および天神地祇《てんじんちぎ》に飯を供しみずからも食する神事に、八少女《やおとめ》とともに神祇官《じんぎかん》の卜定《ぼくじょう》によって奉仕した八人の男。『日本国語大辞典』小学館より）。

また、男女それぞれの八人には、八卦を配されていると考えられるから、陰陽のダブル八卦である。更に言えば、八天女（八乙女）、八仙（八男）であるからして、八州《やしま》（独立国・日本）も表現している。八州のそれぞれの州《くに》の代表が集まって奉仕する八人ずつの男女ということになる。

高松塚古墳そのものが北斗八星（七星）とするならば、お墓の主は、天皇あるいは天皇に準ずる人で北斗八星（七星）という帝車に乗る人物ではなく、北斗八星（七星）そのものとして、つまり帝車そのものとして天皇を輔弼《ほひつ》する立場の人物を当てるのが相応しいと思われる。つまり、被葬者自らが帝車（北斗八星）となり、天皇をお乗せになる人物が想定されるのである。

吉野氏は、高松塚古墳＝北斗七星＝八人の女性＝帝車、とした。そして、被葬者はこの帝車に乗る天皇の身分の人・草壁皇子（天皇号追贈）とした。

しかし、私は、〈高松塚古墳＝北斗八星＝八人ずつの男女＝帝車＝被葬者・石上麻呂《いそのかみのまろ》〉と推測するのである（※北斗八星帝車については、図4・8を参照のこと）。

高松塚古墳が「北斗八星と八卦」を意味するならば、「太極（太一・北極星）八卦」の太極（太一・北極星）は、何処《どこ》に求められるのか。

次の二つの太極（北極星）が考えられる。①天井に描かれた北極星　②近くに存在する八角形天皇陵。

①の場合の「太極（太一《たいいつ》・北極星）八卦」の呪術は、次の通り。

天井に描かれた北極星（太一）を太極とした。そして、北斗八星を天井に描かないことで墓全体を北斗八星（帝車）と意味付け、その北斗八星に八卦を配した。更に、壁に描かれた男女八人は北斗八星の精を象徴し、被葬者（石上麻呂《いそのかみのまろ》）も北斗八星（帝車）に擬《なぞら》えられ、八卦を配された。

②の場合はどうであろうか。

高松塚古墳の近くに位置する天皇陵（八角形）を太極（北極星・太一）とした。そして、北斗八星を天井に描かないことで高松塚古墳全体を北斗八星（帝車）と意味付け、その北斗八星に八卦を配した。更に、壁に描かれた男女八人は北斗八星の精を象徴し、被葬者も北斗八星（帝車）に擬《なぞら》えられ、八卦を配された。つまり、八角形墳天皇陵（高松塚古墳被葬者がお仕えした天皇）を太極（北極星・太一）とし、高松塚古墳（被葬者・石上麻呂）を八卦（北斗八星・帝車）としたのだ。

❺ 石上麻呂《いそのかみのまろ》

私は石上麻呂《いそのかみのまろ》を高松塚古墳の被葬者として推定したい。

壁画の人物像は一位を示す蓋《きぬがさ》を持っている。ということは、被葬者は一位の位であって、天皇ではない人物ということになる。天皇ならば八角形墳陵であろう。もっとも、天皇陵としての八角形墳は707年文武天皇陵で終わっている。

被葬者は天皇家に仕え一位で亡くなった人物であり、自分自身は北斗の帝車として天皇を乗せ宇宙に臨む、という意味に取れる。また同時に、北斗八星として、そして、八卦として太極（北極星）の天皇をお守りしたい、という意味にも取れるのである。

もし、石上麻呂だとすると、お仕えした天皇を死後も守護していこうとする、大変ロマンに溢れた古墳ということになる。

平城遷都《せんと》が行われたが、石上麻呂は、左大臣正二位《しょう》の位でありながら、藤原京に残って旧都を守る「留守《るしゅ》」、つまり「留守司《るすのつかさ》」となっている。

この件もあってのことだろうか、死後も一人飛鳥の地に残り、今までお仕えした天皇（天皇陵）を、愚直なまでに見守ろうとしたに違いない。天皇をあの世でも輔佐するという、ロマンに満ちた人物であろうと思う。

天武天皇は、「吉野の盟《ちかい》」（「第2章」）で述べたように、わざわざ八人を集めることにより、その八人を八仙に擬《なぞら》えた。また、伊勢神宮の豊受大神《とようけのおおかみ》は八天女の中の一人として迎えられた。この伝承を、伊勢神宮において、より発展させ確定させたのは、天武天皇である。

このような当時の背景からも、高松塚古墳の八人ずつの男女が描かれた壁画は、八天女（あるいは八乙女）と八仙（あるいは八男）であろうと思われる。勿論、八乙女、八男《やおとこ》は、八天女と八仙の姿として描かれなかったが、そのように擬《なぞら》えられていたのである。

更に言えば、八人ずつの男女は、古代日本の聖数「八・や」をも表現している。即ち、「弥栄《いやさか》の弥《や》（八《や》）」、「言霊《ことだま》・数霊《かずだま》の八《や》」、「八州《やしま》の八《や》」、「八隅知之《やすみしし》大君の八《や》」等々である。

なお、石上麻呂は、『竹取物語』のモデルになっている。中納言石上麻呂足《いそのかみのまろたり》として、登場している。

❻ 石上麻呂の美学……死後も天皇を守護しようとした

高松塚古墳の位置を検討してみよう（図8・7参照）。

高松塚古墳のほぼ西より北側約200mの場所には、文武天皇陵と推定されている中尾山古墳（八角形）、ほぼ東より北側約700mには天武・持統天皇陵（八角形）、そして南西の約2000mの場所には、草壁皇子《くさかべのみこ》の墓とされる束明神《つかみようじん》古墳（八角形）がある。

この位置は、石上麻呂《いそのかみのまろ》が仕えてきた天皇、皇太子を守護する場所として相応《ふさわ》しい。

石上麻呂《いそのかみのまろ》は、天智《てんじ》天皇、大友皇子《おおとものみこ》（弘文天皇）、天武天皇、持統天皇、草壁皇子（天皇号追贈）、文《もん》武《む》天皇、元明《げんめい》天皇、元正《げんしょう》天皇にお仕えした。ずいぶんと多くの天皇に仕えたものである。ギネスブックに載せたいと思うほどの驚きでもある。そして死後ではあるが、従《じゅ》一位の位を賜《たまわ》った。それは、位を示す蓋《きぬがさ》の色とも合致する。

壬申《じんしん》の乱の折、石上麻呂は、天武天皇の敵であった天智天皇の息子・大友皇子（弘文天皇）と最後まで行動を共にした。にも拘《かか》わらず、天武天皇によって引き立てられた。考えてみれば不思議でもある。石上麻呂は、天皇に感謝したことであろう。特に天武天皇に対して。

717年、石上麻呂が薨去《こうきょ》すると、元正天皇は悼《いた》んで政務を休まれたという。また、〈百姓追慕《はくせいついぼ》して、痛《いた》み惜《をし》まずといふこと無し〉と、『続日本紀《しょくにほんぎ》』に記されている。

石上麻呂が従《じゅ》一位の位を賜ったことに対しての、物部《もののべ》一族の誇りと喜びが、この高松塚古墳の呪術に表れているのではなかろうか。

石上麻呂は、死後においても、武人として、崩御《ほうぎょ》された天皇を守る最高の方法を考えたに違いない。その答えが、高松塚古墳の在《あ》りようであったのだ。

石上麻呂《いそのかみのまろ》自身が「太極（太一・北極星）八卦」の八卦となり、太極（北極星）の天皇を守ろうとしたその呪術は、高松塚古墳の壁画に北極星と天極五星（北極星を含む）を描きはしたが、北斗八星（七星）を描かなかったことにより、北斗八星（七星）そのものになることだったのだ。

また、八人ずつの男女は、八天女（あるいは八乙女）と八仙（あるいは八男）として八卦に配され、石上麻呂とともに、太極（北極星）である天皇を守護しているのである。

蓋《きぬがさ》の色は一位の位を示す深緑であり、石上麻呂を象徴している。そして、その蓋も八卦（北斗七星）を象徴しているのだ。

四神図《しじんず》と日月図は、天皇即位と元日の天皇朝賀《ちょうが》の儀式の様相を表している。よって、太極（北極星）である天皇を象徴している図である。勿論、大盾《おおたて》を持ち参列したことのある石上麻呂の誇らしさも伝わってくる。

そして、前述したように、高松塚古墳の位置であるが、守護する天皇（天武・持統、文武）及び草壁皇子の陵の3点から近い所に位置している。

その3カ所の天皇陵（草壁皇子は天皇号を追贈されている）と考えられる古墳の形は、全て八角形である。

よって、この陵形は、「太極（太一・北極星・天皇大帝・天皇）八卦」を意味している。

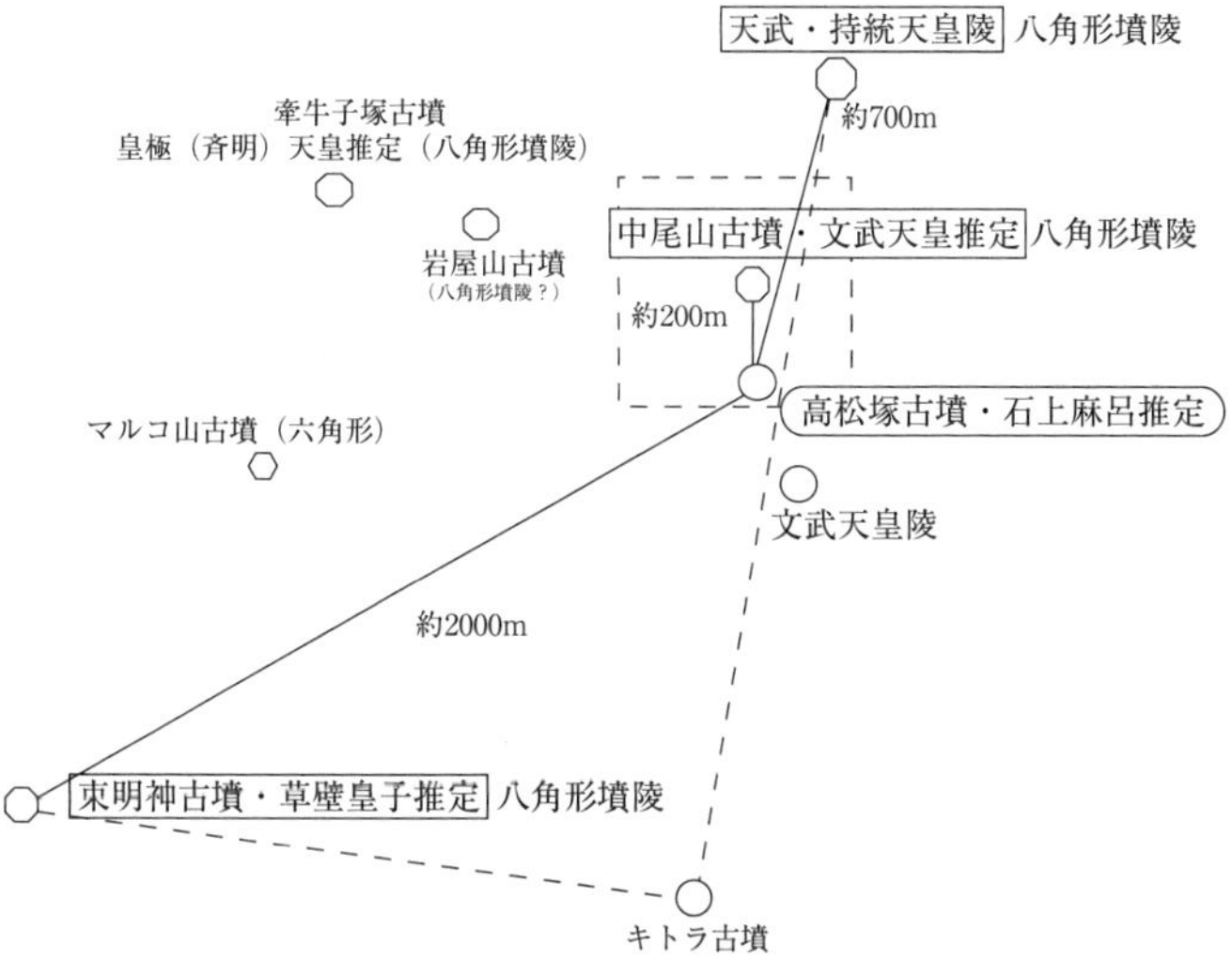

図８・７：高松塚古墳周辺・八角形天皇陵位置図

高松塚古墳の外観は八角形ではない。しかし、高松塚古墳は、八角形の概念である太極八卦の八卦を、北斗八星（七星）を描かないことで表現している。そして、八人ずつの男女を描いて、八卦を配している。

となると、高松塚古墳全体としては、八卦を描いていることになる。ならば、太極の「太一・北極星・天皇大帝・天皇」を意味する八角形天皇陵は、どこに位置しているのか、それが重大な問題となる。その答えが、近くに位置する3カ所の八角形天皇陵なのだ。

このように、死後も、お仕えした天皇を守護しようとしたこの呪術こそが、高松塚古墳の壁画の意味であり、位置であると思う。

石上麻呂《いそのかみのまろ》は、「太極（太一・北極星）八卦」の八卦（北斗八星）として、太極（北極星）である天皇（天武天皇、持統天皇、文武天皇）、皇太子（草壁・天皇号追贈）を守護しようとしたのである。近くに、お仕えした天皇の、太極（北極星）としての八角形天皇陵があるのは、それを物語っている。

なお、はるか遠くの真北に、石上麻呂がお仕えした天智天皇の八角形陵が位置している。この陵も守護の対象として考慮できるのではなかろうかと、ふと思うのである。天武天皇との関係を思うと、それは実に微妙な心理であるが。

高松塚古墳に施《ほどこ》された呪術は、八角形墳陵の意味と伊勢神宮の呪術――「太極（太一・北極星神・天皇大帝・天皇・天照大神）八卦」――を理解してのみ解ける暗号とも言えるのである。

デザイン表現としては、次の通り。

①天井の北極星を太極とした場合（図8・8）
太極＝高松塚古墳の天井に描かれた北極星・太一・天皇大帝《てんこうたいてい》・天照大神・今までお仕えしてきた天皇・天武天皇・持統天皇・草壁皇子（天皇号追贈）・文武天皇・元明《げんめい》天皇・元正《げんしよう》天皇・（天智天皇）
八卦＝高松塚古墳全体（北斗八星を天井に描かないことで北斗八星を象徴）・帝車・石上麻呂《いそのかみのまろ》・八天女（女性八人）・八仙（男性八人）・八州《やしま》（独立国・日本）・深緑蓋《きぬがさ》

②近くに存在する八角形天皇陵を太極とした場合（図8・9）
太極＝八角形墳陵・北極星陵・天皇大帝・天照大神・天武天皇・持統天皇・草壁皇子（天皇号追贈）・文武天皇・（天智天皇）
八卦＝高松塚古墳全体（北斗八星を天井に描かないことで北斗八星を象徴）・帝車・石上麻呂《いそのかみのまろ》・八天女（女性八人）・八仙（男性八人）・八州（独立国・日本）・深緑蓋《きぬがさ》

①は天井に描かれている北極星ということで、天の「太極（太一・北極星）八卦」図を描いている。
②の場合は、古墳そのものということで、地の「太極（太一・北極星）八卦」図を描いている。
ならば、天地の「太極（太一・北極星）八卦」図（図8・10）を描くことができる。

何ということであろうか。またもや、伊勢神宮、大嘗祭、日光東照宮、天樞《てんすう》等々に続き、天地に描く「太極（太一・北極星）八卦」の呪術が顕現した。石上麻呂は、天武天皇が施した多くの呪術の全てを知っていた。石上麻呂は、その天武天皇が施した呪術をお借りして、いままでお仕えした全ての天皇を、

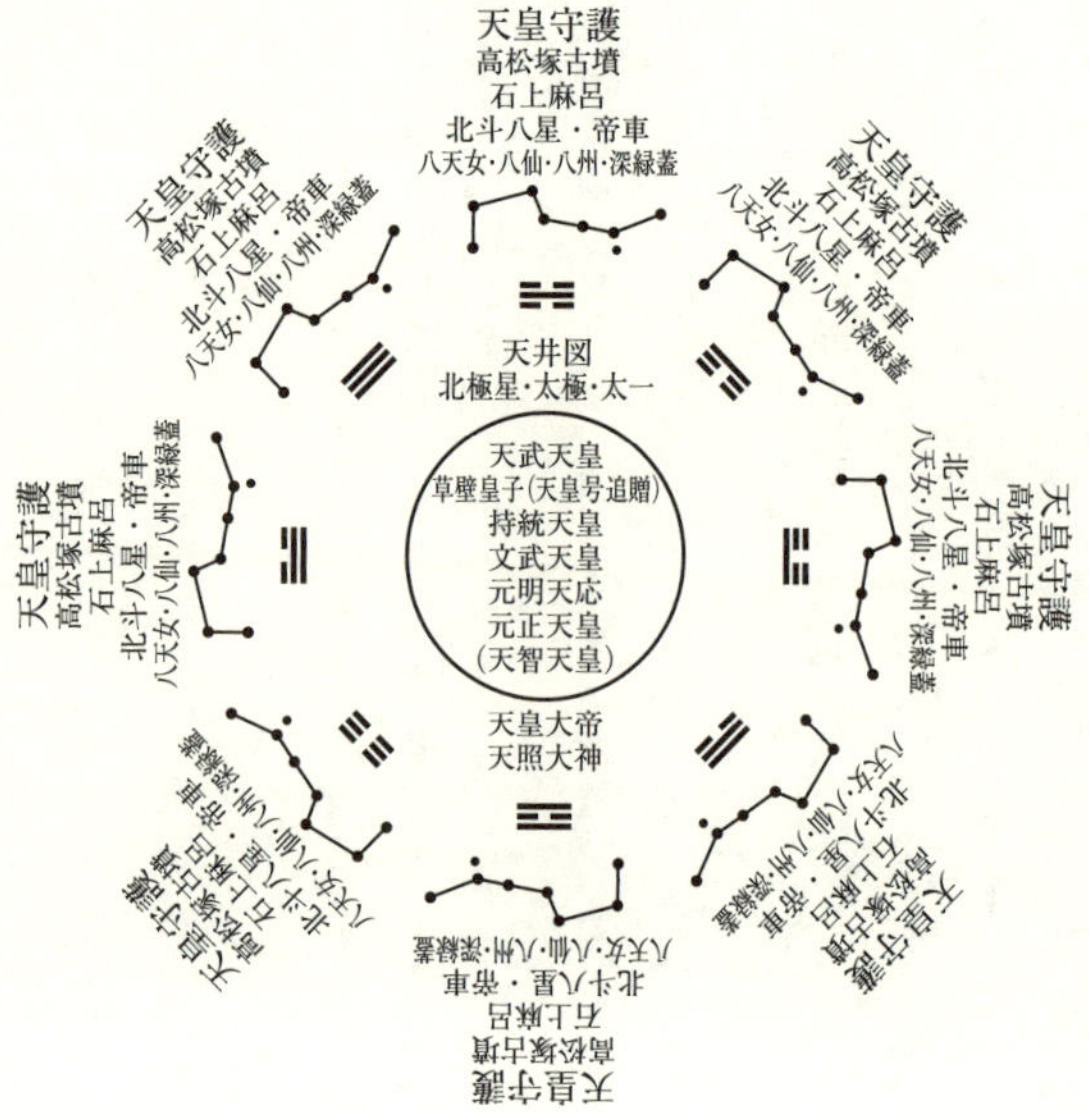

図8・8：高松塚古墳・天の「太極（太一・北極星）八卦」図ー1

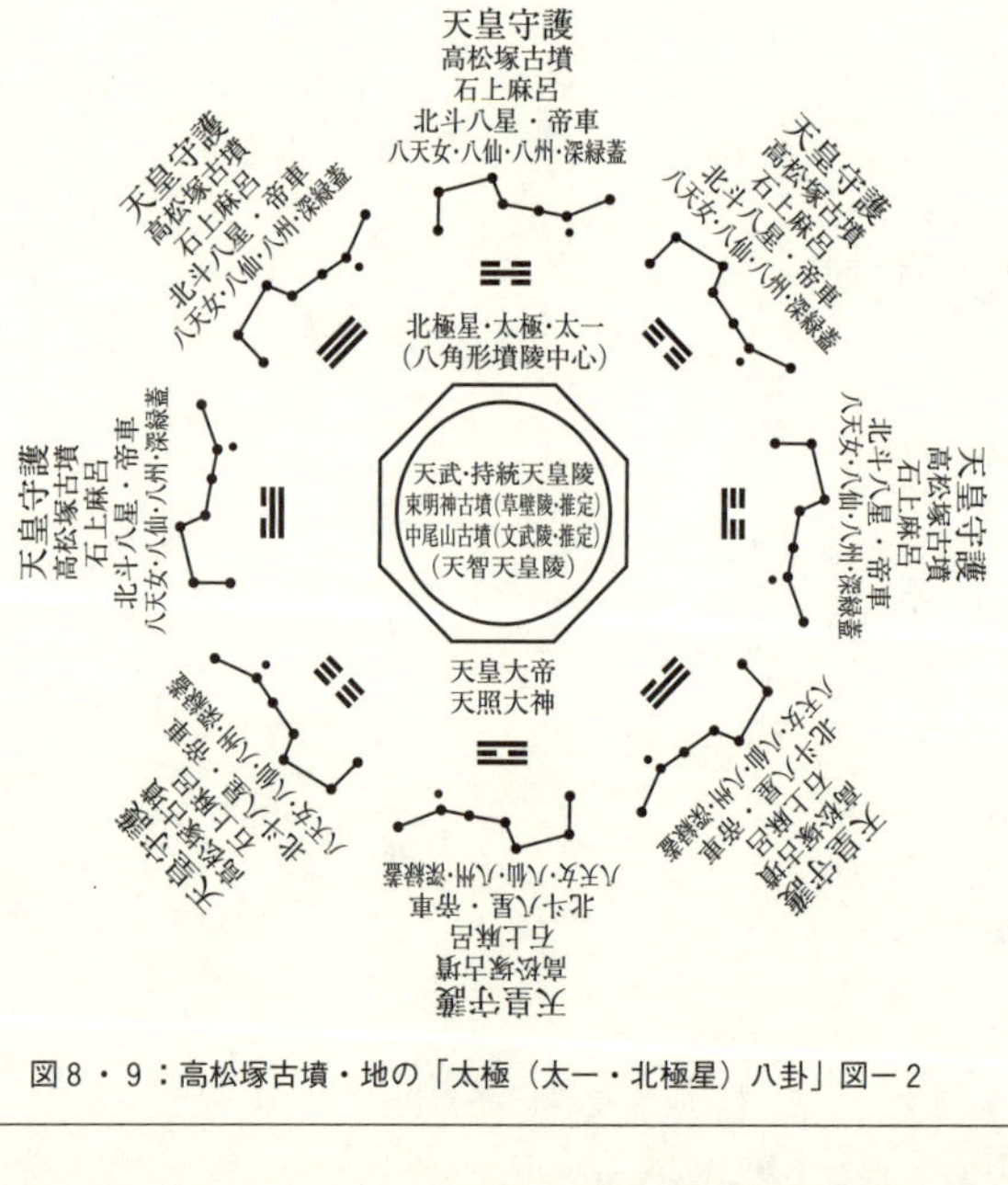

図8・9：高松塚古墳・地の「太極（太一・北極星）八卦」図ー2

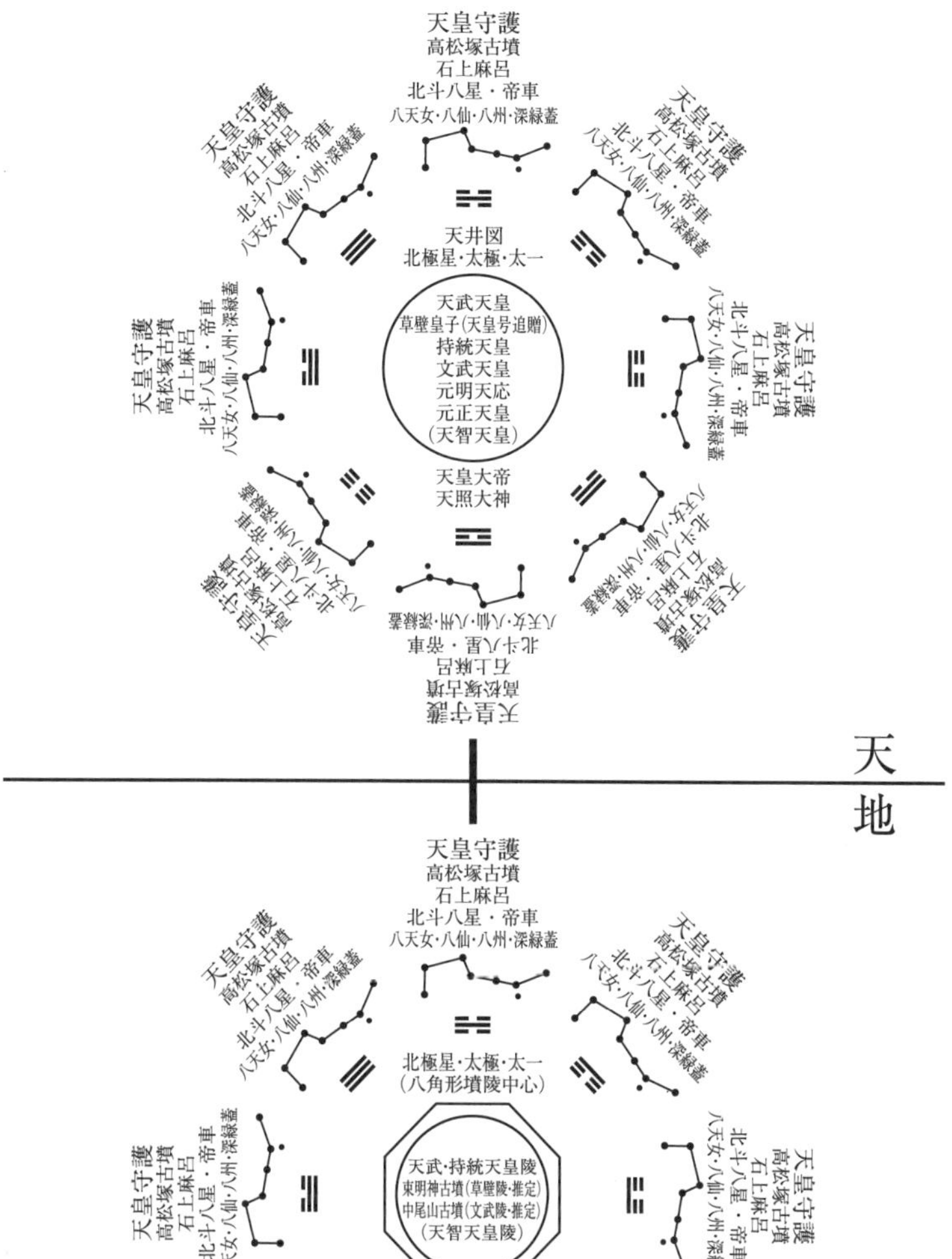

図８・10：高松塚古墳・天地の「太極（太一・北極星）八卦」図

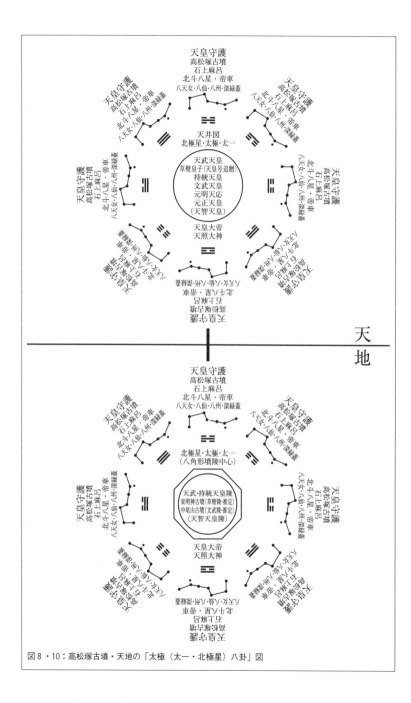

死後も守護しようとしたのであろうと推測される。その呪術は、天皇とは何たるかを表現している、隠《おん》密裡《みつり》のグランドデザインでもあった。石上麻呂みずからが、八卦（北斗八星・帝軍・八人ずつの男女）となり、太極（太一・北極星）の天皇を守護しようとしたのである。

持統天皇四（６９０）年の正月（持統天皇即位）、〈物部麻呂朝臣《もののべのまろのあそみ》、大盾《おほたて》を樹《た》つ〉と『日本書紀』に記されている。持統天皇即位の際、誇らしげに大盾を立てた石上麻呂の姿と、平城遷都にも拘《かか》わらずこの地に残り、お仕えした天皇を死後も守護していこうとした姿とが、ダブるのである。勿論、天皇を北極星に擬《なぞら》え、天皇家の永遠の存続を願ってのことでもあったのだ。

それは、物部《もののべ》氏の頭領《とうりょう》として、ふさわしい美意識溢れたロマンであろう、と思う。高松塚古墳は、石上麻呂《いそのかみのまろ》の物部（武士《もののふ》）としての美学が結集した墳《はか》であったのだ。

もし、高松塚古墳の被葬者を石上麻呂と推定すると、以上のように語ることができる。

不思議なことであるが、書き出していくうちに、段々と「石上麻呂説」は真実のように思えてきた。噴飯《ふんぱん》されるのを承知で述べるならば、石上麻呂の微笑《ほほえ》みを感じるのだ。

❼新発見――高松塚古墳は、北斗八星として天皇家を守護する陪塚《ばいちょう》（石上麻呂）であった!!

新しい発見があった!!　興奮して、落ち着きをなくすほどであった。この発見を喜び勇んで述べることとする（発見と言っても、すでにあった説であるから、単に私自身が見つけただけである）。

高松塚古墳の呪術発見は、前述したように吉野裕子氏の仮説をヒントにしていた。

それは、死後においてもお仕えした天皇を守護していこうとする「太極（太一《たいいつ》・北極星）八卦」の呪術だった。この呪術は、初めから高松塚古墳を調べようとして得たものではない。八の世界を探索している過程において発見したのだ。高松塚古墳について書かれた木を漁《あさ》ろうという気持ちは希薄であった。高松塚古墳の被葬者を特定する呪術は、紛れもなく存在していたのだ。他の説など知りたくもない。それで良し、としていた。

しかし、その後、『高松塚は高市皇子《たけちのみこ》の墓』（土淵正一郎《つちぶちしょういちろう》・新人物往来社）を読む機会があり、何と、私の仮説を後押しする説が存在していた、ということが分かったのだ。

私の仮説は、独自のものと思っていたから、その該当ページを読んでいるうちに、みるみる体温の上昇を感じるほどであった。

秋山日出雄《あきやまひでお》氏——高松塚古墳・陪塚《ばいちょう》説

高松塚古墳の発掘調査を行った一人である秋山日出雄氏は、石上麻呂説である。『高松塚は高市皇子《たけちのみこ》の墓』（土淵正一郎・新人物往来社）からの孫引きであるが、秋山氏は、『末永先生米寿記念献呈論文集』の中で、大変興味深いことを記している。『延喜式《えんぎしき》』に〈文武大皇陵（檜隈安古岡上陵《ひのくまあこのおかのうえ》）は、在大和高市郡　兆域《ちょういき》（墓域）東西三町　南北三町〉と記してあることから、次のように推測している。要旨を記す。

《もし、中尾山古墳が、文武天皇陵（檜隈安古岡上陵《ひのくまあこのおかのうえ》）とするならば、方三町の兆域（墓域）は高松塚古墳を含む。よって、高松塚古墳は、文武天皇陵（檜隈安古岡上陵）の陪塚《ばいちょう》にあたると考えられる。

ならば、高松塚は、文武天皇陵の陪塚であるがゆえ、707年に築造された文武天皇陵を遡《さかのぼ》ることはあり得ない。即ち、高松塚古墳の築造の上限を年代的に決定し得ることになる》。

（注：陪塚《ばいちょう》……大きな古墳に伴って従属する小さい古墳。近親者や従者を葬ったと伝える。ばいづか。『広辞苑』より）

図8・7「高松塚古墳周辺・八角形天皇陵位置図」を参照していただきたい。中尾山古墳としても、現治定《じじょう》（指定）の文武天皇陵を中心にしても、高松塚古墳は方三町（約300m）の区域に入る。方三町とは、古墳を中心として三町四方の距離のことである。

ついに高松塚古墳被葬者を解明――「太極（太一・北極星）八卦」説を証明する陪塚説

高松塚古墳は、文武天皇陵（檜隈安古岡上陵《ひのくまあこのおかのうえ》）の陪塚《ばいちょう》!?

出てきた!!　私の仮説を支持する陪塚説が!!　それは、私の仮説「死後・天皇守護説」を補強してくれる!!　何と心強い仮説であることか!!

高松塚古墳が陪塚であったならば、私の仮説――「太極（太一・北極星）八卦」の呪術により死後もお仕えした天皇を守護していこうとした石上麻呂《いそのかみのまろ》のロマン――の正しさが証明されることになる。

ならば、高松塚古墳は、中尾山古墳・文武天皇陵推定（北極星・太極）の陪塚であり、北斗八星（八卦）であったのだ!!

私は、高松塚古墳全体を北斗八星（八卦）とし、北極星（太極）を求めた。

北極星（太極）は、近くに存在する八角形天皇陵「天武持統陵・草壁陵・文武天皇陵（中尾山古墳）」

であった（プラス、天井に描かれている北極星）。

秋山説は、高松塚古墳は中尾山古墳（八角形文武天皇陵）の陪塚、とする説である。ならば、この陪塚説と私の「太極（太一・北極星）八卦」説は、ぴったりと合う。私は、この一致に、震えが来たほどである。これは単なる偶然なのか。私は全く陪塚説は知らなかった。それほど勉強不足であった。結果、私は、時間差をおいて勝手な感動を得たというわけである。

デザイン表現は、次のようになる（図8・11）。

太極＝中尾山古墳（文武天皇陵推定）・太一・北極星・天皇《てんこう》大帝・天照大神・天皇
八卦＝高松塚古墳（陪塚《ばいちょう》）・北斗八星・帝車・石上麻呂・八天女（壁画）・八仙（壁画）・八州
中尾山古墳（文武天皇陵推定）と高松塚古墳の関係のみを描く。つまり、文武天皇陵（檜隈《ひのくま》安《あ》古岡《このおか》上《うえ》陵）の兆域《ちょういき》（墓域）・方三町（約３００ｍ）内における、デザイン図である。

　何ということであろうか。またしても、新発見とも言える「太極（太一《たいいつ》・北極星）八卦」の呪術的デザイン図を描くことができた。私が思い描いていた石上麻呂のロマンは、陪塚《ばいちょう》説によって、更なる姿を見せてくれたのである。文武天皇陵（檜隈《ひのくま》安《あ》古岡上《このおかのうえ》陵）の兆域《ちょういき》（墓域）と陪塚との関係は、かくも重大な意味を含んでいたのだ。

　私の高松塚古墳における「太極（太一・北極星）八卦」説は、前述した呪術内容で完結していたものと思っていた。しかし、違ったのだ。この説を補強する事例・陪塚説が見つかったのである。それは、強力な援軍が駆けつけてくれたような心強さである。

秋山氏は高松塚古墳の発掘に関係していたからであろうか、大変控えめに、陪塚の可能性を述べている。秋山氏のこの発想は、貴重である。再度述べるが、この仮説のことは恥ずかしながら知らなかった。高松塚古墳の呪術について一通り書き終えた後、知ったのだ。

なお、面白いことに、高松塚古墳の位置は、文武天皇陵（檜隈安古岡上陵《ひのくまあこのおかのうえ》・中尾山古墳）の兆域（墓域）に当たるため、文武天皇陵（707年）よりは先に存在した可能性が高いとする説もある。勿論、その説は、高松塚古墳被葬者・石上麻呂説（717年）の否定である。被葬者は707年より以前に薨去《こうきょ》した皇子たちであると主張している。

秋山氏と全く逆の見方である。この兆域（墓域）の問題は、まさに、高松塚古墳の築造年代を明らかにする、大変重要な問題なのである。

中尾山古墳と高松塚古墳の築造年の比較は、考古学者によって行われている。それによると、少数ながら、中尾山古墳の方が古い、という見解もある。ならば、私の仮説が、兆域（墓域）と陪塚の問題に決着をつけた、と思いたい。

羽化登仙《うかとうせん》、舞い上がる気持ちである。気持ちが高ぶったところで、更に高松塚古墳について述べてしまいたい。

❽ 高松塚古墳被葬者検証……事実は一つ

八の暗号解読

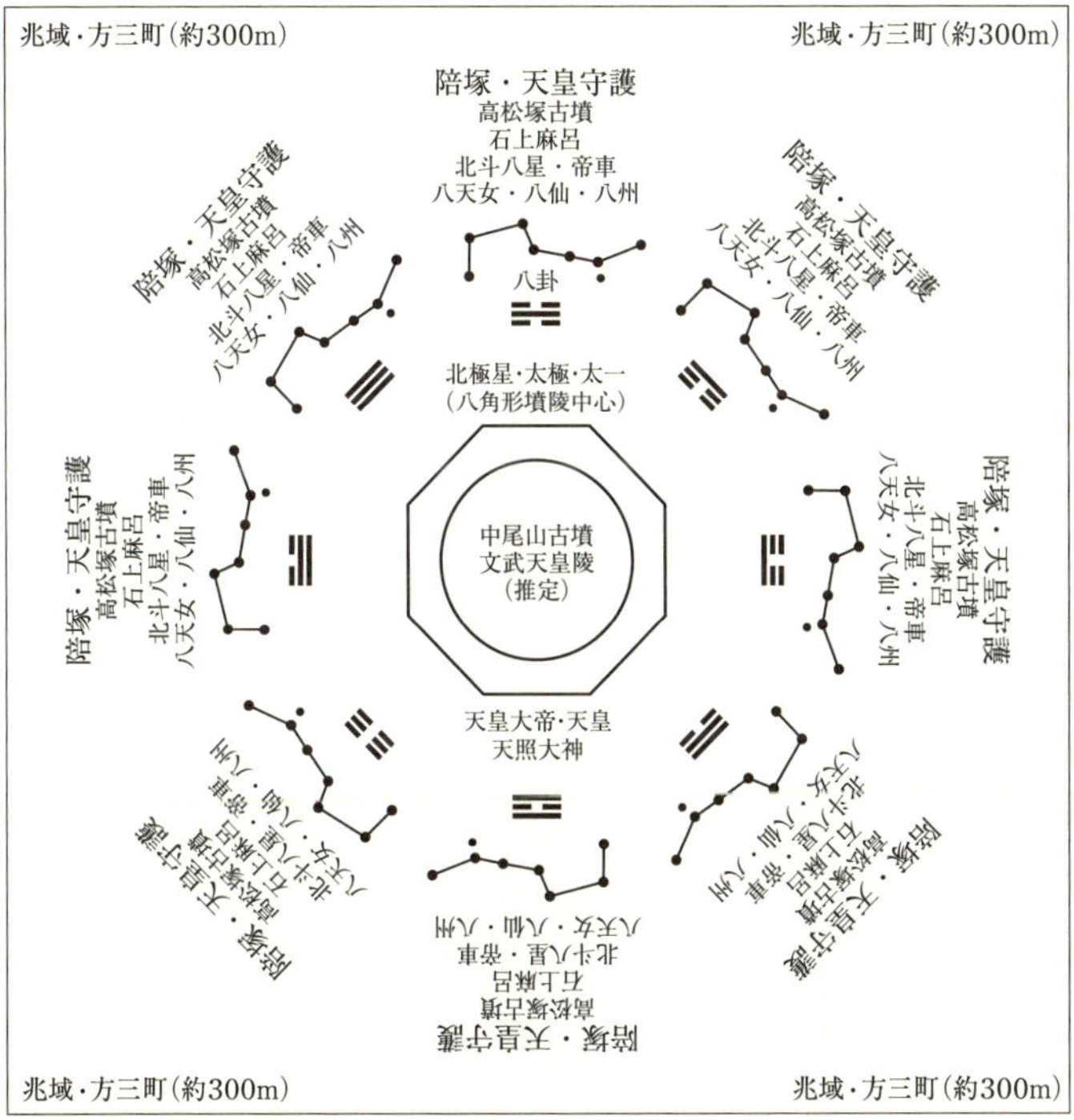

図8・11：高松塚古墳（陪塚）・中尾山古墳・「太極（太一・北極星）八卦」図

高松塚古墳発掘者・網干善教《あぼしよしのり》氏は『高松塚への道』(草思社)の中で、次のように述べている。

人物群像が男女四人ずつ描かれてありましたが、何故四人なのだ、何故三人だといけないのか、五人だといけないのか。その理由については、まだ分かりません。たぶん、これはいくら考えても分からないだろうと思います。適当な解釈はできるかもしれないけど、真実に迫ることはできないでしょう。

唐の壁画を見ても、高句麗の壁画を見ても、四人と限定されていません。ところが高松塚では、東西両壁に男女それぞれ四人が描かれている。意味もなく適当に四人にした、とは考えにくいのではないでしょうか。そこにどんな理由があるのか。検出(発見)以来、ずっと考え続けてきているんですが、いまもって分からないんです。

随分と悲観的な見方である。網干氏は、「男女四人ずつ」との表現をこの本の中で繰り返している。何故、八人として捉《とら》え、それを強調していないのか不思議である。

私は、八人ずつの男女として捉え、そして北斗七星としてではなく北斗八星として考察し、壁画の暗号解読に成功したと思っている。

古代日本の聖数は「八」である。小生は、この意味の重みについて、全力をそそぎ、本書を書いているつもりである。この部分を読み、やはり古代日本の聖数「八」の意味は、学者にも分かっていただけていないと、ため息をつくばかりであった。しかし、だからこそ、八の探究者・小生の出番が回ってきたと、前向きに考えているのであるが……。

高松塚古墳は「陪塚《ばいちょう》」であるのかないのか、の解答が出る。中尾山古墳は文武天皇陵とする見解は、多くの学者が認めている。反対している学者はいないであろう。よって、中尾山古墳は、707年に築造されたと確定できる。中尾山古墳と高松塚古墳は、どちらが先に築造されたのであろうか。

高松塚古墳は陪塚である、との証拠を見つければ、決定付けられる。はたして、私の発見した呪術は、その証拠となり得るのであろうか。

このさい、高松塚古墳は陪塚であったと仮定して、遠慮なく述べる。

高松塚古墳が陪塚であるとしたら、臣下としての表現をしていなくてはならない。壁画が描かれていたら、当然そのことが表現されているはずである。壁画に陪塚としての表現がなければ、陪塚として認められない。それは当然のことである。

ところが、すでに述べたように高松塚古墳壁画には、天皇守護の内容が、高度に洗練された呪術で描かれていたのだ!! しかも、その呪術は、伊勢神宮・大嘗祭で施されていた天皇を守護する精華された呪術と同様のものであった!! 陪塚としての真摯《しんし》な在《あ》りようが、壁画にしっかりと描かれていたのだ!! 高松塚古墳の壁画は、陪塚であることを、描いていたのである!!

壁画に描かれている表現を理解し、それを被葬者と適切に結びつけている説は、今までなかった。少なくとも、何故、八人ずつの男女が描かれていたのか、何故、北斗八星（七星）が描かれていなかったのか、この二つを意味付けて、壁画の内容を理解しようとした人は皆無に近かった（吉野裕子氏は考察している)。

高松塚古墳に関しては、膨大な量のデータが集まっている。私は、『末永先生米寿記念献呈論文集』に寄せられた高松塚古墳に関する論文を拝読した。あまりにも貴重な研究資料であり、とても素人の私がコメントする立場にない。

更に、考古学者・歴史学者の論文とは別に、例えば、梅原猛氏の著書『黄泉の王《よみのおおきみ》』、土淵正一郎《つちぶちしょういちろう》氏の著書『高松塚は高市皇子《たけちのみこ》の墓』を読むと、その博学ぶりに素人の私は立ちすくみ、近寄るのもはばかられる。『万葉集』『日本書紀』『続《しょく》日本紀』等々の資料をふんだんに使い、被葬者を特定しようとしている。とても、私の踏み込める領域ではない。

ただ、八人ずつの男女の問題と北斗八星(七星)の問題は、何故か探究されていない。何故、誰もが、この問題に立ち入らなかったのか。やはり、触れたくても、触れられないからである。それは、八の暗号であることによる。それは八の切り口でのみ解ける暗号であるからだ。

網干氏が、この問題を解くことができなくて悩んだのも無理はない。

私は、伊勢神宮と大嘗祭の暗号解読に成功していたからこそ、高松塚古墳の呪術暗号を簡単に解くことができたのである。

陪塚《ばいちょう》としての高松塚古墳の大義とロマン

現治定(指定《じじょう》)の文武天皇陵は、位置からして、ただならぬ気配を感じる。前図の図8・7「高松塚古墳周辺・八角形天皇陵位置図」を参照していただきたい。この古墳の詳しいことは全く分からないとのことである。高松塚古墳から約200m南に位置する。よって、現治定の文武天皇陵（被葬者は推定できない）の陪塚とも言えるのではなかろうか。ならば、高松塚古墳は、天武・持統陵にも近く（約700m）、天武・持統陵の陪塚とも言えるのではなかろうか。いやいや、それだけではない。この地域に存在する天武天皇の皇族全て（天智天皇の皇子も含む）の墓の陪塚ではなかろうか。

左大臣・正二位の位の石上麻呂は、留守司《るすのつかさ》として、最後まで藤原京に残った。

よって、天武天皇の皇族たちの眠る墓域（兆域《ちょういき》）で、最後に造られた陪塚《ばいちょう》（717年）として、天武天皇が関係する全ての皇族たちを守護しようとしたのではなかろうか。ならば、すこし、大げさになるが、高松塚古墳は、藤原京の南に位置する天武天皇の皇族の全ての墓の陪塚と言えるのではなかろうか。河上邦彦氏は、この地域全体を天武天皇の「陵園」と考えられると述べている。高松塚古墳は、天武天皇の陵園としての陪塚であり、北斗八星（八人ずつの男女・石上麻呂・八卦）でもあったのだ!!

太極（北極星）の対象となるのは、勿論、天皇（草壁皇子も含む・天皇号追贈）のみである。しかし、天皇ばかりではなく、皇族も含め太極（天極五星）としたのではなかろうか。少なくとも、そういう気持ちは含まれていたと思う。

なお、平城京に移ってからの藤原京への帰葬《きそう》は反逆行為であり、平城遷都《せんと》（710年）後の築造はあり得ないとする意見もある。しかし、今で言う総理大臣の位として藤原京の留守司《るすのつかさ》として残っていたこと、そして陪塚として葬られたことを考慮すれば、この問題は一気に解決する。逆に言えば、陪塚だからこそ許されたともいえ、陪塚説の裏付けともなる。

石上麻呂《いそのかみのまろ》は、天武天皇が秘かに伊勢神宮・大嘗祭において施した呪術〈天地に「太極（太一・北極星）八卦」を描く〉を、高松塚古墳に採用した。それは、天皇陵の陪塚（高松塚古墳）として、実に相応しい呪術である。

石上麻呂は、天武天皇の陵園に、平城遷都後の最後の陪塚として、伊勢神宮・大嘗祭と同様の呪術を施し、天皇家の弥栄《いやさか》と永遠の継続を願ったのであろうと思われる。

高松塚古墳の天地に描かれた「太極（太一・北極星）八卦」図（図8・10）を見ていただきたい。天武天皇の陵園において、壁画に描かれた八人の男女と被葬者・石上麻呂は、北極星を象徴する天皇を守護する北斗八星として、夜空に光り輝いているのである。

多くの人々は、描かれている壁画の意味が分からず、壁画そのものの美しさに心を打たれている。しかし、壁画の本当の意味を知れば、更なる感動に心を震わせることになろう。

石上麻呂のロマンを証明する呪術に再び会えるとは、夢にも思わなかった。そもそも陪塚自体がロマンであろう。しかし、陪塚としての高松塚古墳は、崇高な壁画が描かれていることで、さらなる格別な精華された最高級のロマンを感じさせられるのだ。噴飯も二度重なると、顰蹙《ひんしゅく》ものである。しかし、私は、再び、石上麻呂の微笑《ほほえ》みを感じるのである。

蓋《きぬがさ》の問題について一言。今でも不思議であるが、高松塚古墳の被葬者を考えるとき、何故、消去法に蓋《きぬがさ》の色（深緑）が入っていないのであろうか。皇子《みこ》は紫色と考えられるからである。いろいろと理由をつけたり、この件には全く触れず無視している様子が窺える。梅原猛氏も言及していない。いろいろな理由とは、例えば、「蓋は被葬者のために差し掛けたとは言い切れない」（忍壁皇子《おさかべのみこ》説・直木孝次《なおきこうじ》郎《ろう》）、「大宝律令《たいほうりつりょう》制定（701年）以前は、皇子の蓋の色と一位の蓋の色は、確定的でなかった」（高市《たけちの》皇子《みこ》説・土淵正一郎）、「規定が最高限度を示したもので、下位の色でも構わない」誰の説か明記する等々である。確かに、天武朝における蓋の色の区分は不明であるという。大宝律令制定より前における皇子《みこ》の蓋《きぬがさ》の色は、紫でなく深緑だった可能性はどの程度なのか、知りたいものである。

更に服装の年代についても述べたい。秋山日出雄氏は、第一候補として〈706（慶雲3）年～719（養老3）年〉としている。第二候補としては〈690（持統4）年～701（大宝元）年〉である。また、武光誠《たけみつまこと》氏は、《高松塚古墳壁画の人物の衣装は慶雲3（706）年から養老3（719）年までの朝廷の儀式用の服装とされている。壁画にみえる男子像の白袴《びゃっこ》（白いズボン）の着用が許されるのは706年で、壁画に描かれた左前の襟は719年禁じられているからである》と記している。但し、壁画を描いた画家が古墳築造時の服装を忠実に描いたという保証はない、とも記している（『歴史と旅』平成十一年三月号）。

ならば、717年に薨去された石上麻呂を高松塚古墳の被葬者候補として取り上げることは、なんら問題ないのである。

むしろ、蓋《きぬがさ》の色と服装にこだわるならば、候補者は、年代的に石上麻呂しか存在しないことになるのである。

❾ キトラ古墳壁画と被葬者

これで、高松塚古墳、およびその関係の考察は完了と思っていた。

しかし、違ったのである。またしても、次なる発見をしてしまったのだ。キトラ古墳についての見解である。そもそも、キトラ古墳については、「八の世界」ではないだろう、ということで思考停止状態であった。

だが、高松塚古墳とキトラ古墳は共通項が多い。だったら、被葬者は誰だろうか、と思い巡らすのは当然なことである。

高松塚古墳の被葬者を特定できたのであるが、それは八の呪術でもあったからだ。特定ではなく推定と言うのが正しいと分かっているが、あえてそう言わせていただく。しかし、キトラ古墳は八の呪術ではなさそうである。特定できるのであろうか。と、そう思った瞬間、閃《ひらめ》いたのだ。

閃いたのは、壁画制作の動機である。

キトラ古墳の壁画制作の動機は、高松塚古墳壁画制作のそれと同様である、と。高松塚古墳壁画の制作動機は分かっている。ならば、同じ動機を適用すれば良いことになる。検証してみよう。

私は、高松塚古墳において、「太極（太一・北極星）八卦」の呪術が施されていることを発見した。それは、壁画制作の動機の解明に、充分な役割を果したと自負している。

しかし、キトラ古墳の場合は、壁画制作の動機は同じであると推測されるが、「太極（太一・北極星）八卦」の呪術ではない。では、どんな呪術なのか。

キトラ古墳と当時の天皇中心の国家観

まずは、キトラ古墳の説明をしたい。

キトラ古墳の位置は、高松塚古墳の南にあり、いわゆる「聖なるライン」（藤原京中央と天武・持統陵を結ぶ線）と呼ばれている線上に近い。それなりの意味を含んでいるものと想像できる。古墳の規模は、高松塚古墳よりひと回り小さい。位置については、前図の図8・7「高松塚古墳周辺・八角形天皇陵位置図」を参照していただきたい。

文化庁のＨＰには、次のように説明されている。

7世紀末頃の壁画古墳。古墳の天井に描かれている天文図は東アジア最古の現存例であり、青龍・白虎・玄武・朱雀の四神全てが現存している例は国内初。四神の下に人身獣首の十二支像も描かれており、歴史的・学術的にも価値の高いものである。

キトラ古墳と高松塚古墳とにおいて、共通して描かれている壁画の図柄は、「天文図・四神図・日月図」である。

この共通している図のルーツは中国にあり、〈大宇宙を支配している天帝の様子〉を描いていると思われる。

この星宿図《せいしゆくず》の下に眠る被葬者は、宇宙を支配する王でなければならないとして、日本の皇族か渡来系の王族を候補として挙げる学者もいる。よって、我が国の高官をもってキトラ古墳の被葬者とすることはあり得ない、と断言をしている学者もいる。

被葬者候補の身分について私見を述べる。

前提が〈大宇宙を支配している天帝の様子〉を描いている壁画ならば、それに従った設定をしなくてはならない。この設定を外してはならない。多くの学者は、そのように述べながらも、何故か、最初からこの設定を無視している。それは被葬者を皇子、あるいは百済王とする立場である。

ズバリ言わせていただく。大宇宙を支配している天帝の様子を表現できるのは、日本においては、天皇しか存在しない。但《ただ》し、天皇号を追贈された草壁皇子は含まれる。

天皇以外の、なるべく高貴な人物を被葬者に当てようとして、皇子《みこ》、百済王を追究するのは、そもそも的に向かわないで矢を射るようなものである。

この「天文図・四神図・日月図」がセットになって描かれた壁画は、間違いなく天皇を表現している。だが、被葬者は天皇ではない。何故なのか。何故、天皇陵でないのに描くことができたのか。ここが、一番重要な点である。この矛盾に対する論を避けて前に進むことは、出口のない迷路に迷い込むことを意味する。この肝腎なことについて、殆《ほとん》どの人々が問題提起していない。まさに、不思議である。

小生は、高松塚古墳被葬者をすでに石上麻呂として結論付け、すでにそのことを述べている。キトラ古墳も高松塚古墳と同様な壁画制作動機であると思われるから、この結論を先に述べることとする。

天皇陵でもないのに、天皇を意味する古墳壁画を描ける条件は、ただ一つである。

その条件とは、〈天皇を神（北極星神・太一・天皇大帝《てんこう》）として崇敬し、死後も天皇を守護していきたいという、臣下としての忠誠心溢《あふ》れる心意気が描かれている場合〉である。

当時の天皇観を述べることで、この説に首肯《しゅこう》していただけると思う。

当時の天皇の在り様《あよう》は次の通りである。

天武天皇は、673年、正式に「天皇号」を採用した。それは、対中国皇帝属国拒否、つまり独立国の姿勢であった。その天皇（天皇《てんこう》大帝）の根拠と証《あかし》は、リニューアル伊勢神宮と、大嘗祭に、「太極（太一・北極星）八卦」の呪術として組み込んだ。

そして、元日朝賀《ちょうが》（701年）において、文武天皇は、大極殿《だいごくでん》（北極星）において、四神図、日月図の幢幡《どうばん》を立て、天皇の何たるかを知らしめた。

また、宮廷歌人に〈大君《おほきみ》は　神にし坐《ま》せば　天雲《あまくも》の　雷《いかづち》の上《うえ》に　いほりせるかも〉（柿本人麻呂）と歌わせ、天皇を神として言祝《ことほ》がせている。

また、天皇を中心とした日本独自の律令制度を制定した。この時期は、日本の歴史において、唯一と言ってよいほどに天皇権力が強大であった。当時の大和朝廷国家は、厳格、厳粛に、天皇の何たるかを、徹底して知らしめたのである。

よって、被葬者が〈大君《おほきみ》は　神にし坐《ま》せば〉と墓の中でも言祝《ことほ》ぎ、天皇を永遠に守護して行こうとしている、という条件があってのみ、天皇の表現「天文図・四神図・日月図」を描くことが許されたのである。

天皇を描いているが天皇陵ではない、との矛盾はこれで解消できた。

考古学者・歴史学者によって、両古墳の、築造年代の研究・遺物の研究・皇族の系譜の研究等々は充分に行われたと思われる。それでも、両古墳の被葬者は特定できなかった。口幅ったいが、言わせていただきたい。被葬者を特定する作業として欠けていた部分がある。それは、当時の思想探究と、呪術探究である。幸い、私は、八の切り口で、天皇、伊勢神宮、大嘗祭の暗号解読に成功した。この暗号解読が、高松塚古墳の被葬者特定に役立ったのである。今度は、八の呪術ではないが、キトラ古墳の被葬者特定に挑《いど》もうと思う。

キトラ古墳被葬者の身分と壁画制作の動機

キトラ古墳における、天皇守護の具体的表現は、いかなるものなのか。この守護表現が描かれていなかったら、天皇の位として葬られたことになり、それは、大逆罪に相当するものであろう。高松塚古墳の場合、天皇守護表現は、北斗八星（描かれていないことにより）であり、八人ずつの男女であった。ならば、それに相当するものを、キトラ古墳の壁画から探し出せばよい。簡単なことであった。あるではないか、十二支獣頭人身像《じゅうとうじんしん》が!!

キトラ古墳の場合、十二支獣頭人身像が、天皇を守護しているのである!!

獣頭人身像とは、顔が動物で体が人間である像のことを言う。十二支獣頭人身像とは、獣頭が子《ね》・丑《うし》・寅《とら》……と十二支揃っている獣頭人身像のことである。一壁三支ずつ、四壁で十二支の獣頭人身像が描かれている（図8・12参照）。

この十二支獣頭人身像が天皇を守護しているのである。つまり、被葬者自身が、十二支獣頭人身像となり、天皇を守護しているのである。十二支獣頭人身像は武器を持っている。それは天皇を守護するためなのである。

つまり、〈被葬者＝十二支獣頭人身像〉であったのだ。更に言えば、十二支獣頭人身像は、被葬者を守護していると同時に、被葬者自身でもあるのだ。

何故、十二支獣頭人身像が描かれていたのか、この疑問に対して、それほど熱心に探究されなかった。十二支獣頭人身像そのものの歴史的探究はされていたにも拘《かか》わらずである。網干善教氏は次のように述べている。

この十二支獣頭人身像をどのように解釈するか。何故高松塚古墳では人物画が描かれ、キトラ古墳では十二支獣頭人身像になったのか。それが分からない。非常に難しい問題です（『高松塚への道』草思社）。

私は、声を大にして叫びたい。高松塚古墳とキトラ古墳の呪術問題が解決できた!! と。網干氏が、これほどまで言いつつ悩んでいた問題が、解決したのだと。喜んで当然であろう。私は喜びで拳《こぶし》を握りしめ、腕を震わせ、ガッツポーズをとるほどであった。

ただ言えることがある。もし、高松塚古墳の呪術が明らかにならなかったならば、キトラ古墳の呪術は分からなかったであろうと。

キトラ古墳の呪術は、単純である。しかし、この単純なことは、高松塚古墳の呪術が解明されなかったら、分からなかった、と想像できる。高松塚古墳の呪術は、高度な難しい呪術であった。しかし、すでに伊勢神宮と大嘗祭の呪術を暗号解読していたから、高松塚古墳の呪術の全てが解明できたのである。ならば、伊勢神宮と大嘗祭の暗号解読により、高松塚古墳とキトラ古墳の呪術が解明した、と言えるのだ。伊勢神宮、大嘗祭、高松塚古墳、キトラ古墳は、「天皇」のデザインということで、繋がっていたのである。

私は、間違っているかもしれない一笑に付されるかもしれない。しかし、存命中に網干善教氏に報告したいものであった。勿論、秋山日出雄氏にも。

呪術は分かった。まだまだ、喜ぶのは早い。被葬者の特定作業が残っている。次へと進もう。

高松塚古墳・キトラ古墳被葬者の条件――皇子《みこ》は外れる

被葬者候補としては、皇子《みこ》は外れる。その理由をまとめてみよう。

たとえ皇子であっても、天皇守護の呪術がなかったら、「天文図・四神図・日月図」のセット壁画は描けない。天皇守護の呪術なしでこのセット図を描いたら、天皇の位として埋葬されたこととなり、大変なことになる。

皇子はあくまでも皇子である。皇子も天皇同様、「王《おおきみ》は神にし坐せば」と歌われている。柿本人麻呂《かきのもとひとまろ》などは、天皇の一部の皇族を、神そのものとして讃《たた》えた。高松塚古墳の被葬者の候補として挙げられた、弓削皇子《ゆげのみこ》、忍壁皇子《おさかべのみこ》もそのように歌われている。ならば、皇子自身が、北斗八星・八人ずつの男女として（高松塚古墳）、あるいは十二支獣頭人身像《じゅうとうじんしんぞう》（キトラ古墳）として、天皇を守護する呪術を施すであろうか。

更に言えることがある。皇子が帝車（北斗八星）となり、天皇をお乗せになるだろうか。

また、天皇陵は八角形墳であり、壁画を描く伝統はない。皇子の古墳にも描かれなかったと推測される。まだ、一例であるが、被葬者として川島皇子《かわしまのみこ》が推定されているマルコ山古墳は、六角形である。

図８・12：キトラ古墳壁画、寅・午（『高松塚とキトラ』来村多加史・講談社より）

むしろ、角が少ないことで皇子の古墳であることを窺《うかが》わせる。壁画は描かれていない。

高松塚古墳は中尾山古墳（文武天皇陵推定）の陪塚《ばいちょう》である。当時の状況からして、皇子の墓が文武天皇陵の陪塚とは考えにくい。

だとしたら、高松塚古墳の被葬者は、文武天皇に仕えた臣下の武人たる高級官僚がふさわしい。

高級官僚ならば、壁画に描かれた天皇を表現している図（天文図・四神図・日月図）が、被葬者自身であると思われるはずもなく、天皇守護の呪術が当然考慮されるのである。

中国、朝鮮においては、皇帝、王でなくても、天文図、四神図、日月図が描かれている場合（セットでなく）もあるから、天皇の証明であるということに、こだわらなくてよいという意見もあろうかと思う。しかし、当時の日本においては、前述したように特殊な事情がある。

天皇の文字と内容は、北極星神・太一《たいいつ》である天皇大帝の天皇《てんこう》から拝借している。天武天皇・持統天皇・文武天皇は、天皇の何たるかを知らしめるのに、全精力を注いでいたと言っても、過言ではない。

このことについては、何度も述べている。

更に言えば、中国皇帝は天帝の天命によって天子（皇帝）になるのである。故に、易姓革命《えきせいかくめい》が正当化される。よって、中国皇帝は北極星神（太一・天皇大帝・天皇）ではない。ここが、日本の天皇と中国皇帝は違うのである。

天武天皇・持統天皇は、この違いを徹底させたいと思っていた。

当時の日本の状況としては、お揃いで「天文図・四神図・日月図」を描くことは、天皇の表現以外に、考えられないことであったのだ。それほど、「天皇号」を正式採用した当初においては、こだわりを見せたと思われる。

よって、天皇守護という事情がある場合にのみ、天皇象徴図を描くことが許可されたのである。再度述べるが、高松塚古墳とキトラ古墳の被葬者候補に皇子《みこ》を当てるのは、見当違いであると言わざるを得ない。

高松塚古墳は、中尾山古墳（文武天皇陵推定）の陪塚《ばいちょう》であり、壁画の内容も「言祝《ことほ》ぎと守護」である。百済王説も、渡来人説も成り立たない。

キトラ古墳の被葬者は、高松塚古墳同様、死後も天皇を守護しようとした大豪族の武人たる高級官僚が相応しいのである。さて、誰が該当するのであろうか。

阿倍御主人《あべのみうし》の武人としての心意気

キトラ古墳の所在地は阿部山である。阿倍のつく高級官僚が一人存在する。大宝三（703）年に、右大臣従《じゅ》二位で薨去した阿倍御主人《あべのみうし》である。阿倍氏は、大伴《おおとも》、物部《もののべ》の二大氏族が衰えた推古《すいこ》朝では、蘇《そ》我《が》氏に次ぐ有力な豪族であったという。阿倍御主人の父親は阿倍倉梯麻呂《くらはしまろ》である。倉梯麻呂は、中臣《なかとみの》鎌足《かまたり》や石川麻呂らと、中大兄皇子《なかのおおえのおうじ》の下で大化改新の推進に関わっている。孝徳天皇のとき、わが国最初の左大臣に任命された。

阿倍御主人《あべのみうし》は、壬申《じんしん》の乱で大海人皇子《おおあまのみこ》（天武天皇）の側にたった。天武天皇の時代から政治に携《たずさ》わり、持統、文武の代に高い地位にあった。701年、多治比島《たじひのしま》が薨去すると左大臣は空席となり、右大臣の阿倍御主人が臣下の最高位になった。

阿倍御主人《あべのみうし》の誄《しのびごと》等をした事例を取り出すと次の通り。

持統天皇元（687）年正月一日、天武天皇の殯宮《もがりのみや》で誄した。

持統天皇二（688）年十一月十一日、天武天皇が大内陵に葬られたときに誄した。

持統天皇四（690）年正月二日、持統天皇の即位を祝賀した。

誄《しのびごと》から判断するならば、持統天皇と阿倍御主人《あべのみうし》との関係も悪くない。

阿倍御主人の薨去年と持統天皇の崩御年を比べてみよう。

持統天皇は、大宝二（702）年、十二月崩御された。翌年の703年、十二月、大内陵に合葬された。

阿倍御主人は、大宝三（703）年閏《うるう》四月一日薨去された。ということは、阿倍御主人は、持統天皇崩御約4カ月後に薨去されたのだ。

ならば当然、持統天皇が大内陵に合葬されることは、分かっていたはずである。よって、天武陵のときに設定された聖なるライン（藤原京中央と天武・持統陵を結ぶ線）の近くに自分の墓を築造しようとしたのではなかろうか。この位置は、草壁皇子《くさかべのみこ》と推定されている束明神《つかみようじん》古墳と同様、南に離れている、という点で一致している。

更に言えば、キトラ古墳と天武・持統陵の距離は、キトラ古墳と束明神古墳との距離に、ほぼ等しい。この位置は、お仕えした天武天皇・持統天皇、草壁皇子（天皇号追贈）を、死後も「言祝《ことほ》ぎ・守護」する位置として実にふさわしい（図8・7高松塚古墳周辺地図参照のこと）。

阿倍御主人《あべのみうし》は、高級官僚臣下の第一位として、天皇とは何たるかを、死後も言祝《ことほ》ぎたかったのではなかろうか。阿倍御主人は〈天武天皇は天皇号を正式採用し、伊勢神宮・大嘗祭において、天皇の根拠を証明する呪術を施していた〉ことを、当然、知っていた。阿倍御主人は、天皇の何たるかを知らしめようと全力を注いだ天武天皇の苦労を知っていた。天皇とは、天皇大帝《てんこうたいてい》のことであり、北極星神（太一）であることを知っていた。

ならば、最後のお勤めとして、天皇の何たるかを、永遠に表現する方法を思いたったに違いない。その方法が、古墳に壁画を描くことであったのだ。

その壁画とは――天皇とは、北極星神（太一）であり天皇大帝であることを描き、自分自身はその天皇を死後も守護していく――という、臣下最高地位にあった武人としての心意気を表現するものであった。

描かれている絵（天文図・日月図・四神図）は、まさに、大宇宙を支配している天皇の様子である。それは、王を拒否し、天皇であることを知らしめる、対中国皇帝属国拒否の表現でもあった。それは天武天皇の気持ちを代弁している。

阿倍御主人は、694年、氏上《うじのかみ》となった。阿倍御主人は、古墳壁画を描くことで、阿倍氏の頭領として、武人として、宮廷歌人・柿本人麻呂《かきのもとのひとまろ》のように、天皇を神として〈大君は 神にし坐《ま》せば〉と、言祝《ことほ》いだのである。また、武器を持った十二支獣頭人身像に擬《なぞら》えられた阿倍御主人は、死後をも天皇を守護していこうとしたのである。それは、阿倍御主人の忠誠心溢れる美意識でもあったのだ。

これまでのことを図（図8・13）で表現する。キトラ古墳の意味がより分かっていただけると思う。

何と素晴らしい図柄であることか!!　この図柄こそキトラ古墳壁画の本質であったのだ!!　何故、壁画を描こうとしたのか？　その動機とは？　我々は初めてその解明に成功したのである!!　これこそが阿倍御主人《あべのみうし》が考えた天皇崇敬守護の表現であったのだ!!

まさか、『古代天皇家「八」の暗号』解読の旅として、キトラ古墳に寄り道するとは思いの外であった。勿論、最初の計画にはなかったルートである。

とうとう、我々は、高松塚古墳被葬者に加え、キトラ古墳被葬者をも突き止めたのだ。旅先案内人として、暗号解読の旅人とともに、この喜びを、美酒で乾杯したい。

高松塚古墳とキトラ古墳の呪術比較

八の探究者として、キトラ古墳の壁画が十二支獣頭人身像であり、八の呪術でなかったことが、少し残念でならない。

しかし、私が最重要としてきた八の世界が一ヵ所表現されている。伊勢神宮と大嘗祭の呪術は北斗八星の呪術である、と言っても過言ではない。何と、その北斗八星がキトラ古墳にも描かれているのである!!

私は、被葬者・阿倍御主人《あべのみうし》は、天武天皇の呪術をしっかりと理解していたと思う。それは、天文図に、北斗七星ではなく輔星《ほせい》を加えた北斗八星として描いていたことで分かる。

しかし、阿倍御主人は、石上麻呂《いそのかみのまろ》（高松塚古墳）と違って、北斗八星（八人ずつの男女像）を守護の呪術して活用しなかった。十二支獣頭人身像を描き守護呪術としたのだ。呪術の質としてはどうであろうか。

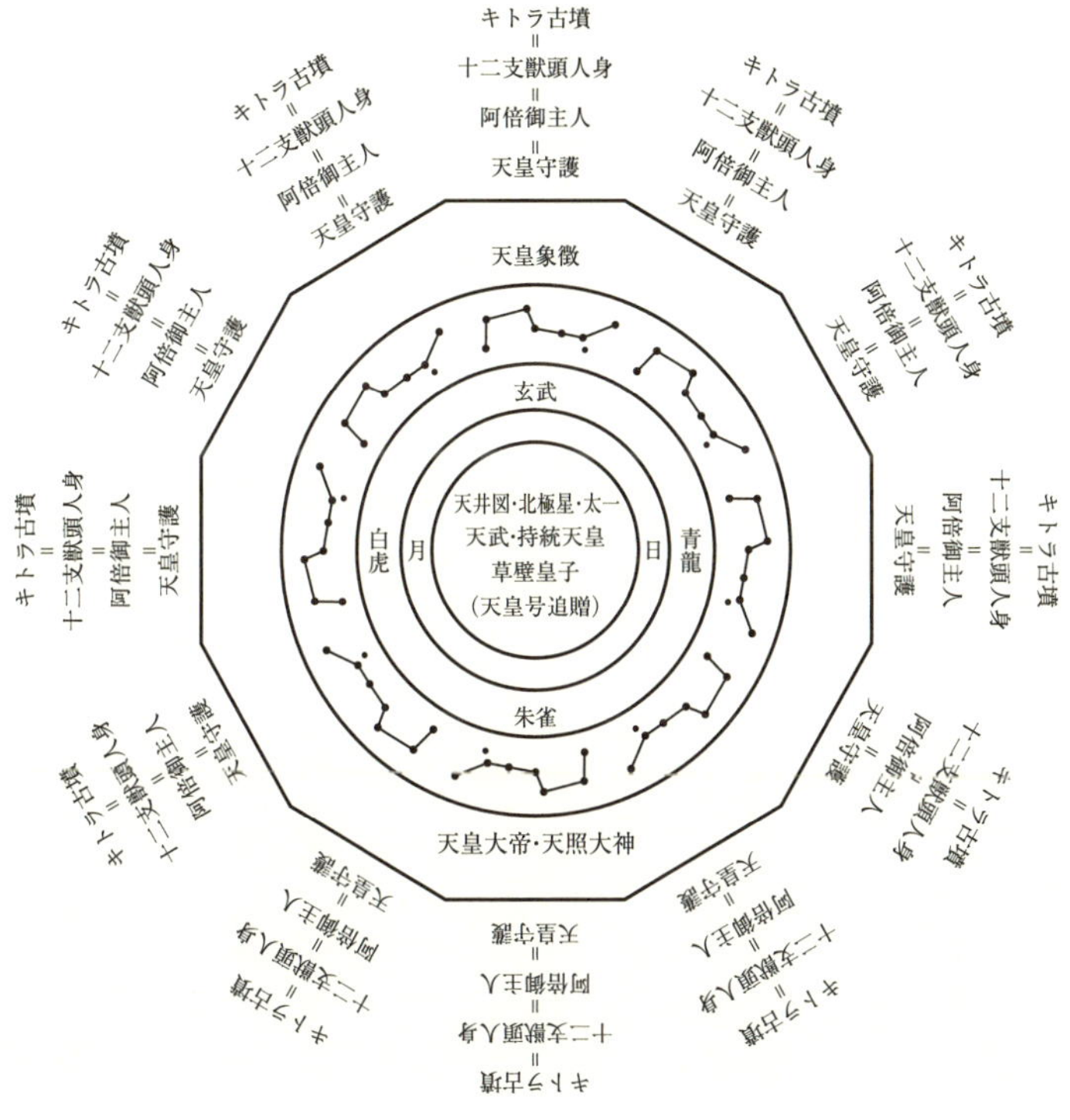

図８・13：キトラ古墳壁画制作動機図

石上麻呂（高松塚古墳）は、阿倍御主人（キトラ古墳）よりも、伊勢神宮・大嘗祭の呪術をそっくり活用している点で、はるかに洗練されており高度な呪術を施していた。しかも陪塚《ばいちょう》であり、天皇朝賀《ちょうが》の儀式において〈物部麻呂朝臣《もののべのまろのあそみ》、大盾《おほたて》を樹《た》つ〉（『日本書紀』）と記されているように、最後まで物部《もののべ》（武士《もののふ》）としての役割を全《まっと》うしたのである。

亡くなった順番とはいえ、阿倍御主人は、石上麻呂よりも、先に壁画を描いている。そこは評価しなくてはならない。また、全ての星を網羅《もうら》しようとしたこの天文図は東アジア最古の現存例である。この価値は高い。更に、東アジアに十二支獣頭人身像が流行するのは8世紀中頃であると言われるのに、703年、十二支獣頭人身像をいち早く採用し、「天文図・日月図・四神図」が描かれている中で、これほど綺麗に描かれたことは、それなりに評価されるべきであろう。

石上麻呂《いそのかみのまろ》は、勿論、キトラ古墳の壁画のことを知っていた。

石上麻呂は、阿倍御主人《あべのみうし》が描かせた壁画に衝撃を受けたに違いない。古墳内部においても、天皇を「言祝《ことほ》ぎ・守護」しようとしていたとは、と。

石上麻呂は、負けていられなかった。キトラ古墳壁画以上のものを描こうとしたに違いない。それは、物部《もののべ》氏の頭領《とうりょう》としての、阿倍氏頭領に対する意地でもあったと推測できる。

キトラ古墳以上の壁画を描くにはどうしたらよいのか。生前において、石上麻呂は、「画工司《えだくみのつかさ》」の役人たちと話し合ったことだろう。天皇に対する「言祝《ことほ》ぎ・守護」であるから、遠慮なく、どんな壁画を描きたいのか、その意思を伝えたことであろう。「画工司《えだくみのつかさ》」に所属する役人たちも、それに応《こた》え、キトラ古墳以上の壁画を描くことに全力をあげたと思われる。

その「画工司《えだくみのつかさ》」の役人絵師たちの答えが、高松塚古墳の壁画だったのである。

それは、十二支獣頭人身像を描き、「言祝《ことほ》ぎ・守護」した呪術よりは、はるかに格調高い呪術であった。まさに、これ以上の呪術は考えられないほどの、格調の高さであったのだ。

ところで、阿倍御主人《あべのみうし》は、平安時代初期に書かれた『竹取物語』のモデルになっているという。その中で登場する「右大臣阿部御主人《あべのみむらじ》」が、そうであると言われている。高松塚古墳の被葬者・石上麻呂《いそのかみのまろ》も、「竹取物語」に出てくる登場人物「中納言石上麻呂足《ちゆうなごんいそのかみのまろたり》」のモデルになっている。何と高松塚古墳の被葬者とキトラ古墳の被葬者が、『竹取物語』のモデルになっているのである。

天皇号正式採用と壁画古墳

高松塚古墳被葬者とキトラ古墳被葬者の特定作業は、天皇の根拠と証《あかし》を明らかにすることでもあった。それは、伊勢神宮と大嘗祭の暗号解読と同じ作業でもあった。

リニューアル伊勢神宮、大嘗祭創設、高松塚古墳築造、そしてキトラ古墳築造は、「天皇号」採用により形作られた、と理解しても間違いではないと思う。

それは、暗号でもあった。天武天皇が描いた、伊勢神宮のグランドデザインを理解してのみ、暗号解読が可能なのである。

何故、伊勢神宮はリニューアルされたのか、何故、大嘗祭は創設されたのか、何故、高松塚古墳とキトラ古墳には天皇を象徴する壁画が描かれていたのか。この疑問は、結局、「天皇とは」の問題に行き着くのである。天武天皇の「天皇号」正式採用は、まさに、国家の大問題であったのだ。これらの問題解決は、天武天皇の対中国皇帝属国拒否の気概を理解できるか、できないかの問題でもあるのだ、とつくづく思う。

当時の状況を考えるならば、宮廷歌人が、天皇を神として言祝《ことほ》いだように、高級官僚であった武人も、武人として、天皇に対し、あらゆる機会に言祝いだのであろうと思う。

この言祝ぎとは、「天皇号」を正式採用し、天皇制度を確立していこうとした天武天皇の気概を察し、それに応えようとした高級官僚の心意気であったのだ。それが、壁画の内容であったのだ。

両古墳の壁画を見て、悲劇を感じるであろうか。高松塚古墳の人物像を見て、非業《ひごう》の死に対する、怨念、慟哭《どうこく》、悲憤等々のイメージはどうしても湧《わ》いてこない。むしろ、伸びやかな宮廷生活風景であり、緊張した風でもなく、ゆったりとした時間が過ぎていく優雅な風情である。

来村多加史《きたむらたかし》氏は、『高松塚とキトラ』（講談社）の中で、人物画は、外出を意味する「出向図《しゅっこうず》」であると記している。

また、中国壁画に描かれている、儀仗隊《ぎじょうたい》に先導されるなどして威儀を正して出かける「出向図」とは違い、従属的な雰囲気が薄れ被葬者を野外へと誘う親しい仲間のような印象を受ける、と述べている。更に、威儀を見せつけよう、主人を守ろう、という肩肘張った窮屈さが、彼らには感じられない、とも記している。

「出向図」との解釈は、早くから上田宏範《うえだひろのり》氏が述べていたようであるが、卓見である。来村氏が言うように〈ピクニック気分の万葉人〉であろう。

しかし、この八人ずつの男女は、被葬者・石上麻呂を守ろうとしていると同時に、被葬者自身でもあるのだ。この男女群像は、永遠に、北極星である天皇を「言祝《ことほ》ぎ・守護」していこうとする、北斗八星（帝車）としての被葬者・石上麻呂自身なのである。

まさに、〈帝車＝北斗八星＝八人ずつの男女＝被葬者・石上麻呂＝八卦〉として、北極星である天皇をお乗せし、飛鳥を、そして宇宙を優雅に遊覧しましょう、という図なのである（図8・14参照）。

男子像の中に、首から前にかけているカバンが描かれている。その中身は座布団のようなものと推測できるが、三人がそれを持っているのは不思議である、と来村氏は述べている。

私は、このカバンの中の一つには、酒器などが入っているような気がしてならない。ときどき、帝車から降りて、花見紅葉狩り、雪見等々の宴などを楽しんでいただくという趣向をこらしている、という雰囲気が伝わってくる。物見遊山《ものみゆさん》、遊楽気分を満喫できるような、粋《いき》な計らいを表現している壁画である、と感じるのである。

なお、『淮南子《えなんじ》』の天文訓に、〈北斗の神に雌雄あり、雄は左に行《めぐ》り、雌は右に行《めぐ》る〉と記してあるが、高松塚古墳壁画に描かれた男女八人ずつの北斗八星は、そのような意味ではなく、日本独自の〈男女合同の特別な帝車（陰陽帝車）＝男女合同北斗八星（陰陽北斗八星）〉であろうと推測される。特に、出口に向かって移動しようとしている女性たちの構図の素晴らしさと、その姿は、絵師の水準が類《たぐい》まれであることを示している。

この絵を描いた絵師は、センス溢《あふ》れた、洒脱《しゃだつ》な感じのする思考の持ち主であった。被葬者の気持ち――天皇に対する「言祝《ことほ》ぎと守護」――をこのように優雅に表現できた技量の持ち主の絵師は、精神も高度に円熟していたに違いない。この絵師はタダ者ではない。この人物像は、少し大げさであるが、世界的な傑作と言われている「モナ・リザ」(レオナルド・ダ・ヴィンチ)の絵にも匹敵するのではなかろうか。あるいは「最後の晩餐《ばんさん》」。

キトラ古墳の十二支獣頭人身像も、顔はユーモラスであり、戦闘のときの緊張感はない。少なくとも、慟哭《どうこく》、悲憤は感じられない。

来村氏は次のように述べている。

《隋唐時代の十二支像は陶俑《とうよう》であれ壁画であれ、一貫して笏《しゃく》を持つ文官の姿に表現されてきた。キトラ古墳の十二支像と大きく異なる点である。武器を持つ十二支像はむしろ漢代の獣頭人身像に近く、隋唐時代の類例から離れた表現であった。この問題をどう解き明かしたらよいだろう》。

再度述べるが、武器を持ったキトラ古墳の十二支獣頭人身像は、武人、阿倍御主人《あべのみうし》を表現している。隋唐時代の流行にとらわれず、武人として、天皇を「言祝《ことほ》ぎ・守護」することにふさわしい図柄「十二支獣頭人身像」を選択したのである。

勿論、十二支獣頭人身像は、阿倍御主人をも守護しているが、阿倍御主人そのものでもあるのだ。

高松塚古墳について、梅原猛氏が唱えている弓削皇子《ゆげのみこ》説(怨霊《おんりょう》説)についても、一言述べなければならない。確かに、不思議である。頭蓋骨《ずがいこつ》がなく、更に壁画が傷つけられている。この件については、次のように考えられないだろうか。

盗掘に入った者は、壁画の立派さに驚いたに違いない。今まで見たことのない壁画である。恐ろしい強固な呪術を感じた。その恐怖にうち震えたに違いない。私は、壁画を傷つけ、頭骨を持ち去ったのは、タタリに対する回避的行動であったと思う。つまり、タタリのシステムを壊し、回避したのである。

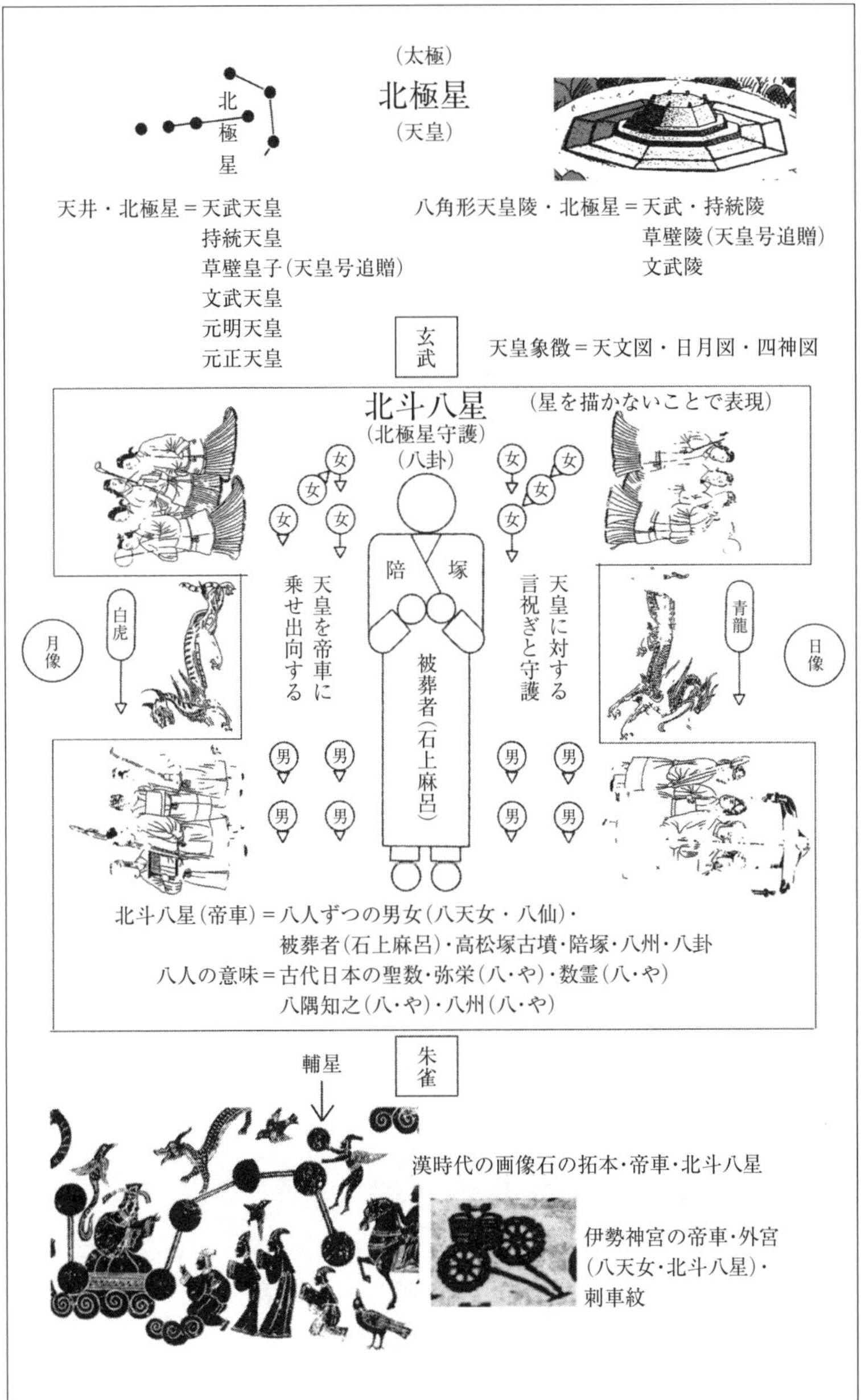

図8・14：高松塚古墳帝車出向図(『高松塚とキトラ』来村多加史・講談社などを元に作図)

あるいは、次のように考えられる。
壁画の玄武《げんぶ》（亀蛇《きだ》合体）に見咎《みとが》められていると盗掘者が感じ、腹を立て傷つけたのではなかろうか。日月図は、金箔・銀箔を削り取ろうとしたと想像できる。キトラ古墳の壁画も少し傷つけられている。来村多加史氏は、高松塚古墳の盗掘者とキトラ古墳の盗掘者は同じであると、『高松塚とキトラ』の中で記している。

更に、盗掘の手口が巧妙になっていることから、最初に高松塚古墳を盗掘し、その後キトラ古墳を盗掘したのであろうと述べている。キトラ古墳の場合は、同じ盗掘者であるから、壁画には慣れていて、挨拶《あいさつ》程度に傷つけたのであろうとしている。

詳細は割愛《かつあい》するが、上手に泥棒の心理を表現しており、リアリティを感じさせられる。ただ、頭蓋骨については述べていないが、これとて、腹立ち紛れ、悪行ついでに頭蓋骨を持ち出したのではなかろうか。キトラ古墳も少し傷つけられているのであるから、先に述べたタタリ説よりも、来村氏が述べているように、悪行、腹立ち紛れ説の方が真実に近いのでは、と思われる。いずれにせよ、梅原氏は、埋葬者がそのようにしたとの見解であるが、私は、盗掘者がそのようにしたと推測したい。

もう一つの説も紹介したい。橿原考古学研究所の今尾文昭氏は次のように述べている。
《高松塚古墳で失われた頭蓋骨は鎌倉時代の信仰の対象として狙われ、持ち去られた可能性が極めて高いと言えるでしょう》と。

なお、来村多加史氏は、高松塚古墳とキトラ古墳の壁画について、あらゆる面から、あらゆる角度からアプローチを試み、巧みに心理を読み取っている。秀逸な内容であり、このような本の出現を待っていた。しかし、何故、八人ずつの男女が描かれているか、何故、北斗七星（八星）が描かれていないのか、何故、被葬者は天皇でもないのに天皇を象徴する壁画を描くことができたのか、の疑問についてはアプローチを試みていない。ただ、高松塚・キトラ古墳の壁画の素晴らしさを、これほど巧みに、的確に、そして上手に表現した本をいまだ知らない。

高松塚古墳壁画雑感

私はつくづく思う。貴重な各種データが揃った今、壁画制作の動機の解明こそが、被葬者を特定できる重大な鍵であったのだと。壁画にこそ、被葬者の気持ちが込められていたのである。それは、当たり前のことでもあったのだ。しかし、当たり前のその内容は、高松塚古墳の場合は、高度な洗練された呪術で隠されており、伊勢神宮と大嘗祭の呪術を知らなかったならば、誰もが解くことができなかった暗号でもあったのだ。被葬者（石上麻呂）と絵師は、伊勢神宮の呪術的グランドデザインを知っていた、ということになるのである。

①高松塚古墳の壁画は何故描かれたのかその動機、②北斗七星（八星）は何故描かれていないのか、③何故八人ずつの男女が描かれているのか、この三つの疑問に対して、多くの学者、知識人が挑んだはずであるが、ほとんど言及されていない。動機については、ある程度追究されている。が、方向性が違っていたと思われる。しかし、④天皇陵でもないのに何故天皇を意味する壁画が描けたのか、については、不思議と誰もが疑問を呈していない。梅原猛氏は怨霊説によりそれを述べているが……。私は、そう思う私自身が、おかしな人間なのかと、今でも不安になる。

網干善教氏は、何故、八人ずつの男女が描かれているのか分からない、と正直に悩んでいることを記している。多分、将来においてもずっと分からないだろう、とも述べている。

こういうことを述べると大変不遜《ふそん》であるが、私はすぐ分かってしまった。

特に、何故北斗七星(八星)が描かれていないのか、何故八人ずつの男女が描かれているのか、については、吉野裕子氏のヒントがあったとはいえ、すぐ閃《ひらめ》いたのである。特別、高松塚古墳関連の本を読んだわけではなかった。

何故、閃き、簡単に謎が解けたかといえば、何度も述べているように、それは八の暗号であったからである。と、同時にそれは、伊勢神宮の隠密裡《おんみつり》の呪術的グランドデザインでもあったからである。

私は、約1300年前に天武天皇が施したその隠密裡の呪術的グランドデザインを、天海《てんかい》大僧正を除いて、初めて明らかにしたと自負している。

しかも、それは単なる呪術ではない。グランドデザインなのである。だからこそ、いとも簡単に、高松塚古墳の謎が解けたのである。天海大僧正であったならば、壁画の意味は即座に分かったことであろう。

伊勢神宮の呪術暗号が解読されていなかったならば、何人《なんびと》も、高松塚古墳の壁画を理解することは、不可能であったのだ。

伊勢神宮の呪術的暗号は673年から約1300年も封印されてきたが、本書において初めて暗号解読された。高松塚古墳も約1300年前(717年)に築造されたが、1972年に発掘され、本書において初めて壁画の暗号が解読された。それは、伊勢神宮の暗号解読があったからである。私は、この偶然の因縁に、驚きを禁じ得ない。運命的な出会いを感じるのである。

高松塚古墳とキトラ古墳の被葬者（石上麻呂《いそのかみのまろ》と阿倍御主人《あべのみうし》）は、壁画を描いてくれるよう、強く希望したのであろうと推測できる。その熱い気持ちは、心を揺さぶられるほどに分かる。被葬者が知らないまま、葬る者が追悼の意味で勝手に描いたのではない。

ゆえに、二つの壁画は、追悼の意味での、挽歌《ばんか》、慟哭《どうこく》悲痛等々の意味合いとは無縁である。壁画制作の動機は、天皇に対する「言祝《ことほ》ぎと守護」であったからである。

天武天皇が伊勢神宮に施した呪術は、大嘗祭、日光東照宮だけに活用されていたと思っていた。しかし、高松塚古墳にも採用されていたのだ。驚きでもある。ならば、次のように括《くく》ることができる。

〈伊勢神宮の呪術＝大嘗祭＝日光東照宮＝高松塚古墳〉

この共通した呪術内容は、「天皇とは」、「国家の在《あ》り様《よう》とは」の問題に行き着くのである。このように考えると、高松塚古墳は、伊勢神宮同様、天皇家の暗号（国家の暗号）、しかも八の暗号として解読しなければ解けなかったのである。

八の神様は、〈天武天皇が伊勢神宮に施《ほどこ》した、1300年前の呪術を解読した〉そのお礼として、私を1300年前に築造された高松塚古墳へと導いてくれたのであろうか。

天武天皇と八の世界

天武天皇は上古からの伝統を尊重しつつ、祭祀形式を強固で確かな形に整えた。この件については、今まで述べてきた通りである。天武天皇については、まだ伝えたいことがある。八の世界と関係ない部分もあるが、記すこととする。

❶ 天武天皇と則天文字「圀《くに》」の考察

国名・唐を周と改めた則天武后《そくてんぶこう》は、則天文字《そくてんもじ》17字を創作し、国の公式文字とした。その中の一つに「圀《くに》」という字がある。この則天文字「圀」は、「国とは八方なり」と主張している。囗《くにがまえ》の中に八方と書く。

日本には自国を表す言葉として「八州《やしま》」がある。この「八州」と則天文字「圀」との共通点は、「八」という数字で国を表していることである。

天武天皇は、「八」の概念を国家の祭祀儀礼などの中に組み込み、天皇家と八州（独立国・日本）の安寧を願い、スケールの大きな呪術を施した。

その八の概念とは、古代日本の聖数・弥栄《いやさか》の「八・や」と、中国の文化である八卦《はっか》を表現している「八・はち」とを習合させた「太極（太一・北極星）八卦」の理念であった。

天武天皇は、則天文字「圀」が誕生する前に、「圀」の概念である「国とは八方なり」の国家造りを、すでに終えていたのだ。天武天皇崩御は686年。則天文字の「圀」の字の誕生は695年。

これはどういうことなのか。不思議である。まさか、則天武后が、天武天皇の八のデザインを知って、則天文字の「圀《くに》」という字を作ったわけではあるまい。やはり、偶然というものなのであろう。

この不思議な事例の前にも、もう一つの不思議があった。旅人（読者）の皆さんは、覚えておいでであろうか。「第2章」で記述した「天皇号」の問題である。

その章では、天武天皇は高宗天皇の天皇号を真似たという説に対し、私は逆に、則天武后が日本において慣用されていることを知りながらも採用したのである、との説を述べている。

則天武后は、国とは、「九方」とは言っていない。圀の文字の中で、「八方」と言っている。中国においては、全土を表す言葉は「九州」であるはずなのに。

「八州《やしま》＝圀《くに》」——この概念の一致は、あまりにも偶然すぎる。

日本においては、古代日本を「八州」と表現したのは、次の理由による。この件は「第1章」で詳しく述べている。よって、簡単に記す。

〈古代日本において、「言霊《ことだま》の幸《さき》はふ国」であること、そして「言霊・数霊《かずだま》＝八（や）」であることにより、「八州《やしま》（日本）」という言葉が作られた〉

ところが、中国においては、陽数の中でも、七を少陽、九を老陽と呼んで、これを尊ぶ。『書経』の禹貢《うこう》という一篇に、禹王《うおう》はその領土を九州に分かち、その中に九山、九沢《たく》、九道があると記してある。

よって、中国は九州なのだ。

それなのに、則天武后は、国家の概念を「八」とした。勿論、この場合、易経八卦《えききようはつか》を表現しているであろうから、それほど不思議ではない。また、全土のことを「八紘《はつこう》」「八荒《はつこう》」と表現されることから、国を八で表現することはうなずける。

しかし、中国においては「九」が聖数なのである。

奈良時代になるが、光明皇后は、則天武后を大いに真似た。そして、則天文字「圀《くに》」の概念（国とは八方なり）も自信を持って真似たのである。なにしろ、日本は、八州《やしま》と呼ばれているのであるから。私見ながら、八幡神の出世は、この則天文字「圀」の影響が大であったと確信している。

日本の「八」は、中国から二度も影響を受けた。

一度目は、八卦の意味を伴い、漢文化の流入とともに。

二度目は、持統天皇の時代、国の在り様《よう》「国とは八方なり」を示す則天文字「圀《くに》」が流入したことにより。

日本における、八州《やしま》と八卦《はつか》との偶然の出会いは、まさに運命としか言いようがない。天武天皇は、この偶然の出会いである「八州」と「八卦」を、呪術（八州に八卦を配当した）で結びつけた。それは祭祀儀礼の呪術の方法・手段として、深いところで繋がっている。

もし、天武天皇があと十年あまり長生きをし、則天武后が作った則天文字の「圀」という字を知ったなら、その驚きはいかばかりであっただろうか。なにしろ、則天武后が作った則天文字の「圀」は、天武天皇が意図し施した八の呪術の世界を示していたのであるから。天武天皇は、自分の施した呪術の確かさに、得意満面になったのではなかろうか。私は、そう思わずにはいられないのである。

❷ 天武天皇と伊勢神宮・天樞《てんすう》の考察

則天文字の「圀」と関係ある「天樞《てんすう》」については、すでに「第7章」で述べている。しかし、再度考察してみよう。「伊勢神宮」と「天樞」を比較してみると、「八の世界」の共通性が明らかになり、伊勢神宮の呪術の確かさが確認されるのである。

私は、伊勢神宮の呪術的グランドデザインと同様なものが、中国にもあったことを発見し、驚きを隠せない。伊勢神宮の森の心御柱《しんのみはしら》から、北極星に通じる宇宙軸のデザインは、中国唯一の女帝・則天武后が建立した記念碑「天樞」にも表現されていたのだ。

伊勢神宮は、天武天皇の時代（672年～686年）にリニューアルされているから、則天武后の「天樞」建立《こんりゅう》（695年）より早い。

則天武后が建立した「天樞」の本当の意味は、当時の人々はともかく、そのうち誰もが分からなくなってしまった。それは無理もない。「天樞」に刻まれた「圀」という字が、あたかも「國」と刻まれたように『唐書《とうじょ》』に記されたからである。

小生が「八の世界」の切り口で「天樞」を考察した結果であるが、巨大な八角形の銅鉄製のオベリスク形の記念碑の天樞には、「大周萬國頌徳天樞」ではなく「大周萬圀頌徳天樞」と刻まれていたことが判明した。このことが分からなくては「天樞」の真実は見えてこない。

「天樞」とは、周（洛陽城内の天樞）から北極星に通じる宇宙軸を中心として、天は北極星（則天武后）を太極とし、地は洛陽城《らくようじょう》内の天樞（北極星・則天武后）を太極として、八方に八卦（北斗八星）

の呪術を伴って、全宇宙に向け則天武后の徳を頌《たた》えつつ、かつ、新国名「周」と新字「圀」とを、お披露目として情報発信していた、巨大な八角形のオベリスク形の記念碑であったのだ。

似ている。伊勢神宮の隠密裡の呪術とそっくりである。

◎「リニューアル伊勢神宮」と「天樞」の共通点は、北極星に通ずる宇宙軸を持ち、北極星（太一）を太極とし、北斗八星を八卦とする「太極（太一・北極星）八卦」の呪術を施していることである。
◎天皇は、伊勢神宮の呪術により、北極星神そのものとして存在している。そして、北斗八星に八卦を配し、八州《やしま》（独立国・日本）と八束穂《やつかほ》（日本の稲）を象徴させている。
◎則天武后は、天樞の呪術により、北極星神に擬《なぞら》えられている。そして、北斗八星に八卦を配し、「圀とは八方なり」の新字と、新国・周（女帝国家）とを象徴させている。

この共通する呪術手法の偶然さは、不思議と言う他ない。謎として解釈していいものか、偶然として解釈していいものか、正直分かりかねる。ただ言えることがある。伊勢神宮の方が天樞より先にデザインされた、ということを。

なお、則天武后の死後、天樞は破壊されなくなってしまった。しかし、伊勢神宮は、まさに永遠を感じさせ、凜然《りんぜん》として続いている。

となると、「八の世界」から見れば、「天樞」とは、全世界・全宇宙に向けた、数字「八」の巨大な記念碑であった、ということにもなる。しかし、伊勢神宮は、今でも、全世界・全宇宙に向けた、数字

「八」の厳粛・荘厳《そうごん》な神社であり続けている。勿論、ここで言う数字「八」は、何度も述べているように北斗八星に象徴された「八束穂《やつかほ》」と「八州《やしま》（独立国・日本）」を意味する。

更に、加えることがある。それは、日光東照宮である。日光東照宮における徳川家康の神廟《しんびょう》の呪術は、伊勢神宮の呪術を真似ている。天海大僧正が秘術として施したのだ。この件は、すでに述べている。

この「太極（太一・北極星）八卦」の呪術デザインが施《ほどこ》された歴史的順序は、次の通り。この際、全てを取り上げ、一覧する。

〈舒明《じょめい》天皇［八角形墳陵］（６４３年）→天武天皇［伊勢神宮・大嘗祭］（６７３年）→則天武后［天樞］（６９５年）→石上麻呂《いそのかみのまろ》［高松塚古墳］（７１７年）→徳川家康（天海大僧正）［東照宮］（１６１７年）〉

今まで述べてきたことから、次のように言える。

北極星（太極）の周りの図、つまり北斗八星（八卦図）に配された内容は、

〈八角形墳陵が「八州（独立国・日本）」、伊勢神宮と大嘗祭が「八州（独立国・日本）、八天女、八束穂」、天樞が「圀（周）、徳」、高松塚古墳が「八人ずつの男女、石上麻呂《いそのかみのまろ》」、東照宮が「山王神＋摩多《また》羅神《らじん》」〉である。

ここでの共通するキーワードは、まさに「北斗八星」であることが分かる。北斗八星に多くの意味を含ませているのである。

更に、重要なことは、伊勢神宮と大嘗祭のみが「八束穂」を描いていることである。私は、「八束穂」を描いていること、このことこそが天皇は祭祀王である、ということの証左であると思う。ひたすら、八州人《やしまびと》の食の安寧を願っている姿こそが、天皇の姿なのである。

もし、現在のように内宮と外宮とに分かれている伊勢神宮の形が、「天樞」建立（695年）の後であったならば、これは、伊勢神宮が天樞の概念を真似たということも考えられる。伊勢神宮が今の形になったのは、案外、遅いという説もある。いずれにしろ、呪術哲理は共通である。お互いの呪術哲理の確認となる。

❸ 北極星と北斗八星（七星）は何を象徴しているのか、その具体的事例

伊勢神宮の内宮（天照大神）と外宮（豊受大神）は、北極星と北斗八星の関係である。また、内宮と荒祭宮《あらまつりのみや》は、天照大神（太陽神）と北極星（太一・天皇大帝）の関係であり、二つの神は習合している。いずれも、隠密裡の呪術である。天武天皇がデザインしたと考えられる。

伊勢神宮における、北辰・北斗、つまり北極星と北斗八星の隠密裡の呪術は、日本にとって、どのような意味を持つのか、整理して述べることとする。

伊勢神宮には、内宮の心御柱《しんのみはしら》から八咫鏡《やたのかがみ》（天照大神）を貫き北極星に繋がる宇宙軸が存在する（第一宇宙軸）。また、外宮の心御柱から御神鏡（豊受大神）を貫き北斗八星に繋がる宇宙軸がある（第二宇宙軸）。よって、我々は、北極星と北斗八星を眺めることで、伊勢神宮の宇宙軸を頭に描くことができる（図5・5参照）。

ならば、北極星を拝むことで、間接的に伊勢神宮・内宮を望拝《ぼうはい》していることになる。更に、北斗八星を拝むことによって、伊勢神宮・外宮を望拝していることになる。合わせることで、伊勢神宮全体を望拝することになるのだ。

北極星と北斗八星が意味していることは、これだけではない。多くのことを象徴している。その具体的事例を、一覧してみよう。

万世一系の天皇……一点に留まり永遠に輝く北極星（祖神《おやがみ》・天照大神、天皇大帝、内宮）と、それを守護する北斗八星（豊受大神、八天女、外宮、八州、八束穂）。

日本の元首……北極星（祖神・天照大神、天皇大帝、内宮）に象徴される八州の君主・天皇と、それを守護する北斗八星（豊受大神、八天女、外宮、八州、八束穂）。

日本の民……八州人《やしまびと》（国民）を象徴する北斗八星（豊受大神、八天女、八州、八束穂）と、それを描いている中心としての北極星（祖神・天照大神、天皇）。

日本の先祖神……天照大神（太陽神）と習合した北極星。太陽は北極星の先祖。

日本の領土……八州（日本）の中心としての北極星（祖神・天照大神、天皇、内宮）と、八州（日本）全体を象徴する北斗八星（豊受大神、八天女、外宮、八束穂）。北斗八星が周回しているその範囲全体。独立国を表現している。

日本の独立……王ではなく、天皇（天皇大帝）を象徴する北極星。領土を意味する北斗八星。対中国皇帝属国拒否の宣言。

日本の食………八束穂（日本の稲）を象徴する北斗八星（豊受大神、八天女、八州、外宮）と、それを描いている中心としての北極星（祖神・天照大神、天皇、内宮）。

日本の宇宙軸……第一の軸として、内宮・心御柱（八咫鏡）と北極星を繋ぐ軸。第二の軸として、外宮・心御柱（御神鏡）と北斗八星を繋ぐ軸。

日本の中心………北極星と、それに繋がる伊勢神宮・内宮の心御柱。外宮の心御柱は北斗八星と繋がり八州（日本）全体を象徴する。

日本の本義………〈八州人が飢えることのないよう〉を意味する八束穂としての北斗八星（豊受大神・八天女・八州、外宮）と、それを描いている中心としての北極星（祖神・天照大神、天皇、内宮）。

日本の国柄………八州人の祖神《おやがみ》・天照大神と習合した北極星は、伊勢神宮・内宮と、万世一系の八州の君主である天皇を象徴し、中国皇帝属国拒否を宣言している。豊受大神（八天女）と習合した北斗八星は、外宮、そして日本の稲・八束穂を象徴し、大八洲瑞穂国《おおやしまみづほのくに》（食国《おすくに》）を表現している。

大都市では北極星・北斗八星（七星）を良い状態で眺めることは難しい。しかし田舎では天気さえ良ければ、満天の星を眺めることができる。満天の星の中で、日本を象徴している北極星と北斗八星を眺め、日本の国柄は、この呪術によって守護されていることを思い出し、たまには、しみじみと感慨にふけっていただきたいものである。

天武天皇がリニューアルした伊勢神宮は、約1300年間、天照大神と天皇を中心として、八州（独立国・日本）と八束穂（日本の稲）を、天に描き続けてきた。

勿論、現在も伊勢神宮は、八束穂（八州穂《やしまほ》）を天に描き続けていて、国民が飢えることのないよう、ひたすら祈っている。つまり、「食国《おすくに》」である。私はそこに天皇家の道徳ロマンを感じるのだ。それは、「天皇の本義」でもあり、「皇国美観」と言えるのではなかろうか。

中国においては、たびたび易姓革命《えきせいかくめい》が起きた。新しく国を征服した天下人は、その都度、天（北極星神）から天子（皇帝）として、任命されるのである。よって、皇帝は、北極星神（天皇大帝）にはなれない（唯一の例外は、唐の高宗天皇）。天皇（天皇大帝）号は北極星神の名であって、天子（皇帝）が使うものではない。

しかし、日本においては、この北極星神の名を堂々と使用した。ならば、天皇号（天皇大帝）は、皇帝号よりも格上ということになる。我々は、北極星を眺めて天皇（天皇大帝）を連想できる。しかし、皇帝を連想することはできない。よって、北極星を眺めて、その国の君主をイメージできるのは、きわめて特殊ということになる。

何と、大胆にも、それを実行したのが、天皇号を正式に称した天武天皇であったのだ。

そればかりではない、北極星と北斗八星とを組み合わせ、日本の領土、日本の人々、そして、日本の食を表現し、日本の国柄としたのだ。

このような呪術表現は、日本だけのものであろう。

少なくとも、〈北極星神＝太一＝天皇大帝＝天皇＝天照大神（太陽神）＝太極〉、〈北斗八星＝八州

（日本）＝八天女・豊受大神＝八束穂＝八卦〉以上の、明確な呪術根拠を持って天皇を君主としている国は存在しない。

今、君主と述べたが、微妙な表現であるから、敢《あ》えて断っておきたい。およそ１３００年前から連綿と続いてきている呪術なのである。その意味では、天皇は、今でも、将来においても、君主なのだ。

何故、日本においてこの呪術が可能だったのか。それは、日本の聖数「八・や」と、中国の吉数「八・はち」の偶然の出合い、すなわち「八州《やしま》と八卦《はっか》」の偶然の出合いがあったからなのだ。これは奇蹟とも言える幸運であった。

よって、国家の骨組みと国家の国柄を表現した北極星と北斗八星は、日本独占の呪術と言えるのだ。我々は、北極星と北斗八星に、日本（八州）の姿を擬《なぞら》えることができるのである。

私は、日本の姿を北極星と北斗八星に擬《なぞら》えられ、国民の幸せ（飢えることなく）を１３００年もの長きにわたって、ひたすら祈ってきた伊勢神宮の秘事としての呪術を発見した。初めての発見であるから、このことは誰も知らない。

私は、この素晴らしい伊勢神宮のグランドデザインを、全ての日本人に知って欲しい。そして、日本を思いやるときの、アイデンティティの一つに加えていただきたい。

今日、天皇観・皇室観は、歪められている。皇室を崇敬するどころか、貶《おとし》めようとしている人たちがいる。この風潮ほど、伊勢神宮の呪術的グランドデザインを発見した私の心を暗くさせるものはない。私は、本来の祭祀王としての天皇観、皇室観を人々に知らしめる必要があると思う。幸い、天皇の本質、日本の国柄を、天に描いている呪術を発見した。このグランドデザイン図が、天皇観、皇室観を知る新しいテキストになれば幸甚である。

❹ 天武天皇と食肉禁止令、そして伊勢神宮と稲作について

食肉禁止令と稲作

天武天皇は食肉禁止令を出した。「八の世界」と少し離れるが、検証してみようと思う。

『日本書紀』天武天皇下・四（675）年の記述に〈且《また》牛・馬・犬・猨《さる》・鶏の宍《しし》を食《くら》ふこと莫《まな》〉とある。天武天皇は、〈牛馬犬猿鶏の肉を食べるな〉との禁止令を出したのだ。

しかし、当時における主要な狩猟獣であった鹿と猪が除外されていた。また、四月から九月までという禁止期間は稲作を中心とする農耕期間に当たる。ということは、目的は稲作を中心とする農業の推進にあった。

天武天皇の肉食禁止令について、原田信男《はらだのぶお》氏は次のように述べている。

> 動物の供養が農耕の推進に繋がる、という旧来の観念とは大きく異なるもので、肉食が農耕の障害になる、という仏教と結びつきやすい信仰が、ある段階で逆転現象を起こして、社会的に強い影響力を持ち始めたことを意味しよう。おそらく天武天皇四年の肉食禁止令は、そうした時代的状況を反映したものと思われる（『歴史のなかの米と肉』平凡社）。

伊勢神宮、大嘗祭に共通する、呪術的グランドデザインを思い出して欲しい。そこでは、天地に八束《やつか》

穂《ほ》を描いて、八州人《やしまびと》から飢えをなくすことをひたすら願っている。

ということは、米の豊穣と飢えをなくそうと願っている一方で、食肉の禁止を言い渡しているのだ。勿論、それが、稲の増産に繋がると思ってのことであるが。

私は、ここに、天武天皇の、日本としての強いアイデンティティを見る。騎馬民族文化、牧畜文化の強い拒否である。それは、リニューアル・伊勢神宮と大嘗祭は、対中国皇帝属国拒否宣言でもあったことに通じる。

更に、その姿勢は、大陸北方文化の宦官《かんがん》制度を拒否した姿勢に表れている。

日本人が、宦官制度を忌避《きひ》したのは、そもそも大和朝廷の中枢を形成した信仰が〈太陽信仰（女神）=稲作・稲魂《いなだま》〉だったからだ。つまり、中国南方の稲作・漁撈民《ぎょろうみん》の信仰であった。日本においては、人間は勿論のこと、牛、馬も去勢する文化はなかった。但し、牛、馬に関しては異論もある。

「太極（太一・北極星）八卦」・「陰陽五行」は北方牧畜文化の呪術哲理である。しかし、太陽と稲は、中国南方（長江《ちょうこう》流域）の文化なのだ。「天照大神と稲」は北方の牧畜文化ではない。よって、伊勢神宮と大嘗祭において、天武天皇は、呪術のハードとソフトウエアは北方の牧畜文化である呪術「太極（太一・北極星）八卦」を利用しながらも、あくまでも作品のハートは「太陽（天照大神）・稲作」の文化を描くことを旨としていた。

天武天皇は、対中国皇帝属国拒否宣言とともに、牧畜文化を拒否した。伊勢神宮の稲倉形式の建物、そして稲を最高位とする儀礼等々により、長江流域文化を選択したことがはっきりと分かる。また、それは、天武天皇が「食肉禁止令」を出したことで首肯できる。

『日本書紀』の天武紀には、吉祥の稲の話が記してある。天武天皇がいかに稲を大事に思っていたかの証左となる。勿論、吉祥とされる鳥、鹿等々の動物の献上の話も述べられているが、吉祥の稲の献上話が数回記してあるのは、多分、天武紀においてのみであろう。但し、天智紀には、献上する稲ではなく、水中に生えためでたい稲の話がある。

天武紀に書かれている吉祥の稲について記す。

1、天武七年九月、珍しい稲五茎《いつもと》を献上した。
2、天武八年八月、吉祥の稲を献上した。畝《うね》は別で、穂は一つであった。
3、天武八年十二月、吉祥の稲が現れたことにより、親王・諸王・諸臣及び百官の人々に、各々に応じて賜禄《しろく》があり、死罪以下を全て赦免《しゃめん》した。
4、天武八年、因幡《いなば》の国が珍しい稲を献上した。それぞれの茎から枝が出ていた。
5、天武九年八月、吉祥の稲を献上した。

天皇は、全国の米（稲）を宗教的に統合する祭祀者でもある。このことは、伊勢神宮及び大嘗祭（新嘗祭）の儀礼を検証することで分かる。そして更に、歴代の天皇が、米についての儀式、つまり大嘗祭を最大の重儀としてきたのは、日本国民の生活を保証する究極的な方法と考え、その責任を果たすためであったとも解釈できる。その確かな証《あかし》としての呪術が、「第5章」で述べた、天地に描く八束穂であった。まさに天皇は祭祀王《さいしおう》（Priest-King）なのである。

税の中心も米となり、米はまさしく他の食べ物とは別格のものとして、聖なる地位を得た。伊勢神宮の玉垣《たまがき》には、稲刈りした状態のその年に穫《と》れた最初の稲を掛ける。これを「懸け税《かちから》」と言う。税金の税というのは、本来はお米のことで、それを伊勢神宮の玉垣に懸けるのである。神様に対して税として払う、という意味合いもある。

『止由気宮儀式帳《とゆけぐうぎしきちょう》』（外宮）によると、抜《ぬ》き穂《ほ》の八荷は心御柱《しんのみはしら》に供えられ、懸《か》け税《ちから》の百八十荷は玉垣に懸けられる。この百八十荷の懸け税を、千八百税《ちやおちから》、とも言う。

江戸時代に、「石高制《こくだか》」というかたちができたのは、米の支配力が決定的になったことを意味する。また、獣肉は、仏教の殺生《せっしょう》の罪観念と神道の「ケガレ」の観念とにより、食卓からは消えた。獣肉の禁止観念は、米をより聖なるものとした。

食肉が解禁になったのは明治四年である。解禁の翌年、白装束の御岳行者《おんたけぎょうじゃ》十人が、天皇に肉食禁止を訴えるために皇居に入ろうし、四人が射殺される事件が起こった。

稲作を司《つかさど》る神聖な天皇が、肉を食したため社会がケガレ、混乱したと考えたのである。

安田喜憲《やすだよしのり》氏は、『龍の文明・太陽の文明』（ＰＨＰ新書）の中で次のように述べている。

天武天皇は長江文明以来の太陽信仰を体系づけ、「日《ひ》の御子《みこ》」としての天皇を中心とする「日本国の心の形」を作り上げた。天武天皇は太陽王であった。日本列島における「太陽の文明」は、この天武天皇によって名実ともに完成したといえるだろう。天武天皇は長江文明を継承し、その長江文明の世界観を天皇を中心とする日本国の建国の柱にすえたのである。長江文明は日本文明となっ

――て甦《よみがえ》ったのである。

因みに日本における太陽と稲の文化のルーツは、長江流域にあるとの説と、〈太陽信仰（女神）＝稲作・稲魂《いなだま》〉説については、安田喜憲氏、諏訪春雄氏諸氏が論じている。この件については、関係する本に是非とも目を通していただきたい。

最近、中国の長江《ちょうこう》中流に位置する城頭山《じょうとうざん》遺跡の発掘調査によって、米の農耕儀式に使われた祭壇が見つかった。6000年前の祭壇だという。大嘗祭の儀礼を考えると、米の文化の息の長さ、歴史の長さを、しみじみ感じさせられる。

平成十一年七月二十六日、各社の新聞（夕刊）に「稲の計画栽培1000年前から」という意味の記事が載っていた。奈良・平安時代の遺跡から出土した木簡に、16種類もの稲の品種が書かれていたのである。

平川南《ひらかわみなみ》・国立歴史民族博物館教授は、〈稲の品種は、きちんと管理しないと維持できない。それを管理したのは政治力であり、まさに稲が国家を支えたといえる。律令政府は、米を支配することで強大な力を持つ地方豪族をコントロールし、国家を統治する構造をつくりあげたのではないか〉と述べている。

また、網野善彦《あみのよしひこ》氏は、〈稲はやはり、国家機構に古くから管理された食物だったとの思いが更に深まった。まずは神にささげ、次に租税として使われ、更に貨幣として流通したのだろう。ことに国家の貨幣になりうる性格が、今回の解読で鮮明になったのではないか。その意味で大変良い例証が出てきたと考えている〉と述べている。

伊勢神宮の太陽信仰

今まで主として、伊勢神宮における、北極星と北斗八星の呪術を取り上げてきた。それは天武天皇が施した隠密《おんみつ》の裡《うち》の呪術でもあった。それはある意味、夜の伊勢神宮の顔とも言える。

しかし、天武天皇が施した呪術ばかりではなく、伊勢神宮本来の主たる祭祀内容について述べなくては、伊勢神宮の本質を述べなかったことになる。それは、太陽信仰（天照大神）についてである。夜の伊勢神宮（北極星・北斗八星）に対して、昼の伊勢神宮（太陽）とも言える。伊勢神宮における、太陽信仰と稲の関係は、多くの人が述べている。特に、『太陽と稲の神殿』（小島瓔禮《こじまよしゆき》・白水社）の内容には、強い印象を受けた。

太古の時代、日本ばかりではなく全世界の人類は、朝、昇りつつある太陽に拝礼したのではなかろうか。ところが、今日、太陽を拝む風習を持ち続けている民族は、激減してしまった。それは一神教が拡大し、アニミズム的な宗教が抹殺《まっさつ》されてきた歴史でもある。しかし、日本においては、現在においても、「お天道様《てんとさま》」に向かって拍手《かしわで》を打ち、恭《うやうや》しく頭を下げて拝んでいる。日本は、太古以来、誰もが持っていた太陽信仰を未だに継続しているのだ。それは1万年以上も前からのことであろうと推測される。我々は、古代人の魂を持ち続けている数少ない民族なのである。これはある意味、大変なことなのである。我々日本人は、古代人と太陽信仰について精神的な会話が成立するのである。太陽を拝《おが》むその清々《すがすが》しさは、今や、日本人とあと少数の民族のみが、体感できるのだ。

このことを、日本人は、忘れているのではなかろうか。是非とも気づいて、日本人としての誇りを持っていただきたい。日本における太陽信仰について、更に述べてみよう。

我々日本人は、山川草木《さんせんそうもく》は勿論のこと、あらゆる動物も神として崇《あが》めることができる。まさに多神教である。日本における太陽信仰は、アニミズム思想のシンボルであろうと思う。

その太陽信仰を祭祀儀礼として採り入れたのが、大和朝廷なのである。大和朝廷は、太古以来ずっと継承している太陽信仰を第一義の祭祀儀礼として採用し、太陽（天照大神）を大王（天皇）の祖先としたのである。それを具現化したものが、伊勢神宮である。伊勢神宮の土地が「日出《ひい》づる処《ところ》」に位置していることは、まさにそのことを物語っている。

日本は中国大陸、朝鮮半島と違って鏡を格別愛好した。それは、お墓に収められる鏡の枚数で分かる。森浩一《もりこういち》氏は、何故日本人が鏡を愛好したかが分かれば、日本の社会の特徴がつかめるのであろう、と述べている。

鏡は太陽の象徴と考えられている。ならば、次のようにも推測できる。

日本人の場合、太古からの太陽信仰を持ち続けてきたが、その太陽信仰の度合いが他の民族と比べ非常に強かった、と。結果的に、朝日拝礼が現在も続いていることは、そのことを物語っている。しかし、何故、太陽信仰が強かったのかについては、これでは答えになっていない。

ただ、次のことの影響が考えられる。

中国・長江流域は日本の稲作のルーツである。そこでは、太陽信仰と稲作は、宗教的に一体化していた。この、稲作・太陽信仰が日本に流入し、採用されたのだ。

ならば、次のように言える。

〈太陽信仰と鏡、そして太陽信仰と稲作、この二つを具現化したものが、伊勢神宮である。そして、太陽信仰を象徴するものが「天照大神」（女性霊力信仰）と稲作であり、また、日本人がことの他愛好した全ての鏡（太陽を象徴）を象徴するものが「八咫鏡《やたのかがみ》」であったのだ。伊勢神宮は、まさに、太古の時代からの日本の国柄――太陽信仰と稲作――を如実に表しているのである〉と。

伊勢神宮は、夜の伊勢神宮を表す「北極星と北斗八星の呪術哲理」ばかりではなく、昼の伊勢神宮を表す「太陽信仰」との両方を、併せ持っているのだということを是非とも知っていただきたい。

私は、天武天皇は、太陽王であったと同時に、伊勢神宮・大嘗祭の祭祀形式の内容から、北極星王でもあったのだ、と思わずにいられない。

即ち、〈天武天皇＝太陽王＋北極星王＝宇宙王〉なのだ。

水戸光圀《みつくに》の名前「光圀」の中に隠されたロマン溢《あふ》れる暗号の発見と解読

❶何故光圀は、名前を光國から光圀へと変えたのか――その疑問

江戸時代に則天文字《そくてんもじ》「圀《くに》」を使用した人物がいる。徳川光圀《みつくに》である。

その水戸光圀は、『大日本史』、『釈《しやく》万葉集』の編纂《へんさん》に力を尽くした。水戸学は朱子学《しゆしがく》（儒教）であっ

たから、光圀は、「易経八卦」にも精通していたと思われる。だからこそ名前を変えた（光國→光圀）と想像されるが、「國《くに》」という字を「圀《くに》」に変えたのは56歳頃であったという。

光圀は、「八の世界」をどの程度理解していたのであろうか。何故、則天文字の「圀」という字を使用したのだろうか。

名越時正《なごやときまさ》氏は、著作『新版　水戸光圀』（発行＝水戸史学会）において、〈分からないのは、何故国を圀に変えたかということである〉と述べている。そして、名越氏は、国の字を変えたのは皇室との関係が深まったときであるから、国の字を使うのを遠慮して変えたのであろうと推測している。そして次のようにも記してある。

しかし、圀の字は唐の則天武后《そくてんぶこう》が作った文字であって、則天武后というような暴悪な女帝の作った文字を、光圀が使うのはふさわしくないことである。この理由は今だに分かっていない（注：正確に言えば唐でなく周。また、国は國）。

この件について、八の探究者としての推測を述べようと思う。

則天文字として「圀《くに》」の字を名越氏は悪く取っているが、光圀は決して則天武后を単に暴悪な人とは捉えていなかったと思う。むしろ、健筆をふるった女帝とみていたのではなかろうか。則天武后は、唐代の大詩人・李白《りはく》から「中国の七聖」の一人として選ばれている。また、当時、国としては産業は栄え人口も増えていた。

それはさておき、「圀」という字の意味を十分に分かっていたからこそ、変えたのだと思う。名越氏が推測しているように、「國」の字を「圀」に変えたからといって、天皇に対して遠慮が成り立つのであろうか。「国」という意味には変わりないからである。「國」という字を全く別な字に変えるならば、それと理解できる。例えば「久仁《くに》」のように。

『大日本史』を編纂しようとした光圀である、自分の名前「光國」を、「光圀」に変えたことは、それなりの深奥な理由があったはずである。単なる思いつきで変えたとは、到底想像できない。文字使用については、ことの他厳しい光圀であったと確信できる。

だとしたら、小生が今まで述べてきた「八の世界」を知っていたからこそ、変えたのではなかろうか。推論してみよう。

光圀は、朱舜水《しゅしゅんすい》という明の儒学者を、江戸・水戸に招いて師とした。よって、中国の歴史、漢文などにも優れた知識を備えていたと思われる。さすれば、則天文字「圀」の意味やその背景をも、十分学んでいたと考えられる。

また、『大日本史』を編纂しようとした光圀である、当然、日本史、国学には詳しい。

そして、光圀の精神的支柱は、徳川幕府の重要な要員でありながら、皇室を尊び、天皇を主君として仰ぐことを己の使命とし、誇りとしていたことであった。

よって、和漢に秀でた知識と尊皇の精神があったからこそ、名前の「光國」を「光圀」に変えたのであろうと推察できる。

光國から光圀に名前を変えた頃の年について、名越《なごや》氏は〈霊元《れいげん》天皇の勅によって鳳足硯《ほうそくけん》の銘を作り、それに対してお褒めの宸翰《しんかん》をいただき、更に『礼儀類典《れいぎるいてん》』の編纂の勅命《ちょくめい》を受けた年で、これまでになく皇室との関係が深まったときである〉と述べている。

光圀はその光栄に感涙した。よって、名前の変化は、名越氏が述べたように、皇室との関係において考察するのが妥当と思われる。

❷ 名前の変更は光圀の大義の暗号であった――その解読

「圀」の字は、「国とは八方なり」と主張している。光圀は、おそらく、天皇家と「八」の密接な関係を知っていたからこそ、「圀」の字に変えたのではなかろうか。

天皇家と「八の世界」については、特に「第1章、第2章、第4章、第5章」で詳しく述べてきた。これらの章の中で、天皇家は、八のデザインで保護されているし、願いも八のデザインでなされていることを述べた。光圀は、小生が述べてきた八の原理は知っていた。よって、光圀は、「圀」という字は天皇を象徴しているデザインである、と理解したのであろうと思われる。ちなみに『礼儀類典』は、天皇の、朝賀、四方拝、節会《せちえ》、行幸《ぎょうこう》等々の儀式の全てを網羅《もうら》した書である。序文によれば、その範囲は515巻に及んでいる。また、その編纂には総勢60名ほどが参加した、と言われている。光圀の名前の変更は、『礼儀類典』の編纂の勅命を受けた年であるから、皇室儀礼についての詳しい内容は知らなかったはずであるが、それなりの知識は得ていたはずである。まさに、この『礼儀類典』の編纂行為は、天皇親政復古（王政復古）の準備を感じさせられる。

そうであるとしたならば、「光圀」の「圀」は、天皇家の復活、つまり天皇親政の復古を願っての暗号ではなかっただろうか。圀という字に己の大義を重ね合わせ、言霊名《ことだまめい》としての霊力を信じて、秘かに天皇の御代となることを願っていたのだ、と思われる。それは子々孫々《ししそんそん》に対する暗号でもあったのだ。

名越《なごや》氏は水戸学について次のように述べている。

> それは水戸藩の家訓となり、学問の骨髄となって後世に伝えられ、いわゆる水戸学と呼ばれて、やがては天下に拡まった。そしてついには徳川幕府のみならず、鎌倉以来六百年におよぶ武家政治を廃絶して、天皇親政を復活しようとする、いわゆる王政復古の運動の強い原動力の一つとなった。明治維新が達成されたのち、越前の松平慶永《よしなが》はその大業の根元を考え、それは徳川光圀一人の力から起こった、と明言したのであった。

小生の仮説が正しければ、光圀の「圀」という字に込めた皇国の願いが、明治維新という形で実現したことになる。６００年続いた武家政治の廃絶と天皇家の復活の願いが、「圀」という字に隠されていて、それが実現したのである。

水戸学は、天皇親政復古の原動力になった。光圀の「圀」には、「水戸学」の尊皇精神が込められていたのだ。そしてその願いは、かなった。

しかし、何ということであろう。

「圀」に込められた意味と暗号は、誰にも理解されずに今日まで来てしまったのだ!!

暗号は解けずに呪術として残っているのが、暗号たる所以《ゆえん》であろうか。いやいや、暗号を解読し、その暗号に込められた思いを慮《おもんばか》ってやることこそが、大切なのだ。また、暗号を解読してこそ、その人となりの全てが分かる。

光圀は「圀」という字によって、情報発信していた。光圀は、「圀」の暗号を、志を同じくする人にはこっそりと解いて欲しかったのだ。この重要な意味を持つ「こっそりと」については、後ほど述べようと思う。

南朝に味方した忠臣「楠木正成《くすのきまさしげ》」に心酔していた光圀は、湊川《みなとがわ》（神戸市）に「楠公墓碑《なんこうぼひ》」を作った。碑の表には「嗚《あ》呼《あ》忠臣《ちゅうしん》楠子《なんし》之《の》墓《はか》」と光圀の文字で彫られている。裏の碑文は朱舜水の文である。これより、幕末の志士たちは、この墓にぬかずきその碑文を読んで発憤する者が年々増加し、明治維新の達成を促した。光圀の祈りが通じたのだ。

「楠公墓碑」は、直截的《ちょくせつてき》なメッセージであり分かりやすい。しかし、水戸光國から水戸光圀への改名は、高度な暗号的な呪術的メッセージであった。共通することは、二つのメッセージとも、日本の人々が日本の歴史に学び、日本の道義に目覚めるように願ってのことだった。

光圀の「圀」に託した願いとその暗号は、結局、今まで誰も気付かなかった。多くの人たちが光圀について研究を続けていながら、この一点だけは分からなかった。無理もない。それは、「八の切り口」で検証することによってのみ、初めて姿を現す暗号だったからである。それは、まさに先に論じた高松塚古墳の場合と全く同様であった。

本書において今まで述べてきたこと全てを念頭に置いて、「圀」の字の内容を考えるならば、即座に解明する暗号であった。しかし、それ以外では、暗号解読は不可能であったのだ。

「八」について簡単に説明しよう。

八州《やしま》（日本）と圀《くに》とは、国を「八」で表現しているという共通性がある。八州は日本国を意味しているから、「八州（日本）」の意味は、「国とは八方なり」と主張している。

（※）

本）とは八方なり」と言い換えることもできる。更に、八州、即ち国の代表は天皇であるから、「天皇とは八方なり」と言い換えられる。その意味を表現している言葉がある。「八隅知之《やすみしし》大君《おおきみ》」である。つまり、「八方に知らしめす天皇」である。また、大宝令《たいほうりょう》では「明神御大八洲天皇《あきつみかみとおおやしましろしめすすめらみこと》」が勅語に用いる正式名称として確定された。

光圀は、「圀」とは「八隅知之《やすみしし》大君《おおきみ》」のことをも意味している、と思ったに違いない。

柿本人麻呂《かきのもとのひとまろ》は、〈八隅知之《やすみしし》　我《わ》が大君《おほきみ》〉とたびたび天皇に対して歌いあげている。よって、光圀は、自分の名前の中で、つまり、「圀」の字の中で、〈八隅知之《やすみしし》　我《わ》が大君《おほきみ》〉と歌っていたのではなかろうか。まるで、柿本人麻呂のように。

圀とは八方であると主張している。その八方の中心に天皇を置けば、太極となり、八方は八州（日本）となり、八卦となる。

また、『古事記』の序文の〈乾布《けんぷ》を握《と》りて六合《りくがふ》を摠《す》べ、天統を得て八荒《はつくわう》を包《か》ねたまひき〉の「八荒」、そして『日本書紀』神武紀の〈八紘《あめのした》を掩《おほ》いて宇《いへ》にせむこと〉の「八紘《はつこう》」は、八方に広がるサマと全世界を意味している。文章は、天皇が中心となり、威光が八方に広がり平和になる、ということを意味している。このことを端的に表す文字、それが「圀」である。光圀はそう思ったに違いない。よって、「圀」の字に改名したのだ。

更に、「第1章」の「天皇と国に関する八の一覧表」を、再び記すことをご容赦願いたい。

ここでは、古代日本の聖数「八・や」と天皇・国との関係を、雑駁《ざっぱく》ながら記したつもりである。基礎知識として目を通していただきたい。

大和《(や)まと》朝廷＝
「八（や）マタイ国・邪馬台《やまと》国」＝
「八（や）マトの国・倭国・大和国・日本国」＝
「大八州《おおやしまぐに》・大八島国」＝
「八隅知之《やすみしし》大君（大王・天皇）」＝
明神御《あきつみかみと》大八洲《おおやしましらす》倭根子《やまとねこの》天皇《すめらみこと》＝
「八咫鏡《やたのかがみ》・八剣《やつるぎ》（草薙剣《くさなぎのつるぎ》・天叢雲剣《あめのむらくものつるぎ》）・八坂瓊曲玉《やさかにのまがたま》」＝
「八開手《やひらで》・八度拝」＝
「八重畳《やえだたみ》（大嘗祭）」＝
「八百万神《やおよろずのかみ》」＝
「八乙女《やおとめ》」＝
「八束穂《やつかほ》」

この一覧表のことも光圀は知っていたに違いない。

更に、次のことも言える。伊勢神宮と大嘗祭の呪術、そしてそれを真似した日光東照宮の呪術までも知っていたに違いないと。

伊勢神宮と大嘗祭の眼目《がんもく》は、天と地に、「太極（太一《たいいつ》・北極星）八卦《はつか》」を描くことであった。つまり、次のような八の世界のデザイン図を描くことであった。

北極星＝太極・伊勢神宮内宮・天照大神・天皇

北斗八星＝八卦・伊勢神宮外宮・豊受大神（八天女）・八束穂・八州（日本）

水戸光圀は、小生が今まで述べてきたことは全て知っていたと推測される。

だからこそ、名前を、いにしえの尊く輝かしい天皇の御代の復活を願って、「國」から「圀」へと変えたのである。当時の天皇の虐《しいた》げられたご時世が変わることを崇敬の気持ちで願い、その発露としての改名であったのだ。

内容が前後するが、「楠公墓碑《なんこうぼひ》」の碑文の数について一言。光圀が書かれた碑文「嗚呼忠臣楠子之墓《ああちゆうしんなんしのはか》」の文字は、8文字である。この8文字は偶然であろうか。

私は、次のことが思い浮かぶ。則天文字「圀」を作った則天武后は、そのお披露目として天樞に「大周萬圀頌徳天樞」と刻んだ。この重大な発見とその意味は前述している。この文字数も8文字である。勿論このことは8の呪術を意味している（「第7章」参照）。

ならば、やはりこの「楠公墓碑」碑文の場合も、呪術と推測される。

光圀が名前の字を変えたのは56歳のときである。「楠公墓碑」が完成したのは光圀65歳のとき。よって、光圀はすでに名前を光國から光圀に変え、天皇の御代《みよ》になることを願っていたと推察できる。やはり、碑文「嗚呼忠臣楠子之墓」の8文字は、単なる偶然の8文字ではなく、「光圀」の「圀」同様、8の呪術であり暗号であったのだ。水戸光圀の「圀」に込められた願いと暗号は、天皇と「八の世界」の関係を理解してのみ、解ける問題であったのだ。

「楠公墓碑」は光圀65歳のときの完成である。光圀は63歳で隠居を許されている。

「楠公墓碑」は光圀の隠居を待って作られた。徳川御三家の当主・光圀の立場では、武家政治を否定することにつながる「楠公墓碑」を建てることには、さすがに遠慮があった。

ならば、徳川御三家の当主であったとき、名前を「光國」から「光圀」へと変えたことは、どのように理解したらよいのであろうか。「楠公墓碑」と同様、「天皇親政復古」を願っての行動であったはずである。気持ちの上での遠慮はなかったのか。

私は、だからこそ、高度な暗号として、誰にも悟《さと》られずにやり過ごす必要があったのだと思う。

ゆえに、光圀は、徳川御三家の当主としての立場からして、この名前の字の変更の理由は誰にも説明していないはずである。勿論、隠居後においても、御三家の当主であったときの出来事であるからして、真実を語れない。それが暗号たる所以《ゆえん》だったのだ。

しかし、尊皇の志を持った人たちには、密かに、光圀の気持ちを分かってもらいたかったのではなかろうか、と思う（残念ながら、この暗号を発見し、解読した人は、誰もいなかった）。

「第7章」において、八幡神の突然の出世は、則天文字「圀」の影響によるものであった、という仮説を立てた。結果、八幡神は一品《いっぽん》の位に叙され、宇佐《うさ》神宮（宇佐八幡宮）は皇室第二の宗廟《そうびょう》となった。光明《こうみょう》皇后の時代から約930年後、再び則天文字「圀」の影響を受けた光圀がいた。

光圀は、「圀《くに》」こそが天皇を象徴する文字であると受け取り、「圀」の字の中に「天皇親政の復活」の願いを込め、また更に、〈八隅知之《やすみしし》　我《わ》が大君《おほきみ》〉と柿本人麻呂《かきのもとのひとまろ》のようにロマンを込め、天皇を讃《たた》え言《こと》祝《ほ》いだのであった。これは光圀のみが知る、信念吐露の高度な暗号でもあったのだ。「光國」改め「光圀」となった185年後、「楠公墓碑《なんこうぼひ》」同様、祈りが通じ、明治維新が達成された。私はふと思う。これは「圀家《こっか》（八州）の暗号」でもあったのだと。

明治三十三年、光圀は、明治天皇より贈正一位《しょういちい》を賜《たまわ》った。

興味深いことに、約1300年前、死後も天皇を言祝《ことほ》ぎ・守護しようとした、高松塚古墳の被葬者・石上麻呂《いそのかみのまろ》も贈従《じゅ》一位を賜っている。

ならば、次のことが言える。

〈贈正一位《しょういちい》を賜《たまわ》った水戸光圀は、名前の圀《くに》の中に天皇に対する言祝《ことほ》ぎを表現した。贈従《じゅ》一位を賜った石上麻呂《いそのかみのまろ》は、高松塚古墳壁画の中に天皇に対する言祝ぎを表現した〉と。

いずれも「八の世界」であり、今まで誰も解読できなかったことから、そしてその内容から、「天皇家の暗号（国家の暗号）」ともいえるのである。

参考文献一覧

『大嘗祭』　鳥越憲三郎　角川書店
『大嘗《おおにえ》の祭り』　岡田莊司　学生社
『大嘗祭』　真弓常忠　国書刊行会
『図説　天皇の即位礼と大嘗祭』（別冊歴史読本1988年11月号）新人物往来社
『大嘗祭の構造』平野孝國　ぺりかん社
『大嘗祭を考える』　編＝國學院大學院友会　桜楓社
『太陽と稲の神殿』　小島瓔禮　白水社
『伊勢の大神』　編＝上田正昭　筑摩書房
『伊勢神宮』　所功　講談社学術文庫
『伊勢神宮の衣食住』　矢野憲一　東京書籍
『神宮御神宝図録』　神宮徴古館農業館
『お伊勢まいり』　矢野憲一、他　新潮社
『タオイズムの風』　福永光司　人文書院
『「馬」の文化と「船」の文化』　福永光司　人文書院

『道教と古代日本』 福永光司 人文書院
『日本の道教遺跡』 福永光司、他 朝日新聞社
『易と日本の祭祀』 吉野裕子 人文書院
『陰陽五行と日本の天皇』 吉野裕子 人文書院
『持統天皇』 吉野裕子 人文書院
『隠された神々』 吉野裕子 人文書院
『陰陽五行思想からみた日本の祭』 吉野裕子 人文書院
『天皇から読みとく日本』 高森明勅 扶桑社
『神社建築史論―古代王権と祭祀』 丸山茂 中央公論美術出版
『歴史検証 天皇陵』 別冊歴史読本 新人物往来社
『神道―日本の民族宗教―』 薗田稔 弘文堂
『神道用語の基礎知識』 編=鎌田東二 角川書店
『神道の成立』 高取正男 平凡社ライブラリー
『「木の文明」の成立（下）』 川添登 日本放送出版協会
『卑弥呼は日本語を話したか』 安本美典 ＰＨＰ研究所
『古墳と古代宗教』 重松明久 学生社
『古代天皇の誕生』 吉村武彦 角川書店

『天皇と中国皇帝』沈才彬　六興出版
『古事記』（新編日本古典文学全集）　校注・訳＝荻原浅男、他　小学館
『古事記』　校注＝倉野憲司　岩波文庫
『日本書紀』　校注＝坂本太郎、他　岩波文庫
『日本書紀』（新編日本古典文学全集）　校注・訳＝小島憲之、他　小学館
『八幡信仰』　中野幡能　塙書房
『南方神話と古代の日本』（所収「古代神の登場」山折哲雄）　編＝中西進　角川書店
『古代朝鮮仏教と日本仏教』　田村圓澄　吉川弘文館
『天台密教の本』　ブックスエソテリカ21　学習研究社
『日光東照宮の謎』　高藤晴俊　講談社現代新書
『台密の理論と實踐』　三崎良周　創文社
『日本思想と神仏習合』　菅原信海　春秋社
『逆説の日本史（1）古代黎明編』井沢元彦　小学館
『逆説の日本史（2）古代怨霊編』井沢元彦　小学館
『逆説の日本史（3）古代言霊編』井沢元彦　小学館
『追跡　則天武后』　今泉恂之介　新潮社
『則天武后　中国の英傑7』　澤田瑞穂　集英社

『則天武后』　林語堂　みすず書房
『光明皇后』　林陸朗　吉川弘文館
『日本を創った人びと2　光明皇后』　岸俊男　平凡社
『聖武天皇』　中西進　ＰＨＰ新書
『帝王聖武』　瀧浪貞子　講談社
『則天文字の研究』　蔵中進　翰林書房
『白鳥庫吉全集第二巻　日本上代史研究　下』　岩波書店
『新版　水戸光圀』　名越時正　水戸史学会　錦正社
『日本の名随筆89　数』　編＝安野光雅　作品社
『なぜ夢殿は八角形か』　宮崎興二　祥伝社
『ねじれた伊勢神宮』　宮崎興二　祥伝社
『プラトンと五重塔』　宮崎興二　人文書院
『米は真実という名のシンボルマーク』　島田守康　技術出版
『神々の流竄《るざん》』　梅原猛　集英社文庫
『隠された十字架』　梅原猛　新潮文庫
『中世　美の様式（上　下）』　訳＝大高保二郎、他　連合出版
『西洋建築史圖集』　編＝日本建築学会　彰国社

『熊野の太陽信仰と三本足の烏』　萩原法子　戎光祥出版
『高松塚への道』　網干善教　草思社
『高松塚は高市皇子の墓』　土淵正一郎　新人物往来者社
『黄泉《よみ》の王《おおきみ》』　梅原猛　新潮社
『古代史を解くカギ』　有坂隆道　毎日新聞社
『高松塚とキトラ』　来村多加史　講談社
『古代を考える　終末期古墳と古代国家』　編＝白石太一郎　吉川弘文館
『末永先生米寿記念献呈論文集』　末永先生米寿記念会
『鏡』　編＝森浩一　社会思想社
『万葉方位線の発見』　向井毬夫　六興出版
『龍の文明・太陽の文明』　安田喜憲　ＰＨＰ新書
『中国神秘数字』　葉舒憲、田大憲　訳＝鈴木博　青土社
『数の神秘』　フランツ・カール・エンドレス　訳＝畔上司　現代出版
『数の民族誌』　内林政夫　八坂書房
『数の周辺』　編＝清田圭一　日本アイ・ビー・エム（株）
『「数」の日本史』　伊達宗行　日本経済新聞社
『貞丈雑記』（東洋文庫　４５３）　校注＝島田勇雄　平凡社

『釋日本紀』 校注＝狩谷棭齋 現代思潮社
『歴史のなかの米と肉』 原田信男 平凡社
『朝日百科 日本の歴史 2巻』 朝日新聞社
『新潮古代美術館1 オリエントの曙光』 江上波夫、他 新潮社
『図説検証 原像日本3 古代を彩る地方文化』 編＝陳舜臣、他 旺文社
『易経』 訳＝高田真治、後藤基巳 岩波文庫
『万葉集』 校注＝伊藤博 角川ソフィア文庫
『萬葉集』（新編日本古典文学全集） 校注、訳＝小島憲之、他 小学館
『風土記』（日本古典文学大系） 校注＝秋本吉郎 岩波書店
『日本国語大辞典』 小学館
『国史大辞典』 吉川弘文館
『大漢和辞典』 諸橋轍次 大修館書店
毎日新聞記事「にっぽん一千年紀の物語 35」平成12年11月6日
「邪馬台国の会」 ホームページ 天皇一代平均在位年数約10年説

新装版へのあとがき

このたび、徳間書店で絶版になっていた『古代天皇家「八」の暗号』を㈱ヒカルランドさんで、再出版することになりました。

この本が最初に上梓されてから、丁度十年になります。

その間、多くの人から、目から鱗、と絶賛を浴びることもしばしばでした。

私は知らなかったのですが、「日本三名山 霊峰白山七社めぐり　白山信仰の紐解き巡礼日帰り」という、ツアーも、計画されたようです。

《「白山を北極星の位置に見立てますと、七社は「北斗七星」の位置に存在し、実は輔星アルコルの位置に（おおくまのしっぽの「っ」の位置）にもう一宮が存在している。古代天皇家の「八」の暗号や「八・や」の言霊と日本「八州」の関係など探る》

この本が出版されてから二年後、平成二十三年にお亡くなりになりましたが、歴史学者の志田諄一《じゅんいち》先生からは、度々、励ましのお葉書をいただきました。その文面を、紹介させて戴きます。

実は、志田先生は、神道史學発行『神道史研究』第七巻第三巻（昭和三十四年五月）の研究論文の中で、『古代における数詞「八」の問題』というタイトルで、研究論文を発表しています。

志田先生は、数詞「八」について、研究もしていた過去があったのです。

同じ「八」の研究をしたことがあるということで、先生は、小生に優しく励ましのお言葉を掛けてくださったのです。何と、心の広い先生であったことか。

志田先生からの、励ましの年賀ハガキ（平成二十二年）がありますので、ご紹介いたします。

その言葉は「天は知ってます。自信を持って下さい」です。

天は知ってます
自信をもって下さい
日立市若葉町
志田諄一
電話・FAX

※志田諄一先生は、『日本の歴史学者、史学博士、茨城キリスト教大学長、県教育委員長を歴任。元日立市郷土博物館館長。日本古代史・古代中世氏族研究の研究者』です。

私は、静岡の故郷に帰る時は、北辰北斗を眺め、北極星と北斗八星（目が良くないので輔星は見えない）に描いている、日本の国柄を思い浮かべ、志田先生のおっしゃった、「天は知ってます」の言葉を、噛みしめること、しばしばでした（東京の大田区では見えません）。

志田先生に対するご恩返しは、八の世界である、「伊勢神宮」「大嘗祭」「日光東照宮」「高松塚古墳」「八角形高御座《たかみくら》」「八角形天皇陵」「八開手《やひらで》・八度拝《はちどはい》」等々の真実を、多くの人々に知っていただくことである、と思っています。

幸いなことに、その後、八の世界である「高松塚古墳」については、『古代天皇家の謎は「北斗八星」で解ける』徳間書店（平成二十八年）で、出版になりました。

そして、このたび、嬉しいことに、絶版になっていた『古代天皇家「八」の暗号』を㈱ヒカルランドさんで再版し、かつ同時に、大嘗祭の本『大嘗祭・天皇号・伊勢神宮』を出版することになりました。

『古代天皇家「八」の暗号』は、もともと、現・ヒカルランド社長の石井健資さんが編集担当した本です。この本は、古代日本の聖数「八」ばかりではなく、世界の「八の世界」まで含めて、記してあります。「八の世界」を基礎から知るには、必読の書です。

㈱ヒカルランドさんから新刊として出版する、大嘗祭の本『大嘗祭・天皇号・伊勢神宮』は、今まで、誰も語ることの出来なかった、大嘗祭の真実を、全て述べています。

是非、二冊同時にお手に取り、素晴らしい日本の国柄を知って欲しいと願っています。

序において、八の世界の探究は「ある事情で」と述べています。気恥ずかしくもありますが、その理《わ》由《け》を述べることとします。

よく聞かれるのです。分厚い本を眺めながら、不思議そうに、なぜ、「八」を探求するようになったのですかと？

私は、「8月8日はハートの日」を、記念日として全世界に広げようと目論《もくろ》んでいました。しかし、その前に、8の全ての意味を知ろうとしました。何故なら、この記念日を完璧《かんぺき》なものにしたい、と思ったからです。これが、8の世界を極《きわ》めようとした偽《いつわ》らざる動機なのです。

何故、「8月8日はハートの日」なのかは、8と8とを接触させると、ハートが出来るからです。

つまり、語呂《ごろ》合わせではなく、ビジュアルで理解できるから、全世界の人々に、「ハートの日」ということを知らしめることが出来ると判断したのです（因《ちな》みに、「8月8日はハートの日」は、商標登録済み。現在は、「一般社団法人・8月8日はハートの日協会」として、活動しています）。
こういう訳で、私は、8について、とことん、徹底的に探究しようと思った訳です。
世界一の8の専門家になろうとしました。その探究は、空白期間が何度もありましたが、何と十数年にも及んでしまったのです。勿論、8の全ての意味を知るなんて、不可能なことでした。
まさに愚直一筋であり、噴飯《ふんぱん》ものの一途《いちず》さでありました。何事にも動機があります。時として、動機は、人々を哄笑《こうしょう》させるものです。

私は、「飢《う》えることなく」の根本理念は、福祉政策であり、それが天皇の大御心《おおみこころ》であり、国民に対する最大の願いであると確信しています。

伊勢神宮、大嘗祭《だいじょうさい》の呪術暗号を解読して、つくづくそのように思うのです。それは、まさに天皇が「祭祀主・総神主の長」であることの証左《しょうさ》でもあります。

これこそが、他の国には存在し得ない、貴重な「日本国のかたち」であると確信します。

万世一系の天皇はひたすら国民の幸せを祈っています。我々は、政治権力と離れている（非常時にはお出ましいただく）祭祀主（総神主の長）・天皇を、日本国の元首《げんしゅ》として君臨《くんりん》していただくことに、何の躊躇《ちゅうちょ》がありましょうか。

文化的な権威者としての祭祀主（総神主の長）・天皇が続くことにより、環境問題も解決していけるのではないでしょうか。一国一文明であり得た日本文明の核心は、独立国家を象徴している天皇の存在が全てであった、と言っても過言ではありません。

私は、私が発見した崇敬《すうけい》せざるを得ない、千数百年も「飢《う》えることなく」と、ひたすら食の安寧《あんねい》を祈っている伊勢神宮の、北極星と北斗八星に描いている呪術的グランドデザインを、天皇を中心とする国体を信じる担保《たんぽ》とすることに、いささかの迷いもないのです。

令和元年十一月十一日

畑アカラ

畑アカラ　はた あから
昭和22（1947）年、静岡県生まれ。明治大学政経学部卒業（蒲生ゼミ・村落社会調査）。イラスト・ライター。絵本作家。広告制作会社退社後、フリー。著書（文・画）に『猫ノーテンキ』（草思社）、『猫っ可愛がりのことわざ草紙』（毎日新聞社）、『きょうも猫日和』『古代天皇家の謎は「北斗八星」で解ける』（徳間書店）、等々。月間絵本として『ハーリーちゃんとハーティーちゃん』（チャイルド本社）、『にじをつくろう』（チャイルド本社）等々。紙芝居として『からすのかーすけ』（教育画劇）がある。「8の世界」と「ハートの世界（8月8日はハートの日・商標登録済み）」の探究家。日本児童出版美術家連盟会員。（一社）8月8日はハートの日協会・理事長。

本作品は、2009年7月、徳間書店より刊行された『古代天皇家「八」の暗号』の新装版です。

［新装版］古代天皇家「八」の暗号
1300年間、この国を護り続けた最強の言霊「や」の全て！

第一刷　2019年12月31日

著者　畑 アカラ

発行人　石井健資
発行所　株式会社ヒカルランド
〒162-0821 東京都新宿区津久戸町3-11 TH1ビル6F
電話 03-6265-0852　ファックス 03-6265-0853
http://www.hikaruland.co.jp　info@hikaruland.co.jp
振替　00180-8-496587

本文・カバー・製本　中央精版印刷株式会社
DTP　株式会社キャップス
編集担当　力石幸一

ISBN978-4-86471-844-8

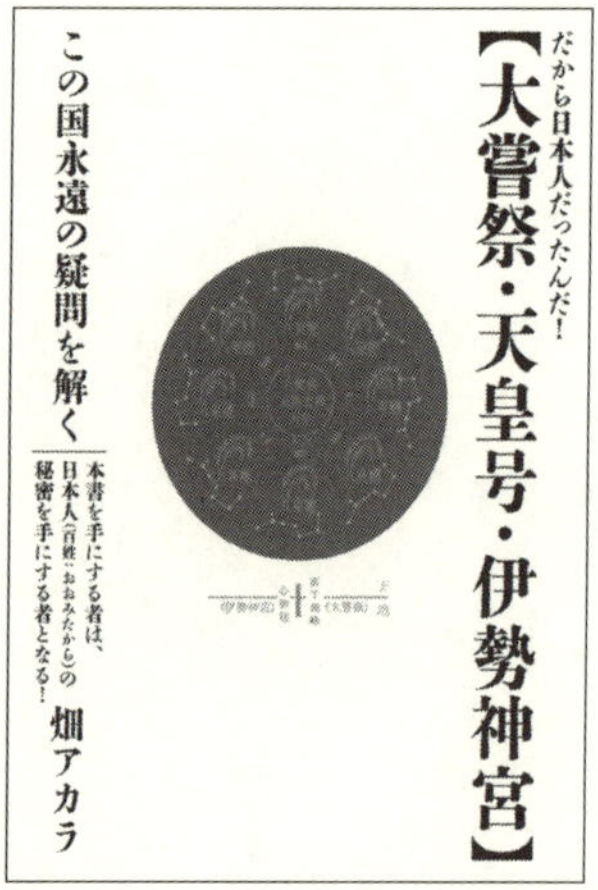

日時:2020年2月8日(土) 13:00〜15:00
料金:5,000円
定員:80名
会場&申し込み:ヒカルランドパーク

◉イッテル珈琲懇親会(ヒカルランドパークより徒歩5分)
当日 15:30〜16:30
料金:3,000円
定員:15名

ヒカルランドパーク
JR飯田橋駅東口または地下鉄B1出口(徒歩10分弱)
住所:東京都新宿区津久戸町3-11 飯田橋TH1ビル 7F
電話:03-5225-2671(平日10時-17時)
メール:info@hikarulandpark.jp URL:http://hikarulandpark.jp/
Twitter アカウント:@hikarulandpark
ホームページからも予約&購入できます。

神楽坂♥《ハート》散歩
ヒカルランドパーク

【大嘗祭と天皇と日本人（おおみたから）】
やっとわかった！
祈り祀るこの国の形の最奥部のシステム

講師：畑 アカラ

不思議すぎる日本人、それは海外から見た視点ばかりではない！
なんとこの国に住む大多数の日本人が、自分たちのルーツ、アイデンティティを一切知らないのだ！　これは不思議と言うしかない！
そしてこの人、ついに畑アカラが、登場して、アキラカにしてくれた！

『だから日本人だったんだ！【大嘗祭・天皇号・伊勢神宮】この国永遠の疑問を解く』『［新装版］古代天皇家「八」の暗号　1300年間、この国を護り続けた最強の言霊「や」の全て！』の２冊を立て続けに上梓した著者による熱演セッションです！

この国の学者は何一つ、このテーマに関して、我々に教えてくれなかった！
こんなへんなことに終止符を打ちましょう！

だから私たちは日本人だったのです。――これは一生に一度、この国に生まれたなら、受けとっておくべき情報のオンパレードになります。

セッション後はイッテル珈琲にて、畑アカラ先生を囲んで談笑する機会も設けました。

ITTERU
BOOKS
イッテル本屋

神楽坂ヒカルランド
みらくる
《Shopping & Healing》
大好評営業中!!

宇宙の愛をカタチにする出版社　ヒカルランドがプロデュースしたヒーリングサロン、神楽坂ヒカルランドみらくるは、宇宙の愛と癒しをカタチにしていくヒーリング☆エンターテインメントの殿堂を目指しています。カラダやココロ、魂が喜ぶ波動ヒーリングの逸品機器が、あなたの毎日をハピハピに！　TimeWaver、AWG、メタトロン、音響免疫チェア、ブルーライト、ブレインパワートレーナーなどなど……これほどそろっている場所は他にないかもしれません。まさに世界にここだけ、宇宙にここだけの場所。ソマチッドも観察でき、カラダの中の宇宙を体感できます！　専門のスタッフがあなたの好奇心に応え、ぴったりのセラピーをご案内します。セラピーをご希望の方は、ホームページからのご予約のほか、メールでinfo@hikarulandmarket.com、またはお電話で03-5579-8948へ、ご希望の施術内容、日時、お名前、お電話番号をお知らせくださいませ。あなたにキセキが起こる場所☆神楽坂ヒカルランドみらくるで、みなさまをお待ちしております！